W0087689

DAS GROSSE BUCH DES PFERDES

Luciano De Maria

Das große Buch des
PFERDES

Unter Mitarbeit von
Mario Gennero und Maurizia Guidetti

Koordination:
Giuliana Iscaki

Übersetzung aus dem Italienischen:
Maria E. Clay und Ilse Schager

VERLEGT BEI

KAISER

Danksagung

Der Herausgeber dankt folgenden Personen, die an der
Verwirklichung dieses Buches mitgewirkt haben:
Albert Moyersoen, der seine Anlagen, Pferde, Stallungen und die
Sattelkammer für zahlreiche Aufnahmen zur Verfügung stellte;
Filippo Moyersoen, der auf den meisten der Fotos im didaktischen
Teil des vorliegenden Werkes zu sehen ist;
Camillo Tonani, der uns seinen Parcours und seine Pferde zur
Verfügung stellte;
Davide Felice Aondio, auf dessen Landgut »La Mandria«
(Candelo, Biella) zahlreiche Aufnahmen über die Grundausbildung
und die Arbeit im Gelände gemacht wurden;
Alfonso Panzeri, der seine Hufschmiede für die entsprechenden
Aufnahmen zur Verfügung stellte.

Außerdem dankt der Herausgeber allen jungen Reitschülern und
-schülerinnen, die sich für die didaktischen Aufnahmen
fotografieren ließen.

Der Autor dankt überdies Mario Gennero und Maurizia Guidetti,
die bei der Abfassung einiger Texte mitgearbeitet haben.

Redaktionelle Betreuung: Fernanda Tosco
Illustrationen und Zeichnungen: Logical Studio

Titel des Originals: »IL GRANDE LIBRO DEL CAVALLO«
Alle Rechte vorbehalten
Copyright © 1985 by Istituto Geografico de Agostini S.p.A., Novara
Copyright der deutschen Ausgabe © 1991 by Neuer Kaiser Verlag –
Buch und Welt, Hans Kaiser, Klagenfurt
Druck: Dareb Druck, St. Veit
Bindearbeit: Kaiser, Klagenfurt

4

INHALT

Beginn einer
Bekanntschaft

Das Wesen des Pferdes

Der Reitsport hat gegenüber allen anderen Sportarten einen besonderen Vorzug: es ist der einzige Sport, bei dem der Mensch in engem Kontakt mit einem Tier ist, ja mit ihm eine Einheit bildet. Um aber eine derartige Einheit bilden zu können und so auf eine moderne und sportliche Weise den Zentauren der griechischen Mythologie zu gleichen, ist es notwendig, daß Mensch und Tier einander verstehen. Der Mensch kann das Tier jedoch nur verstehen, wenn er es kennt und in seinem Wesen begreift.

Daher ist es nötig, daß jeder, der einigermaßen informiert ein Pferd besteigen möchte, von Anfang an wenigstens eine Ahnung von der Hippologie, der wissenschaftlichen Pferdekunde, hat, die sich in der Folge dann zu einem vertieften Wissen entwickelt. Zumindest in großen Zügen muß der Reiter unbedingt über die Morphologie des Pferdes und vor allem über die Mechanik der verschiedenen Gangarten Bescheid wissen: er muß wissen, wie das Pferd die Beine und den Körper im Schritt, im Trab, im Galopp oder während eines Sprungs bewegt. Der Engländer James Fillis, ein großer Pferdekenner zu

Ende des vergangenen Jahrhunderts, berichtete, daß die professionellen Jockeys seiner Zeit oft nicht einmal wußten, daß es einen rechten und einen linken Galopp gibt, und ich bin überzeugt, daß auch heute viele Turnierreiter nicht imstande wären, die einzelnen Phasen eines Sprunges oder die Nuancen der verschiedenen Arten des Galopps richtig zu beschreiben. Die Tatsache, daß diese Personen instinktiv mehr oder weniger gut reiten können, entschuldigt nicht ihr mangelndes Wissen. Man lernt das Reiten gewiß nicht aus Büchern, aber ein wenig Wissen auf dem Gebiet der Pferdekunde und darüber hinaus in der Technik des Reitsports vermittelt Kenntnisse, die vor allem dazu beitragen, Fehler zu vermeiden.

Neben den grundlegenden Begriffen der Morphologie und der Bewegung des Pferdes muß der angehende Reiter auch lernen, das Pferd in seiner Psychologie zu verstehen. Diese Tatsache wird dadurch verkompliziert, daß man seit einigen Jahrzehnten keine Pferde mehr unterwegs sieht, wie sie früher für die verschiedensten Dienstleistungen verwendet

Zwei Pferde »am Fenster«. Pferde verbringen viele Stunden allein in ihrer Box. Diese muß daher mit einer Fensteröffnung versehen sein, damit die Tiere bei gutem Wetter Gelegenheit haben, Luft zu schöpfen und Ablenkung zu finden.

Freilebende Pferde in der italienischen Provinz Molise an der Tränke. Ein solcher Anblick erfreut das Herz des Pferdeliebhabers und bietet ihm Gelegenheit, die Tiere zu beobachten. Es gibt ein »verborgenes Leben« der Pferde, zu dem uns die vergleichende Verhaltensforschung den Weg weisen kann.

Auf den vorhergehenden Seiten: Pferde in den Maremmen an der mittelitalienischen Westküste.

wurden. Weder in der Stadt noch auf dem Land ist das Pferd heutzutage jener ständige und vertraute Anblick, der in seinen verschiedenen Spielarten anziehen, bezaubern oder begeistern konnte: von den edelsten, großartigsten und prachtvollsten Pferden zu den bescheidensten und dienstwilligsten, wie es z. B. in Mailand die berühmten, kräftigen »Pferde des Gondrand« waren, denen der Künstler Umberto Boccioni in seinem Gemälde für immer ein Denkmal gesetzt hat. Für die Kinder von heute ist das Pferd ein großes unbekanntes Tier, das ihnen Mißtrauen und oft sogar Furcht einflößt. Die Kinder müssen mit Takt und Behutsamkeit an die Pferde herangeführt werden, damit nicht von Anfang an mitunter unüberwindliche Schwierigkeiten entstehen. Eine der Tatsachen, die die kindlichen (und manchmal selbst die erwachsenen) Reitanfänger erschreckt, ist die Größe, das schiere Volumen des Pferdes. Aus diesem Grund ist es günstig, wenn Kinder das Besteigen eines Pferdes an einem Pony lernen, dessen Größe und Statur dem Alter des angehenden Reiters gemäß ist. In Großbritannien sieht man häufig Kleinkinder von drei oder vier Jahren auf winzigen gesattelten Shetlandponys reiten. Aber damit nicht genug: Bevor die Kinder (und die erwachsenen Reitanfänger) ein Pferd besteigen, sollten sie lernen, sich dem Pferd zu nähern, sich im Stall und auf dem Boden mit seinem Körper vertraut zu machen. Nur auf diese Art der schrittweisen Annäherung und allmählich lassen sich jene ersten Traumata vermeiden, die ansonsten oft der Grund dafür sind, sich rasch wieder vom Reitsport abzuwenden. Die Stammesgeschichte des Pferdes hilft uns dabei, seine psychologischen Eigenschaften zu verstehen. Das Pferd ist ein Pflanzenfresser, dessen hauptsächliche Verteidigungswaffe gegen seine natürlichen Feinde (und gegen Menschen) die Flucht ist. Dabei kommen ihm seine Fähigkeit zum raschen Losschnel-

len, seine Schnelligkeit und beachtliche Widerstandsfähigkeit zugute. Gleichzeitig aber hat die natürliche Auslese das Pferd mit sehr scharfen Sinnesorganen ausgestattet, die es ihm ermöglichen, Gefahren abzuwenden und zu vermeiden und frühzeitig den Fluchtmechanismus in Gang zu setzen. Ohne hier auf Einzelheiten einzugehen, können wir feststellen, daß das Pferd mit äußerster Empfindungsfähigkeit ausgestattet ist: wenn man den Geschmacks- und Geruchssinn beiseite läßt, die beide für den Reiter nicht von Interesse sind, wie Jean Saint-Fort Paillard richtig bemerkt, auf dessen Werk wir uns hier beziehen, um das Thema eingehender zu betrachten, ist es angebracht, zu bemerken, daß Tast-, Gesichts- und Gehörsinn des Pferdes besonders hochentwickelt sind.

Was den Tastsinn betrifft, brauchen wir nur daran zu denken, wie ein wenig temperamentvolle Pferde auf Fliegen oder Mücken reagieren, um die Schärfe dieser Sinneseindrücke richtig einschätzen zu können. Und es ist ja gerade dieser Tastsinn, über den der Reiter ein Kommunikationssystem mit dem Pferd aufbaut; aus diesem Grund ist es notwendig, in den eigenen Verhaltensweisen einfühlsam zu sein: ein unrichtiges Zureiten, der schlechte Gebrauch der Hände oder Füße kann ein Pferd hartmäulig und für die Sporen unempfindlich machen. Ebenso können eine zu harte oder unbeständige Hand, unruhige Beine oder klemmende Schenkel, die seine Rippengegend allzu starr umfassen, ein Pferd derart irritieren, daß es durchgeht oder sich wehrt. Andererseits ist das Streicheln eine vom Pferd sehr geschätzte Belohnung, so wie das Pferd umgekehrt Sporen und Gerte fürchtet.

Der Gesichtssinn des Pferdes weist eine Besonderheit auf: Das Tier hat die Fähigkeit, seitwärts und auch nach hinten zu sehen, und nur ein kleiner Winkel hinten bleibt ihm unsichtbar. Von diesem Standpunkt her ist es also dem Gesichtssinn des Menschen überle-

gen. Es scheint jedoch erwiesen, daß das Pferd die Farben nicht gut unterscheiden und in der Ferne nicht scharf sehen kann. Diese Mängel müssen vom Reiter wettgemacht werden.

Der Gehörsinn ist extrem gut ausgebildet und die Beweglichkeit der Ohren erlaubt es dem Pferd, Geräusche aus allen Richtungen wahrzunehmen.

Dieser extremen Sinnesschärfe gesellt sich psychisch eine große Emotivität hinzu, die ebenfalls auf die Urgeschichte der Gattung zurückgeht. Ist das Pferd durch etwas beunruhigt, reagiert es augenblicklich und in vielfältiger Weise darauf: durch seinen aufmerksamen Blick, ein plötzliches Stehenbleiben, einen Sprung zur Seite usw. Man darf diese Reaktionen nicht bestrafen, denn sie gehören zu seiner angeborenen Art und Weise, auf die umgebende Wirklichkeit zu reagieren.

Das Erinnerungsvermögen des Pferdes, sowohl das visuelle als auch das der anderen Sinne, ist enorm. Wenn auf einer Landstraße das Pferd einmal durch etwas beunruhigt wurde (wie z. B. durch einen umgefallenen und verbrannten Baumstamm), und man nach Monaten, oder sogar nach einem Jahr, auf demselben Weg wieder vorbeikommt, wird sich das Tier sicherlich an die Ursache seiner damaligen Beunruhigung erinnern und das auch zum Ausdruck bringen, selbst wenn der Baumstamm inzwischen verschwunden ist! Die Pferde, besonders die Vollblutpferde oder jedenfalls die sehr hoch im Blut stehenden, verfügen nicht nur über ein ausgezeichnetes Erinnerungsvermögen,

sondern sind sozusagen »Gewohnheitstiere« und allem Neuen gegenüber argwöhnisch. Wenn sie auf einem ihnen bekannten Weg einen ihnen unbekannten Gegenstand bemerken oder an einem bekannten Gegenstand etwas Ungewöhnliches wahrnehmen, kann es sein, daß sie Argwohn oder Furcht zeigen. Auch in diesen Fällen ist es nötig, geduldig zu sein. Das Pferd zeigt alle seine unangenehmen Gefühle: Wenn ein Reiter beim Sprung dem Pferd im Maul hängt, oder noch ärger, am Zügel zerrt, können wir sicher sein, daß das Tier früher oder später beginnen wird, den Sprung zu verweigern. Das Pferd ist ein großzügiges und zur Zusammenarbeit bereites Tier: es verzeiht die Fehler, die mitunter passieren, wenn es den Reiter respektiert, aber es bestraft aus Selbsterhaltungstrieb denjenigen, der allzu häufig Fehler macht.

Das Erinnerungsvermögen des Pferdes gleicht den zwei Seiten einer Medaille: einerseits unterstützt es den Reiter beim Zureiten, aber es kann auf der anderen Seite auch zum Nachteil werden, wenn dieses Zureiten aus Unfähigkeit oder Unwissenheit des Menschen in der Psyche des Pferdes unangenehme Eindrücke hinterläßt. Diese lösen auf die Dauer negative Reaktionen, die das Abrichten verzögern, und chronischen Ungehorsam aus.

Beim Zureiten macht sich der Mensch zwei weitere psychologische Eigenschaften des Pferdes zunutze, nämlich jene, die ich die Bereitschaft zur Zusammenarbeit nennen möchte, und den Herdeninstinkt. Das Pferd ist ein Tier, das viel größer und stärker ist als der

Mensch: es ist offensichtlich, daß wenn das Pferd wirklich nicht wollte, es sich nicht einem derart anstrengenden und komplexen Dienst unterwerfen würde wie dem, einen Reiter durch das Gelände spazierenzuführen, ihn über Hindernisse fliegen zu lassen oder in der Hohen Schule zu Musik zu tanzen. Alles in allem sind zu unserem Glück selbst die temperamentvollsten und nervigsten Pferde mit einer gewissen Sanftheit und Bereitschaft zur Zusammenarbeit ausgestattet, die der Ausbildner, der Reiter, wecken und aufrechterhalten muß. Was den Herdeninstinkt betrifft, so ist er ein von seinen Vorfahren, die in Herden lebten, übernommenes Erbe. Selbst der Reitanfänger bemerkt sofort, daß die Pferde es lieben, beisammenzubleiben, eine Gruppe zu bilden, und daß es oft schwierig ist, sie von den anderen zu trennen, um mit ihnen einzeln zu arbeiten. Nun ist diese psychologische Tendenz, die mitunter manche Schwierigkeiten für den Reiter mit sich bringen kann, auch eine große Hilfe beim Zureiten des Fohlens oder in der Korrektur eines schlecht zugerittenen Pferdes. Nehmen wir an, ein junges Pferd will nicht springen, wenn es bei einem Geländeritt zum ersten Mal zufällig auf einen Baumstamm trifft. Wenn es allein ist, ist es besser, nicht weiter darauf zu bestehen, es genügt, wenn es bei anderer Gelegenheit ein abgerichtetes und erfahrenes Pferd vor sich hat, und Sie werden sehen, daß das Fohlen es schafft, über den Baumstamm zu springen. Wir haben hier nur ein einziges Beispiel angeführt: ganz allgemein gilt die Regel, daß ein Pferd, das eine Art Führerrolle übernimmt, das geeignetste Mittel ist, um dem Fohlen die Angst vor neuen Dingen zu nehmen.

Das bringt uns zur berühmten, umstrittenen Frage der Intelligenz des Pferdes. Viele Reiter, darunter auch erfahrene, und Autoren von Büchern über die Reitkunst (wie z. B. James Fillis) neigen dazu, sie zu verneinen oder bestenfalls die Intelligenz des Pferdes gering einzuschätzen. Wir haben bemerkt, daß im allgemeinen diejenigen, die eine harte und unterdrückende Einstellung zu den Pferden zeigen (wie es z. B. bei vielen Berufsreitern der Fall ist, die Pferde als Arbeitsgeräte, als Mittel zum Erfolg oder als bloße Verdienstquelle betrachten), den Faktor Intelligenz bei ihren Pferden unterschätzen. Daß sie trotzdem in der Praxis auch gute und ausgezeichnete Ergebnisse erzielen, ist ein Aspekt, der uns von der Theorie her hier nicht interessiert. Man muß festhalten, daß diese Personen in das angebliche Fehlen einer Intelligenz des Pferdes ihre eigene Unfähigkeit oder ihren Widerstand dagegen hineinprojizieren, sich mit einer Psyche zu identifizieren, die sich von der unsrigen unterscheidet. Es handelt sich dabei um einen extremen, krassen, banalen und unbewußten Fall von Anthropozentrismus.

Viele Leute halten Pferde für dumm, weil sie sich wegen nichts und wieder nichts ängstigen, zur Seite springen oder davonlaufen: sie vergessen aber, daß die tierische Intelligenz des Pferdes durch die extreme Sensibilität und Emotivität, von der wir weiter oben gesprochen haben, gleichsam gebunden und manchmal auch getrübt ist. Aus diesem Grund scheinen die Pferde, wenn sie beunruhigt sind, dumm oder geradezu verrückt. Doch in diesen Fällen darf man sie nicht bestrafen, sondern muß geduldig versuchen, sie zu beruhigen und zu ermuntern.

Aufgrund all dessen, was wir soeben gesagt haben, ist es offensichtlich, daß es günstig ist, die Pferde immer gut zu behandeln, mit gutem Verhalten und mit Leckerbissen (Karotten, Zuckerstückchen oder ähnlichem). Es ist notwendig, sie in ihrer individuellen Eigenart zu verstehen und sie so zu behandeln, daß sie auf die ihnen mögliche Weise jene positiven Eigen-

Ein Gestüt in Irland. Die Hauptbeschäftigung der Pferde auf der Weide ist das Fressen. Man hat errechnet, daß ein Pferd zwischen elf und dreizehn Stunden am Tag grasen kann.

Eine Araberstute mit ihrem Fohlen. Die Stute läuft im Trab: man beachte die Energie und Eleganz in der Bewegung des Fohlens, das sich bemüht, der Mutter zu folgen.

Ein Fohlen auf der Weide: noch hat es die typischen hohen und schlaksigen Beine, aber es läßt bereits die Formen des erwachsenen Pferdes erahnen.

schaften der Großzügigkeit, Bereitschaft zur Zusammenarbeit und Freundlichkeit zum Ausdruck bringen, die in einem mehr oder weniger latenten Zustand bei praktisch allen Pferden vorhanden sind. Das schließt nicht aus, daß sie mitunter bestraft werden, aber sofort nach dem Ungehorsam, mit Nüchternheit und nach Möglichkeit ohne Haß. Alles in allem verhält sich der gute Reiter seinem Pferd gegenüber wie ein verständnisvoller Vater, liebevoll, geduldig, aber manchmal auch mit Festigkeit und Entschlossenheit, ein Vater, der seine Erziehungsmethoden dem individuellen Charakter der Kinder anpaßt. Ebenso wie es mutige und furchtsame, nervöse und phlegmatische Men-

schen gibt, so gibt es auch bei den Pferden eine große Vielfalt an Charakteren, und es ist nicht gesagt, daß Rasse immer mit Nervigkeit und Feurigkeit einhergehen muß: ein Vollblutpferd kann sehr faul sein und gleichzeitig doch sehr athletisch. Der gute Reiter bemüht sich, sein eigenes Pferd bzw. das Pferd, das er reitet, zu verstehen, er beobachtet es aufmerksam, versucht in seine Psyche einzudringen, um ihm gerecht zu werden und allmählich gegebenenfalls mit geeigneten Handlungen einzugreifen. Und wenn die Ausbildung des Pferdes schließlich abgeschlossen ist, wird es immer die Intelligenz und reiterliche Fähigkeit seines Reiters widerspiegeln.

Die Herkunft des Pferdes

Vom Standpunkt der Zoologie aus ist das Pferd, unser unerläßlicher Gefährte im Reitsport, ein Pflanzenfresser, der zur Klasse der Säugetiere, Ordnung der Huftiere, Unterordnung der Unpaarhufer, Familie der Pferdeartigen (Einhufer), Gattung *Equus,* Art *caballus* gehört. *Equus caballus* ist daher ein naher Verwandter des Esels *(Equus asinus)* und des Zebras *(Equus zebra)*. Die Unpaarhufer sind Vierfüßer, deren Gliedmaßen den Boden mit nur einer Zehe berühren, nämlich mit der Mittelzehe, die von einem robusten Hornüberzug, dem Huf, umgeben ist.

Kreuzt man einen männlichen Esel mit einer Pferdestute, erhält man einen unfruchtbaren Hybriden, das Maultier; kreuzt man jedoch einen Hengst mit einer Eselin, ist das Ergebnis ein Maulesel, der ebenfalls nicht fortpflanzungsfähig ist. Das Maultier iaht, während der Maulesel wiehert. Esel, Maultiere und Maulesel dienten und dienen in den Entwicklungsländern und in technisch wenig entwickelten Gebieten – wenn auch heute immer seltener – nicht nur als Last- und Zugtiere, sondern auch als Reittiere. Für den Reitsport sind jedoch nur die Pferde geeignet: als reines Kuriosum wollen wir dennoch anmerken, daß im Jahre 1974 der Haggin Cup, ein Rennen über mehr als 160 km, das in den USA stattfindet und im allgemeinen Pferden vorbehalten ist, von einem Maultier gewonnen wurde!

Die Entdeckung zahlreicher Fossilien hat es der Wissenschaft ermöglicht, den langen Weg der Evolution des Pferdes genau nachzuvollziehen. Die Stammesgeschichte der Unpaarhufer, zu denen, wie wir gesehen haben, die Pferdeartigen oder Equiden gehören, ist den Naturwissenschaftlern gut bekannt. Sie hat sich vor allem im Gebiet des heutigen Nordamerika ereignet, von wo aus einige Arten bis nach Eurasien, und vom Pliozän an auch nach Südamerika, weitergewandert sind.

Der früheste Vorfahr des Pferdes trägt die Bezeichnung *Hyracotherium,* ist aber besser bekannt unter dem Namen *Eohippus* (wörtlich: Pferd der Morgenröte). Es handelt sich dabei um ein kleines Säugetier von etwa 38 cm Höhe, das sich vor allem von Blättern ernährte und in den Wäldern lebte, um sich vor seinen zahlreichen Feinden zu schützen. Dank seiner Gliedmaßen, von denen die vorderen in vier Zehen und die hinteren in drei Zehen endeten, konnte es sich mühelos auf feuchtem Terrain bewegen: das Endglied der mittleren und längsten Zehe war von einem Huf umgeben. Zum Zweck der Nahrungssuche und um sich zu verteidigen, konnte sich das Tier sehr schnell fortbewegen und große Entfernungen zurücklegen, so daß es mit der Zeit bis nach Eurasien gelangte.

Von diesem Vorfahr stammten zahlreiche Arten ab, die in verschiedene stammesgeschichtliche Zweige

Die Abbildungen rechts zeigen von oben nach unten die drei eng miteinander verwandten Mitglieder der Gattung Equus: den Esel (Equus asinus), *das Zebra* (Equus zebra) *und das Pferd* (Equus caballus).

Vierzeher, die sich von Blättern, ernähren:	Hyracotherium (Eohippus) 38 cm	Eozän	Nordamerika, Europa
	Orohippus 40 cm	Eozän	Nordamerika
	Epihippus 40 cm	Eozän	Nordamerika
Dreizeher, die sich von Blättern ernähren:	Mesohippus 51,7 cm	Oligozän	Nordamerika
	Miohippus 51,7 cm	Oligozän	Nordamerika
	Anchitherium 51,7 cm	Miozän	Nordamerika, Eurasien
	Hyohippus	Miozän und frühes Pliozän	Nordamerika, Asien
	Megahippus	Pliozän	Nordamerika
	Archaeohippus	Miozän	Nordamerika
Dreizeher, die sich von Blättern und Gras ernähren:	Parahippus	Miozän	Nordamerika
Dreizeher, die sich von Gras ernähren:	Merychippus (Prothippus)	Miozän	Nordamerika
	Hipparion	Pliozän und frühes Pleistozän	Nordamerika, Eurasien und Afrika
	Stylohipparion	Pliozän und Pleistozän	Afrika
	Neohipparion	Pliozän	Nordamerika
	Nannippus	Pliozän	Nordamerika
	Calippus	Pliozän	Nordamerika
Einzeher, die sich von Gras ernähren:	Pliohippus	Pliozän	Nordamerika
	Hippidion	Pleistozän	Südamerika
	Onohippidium	Pleistozän	Südamerika
	Hyperhippidium	Pleistozän	Südamerika
	Equus	spätes Pliozän und Pleistozän	Nord- und Südamerika, Eurasien und Afrika

unterteilt sind. Wir können bis zu 350 bekannte Arten zählen, von denen aber nur sehr wenige überlebten und sich zu den heute existierenden Pferderassen weiterentwickelten.

Die Evolution der Pferde ging während eines Zeitraums vor sich, der mehrere geologische Zeitalter umspannt: vom Eozän (ca. 60 bis 40 Millionen Jahre vor unserer Zeitrechnung) über das Oligozän, Miozän, Pliozän bis zum Pleistozän (ca. 1 Million Jahre bis 8150 Jahre vor unserer Zeitrechnung), in dem *Equus,* der Stammvater unserer heutigen Pferde, zum ersten Mal auf der Bildfläche erschien. Die wichtigsten Evolutionsschritte betrafen die Zunahme in der Größe, das Längerwerden der Beine, das Verkümmern der Außenzehen zugunsten der mittleren Zehe, das Längerwerden der Schnauze und die Modifikation des Gebisses und einiger anderer Knochen des Schädels, um den Kauvorgang zu unterstützen. Im Laufe dieser Epochen änderte sich auch der Lebensraum der Pferde, der sich von den Wäldern in die Grassteppen verlagerte. Die nebenstehende schematische Darstellung zeigt die Evolution des Pferdes von *Eohippus* zu *Equus.*

Die Etymologie des deutschen Wortes »Pferd« leitet sich vom mittellateinischen *paraveredus* her, das wiederum auf ein keltisches Wort zurückgeht.

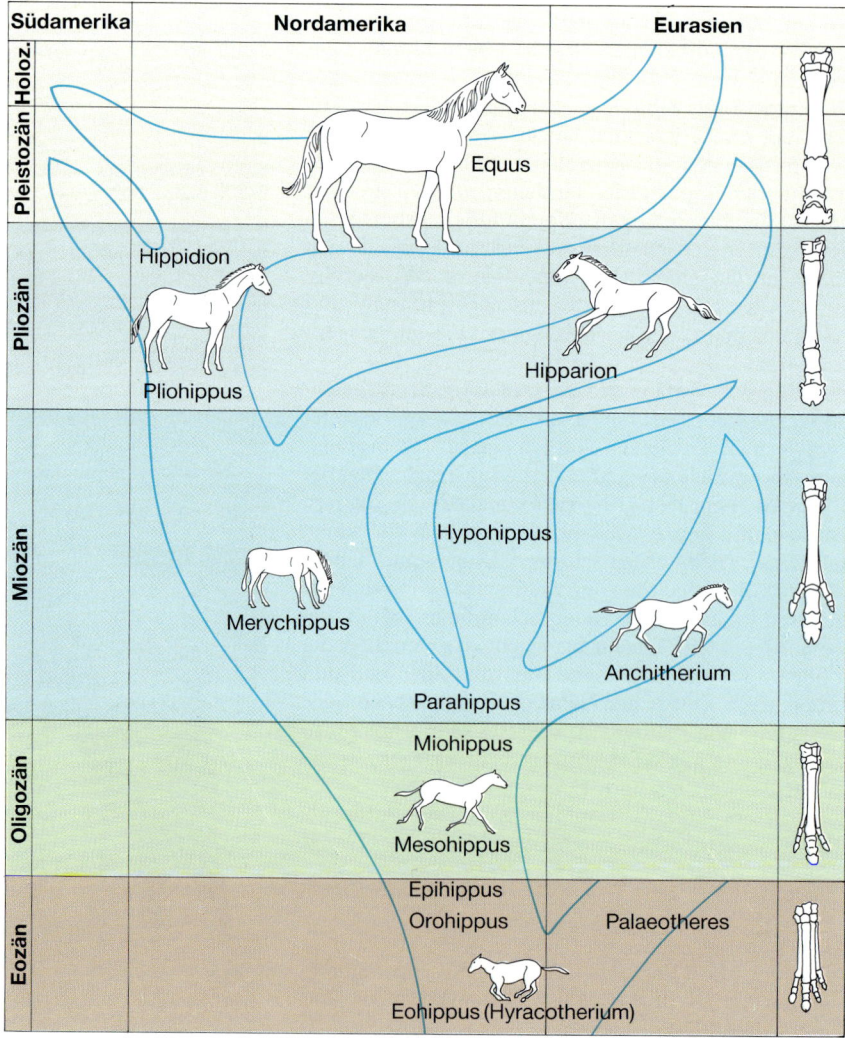

Schema der Phylogenese (Stammesgeschichte) des Pferdes, das einige der wichtigsten Zwischenstadien aufzeigt. Man beachte vor allem die Evolution der Größe (von einem Stockmaß von ca. 30 cm bis zu mehr als 190 cm) sowie des Knochenbaus der Gliedmaßen (rechts im Bild), der sich von fünf Zehen zu einer einzigen Zehe hin entwickelte.

Die Entstehung der einzelnen Pferderassen

Es ist hier nicht der Ort, eine wenn auch nur annähernde wissenschaftliche Definition des Begriffes der Rasse zu geben. Nach Carlo Volpini verstehen wir unter Rasse »... den Zusammenschluß einer bestimmten Anzahl von Pferden mit bestimmten Eigenschaften, die jedes einzelne von ihnen aufweist und die auch an ihre Nachkommen weitervererbt werden, durch die sie sich von anderen unterscheiden«.

Man könnte noch hinzufügen, daß man zwischen ursprünglichen bzw. spontan entstandenen Rassen und künstlichen unterscheiden kann, die vom Menschen geschaffen oder vervollkommnet wurden. Bei ersteren unterliegt das phylogenetische Element dem Einfluß des Klimas und der Gegend und stabilisiert sich im Wege der natürlichen Auslese. Bei letzteren hingegen ist es der Mensch, der bestimmte (morphologische oder funktionelle) Eigenschaften durch Kreuzung verschiedener Rassen heranzüchtet und in der Folge die geeignetsten der durch die Kreuzung entstandenen Individuen für die Weiterzucht verwendet. In der Menschheitsgeschichte nimmt das Pferd als Arbeitstier, Kriegswerkzeug und Transporttier einen wichtigen Platz ein. Im Laufe der Jahrhunderte hat der Mensch die Materie Pferd nach seinen Wünschen und Bedürfnissen geformt und die verschiedensten Arten geschaffen, von den schweren Zugpferden bis zu den schnellen und leichten Vollblut-Rennpferden.

Die Stammväter

Im allgemeinen werden die Pferderassen mit dem Namen der Gegend bezeichnet, in der sie entstanden sind bzw. gezüchtet wurden (Lipizzaner, Haflinger, Camarguepferde usw.), mit dem Namen des Züchters oder des Besitzers des Hengstes, von dem sie abstammen, oder auch mit dem Namen eines Hengstes, der an der Bildung einer Rasse ganz besonders beteiligt war (Nonius, North Star, Gidran usw.). In der großen Mehrzahl der Fälle ist es ein bestimmter Hengst, von dem die Merkmale herrühren, die dann an die folgenden Generationen weitergegeben werden. Nur in ganz seltenen Fällen wird die Stute angeführt; wie z. B. für den Knabstrupper, für den als Stammmutter die Stute Flaebehoppen angegeben wird.

Nachfolgend führen wir die berühmtesten Hengste an, die zu Stammvätern der wichtigsten Rassen wurden bzw. in deren Entwicklung eine wesentliche Rolle spielten:

Englisches Vollblut: Byerley Turk, Darley Arabian, Godolphin Barb (auch als Godolphin Arabian bekannt)
Cleveland Bay: Manica, Jalap
Hackney: Shales und seine Söhne Driver und Scot Shales
Dartmoor: Leat
Welshpony (Typ A): Dyoll Starlight

Welshpony (Typ B): Craven Cyrus, Tanybwlch Berwyn
Welshpony (Typ C): Klondyke
Welshpony (Typ D): Trotting Comet, Cymro Llwyd, Alonzo the Brave, True Briton
Dalespony: Comet
Fellpony: Lingcropper
Highlandpony: Jock, Morrelle, Glen Tilt
Shetlandpony: Jack und seine Söhne Lord of the Isles, Laird of Noss und Odin
Connemara: Rebel, Golden Gleam

Der Mensch hat in die Entwicklung der einzelnen Pferderassen massiv eingegriffen. Hier sind zwei extreme Ergebnisse. Oben das American Saddle Horse mit seinen charakteristischen Gangarten; unten das Pony Falabella, das in diesem Exemplar nicht einmal 50 cm groß ist.

Angloaraber: Massoud, Aslam und die Stuten Selim
    Mare, Daer und Comus Mare
Orlowtraber: Bars I
Percheron: Jean Le Blanc
Belgier (auch Brabanter): Orange I, Bayard, Jean I
Haflinger: El Bedavi XXII und sein Sohn Folie 249
Freiberger: Vaillant, Imprevu
Jütländer: Oppenheim LXII
Kladruber: Generale, Generalissimus
Lipizzaner: Pluto, Conversano, Neapolitano, Favory,
    Maestoso, Siglavy
Furioso: Furioso
North Star: North Star
Gidran: Gidran
Morgan: Figure
Tennessee Walking Horse: Allan F-1
Standardbred: Messenger
American Albino: Old King
Missouri Fox Trotting Horse: Brenner
Pony of the Americas: Black Hand I.

Die Przewalskipferde

Die Naturwissenschaftler sind sich einig in der Ansicht, daß alle heutigen Pferderassen und -typen – insgesamt mehr als 300 – vom mongolischen Wildpferd, dem Przewalskipferd, abstammen. Der Name ist von seinem Entdecker abgeleitet, dem russischen Forschungsreisenden Nikolai Przewalski. 1879, während seiner dritten Asienexpedition, als er die Steppen der Dsungarei durchquerte, berichtete man ihm von Wildpferden, doch es gelang ihm nicht, auch nur ein einziges Exemplar zu sichten. Statt dessen fand er einen Balg, den er mitnahm und nach St. Petersburg zurückbrachte, wo er restauriert und im Museum der Akademie der Wissenschaften ausgestellt wurde. In der Folge wurde er vom Zoologen Poljakow sorgfältig studiert, nachdem er auch 1881 benannt wurde, doch wurde der Name später zu Ehren der beiden Wissenschaftler in *Equus przewalskii poliakoff* abgeändert.

Das Pferd der mongolischen Steppe diente wahrscheinlich den Hunnen und den Horden von Dschingis-Khan als Reittier, wie einige Wandfresken in Gräbern in Südrußland belegen.

Das Przewalskipferd stellt den letzten Überrest der Wildpferde dar, das Endprodukt der Spezies *Equus caballus* in seinem ursprünglichen Zustand. Einst äußerst zahlreich, sind sie durch hemmungslose Jagd, durch die Ausweitung der menschlichen Siedlungen und durch Sorglosigkeit zum Aussterben verurteilt worden. Die Wildpferde sind aus den Gegenden ihres natürlichen Vorkommens völlig verschwunden und leben heute nur mehr in zoologischen Gärten. Nach dem Zweiten Weltkrieg waren nur mehr wenige Dutzend Stück übrig, heute ist ihre Zahl allerdings wieder auf 500 angestiegen. Die Direktion des zoologischen Gartens in Prag hat die Aufgabe übernommen, ein spezielles Stutbuch der Rasse anzulegen. Einige Forscher versuchen auch, sie wieder einem Leben in Freiheit zuzuführen, aber bisher stellen sich noch allzu viele Hindernisse der Verwirklichung dieses ehrgeizigen Projektes entgegen.

Equus przewalskii, das mongolische Wildpferd, von dem alle heutigen Pferderassen und -typen abstammen.

Begriffe aus der Hippologie

Wenn man von Pferden und Pferderassen spricht, ist es unerläßlich, wenigstens einige grundlegende Fachausdrücke bezüglich der Identifikation des einzelnen Tieres (Alter, hervorstechende Merkmale), seiner Gangarten und seines Körperbaus zu kennen.

Wenden wir uns daher diesem Thema zu, das dem Neuling langweilig erscheinen mag, das aber in Wirklichkeit eines der charakteristischsten Aspekte der Welt der Pferde ist und aus diesem Grunde auch eine gewisse Faszination hat.

Die Körperteile des Pferdes

Die anatomische Terminologie des Pferdes entspricht nur zum Teil der des menschlichen Körpers. Es gibt eine besondere Nomenklatur für viele Körperteile, die man am besten so schnell wie möglich lernt, um sich richtig verständigen zu können. Es ist wenig nützlich, langweilige Listen zu studieren. Die einfachste Methode, diese Begriffe zu verstehen, ist die, eine schematische Zeichnung des Pferdes in der Art der beiden nebenstehenden zu betrachten.

Wie man sieht, verwendet man einige ungewöhnliche Ausdrücke zur Bezeichnung bestimmter Körperteile beim Pferd. So ist z. B. der *Widerrist* der Teil des Pferderückens, der durch die Dornfortsätze des zweiten bis sechsten Rückenwirbels gebildet wird (siehe die schematische Zeichnung des Pferdeskeletts): er ist äußerst wichtig, weil er kräftige Muskelbündel enthält, die für viele Bewegungen verantwortlich sind. Der *Fesselkopf* entspricht dem Gelenk zwischen Vordermittelfußknochen (bzw. Hintermittelfußknochen, wenn es sich um das Hinterbein handelt) und Fesselbein. Die *Kniegegend* ist der Körperteil, der die Kniescheibe umgibt: sie entspricht anatomisch dem menschlichen Knie; doch wird im landläufigen Sinne oft das Vorderfußwurzelgelenk des Pferdes als »Vorderknie« bezeichnet. Die »Krone« ist die Zone, wo der Huf beginnt.

Farben und Abzeichen

Eines der wichtigsten Merkmale bei der Beschreibung eines Pferdes ist die Farbe des Deckhaars: dieses Merkmal wird sogar zu einem Synonym für das Tier selbst, da man sagen kann »dieser schöne Fuchs« oder »Erinnerst du dich noch an jenen Schimmel?« Es ist ein ernsthafter Mangel, wenn man nicht wenigstens die Grundfarben unterscheiden kann.

Bei den **einfarbigen Pferden** haben Deckhaar (Körperhaare) und Langhaar (Schopf, Mähne, Schweif, Behang an den Fesseln sowie die Tasthaare) nur eine einzige Farbe. Dazu gehören folgende:

Rappe: Deckhaar und Mähne sind vollkommen schwarz.

Fuchs: Deckhaar und Mähne sind fuchsrot oder rötlichbraun, wobei die Farbnuancen von Blaßgelb bis zu einem dunklen Rotbraun reichen können.

Weiß geborene Pferde (Albino): Deckhaar und Mähne sind ausschließlich oder fast ausschließlich weiß, auf weißer oder rosa Haut, oft mit rosafarbenen Flecken um die Augen oder auf den unbehaarten Körperteilen.

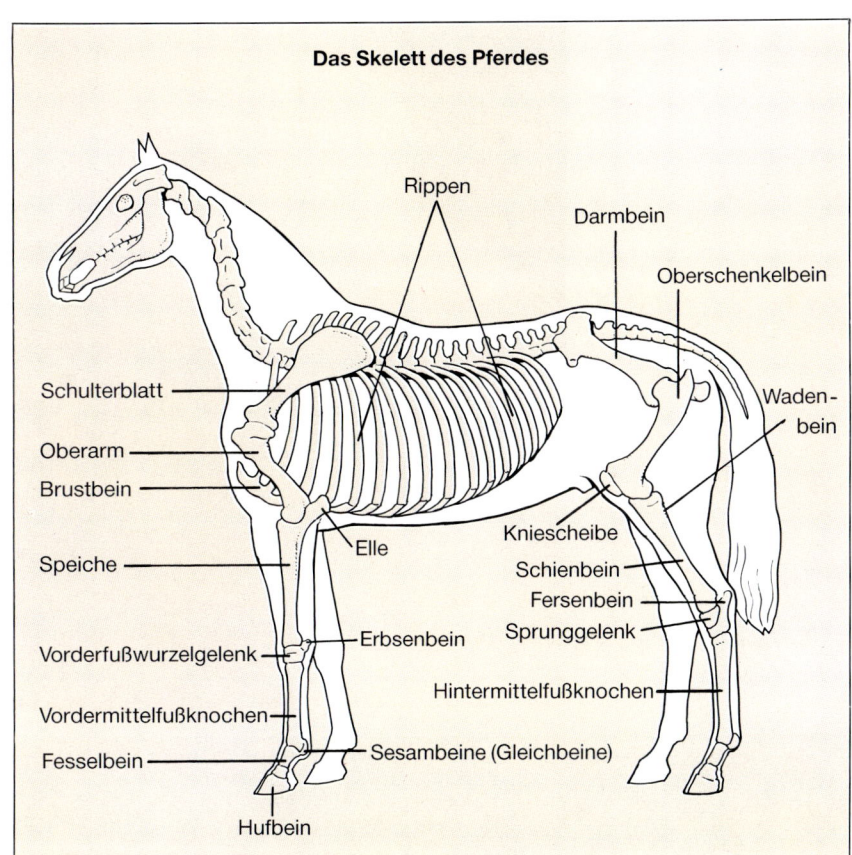

Das Skelett des Pferdes

Rippen — Darmbein — Oberschenkelbein — Schulterblatt — Oberarm — Brustbein — Speiche — Elle — Wadenbein — Kniescheibe — Schienbein — Fersenbein — Sprunggelenk — Vorderfußwurzelgelenk — Erbsenbein — Hintermittelfußknochen — Vordermittelfußknochen — Sesambeine (Gleichbeine) — Fesselbein — Hufbein

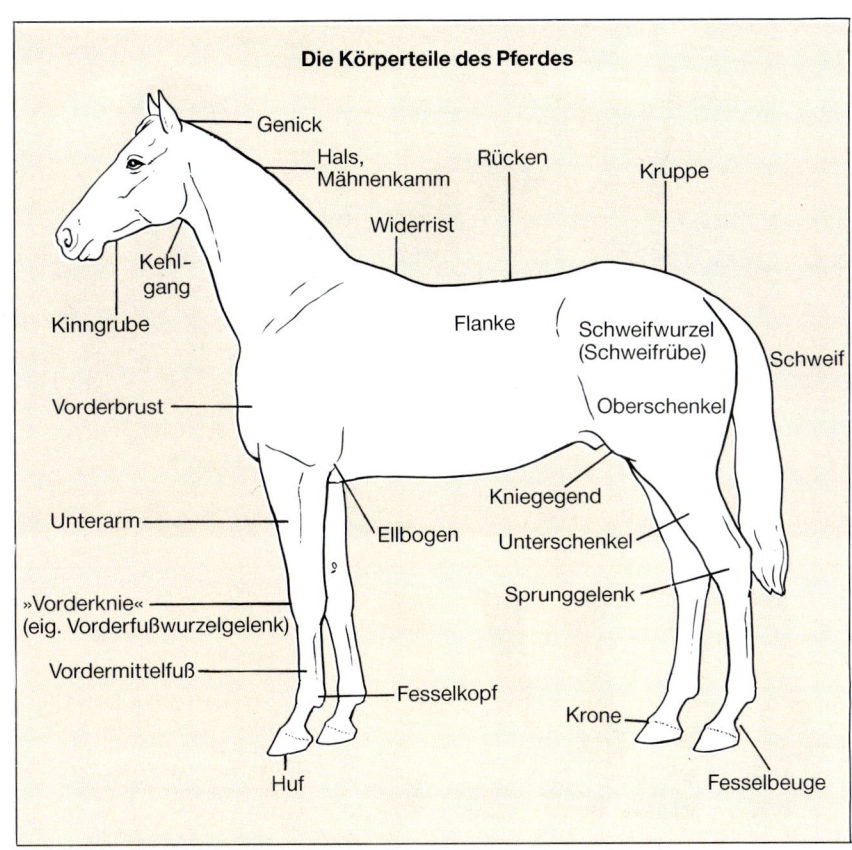

Die Körperteile des Pferdes

Genick — Hals, Mähnenkamm — Rücken — Kruppe — Widerrist — Kehlgang — Kinngrube — Flanke — Schweifwurzel (Schweifrübe) — Schweif — Oberschenkel — Vorderbrust — Kniegegend — Unterarm — Ellbogen — Unterschenkel — Sprunggelenk — »Vorderknie« (eig. Vorderfußwurzelgelenk) — Vordermittelfuß — Fesselkopf — Krone — Huf — Fesselbeuge

Rechts: ein Albino. Die Albinos sind die einzigen Pferde, die tatsächlich weiß sind.
Unten: ein geschecktes Pony.

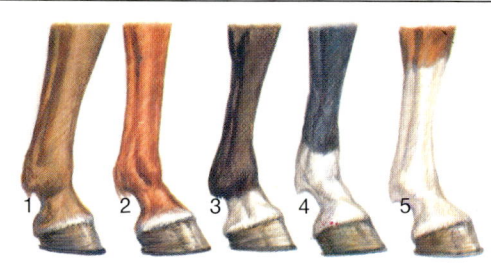

Hauptarten der Beinabzeichen:
1 Saumband weiß (gesäumt)
2 bis über das Krongelenk weiß (halbe Fessel)
3 bis über die Fessel weiß (gefesselt)
4 bis über das Fesselgelenk weiß (hohe Fessel)
5 bis halbes Rohrbein weiß (halbgestiefelt).

Es ist eine in der Natur seltene Farbe. Fälschlich werden auch Schimmel als »weiß« bezeichnet, doch sind sie in Wirklichkeit grau und ihre Haut ist nicht rosa.

Pferde, bei denen Deckhaar und Langhaar jeweils eine andere Farbe haben:
Mausfalbe: Aschgraues Haarkleid, während Schweif, Mähne und das Ende der Gliedmaßen schwarz sind. Diese Farbe ist äußerst selten.
Brauner: Mehr oder weniger intensiv rotbraunes Pferd, dessen Gliedmaßen vom Vorderknie bzw. Sprunggelenk abwärts schwarz sind, mit schwarzem Schweif und schwarzer Mähne. Es ist die in der Natur am häufigsten verbreitete Farbe, sie ist beim Englischen Vollblut vorherrschend und existiert in sehr vielen Schattierungen, von fast Schwarz bis zu beinahe Weiß.
Das Deckhaar hat zwei verschiedene, miteinander vermischte Farben:
Schimmel: Weiße und schwarze Haare sind auf dem ganzen Körper gleichmäßig nebeneinander vorhanden. In anderen Sprachen werden diese Pferde deshalb auch als »grau« bezeichnet, z. B. englisch »gray«, italienisch »grigio«. Dabei sind je nach dem Anteil der einen oder anderen Farbe verschiedene Mischungsverhältnisse möglich. In den ersten Lebensmonaten ist es schwer festzustellen, welche Pferde Schimmel sind, weil das Fohlen, das später ein Schimmel wird, bei der Geburt oft schwarz oder braun ist. *Rotschimmel* (nach der neueren Terminologie besser Fuchsschimmel genannt) haben sowohl weißes als auch rotes Deckhaar, während Schweif und Mähne auch fast ausschließlich von der einen oder der anderen Farbe sein können.
Deckhaar in drei miteinander vermischten Farben:
Stichelhaarig (rötlichgrau) mit weißen, roten und schwarzen Haaren, die gleichmäßig über den ganzen Körper verteilt sind. Der Schweif und die Enden der Gliedmaßen sind schwarz.
Schließlich müssen wir noch zwei Farben erwähnen: den *Isabell* oder *Palomino,* von gelblicher oder schmutzigweißer Farbe, dessen Mähne und Gliedmaßen gelb sind, und den *Falben,* mit ähnlichem Deckhaar, aber dunklem Langhaar und schwarzen Extremitäten.

Die Beinabzeichen
Das sind weiße Flecken, die verschiedene Teile der Extremitäten mit Ausnahme des Hufes betreffen. Man bezeichnet sie je nach ihrem Ausmaß:
Saumband weiß, wenn es sich um einen kaum sichtbaren weißen Streifen an der Krone handelt;
bis über das Krongelenk weiß; bis über das Fesselgelenk weiß; bis über die Fessel weiß; bis halbes Rohrbein weiß usw.
Die früher üblichen Bezeichnungen »gesäumt«, »halbe Fessel«, »gefesselt«, »hohe Fessel«, »halbgestiefelt« treten heute außer Gebrauch.

Abzeichen am Kopf
Es handelt sich dabei um verschieden geformte weiße Flecken, die charakteristische und manchmal romantische Bezeichnungen tragen (*Flocke, Blümel, Stern*), und die im allgemeinen dazu beitragen, den Kopf des Pferdes beträchtlich zu verschönern. Bezüglich der korrekten Bezeichnungen und um das Aussehen dieser Abzeichen genauer zu verstehen, siehe die Abbildungen auf der übernächsten Seite. Als »Schnippe« (Schnäuzl) wird ein fleischfarbener Hautfleck bezeichnet, der von einem feinen Flaum bedeckt ist.

Brauner

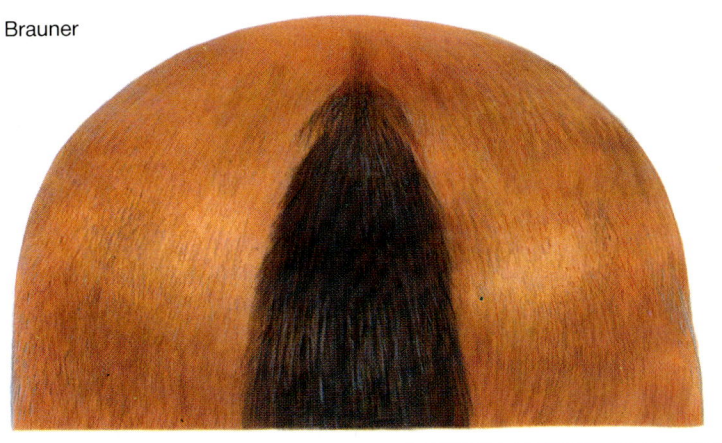

Fuchs

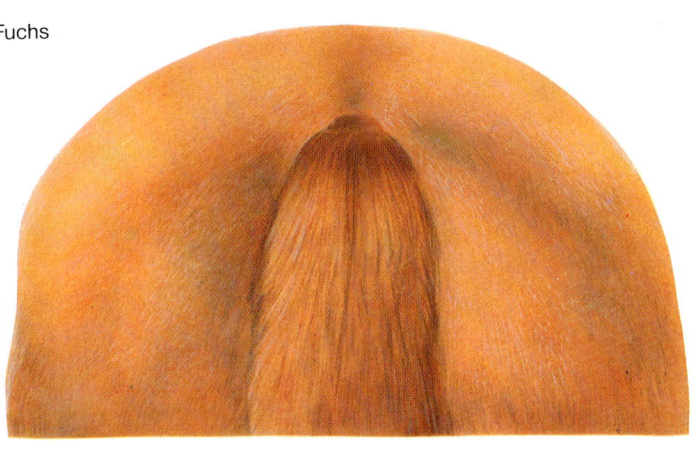

Schimmel

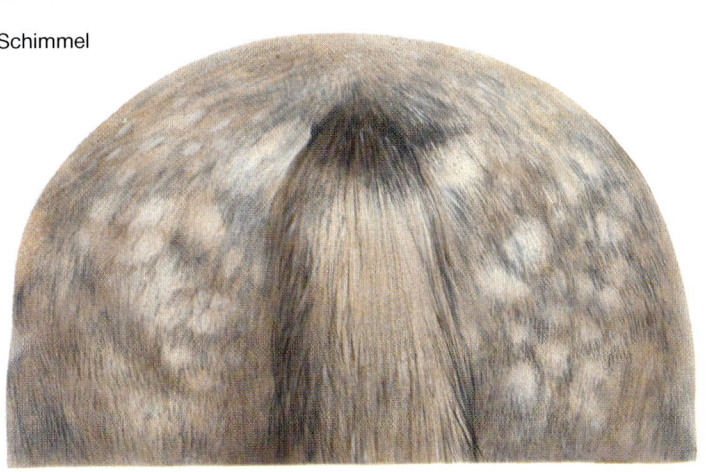

Rappe

Stichelhaarig

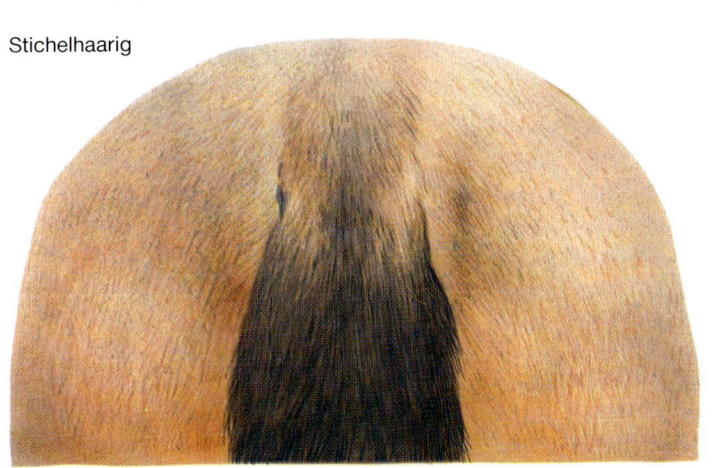

Isabell (Palomino)

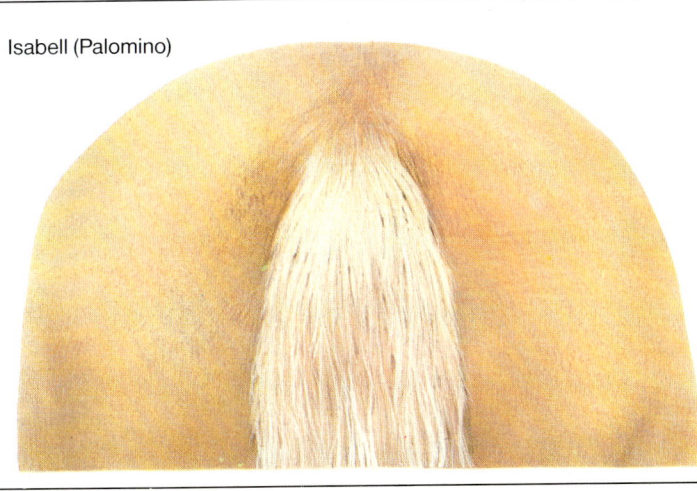

Appaloosa

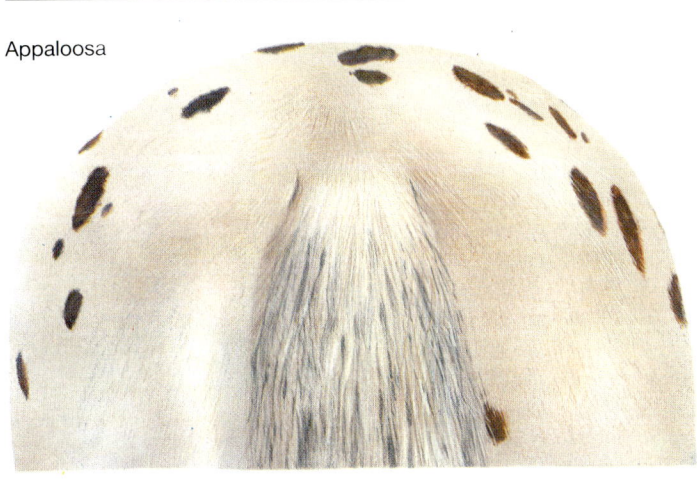

Schecke

Stirnhaare (wenige weiße Haare auf der Stirn)

Flocke (Blümel)

Stern

Stern mit Strich oder Nasenstreifen

unregelmäßiger Stern

herzförmiger Stern

kurze Blesse

bis ober die Nüstern reichende Blesse

oben breite, dann enger werdende und bis zwischen die Nüstern reichende Blesse

etwas rechtsseitige Blesse

schmale durchgehende Blesse

durchgehende, am Beginn zweigeteilte, am Ende fleischfarbene Blesse

breite durchgehende Blesse

breite durchgehende, die rechte Nüster einschließende Blesse

schmale durchgehende, die rechte Nüster einschließende Blesse

breite durchgehende, die Nüstern und Oberlippe einschließende Blesse, Unterlippe weiß

breite durchgehende und die Nüstern und Oberlippe einschließende Blesse

Viereckstern auslaufend in schmalen langen Nasenstreifen; fleischfarbene Schnippe (fleischfarbenes Schnäuzl)

Links: eine Zusammenstellung der wichtigsten Abzeichen am Kopf:

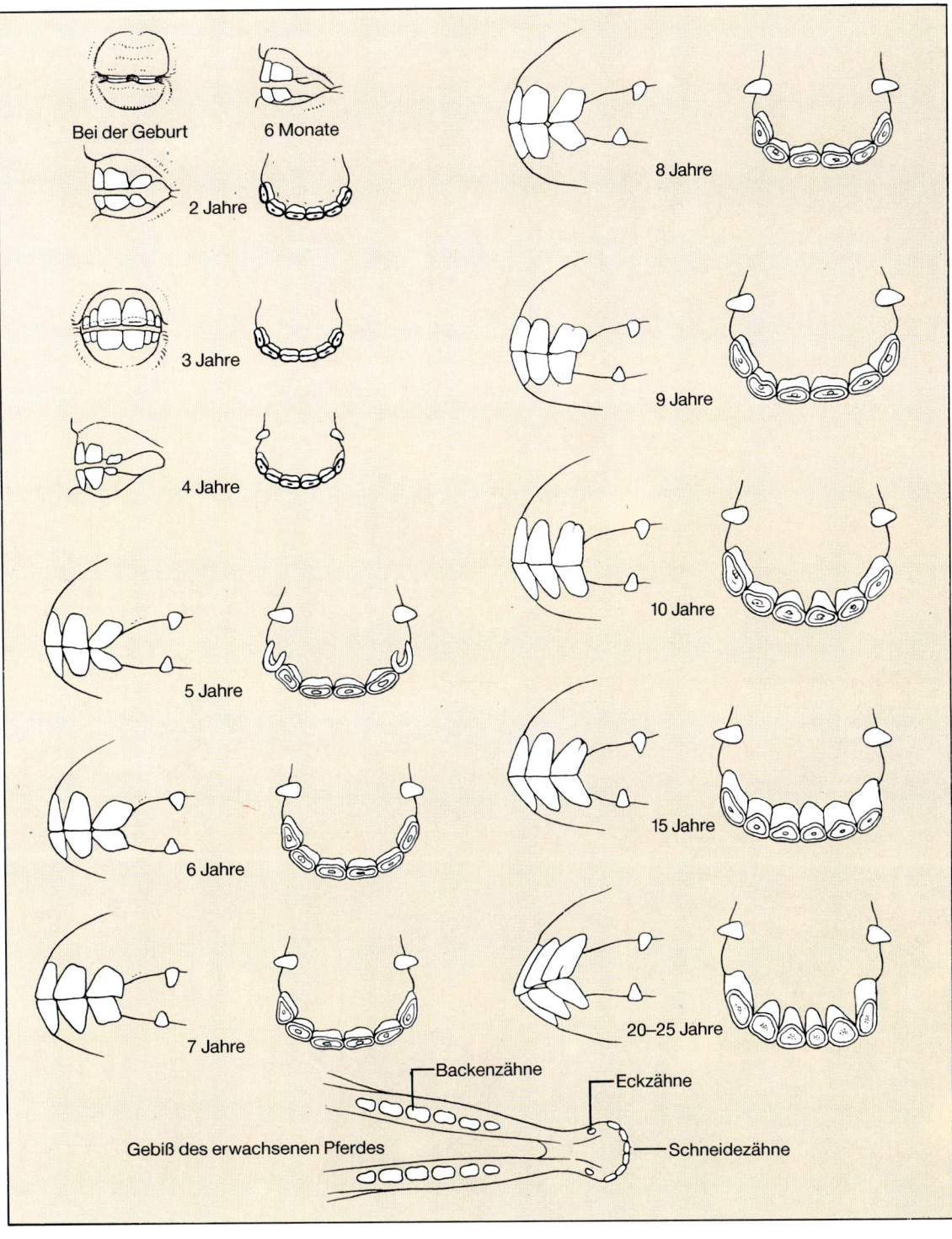

Bei der Geburt

6 Monate

2 Jahre

3 Jahre

4 Jahre

5 Jahre

6 Jahre

7 Jahre

8 Jahre

9 Jahre

10 Jahre

15 Jahre

20–25 Jahre

Backenzähne

Eckzähne

Gebiß des erwachsenen Pferdes

Schneidezähne

Rechts: Veränderungen des Pferdegebisses in Abhängigkeit vom Alter. Anhand des Gebisses können Fachleute das Alter eines Pferdes feststellen.

Das Alter des Pferdes

Das Alter des Pferdes läßt sich durch das Betrachten seiner Zähne feststellen, die im Laufe der Zeit ständigen Veränderungen unterworfen sind. Ebenso wie die Menschenkinder haben auch die Fohlen Milchzähne, die dann einer nach dem anderen ausfallen und den bleibenden Zähnen Platz machen: mit fünf Jahren kann man ein Pferd als erwachsen bezeichnen, dann hat es auch das vollständige bleibende Gebiß, das, wie man aus der Abbildung ersehen kann, aus 40 Zähnen besteht. Sehr wichtig sind die Schneidezähne (6 obere und 6 untere), die besondere Bezeichnungen haben: die seitlichen Schneidezähne heißen Eckzähne (Incisivus 3), die mittleren Schneidezähne (Incisivus 1), die dazwischenliegenden Mittelzähne (Incisivus 2). Bis zu

einem Lebensalter von fünf Jahren stellt man das Alter des Pferdes fest, indem man nachsieht, welche von den Schneidezähnen bereits bleibende Zähne sind; daher genügt es, das Maul von der Seite anzusehen, ohne die Kinnlade zu öffnen. Bei einem Lebensalter von mehr als fünf Jahren wird die Sache komplizierter: es ist notwendig, die Kinnlade zu öffnen, die Zunge festzuhalten und seitlich herauszuziehen und die Kaufläche der unteren Schneidezähne anzusehen; diese Zähne werden mit den Jahren mehr und mehr abgenützt und ihr Querschnitt sieht je nach dem Alter des Pferdes anders aus.

Es bedarf großer Erfahrung, um das Gebiß eines Pferdes genau beurteilen zu können: für denjenigen, der nicht sehr erfahren ist, genügt es, sich eine unge-

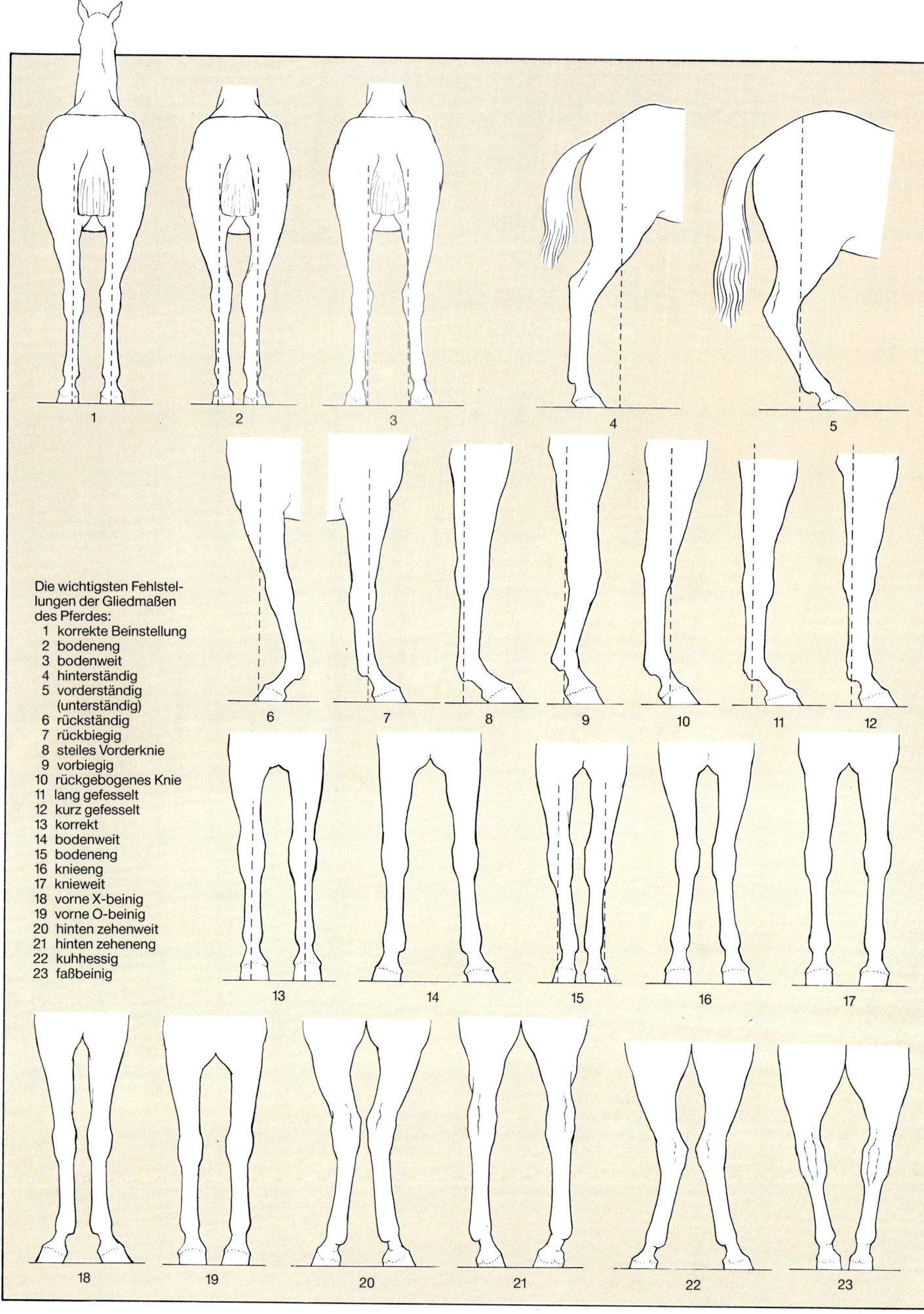

Die wichtigsten Fehlstel-
lungen der Gliedmaßen
des Pferdes:
1 korrekte Beinstellung
2 bodeneng
3 bodenweit
4 hinterständig
5 vorderständig
   (unterständig)
6 rückständig
7 rückbiegig
8 steiles Vorderknie
9 vorbiegig
10 rückgebogenes Knie
11 lang gefesselt
12 kurz gefesselt
13 korrekt
14 bodenweit
15 bodeneng
16 knieeng
17 knieweit
18 vorne X-beinig
19 vorne O-beinig
20 hinten zehenweit
21 hinten zeheneng
22 kuhhessig
23 faßbeinig

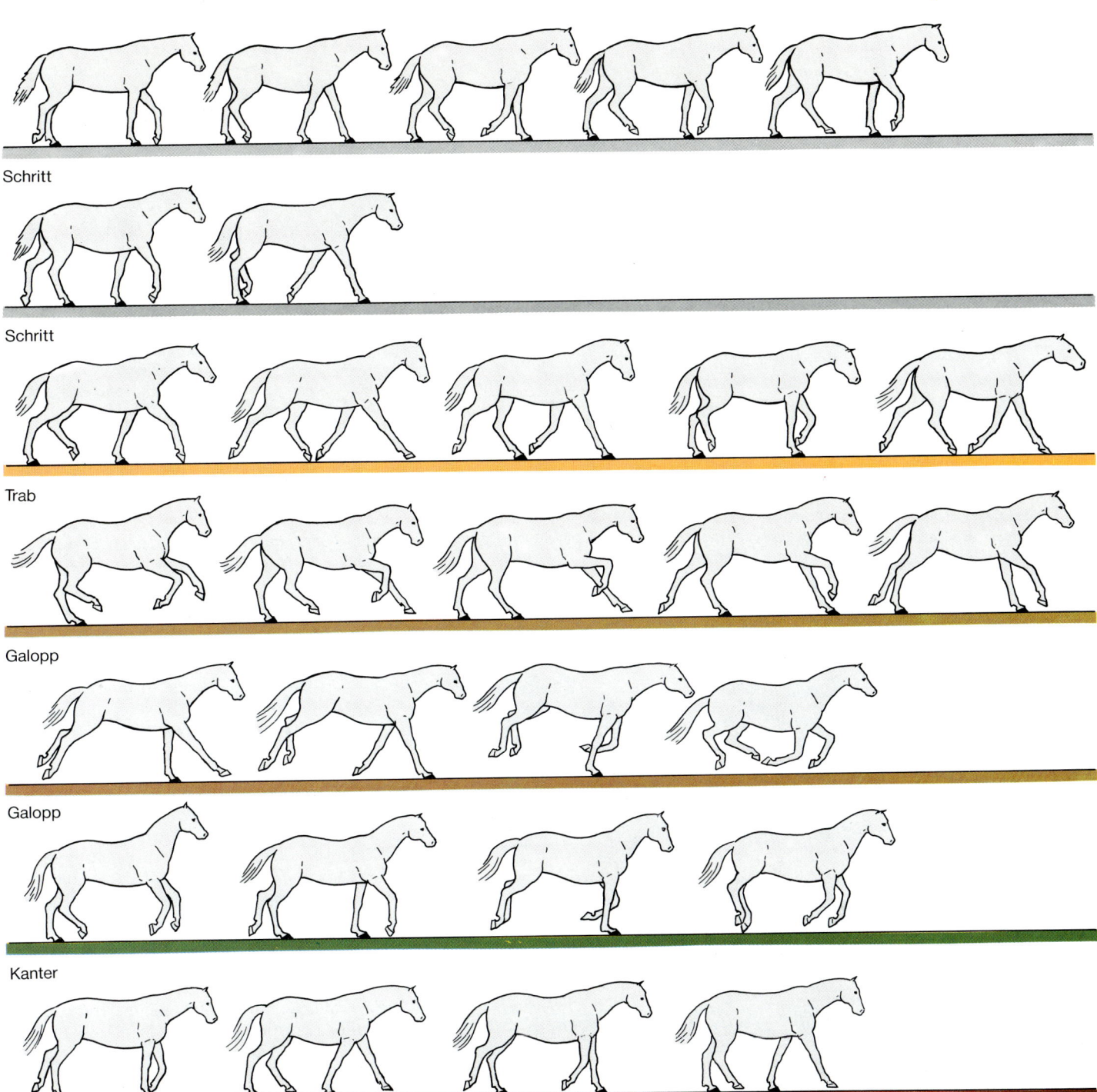

Schritt

Schritt

Trab

Galopp

Galopp

Kanter

Paßgang

Übersichtstabelle der Gangarten des Pferdes. Der Kanter ist ein kurzer, leichter Galopp.

fähre Vorstellung zu machen, indem man das seitliche Profil der beiden Zahnbögen genau betrachtet, das mit der Zeit einen immer spitzeren Winkel bildet (d. h. die Zähne stehen immer weiter nach vorne), sowie die Form des Querschnitts der unteren Schneidezähne, die mit zunehmendem Alter des Pferdes von einem Oval in eine Ellipse und dann in ein Dreieck übergeht. Es ist nützlich, sich einige Erfahrung in der Bestimmung des Alters zu erwerben, denn wenn es stimmt, daß »das Auge des Besitzers das Pferd stets wohlgenährter macht«, so ist es ebenso wahr, daß das Auge des Besitzers es sehr oft verjüngt (beim Verkauf!).

Die Beinstellungen

Unter der Beinstellung des Pferdes versteht man die Richtung der Extremitäten in bezug auf den Boden bei einem Stillstand des Pferdes. Eine Fehlstellung der Beine stellt einen mehr oder weniger ernsten Defekt dar, der den Wert des Pferdes und seine Leistungsfähigkeit sehr stark beeinflussen kann. Gewöhnlich führt eine Fehlstellung der Beine zu einer abnormen Abnützung der Gelenke, die früher oder später auch irgendwelche äußeren Verletzungen zur Folge hat. Auch aus diesem Grund und zum Zwecke einer größeren Klarheit zeigt die nebenstehende schematische Tabelle die korrekte Beinstellung sowie die hauptsächlichsten Fehlstellungen der Beine.

Die Gangarten

Für ein Pferd, das in Bewegung ist, sind die Gangarten ein wenig wie die Gänge eines Autos. In jeder Gangart gibt es eine bestimmte und charakteristische Abfolge

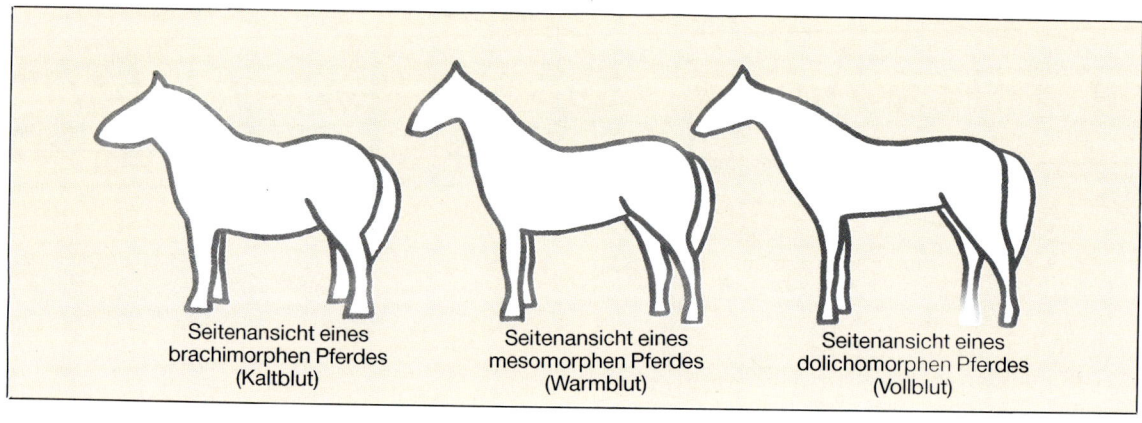

Seitenansicht eines brachimorphen Pferdes (Kaltblut)

Seitenansicht eines mesomorphen Pferdes (Warmblut)

Seitenansicht eines dolichomorphen Pferdes (Vollblut)

der Bewegungen der Gliedmaßen. Der Schritt ist eine schreitende Vorwärtsbewegung im Viertakt. Nehmen wir an, das Pferd fußt mit dem rechten Hinterfuß ab; dann erfolgen die Takte in folgender Reihenfolge: rechter Vorderfuß, linker Hinterfuß, linker Vorderfuß, rechter Hinterfuß. Der Trab hingegen ist eine gesprungene Gangart, die in zwei gleichen Takten abläuft: das Pferd setzt abwechselnd mit je einem diagonalen Beinpaar auf; daher schwebt man zwischen den einzelnen Takten in der Luft, d. h., man verliert den Bodenkontakt.

Der Paßgang wiederum ist eine weiche Gangart, bei der jeweils beide Beine einer Seite gleichzeitig vorgesetzt werden.

Der Paßgang ist nur für bestimmte Pferderassen wie für das Islandpony oder den peruanischen Paso eine natürliche Fortbewegungsart, und er ist für den Reiter sehr bequem und erholsam.

Der Galopp schließlich ist eine weiche, diagonal gesprungene Gangart, die in drei Takten abläuft. Das Pferd setzt nacheinander mit einem Vorderbein, einem diagonalen Beinpaar und einem Hinterbein auf (siehe S. 25). Zwischen den einzelnen Takten ist jeweils eine Phase, in der sich alle Beine des Pferdes in der Luft befinden.

Die Konstitutionstypen der Pferde

Sehr nützlich bei der Beschreibung der einzelnen Rassen ist der Konstitutionstypus. Wie man bei den Menschen schlanke, untersetzte und normal gebaute unterscheiden kann, so werden die Pferde nach ihrem Körperbau in dolichomorphe, brachimorphe und mesomorphe eingeteilt.

Der dolichomorphe Typus, der dem Vollblutpferd entspricht, eignet sich besser für schnelle und langgestreckte Gangarten als für den Ausdruck von Kraft. Die Muskeln sind lang, mit großer Hubhöhe und dadurch großer Hubgeschwindigkeit. Der Brustkorb hat die Form eines Spitzbogens. Insgesamt zeigt die Form lange Linien, sie ist in die Länge gezogen und schlank. Zu diesem Typus gehören z. B. die englischen Vollblutpferde und die Traber: es ist jener Pferdetypus, der sich durch Schönheit und Adel sowie durch seine Eignung als Rennpferd auszeichnet.

Der brachimorphe Typus, der dem Kaltblutpferd entspricht, ist besser dazu geeignet, Kraft zu entwickeln als Schnelligkeit. Die Muskeln sind kurz, mit geringer Hubhöhe, dafür mehr Hubkraft und weniger Geschwindigkeit. Der Brustkorb ist breit, die Formen massiv, die Linien kurz, die Muskulatur ist in der Dicke besser entwickelt als in der Länge. Es ist der Typus des Zug- und Saumpferdes.

Zwischen diesen beiden gegensätzlichen Typen liegt der mesomorphe Typus, der dem Warmblut entspricht. Es ist das klassische Reit- und Nutzpferd (z. B. als Kavallerie- oder Jagdpferd), sowohl zäh als auch schnell. Es ist ein kompakt gebautes, harmonisches Tier, bei dem alle Körperteile zueinander in einem ausgewogenen Verhältnis stehen.

Unten: ein Vollblut-Rennpferd: das typische dolichomorphe Pferd von schlankem und leichtem Gebäude trotz beachtlich entwickelter Muskulatur.

26

Die Rassen

Der Araber

Der Ursprung der Araberpferde verliert sich im Dunkel der Geschichte. Wahrscheinlich stammt der Araber von einem wilden Vorfahren ab, der bis zur Eiszeit auf der arabischen Halbinsel lebte. Er ist ein Tier, das den Muslim heilig ist, und er gilt als Geschenk Allahs an die Menschen, der eine Handvoll Südwind nahm, sie zusammenpreßte und daraus ein goldbraunes Pferd schuf. Die ältesten Schriften, in denen aus Südarabien stammende Pferde genannt sind, datieren aus dem 4. Jahrhundert v. Chr.

Im Laufe der Jahrhunderte haben die Araber diese Rasse, die den anderen an Schönheit, Intelligenz, Robustheit und Genügsamkeit überlegen ist, zur Vollendung gebracht. Dieses Pferd hat mit dem Beduinen das harte Leben in der Wüste geteilt, hat die Unbill des Klimas erduldet, sich mit mäßiger Nahrung begnügt. Das Klima, die Nahrung und eine mitleidlose Selektion, sowohl durch die Natur als auch durch den Menschen, haben zur Schaffung dieser edelsten und schönsten aller Pferderassen beigetragen.

Der Araber ist zur Veredelung sämtlicher europäischer Rassen eingesetzt worden und war an der Zucht der Englischen Vollblüter entscheidend beteiligt. Er kam im Zuge der Invasion der Mauren in Spanien nach Europa. Man kann ohne weiters behaupten, daß in sämtlichen heutigen Warmblutrassen zumindest geringe Mengen Araberblut enthalten sind.

Außer in den Ländern des Nahen Ostens findet man die besten Gestüte in Polen, Schweden, Frankreich, England, Spanien und in den Vereinigten Staaten. Der Vollblutaraber wird in vielen Disziplinen des Pferdesports verwendet, vor allem bei Rennen über lange Strecken, bei denen er hervorragend ist. Aufgrund seiner kleinen Gestalt ist er für das Springreiten und für die Vielseitigkeitsprüfung (Military) wenig geeignet, obwohl es ihm nicht an Springvermögen mangelt.

Der Berber

Der Berber ist eine alte Rasse und seit der Zeit der Griechen und Römer sehr geschätzt. Sie stammt aus Nordafrika, vor allem aus Algerien, Marokko und Tunesien, wird heute aber auch in vielen anderen Ländern gezüchtet.

Zahlreiche europäische und amerikanische Rassen enthalten Berberblut. Unter den Pferden der Konquistadoren, der spanischen und portugiesischen Eroberer Süd- und Mittelamerikas im 16. Jahrhundert, waren einige Berber, und die alten Rassen, Neapolitaner, Andalusier, Lipizzaner usw. stammen von Berberhengsten ab. Auch einer der Stammväter des Englischen Vollbluts war der Berberhengst Godolphin (Godolphin Barb, fälschlich auch »Godolphin Arabian« genannt, obwohl er aus Marokko stammt). In jüngster Vergangenheit ritten die berühmten Spahis der nordafrikanischen Kavallerie Berberhengste.

Heute wird der Berber aufgrund der für ihn typischen Widerstandsfähigkeit, Robustheit und Genügsamkeit vor allem im Pferdetourismus verwendet. Durch Einkreuzung mit Vollblutarabern erhält man edlere und den Arabern ähnlichere Tiere. In vielen europäischen Ländern wird der Berber wegen seiner Vorzüge sehr geschätzt.

Das Englische Vollblut

Verschiedene Rassen, sowohl europäische (normannische, englische, dänische, belgische, lombardische, neapolitanische, spanische...) als auch orientalische (turkmenische, arabische, persische, Berber) haben an der Entstehung des Englischen Vollbluts (*Thoroughbred*) Anteil. Diese Vielfalt der Herkunft erklärt das Fehlen eines einzigen Typus dieser Rasse und die merklichen Unterschiede, die wir heute beim Englischen Vollblut finden.

Araber
Stockmaß: 145–155 cm
Körperbau: dolichomorph
Farben: Brauner, Fuchs, Rappe,
Schimmel (Apfelschimmel)

Berber
Stockmaß: 140–160 cm
Körperbau: dolichomorph
Farben: Brauner, Fuchs, Rappe,
Schimmel

Englisches Vollblut
Stockmaß: 150–172 cm
Körperbau: dolichomorph
Farben: Brauner, Fuchs, Rappe,
Schimmel

Hunter
Stockmaß: 160–172 cm
Körperbau: mesomorph
Farben: Brauner, Fuchs, Schimmel,
Rappe

Connemara
Stockmaß: 132–142 cm
Körperbau: mesomorph
Farben: Brauner, Fuchs, Rappe, Schimmel,
Mausfalbe

Hackney
Stockmaß: 150–160 cm
Körperbau: mesomorph
Farben: Brauner, Fuchs, Rappe

Angloaraber
Stockmaß: 150–167 cm
Körperbau: meso-dolichomorph
Farben: Brauner, Fuchs, Schimmel

Cleveland Bay
Stockmaß: 154–164 cm
Körperbau: mesomorph
Farben: Brauner und Dunkelbrauner

28

Das Englische Vollblut ist das athletische Pferd par excellence: das entscheidende Kriterium bei der Auswahl der Zuchttiere war ihre Begabung zur Schnelligkeit. Die Rasse entstand zu Beginn des 18. Jahrhunderts und verbreitete sich rasch auf der ganzen Welt. Wenn heute ein Pferd irgendwo auf der Rennbahn läuft, so stammt es in direkter Linie von einem von drei wichtigen zu Beginn des 18. Jahrhunderts in England importierten Hengsten ab: Byerley Turk, der um 1685 von Lord Byerley importiert wurde; Darley Arabian, 1702 geboren und 1704 von James Darley in Syrien für seinen Sohn erworben; und Godolphin Arabian (richtiger Godolphin Barb genannt), den der Sultan von Marokko König Ludwig XIV. von Frankreich zum Geschenk gemacht hatte, der aber dann von den königlichen Stallmeistern seines allzu feurigen Temperaments wegen weggegeben wurde. Er wurde von einem Händler erworben, der ihn seinen Karren ziehen ließ, bis er von einem gewissen Edward Coke »entdeckt« wurde, nach dessen Tod im Jahre 1733 er mit dem gesamten Gestüt in den Besitz von Lord Godolphin gelangte.

Von diesen drei Hengsten stammen durch Kreuzungen die wichtigsten Stammväter der drei Hengstlinien der Englischen Vollblüter ab, einer Rasse, die für das Pferderennen entwickelt wurde: der Braune Herod, der Braune Matchem und das berühmteste Rennpferd der Geschichte, der unbesiegte Fuchshengst Eclipse.

Wie wir gesehen haben, wurde das Englische Vollblut in erster Linie für die Rennbahn entwickelt. Wenn es aber entsprechend ausgebildet wird, ist es ein gutes, ja sogar ausgezeichnetes Pferd für den Pferdesport. Viele Sieger in der Military, im Springreiten, mitunter sogar im Dressurreiten, sind Englische Vollblüter: denken wir nur an die kleine Stute Touch of Class, die 1984 unter ihrem Reiter Joe Fargis das Springreiten in Los Angeles gewann, oder an den großartigen Conspirateur (ein in Australien geborenes Vollblut), der zu Beginn unseres Jahrhunderts (1906) in Frankreich unter Hauptmann Crousse über 2,35 m hoch sprang.

Ebenso wie früher der Araber oder der Andalusier wird heute das Englische Vollblut zur Veredelung anderer Rassen eingesetzt, denen es seine Schnelligkeit, Schönheit und Nervigkeit vererbt.

Je nach ihrer Begabung für die Rennbahn werden die Vollblüter in fünf Kategorien eingeteilt: Flieger (oder Sprinter) für Kurzstrecken bis zu 1300 m, Meiler für Strecken von 1300 bis 1600 m, Mittelstreckenläufer für Strecken von 1700 bis 2000 m, Klassiker für Strecken von 2000 bis 2400 m und Steher für Strecken über 2400 m.

Die Pferderassen Großbritanniens und Irlands

Großbritannien und Irland sind die Heimat des Pferdes überhaupt, und ihre Bewohner zählen zu den kompetentesten und leidenschaftlichsten Reitern und Pferdeliebhabern.

In Großbritannien und Irland finden wir das klassische Jagdpferd: den **Hunter.** In Wirklichkeit handelt es sich dabei um keine Rasse, da man diese Pferde durch Paarung eines Englischen Vollbluthengstes mit einer einheimischen britischen oder irischen Stute erhält. Zu Recht am berühmtesten ist der Irish Hunter, der einer Kreuzung aus Englischen Vollblütern mit Irish-Draught-Stuten entstammt, dem typischen irischen Zugpferd, dessen Ursprung im Dunkel liegt, das sich sowohl als Zug- als auch als Reitpferd eignet. Der Hunter wird in drei Typen gezüchtet, leicht, mittel und schwer, je nach dem Gewicht, das er mühelos tragen kann: der Lightweight Hunter für Reiter bis zu einem Gewicht von 83 kg (inklusive Sattel), der Middleweight Hunter bis zu 95 kg, der Heavyweight Hunter für ein Gewicht von über 95 kg. Aufgrund seines ihm angeborenen Sprungvermögens wird er traditionellerweise zur Fuchsjagd eingesetzt. Der Hunter eignet sich besonders gut als Sportpferd, vor allem für das Springreiten und die Military. Er ist ein kräftiges und ausdauerndes Pferd, ruhig aber nervig, leicht auszubilden. Aufgrund all dieser Eigenschaften wird er von den Britischen Inseln in die ganze Welt exportiert. Der italienische Rittmeister Federico Caprilli (1868–1908), der den sogenannten »leichten Sitz« beim Springreiten entwickelte, schätzte den Hunter wegen seiner Begabung zum Galopp und seiner Stärke und Unerschrockenheit beim Springen. Außer dem Hunter produziert Irland noch ein anderes auf der ganzen Welt bekanntes und geschätztes Pferd: das **Connemara,** ein Pony, das auch von Erwachsenen geritten werden kann, wenn sie nicht allzu groß und schwer sind. Das Connemara, das von Pferden abstammt, die einst von keltischen Stämmen nach Irland gebracht wurden, hat sich durch natürliche Auslese in einem sehr kargen Habitat entwickelt, so daß diese Rasse besonders zäh und anspruchslos geworden ist. Es ist ein intelligentes Tier, mit großer athletischer Begabung und ausgesprochener Sprungveranlagung: aus diesem Grund wird es häufig bei der Jagd und bei Turnieren eingesetzt. Durch Kreuzung mit Vollblütern erhält man etwas größere und edlere Pferde, die sehr gesucht und geschätzt sind.

Liebhaber des Fahrsports finden das ideale Pferd ebenfalls in Großbritannien, vor allem den Hackney und den Cleveland Bay.

Der **Hackney** (oder Englische Traber) ist ein besonderes Pferd mit »markanten und eleganten« (Volpini) Bewegungen und einem nervigen Temperament. Im Trab schiebt er mit den Hinterbeinen kräftig an, während er die Vorderbeine auf eine charakteristische Weise hebt: es ist eine sehr effektvolle, aber in bezug auf die zurückgelegte Entfernung nur relativ wirkungsvolle und äußerst aufwendige Gangart.

Der Hackney stammt von den alten Norfolk- und Yorkshire-Kutschpferden ab, die seit dem 17. Jahrhundert bekannt sind. Der Hengst Old Shales, ein Abkömmling von Flying Childers, hat die gesamte Rasse beeinflußt, die in der Folge durch die Zufuhr von Araberblut veredelt wurde. Der Hackney wird vor allem im Fahrsport eingesetzt und wird auch außerhalb Großbritanniens, besonders in Holland und in den Vereinigten Staaten, gezüchtet.

Der **Cleveland Bay** war das typische Pferd der fahrenden Händler, doch in der zweiten Hälfte des 18. Jahrhunderts wurde er durch Einkreuzungen von Arabern und Englischen Vollblütern verbessert und veredelt. Er wurde zum traditionellen Pferd für die eleganten Equipagen: auch die königlichen Karossen wurden von Cleveland Bays gezogen. Mit dem allmählichen Verschwinden der Kutschen war diese Rasse vom Aussterben bedroht, doch heute ist sie durch den Fahrsport wieder zu Ehren gekommen. Durch Kreuzung mit Vollblütern entstanden das Yorkshire Coach Horse, ein gutes Kutschpferd, und der englische Hunter, ein ausgezeichnetes Jagd- und Turnierpferd.

Knabstrupper
Stockmaß: 155–165 cm
Körperbau: mesomorph
Farbe: Tigerscheckung

Friese
Stockmaß: 152–160 cm
Körperbau: meso-brachimorph
Farbe: Rappe

Ein schönes Beispiel eines Knabstruppers mit seiner typischen Tigerscheckung.

Auf der folgenden Seite zwei in Freiheit lebende Camarguepferde.

Der Knabstrupper

Der dänische Knabstrupper ist wegen seines typischen geschecken Fells gesucht und wird vor allem im Zirkus und im Pferdesporttourismus verwendet. Die Rasse ist andalusischen Ursprungs: anscheinend verkaufte ein spanischer Offizier, der 1812 während der Napoleonischen Kriege in Gefangenschaft geriet, seine Stute an einen Fleischer. Dieser war von der ungewöhnlichen Fellfärbung so beeindruckt, daß er das Pferd rettete und an einen Züchter in der Gegend von Knabstrup weiterverkaufte, der die Stute mit einheimischen Fredriksborger Hengsten (so genannt nach dem Namen des 1562 gegründeten königlichen dänischen Gestüts) paarte.
Die gesamte Nachkommenschaft wurde mit dem scheckigen Fell geboren, weshalb die Stute Flaebehoppen als Stammutter der Rasse gilt.
Nicht sehr sorgfältige Kreuzungen in jüngster Zeit sind leider im Begriff, die Voraussetzungen für die Reinheit der Rasse zu gefährden.

Der Friese

Der Friese ist eine alte holländische Rasse, die vom Aussterben bedroht war, doch aufgrund ihrer Leistungen im Fahrsport zu neuer Vitalität gefunden hat.
Der Friese, der in direkter Linie von sehr schweren Kaltblutpferden aus der Eiszeit herrührt, wurde bereits von den alten Römern sehr geschätzt und auch im Mittelalter bei den Turnieren verwendet. Später wurde er vor allem als Wirtschaftspferd eingesetzt, aber in den letzten Jahrzehnten erhielt man durch Kreuzung mit Arabern, Englischem Vollblut und Hannoveranern ein Pferd, das sich besser für den Sport eignet, vor allem für den Fahrsport und den Pferdetourismus. Wegen seines einfarbig schwarzen Fells und der eleganten Bewegungen findet man ihn auch häufig bei Zirkusvorführungen.

Der Angloaraber

Diese typische und berühmte französische Rasse wurde 1843 auf dem Gestüt Pompadour durch die systematische Kreuzung von Englischem und arabischem Vollblut geschaffen. Zwei aus Syrien importierte orientalische Hengste, Massoud und Aslam, und drei aus Großbritannien importierte Englische Vollblutstuten sind die Stammväter und Stammütter dieser neuen Rasse. 1874 wurden erstmals ausschließlich den Angloarabern vorbehaltene Rennen veranstaltet, und diese Tradition wurde bis heute ununterbrochen aufrechterhalten.
Angloaraber sind das Ergebnis der Paarung einer Englischen Vollblutstute und eines Araberhengstes, einer Araberstute und eines Englischen Vollbluthengstes oder auch zweier Angloaraber. Der erstere Fall ist häufiger als der zweitere, aber der dritte ist der häufigste. Um als Angloaraber zu gelten, muß ein Pferd mindestens 25 Prozent Araberblut haben. Angloaraber werden auch außerhalb Frankreichs erfolgreich gezüchtet, vor allem in den osteuropäischen Staaten und ganz besonders in Polen, wo sie unter der Bezeichnung Malopolska bekannt sind, und in Ungarn unter der Bezeichnung Gidran.
Der Angloaraber ist ein ausgezeichnetes Reitpferd und kann in sämtlichen Disziplinen des Reitsports eingesetzt werden. In der Zeit zwischen den beiden Welt-

Camarguepferd
Stockmaß: 135–150 cm
Körperbau: mesomorph
Farben: Schimmel und Dunkelbrauner

Selle Français
Stockmaß: 160–170 cm
Körperbau: mesomorph
Farben: Brauner, Fuchs, Schimmel

Freiberger
Stockmaß: 150–158 cm
Körperbau: mesomorph
Farben: Brauner, Fuchs, Schimmel

kriegen sah man ihn sehr häufig bei Turnieren, in den Dressurvierecken und bei der Military. Heutzutage sieht man ihn nicht mehr ganz so oft: bei Turnieren, weil er nicht besonders groß ist, und da er energisch, ziemlich nervig und sensibel ist, mit Feinfühligkeit geritten werden muß; in Frankreich und anderswo wird heutzutage der Selle Français vorgezogen. Beim Dressurreiten ist er fast vollständig durch die rahmigeren Pferde vom deutschen Typus mit ihren raumgreifenderen und präziseren Bewegungen und ihrem kälteren und ruhigeren Temperament verdrängt worden.

Das Camarguepferd

Das ist eine der ältesten europäischen Rassen: es sind jene Pferde, größtenteils Schimmel, die man in der Camargue, d. h. im Rhonedelta, antrifft.

Sie leben in einem wilden oder halbwilden Zustand und bilden mit den Stieren und den Flamingos die typische Fauna dieses französischen Landstrichs. Die Gardians, die Pferde- und Stierhirten, die eine gewisse Ähnlichkeit mit den Cowboys haben, reiten sie auf einem speziellen Sattel, *Camarguaise* genannt, der etwas an den Westernsattel erinnert.

Das Camarguepferd ist ein widerstandsfähiges, kräftiges und ausgeglichenes Tier, das Kälte, Hitze und Insekten problemlos aushält: es ist daher für den Pferdesporttourismus sehr gut geeignet. In Frankreich wird es auch für einige Reiterspiele verwendet.

Der Selle Français

Das Cheval de selle français (französisches Sattelpferd), üblicherweise einfach als Selle Français bezeichnet (eine Bezeichnung, die erst 1958 entstand), ist ein typisches Reitpferd, das derzeit en vogue und in Frankreich und anderswo weit verbreitet ist. Es ist definiert als Ergebnis der Paarung eines französischen Vollbluthengstes und einer Französischen Traberstute, eines Angloaraberhengstes und einer Französischen Traberstute oder eines Englischen Vollbluthengstes mit einer Angloaraberstute, wenn der Prozentsatz von Araberblut bei weniger als 25 Prozent liegt, und natürlich auch das Ergebnis der Paarung zweier Selle Français.

Der Selle Français ist ein elegantes, kräftiges, kompaktes und leistungsfähiges Pferd, das sich für alle Pferdesportarten eignet. Es hat sich vor allem bei Reitturnieren bewährt, bei denen viele Sieger auf Pferden dieser Rasse berühmt wurden: aus diesem Grund sind die Exporte dieser Pferde ständig im Steigen begriffen. Der Selle Français wird in zwei Klassen gezüchtet, die sich nach der Tragfähigkeit der Pferde richten. Die leichtere Klasse ist im allgemeinen nerviger, mit einem Anteil an Englischem Vollblut von mehr als 70 Prozent.

Der Freiberger

Der Freiberger, auch Franches Montagnes genannt, ist das Schweizer Nationalpferd. Die Rasse entstand in der Gebirgsregion des Jura und leitet sich aus dem Noriker oder Pinzgauer (dem klassischen österreichischen Zugpferd) und orientalischen Pferden ab, mit einer Beimischung von Kaltblutpferden (Percheron, Bretone, Shire), von Englischem Vollblut und Anglonormannen. Der Freiberger ist ein sehr robustes und

Hannoveraner
Stockmaß: 153–170 cm
Körperbau: mesomorph
Farben: Brauner, Fuchs, Rappe,
Schimmel, Kohlfuchs

Holsteiner
Stockmaß: 153–162 cm
Körperbau: mesomorph
Farben: Brauner, Fuchs, Rappe, Schimmel,
Kohlfuchs

Oldenburger
Stockmaß: 162–172 cm
Körperbau: mesomorph
Farben: Brauner, Rappe, Kohlfuchs

Trakehner
Stockmaß: 160–170 cm
Körperbau: mesomorph
Farben: Brauner, Fuchs, Rappe, Schimmel,
Kohlfuchs

genügsames Pferd, das jahrelang in der Landwirtschaft und im Heer verwendet wurde sowie als Ausgangsmaterial für die Züchtung robuster Maultiere und Maulesel.

Heute gehen die Zuchtbestrebungen dahin, Pferde zu produzieren, die sich als Reit- und Kutschpferde eignen, und zu diesem Zweck verwendet man Englische Vollblut- und Araberhengste als Beschäler. Der Freiberger wird auch in italienischen Gestüten gezüchtet.

Die deutschen Pferderassen

Gegenwärtig ist die Pferdezucht in Westdeutschland vor allem darauf ausgerichtet, ein Reitpferd von schönem Exterieur, ziemlich groß und kompakt, mit raumgreifenden und harmonischen Bewegungen, entsprechend nervig, aber von gutmütiger Wesensart zu schaffen. Diese Zucht liegt großteils in privater Hand und wird durch die *Abteilung Zucht der Deutschen Reiterlichen Vereinigung e.V.* angeleitet und überprüft, welche die Beschäler und Stuten autorisiert und anerkennt. Die Zuchttiere werden einem strengen Ausleseverfahren unterworfen, um Tiere, die ein schlechtes Zuchtergebnis bringen würden, auszuscheiden. Vor der Körung, d. h. bevor ein Hengst im Alter von vier Jahren als Beschäler zugelassen wird, muß er in den Wettkampfdisziplinen Dressurreiten, Springreiten, Vielseitigkeit (Military) und Fahrsport schwierige Befähigungsprüfungen bestehen.

Nach der ersten Saison als Beschäler werden die Hengste, die keine entsprechenden Fohlen gezeugt haben, aus der Zucht ausgesondert. Auch die Stuten müssen vor der Stutenaufnahme eine Exterieurbeurteilung bestehen. Dieses strenge und systematisch angewandte Ausleseverfahren hat zu einer riesigen Produktion von Reitpferden hervorragender Qualität geführt, die im Pferdetourismus und vor allem in Turnieren hochgeschätzt sind.

Der Ursprung der deutschen Rassen reicht weit zurück, und trotz der Kriegsereignisse, die dem hippologischen Erbe großen Schaden zufügten, wurden sie in Übereinstimmung mit den oben angeführten Zielen

Kladruber
Stockmaß: 167–183 cm
Körperbau: mesomorph
Farben: Schimmel und Rappe

Furioso
Stockmaß: 160–165 cm
Körperbau: mesomorph
Farben: Brauner und Rappe

Nonius
Stockmaß: 156–165 cm (klein)
165–175 cm (groß)
Körperbau: mesomorph
Farben: Brauner und Rappe

wiederaufgebaut und vervollkommnet. Die heute in Westdeutschland gezüchteten Rassen sind leicht an dem auf dem linken Oberschenkel angebrachten Brandzeichen zu erkennen. Die für die Zucht anerkannten Stuten erhalten auf dem Hals ein zweites, kleineres Brandzeichen. Die wichtigsten Rassen sind folgende: **Bayrisches Warmblut, Hannoveraner, Hessisches Warmblut, Holsteiner, Oldenburger, Baden-Württemberger, Pfalz-Saar, Rheinisches Warmblut, Rheinland-Nassau, Westfale, Trakehner.**
Mit der gleichen Sorgfalt und Strenge werden auch vor allem zwei einheimische Ponyrassen gezüchtet (**Dülmener** und **Senner Pony**), sowie einige ausländische Ponyrassen, die ebenfalls am Brandzeichen am Oberschenkel zu erkennen sind.
Auch (das ehemalige) Ostdeutschland produziert viele Pferde, deren Rassen sich von denen Westdeutschlands herleiten oder die durch Kreuzung mit deutschen oder russischen Hengsten oder Englischen Vollbluthengsten entstanden sind. Die gesamte Zucht ist auf die Züchtung von Reitpferden ausgerichtet.

Der Kladruber

Das Hofgestüt Kladrub, in der Nähe von Pardubice in Böhmen, wurde 1572 mit dem Ziel gegründet, die Pferde für den Marstall des Wiener Kaiserhofs zu liefern. Die heutige Rasse der Kladruber geht hingegen auf das 18. Jahrhundert zurück, als die Zuchthengste, die zur Schaffung dieser Rasse beitrugen, aus Italien und Spanien importiert wurden. Vom Hengst Pepoli, der 1764 in Italien geboren wurde, stammt die Blutlinie der Kladruber Schimmel ab; sein Sohn Imperatore, der 1775 in Kopcany geboren wurde, war der Vater von Generale, der zusammen mit Generalissimus als wahrer Stammvater dieser Rasse gilt. Die Blutlinie der Kladruber Rappen geht hingegen auf den Hengst Sacramoso (geboren 1769) zurück. Die beiden in Kladrub geborenen Hengste Maestoso und Favory wurden zu Stammvätern der Lipizzanerrasse.
Wie bereits erwähnt, zogen die Kladruber die Prunkkarossen des Wiener Hofes: die Schimmel bei freudigen Anlässen, die Rappen bei Begräbnissen, wie z. B. beim Begräbnis Kaiser Franz Josephs im Jahre 1916. Es waren eindrucksvolle und majestätische Pferde, mit elastischen und erhabenen Bewegungen; sie waren groß und konnten ein Stockmaß bis zu 1,90 m erreichen!
Heute ist der Ruhm dieser Rasse verblaßt, aber die Kladruber werden noch immer für den Pferdesporttourismus und den Fahrsport eingesetzt. Durch Einkreuzung von Englischen Vollblütern erhält man Tiere, die für sämtliche Pferdesportarten geeignet sind.

Die ungarischen Pferderassen

Es handelt sich dabei um Pferde, die überall auf der Welt einen gewissen Bekanntheits- und Beliebtheitsgrad genießen, sowohl bei den Reitern als auch bei den Anhängern des Fahrsports. Auch in Italien findet man viele ungarische Pferde, doch sind sie nicht immer von erstklassiger Qualität. Zu den typischesten und berühmtesten Rassen zählen **Furioso-North Star** und **Nonius**.
Im Jahre 1841 importierte Graf Georg Karolyi den Englischen Vollbluthengst Furioso in sein Gestüt Mezöhegyes, und zwölf Jahre später wurde ein weiterer

Englischer Vollbluthengst, North Star, importiert. Beide wurden mit einheimischen Stuten gepaart und deren Abkömmlinge miteinander gekreuzt, so daß auf diese Weise eine Rasse entstand, die sich als besonders gutes Reit- und Kutschpferd erwies.

Was den Nonius betrifft, so geht diese Rasse auf den gleichnamigen Hengst zurück, der 1814 von österreichischen Kürassieren im französischen Hengstendepot Rosières-aux-Salines erbeutet und 1816 in das Gestüt von Mezöhegyes gebracht wurde. Der Hengst wurde sofort zur Deckung von einheimischen, türkischen, spanischen und Lipizzanerstuten herangezogen, und die aus diesen Paarungen hervorgegangenen Töchter wurden nochmals mit dem Vater gepaart, so daß die Nachkommen viele der Merkmale ihres Stammvaters bewahrt haben.

Der Nonius wird in zwei verschiedenen Typen gezüchtet: der kleine Nonius, ein vielseitiges, aber nicht allzu schönes Pferd, durch Einkreuzung von Englischem Vollblut entstanden, und der große Nonius, größer und eleganter, durch Einkreuzung mit Anglonormannen entstanden und vor allem als Karossier sehr geschätzt. Beide Typen sind aber sowohl als Reitpferd als auch für den Fahrsport geeignet.

Die russischen Pferderassen

Die riesige Größe des Landes und die alten Reitertraditionen erklären die große Anzahl der Pferde und die Vielfalt der Rassen in der Sowjetunion. Auch in jüngerer Zeit, seit der Oktoberrevolution, entstanden durch Kreuzung von einheimischen Stuten mit Englischen oder arabischen Vollbluthengsten neue Rassen von Reitpferden.

Eine der ältesten russischen Pferderassen ist der **Achal-Tekkiner** mit seinem charakteristischen und einzigartigen isabellfarbenen Fell, ein Nachfahre des antiken Turkmenen, der heute ausgestorben ist und bereits von Marco Polo beschrieben wurde. Wenn man der Legende glauben will, war der unbezähmbare Bukephalos, das Roß Alexanders des Großen, der Stammvater der Rasse. Der Achal-Tekkiner wurde auch außerhalb seines Ursprungslandes Turkmenistan gezüchtet. Er ist ein sehr schönes Reitpferd, elegant und harmonisch, von raumgreifenden und elastischen Bewegungen. Ein guter Galopper, ist er vor allem für seine besondere Zähigkeit und Genügsamkeit bekannt, die ihn bei Distanzritten überlegen machen. Er tut sich jedoch auch in anderen Disziplinen hervor:

Eine russisches Troika, von Orlowtrabern gezogen. Man beachte die charakteristische Haltung der Pferde: das mittlere Pferd blickt geradeaus, die beiden äußeren Pferde sind nach außen gestellt. Das mittlere Pferd muß immer traben, die anderen können auch galoppieren.

Donpferd
Stockmaß: 151–153 cm
Körperbau: mesomorph
Farben: Brauner, Fuchs, Schimmel,
Isabell

Achal-Tekkiner
Stockmaß: 142–152 cm
Körperbau: mesomorph
Farben: vorwiegend Isabell,
daneben auch
Schimmel und Braune
mit weißen Abzeichen

Kabardiner
Stockmaß: 142–151 cm
Körperbau: mesomorph
Farben: Brauner oder Rappe

Tersker
Stockmaß: 150 cm
Körperbau: mesomorph
Farbe: Schimmel

Budjonny
Stockmaß: 152–160 cm
Körperbau: mesomorph
Farben: Fuchs und Brauner,
mit goldfarbenen Reflexen,
Rappe oder Kohlfuchs
(selten)

Wjatka
Stockmaß: 130–140 cm
Körperbau: mesomorph
Farben: dunkle Farben, Mausfalbe,
Schimmel

Orlowtraber
Stockmaß: 152–160 cm
Körperbau: mesomorph
Farben: Rappe und Schimmel

Lipizzaner
Stockmaß: 152–165 cm
Körperbau: mesomorph
Farben: Schimmel (überwiegend), Rappe, Brauner

bei den Olympischen Spielen 1960 in Rom errang der Hengst Absent unter Sergej Filatow die Goldmedaille im Dressurreiten.

Eine andere berühmte Rasse ist das **Donpferd,** das von den Pferden der Nomadenstämme der Steppe abstammt und während der Feldzüge von 1812 und 1814 das Reittier von 60.000 Kosaken war, die gegen Napoleon kämpften. Sehr anspruchslos paßt sich das Donpferd an jedes Klima und jede Umweltsituation an; heute ist die Rasse durch Einkreuzungen von Orlowtrabern, Streletpferden und Englischem Vollblut bedeutend verbessert worden. Es ist ein Pferd, das besonders für den Pferdesporttourismus geeignet ist, für lange Geländeritte und als leichtes Kutschpferd, aber man kann es auch bei Turnieren finden.

Der **Budjonny** ist eine der jüngsten in der Sowjetunion entstandenen Rassen und trägt seinen Namen nach dem Marschall Budjonny, einem Helden der Revolution, der auch am Zweiten Weltkrieg teilnahm. Die Rasse wird im Gebiet von Rostow gezüchtet und wurde erst 1949 offiziell anerkannt, obwohl die Züchtung durch Kreuzung von Don- und Chernomorpferden mit Englischen Vollbluthengsten bereits in den zwanziger Jahren begann (das Chernomorpferd, das in der Gegend von Krasnodar gezüchtet wird, stammt von Pferden der Saporosche-Kosaken ab). Der Budjonny ist ein typisches Reitpferd, sehr nervig, ein Galopper und mit großem Sprungvermögen. Er zeichnet sich in Turnieren aus, bei der Military und auch bei Distanzritten.

Der **Tersker,** der aus dem Gestüt Stavropol im nördlichen Kaukasus stammt (wo die Rasse zwischen 1921 und 1950 geschaffen wurde), weist als Stammväter Streletpferde auf, eine Rasse arabischen Ursprungs, die im 19. Jahrhundert in der Ukraine gezüchtet wurde. Vom Araber hat der Tersker das schöne Exterieur geerbt, die Eleganz in den Bewegungen und die Widerstandsfähigkeit. Er ist ein gutes Reit- und leichtes Kutschpferd, besonders geeignet für den Pferdesporttourismus und für lange Geländeritte.

Ebenfalls aus dem nördlichen Kaukasus stammt der **Kabardiner,** der für seine Anspruchslosigkeit und Zähigkeit geschätzt wird. Er leitet sich von den Pferden der alten Nomadenstämme der Steppe her, die mit persischen und türkischen Pferden gekreuzt wurden,

und ist das ideale Pferd für gebirgiges und hügeliges Terrain. Seine Hufe sind so hart, daß er auch ohne Eisen gehen könnte. Abgesehen von seinem Einsatz im Gebirge kann er auch als Reitpferd bei Turnieren eingesetzt werden.

Der **Wjatka** ist ein robustes Kleinpferd, das einst dazu verwendet wurde, die Troiken zu ziehen. Widerstandsfähig, anspruchslos, unermüdlich, und durch einen nicht sehr raumgreifenden, aber schnellen Trab gekennzeichnet, eignet er sich besonders gut für schneebedecktes Terrain. Heute wird er als Reitpferd und für den Pferdesporttourismus eingesetzt: er ist das ideale Pferd für Jugendliche.

Schließlich müssen wir noch den **Orlowtraber** anführen, der allgemein bekannt und die beliebteste Rasse in der Sowjetunion ist. Er stammt von dem Araberhengst Smetanka ab, der im 18. Jahrhundert auf dem Gestüt des Grafen Orlow in der Nähe von Moskau als Zuchthengst verwendet wurde. Er deckte dort dänische, deutsche und mecklenburgische Stuten, die als Stammmütter des russischen Trabers gelten. Als wahren Stammvater der Rasse bezeichnet man jedoch den Schimmel Bars I, der 1784 geboren wurde.

Der Orlowtraber ist ein robustes und kompaktes Pferd; wenig auffällig im Stand, beeindruckt er durch die Energie und Wirksamkeit seiner Bewegung im Trab. Zahlreiche europäische und amerikanische Traber haben Blut von Orlowtrabern in ihren Adern, aber die russische Rasse, die einst auf den Rennbahnen sehr geschätzt war, hat in unserem Jahrhundert dem Vergleich mit den französischen und amerikanischen Trabern nicht mehr standgehalten. Um die Geschwindigkeit des Orlowtrabers zu verbessern, hat man ihn mit amerikanischen Trabern gekreuzt und so einen besonderen Schlag mit der Bezeichnung **Métistraber** geschaffen.

Der Lipizzaner

Bereits in der Antike genossen die Pferde der Karstregion und des Podeltas berechtigten Ruhm. Sie waren auch bei den Griechen bekannt und geschätzt, so sehr, daß die Künstler der klassischen Epoche durch sie zu einigen Hauptwerken inspiriert wurden. Die Stuten der Karstregion und jene des Podeltas bildeten die

*Lipizzaner in Freiheit.
Es sind die Pferde der berühmten Spanischen Reit-
schule in Wien. Die erwachsenen Pferde sind Schimmel,
als Fohlen sind sie dunkelbraun oder schwarz.*

*Auf der folgenden Doppel-
seite: freilebende Pferde in
den Maremmen an der mit-
telitalienischen Westküste.*

Grundlage für eine neue und bekanntere Rasse: die
Lipizzaner. Im Jahre 1580 wurde von Erzherzog Karl
von Österreich das Hofgestüt Lipizza (in der Nähe von
Triest, heute in Jugoslawien gelegen) mit dem Ziel der
Remontierung für den Hof gegründet. Am Ende des
18. Jahrhunderts bildeten sich fünf Hengstlinien, die
trotz aller Widerwärtigkeiten, die das Gestüt während
der Kriegsereignisse erdulden mußte, bis heute wei-
terbestehen. Die Stammväter dieser Linien sind folgende Hengste: der Spanisch-Däne Pluto, die Neapolitaner Conversano und Neapolitano und die beiden
Kladruber Favory und Maestoso. 1816 wurde der Araberhengst Siglavy importiert, der eine sechste Hengst-
linie begründete. Außer in Lipizza wird diese Rasse
reinblütig auch in Piber (Österreich) sowie in Mezöhegyes (Ungarn) und in Fara Sabina (unweit von Rom)
gezüchtet.

Die Lipizzaner sind die Pferde der berühmten Spanischen Reitschule in Wien, die das Erbe der klassischen
Tradition der Hohen Schule weiterführt, die auf den
Grundlagen des großen französischen Gestüts La Guérinière beruht. Wenn man diese Pferde im Gestüt
besucht, machen sie keinen besonderen Eindruck: sie
sind nicht groß, ein wenig untersetzt und dickbäu-

chig... Doch wenn sie sich bewegen, welche Energie
und welcher Mut, welcher Schwung in den verschiedenen Gangarten! Außer für die Hohe Schule werden
die Lipizzaner auch im Fahrsport und im Pferdesporttourismus eingesetzt. Der Lipizzaner ist typischer-
weise ein Schimmel, doch bei der Geburt ist er
schwarz oder dunkelbraun.

Die italienischen Pferderassen

In vergangenen Jahrhunderten waren die italienischen
Rassen auf der ganzen Welt berühmt für ihre Merkmale und Vorzüge: es genügt, die antiken Traktate
über die Kunst des Reitens und die Hippologie zu
überfliegen, um reichlich Beweise dafür zu finden.
Leider ist dieses wertvolle Erbe teils durch geschichtli-
che Ereignisse, teils durch eine Art Selbstverstümme-
lung, die für Italien nicht uncharakteristisch ist, besonders in unserem Jahrhundert schwächer geworden
oder ganz verlorengegangen. Heute versucht man, um
den Reitsport wieder zu lancieren, die alten Pferderassen wiederzubeleben und sie den neuen Aufgaben
anzupassen. Zu diesem Zweck hat die *Ente Nazionale
per il Cavallo Italiano* 1973 ein *Stud-Book* (Stutbuch) ins

Sardischer Angloaraber
Stockmaß: 160–165 cm
Körperbau: mesomorph, dolichomorph
Farben: Brauner, Fuchs, Schimmel

Salerner
Stockmaß: 160–170 cm
Körperbau: meso-dolichomorph
Farben: Brauner, Fuchs, Schimmel (selten)

Sanfratellano
Stockmaß: 155–165 cm
Körperbau: mesomorph
Farben: Brauner, Rappe

Tolfetano
Stockmaß: 148–158 cm
Körperbau: mesomorph
Farben: Rappe, Dunkelbrauner, Fuchs, Schimmel

Murgese
Stockmaß: 150–164 cm
Körperbau: mesomorph
Farbe: Rappe

39

Bardigiano
Stockmaß: 135–145 cm
Farben: Brauner, Dunkelbrauner, Rappe

Italienisches Kaltblut
Stockmaß: 150–160 cm
Körperbau: brachimorph
Farben: Fuchs, Rotschimmel, Brauner

Haflinger
Stockmaß: 128–142 cm
Farbe: Fuchs mit hellerem Langhaar
(Lichtfuchs)

Leben gerufen, in dem 1973 und 1974 vorläufig Stuten aufgelistet wurden, die als Grundvoraussetzung eine Größe von mindestens 1,56 m aufwiesen.

Unter den heutigen Rassen möchten wir zu allererst den **Sardischen Angloaraber** nennen. Diese Bezeichnung bezieht sich auf ein Pferd aus einer ausgewählten Zucht, in dessen Abstammungspapieren der Prozentsatz von Araberblut angegeben ist, der mindestens 25 Prozent betragen muß. Die Rasse hat ihren Ursprung in Sardinien, wird aber heute in ganz Italien gezüchtet. Die Bezeichnung »Sarde« hingegen ist jenen Pferden vorbehalten, die aus der gewöhnlichen Reitpferdzucht kommen, die also von einheimischen, nicht speziell ausgewählten Stuten – meist wegen zu geringer Größe –, die überwiegend Araberblut führen, aus der Paarung mit arabischen Vollbluthengsten, Angloarabischen Vollbluthengsten und Sardischen Angloarabern hervorgehen.

Der Sardische Angloaraber ist ein gutes Reitpferd, lebhaft und nervig, mit gutem Springvermögen.

Der **Maremmano** ist ein typisches italienisches Reitpferd. Wenn man heute von dieser Rasse spricht, bezieht man sich auf den sogenannten verbesserten Maremmano, der von einem der 18 als Stammväter angesehenen Hengste, die 1932 bei der »Rassegna Ippica Nazionale« (Landespferdeschau) in Rom präsentiert wurden, aus der Paarung mit italienischen Landstuten aus den Maremmen abstammt. Die neue Generation hat einige typische Merkmale der alten Rasse wie deren Genügsamkeit und Widerstandsfähigkeit bewahrt, doch zeigt sie das edlere und elegantere Exterieur eines Reitpferdes.

Der Maremmano ist das typische Reitpferd der Pferdehüter, die gegen Ende des 19. Jahrhunderts einen berühmten Wettstreit mit den Cowboys von Buffalo Bill austrugen. Die Rasse ist aber auch durch die Siege der Pferde Crispa, Derna, Capinera usw. in Reitturnieren während der dreißiger Jahre im Pferdesport berühmt geworden.

Heute wird der Maremmano als Sportpferd, im Pferdesporttourismus und als Freizeitpferd eingesetzt. Er ist ein lebhaftes und widerstandsfähiges Tier, aber mitunter zeigt er noch sein für die alte Rasse typisches störrisches und scheues Wesen.

Ein weiteres typisch italienisches Reitpferd ist der **Salerner,** eine der berühmtesten Rassen Italiens. Der Salerner wird in begrenztem Ausmaß in ganz Italien (mit Ausnahme von Sardinien) gezüchtet und wird bekannterweise mit Englischen Vollblütern eingekreuzt. Er ist ein schönes Pferd, nervig, aber von gutem Charakter und sehr gut für Turniere geeignet. Seit den dreißiger Jahren haben italienische Reiter viele internationale Erfolge auf Salernern errungen: Lettera d'amore, Piccola mia, Rubacuori... und in jüngster Vergangenheit Merano und Posillipo unter Raimondo D'Inzeo.

Eine alte sizilianische Rasse, die in Gefahr war, auszusterben, hat durch das Einkreuzen mit Englischen Vollblütern neue Bedeutung erlangt: es handelt sich um den **Sanfratellano,** der noch heute in einem halbwilden Zustand in den Bergen von San Fratello in den Monti Nebrodi in der Provinz Messina gezüchtet wird. Der Sanfratellano ist ein genügsames Tier, das vor allem in der Landwirtschaft und im Pferdesporttourismus Verwendung findet. Die verbesserten Pferde vom Typus des Anglo-Sanfratellano können auch im Pferdesport gute Resultate liefern. Der neue Typus ist größer (ca. 1,70 Stockmaß), eleganter und

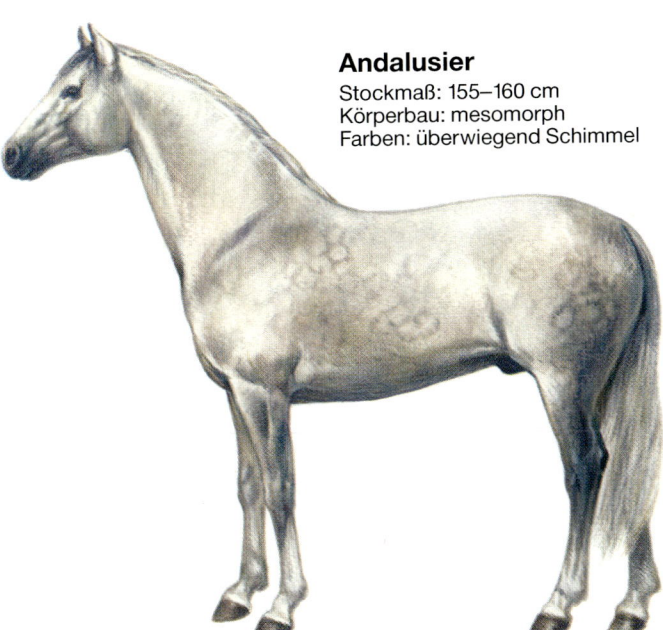

Andalusier
Stockmaß: 155–160 cm
Körperbau: mesomorph
Farben: überwiegend Schimmel

Lusitano
Stockmaß: 155–160 cm
Körperbau: mesomorph
Farben: überwiegend Schimmel

höher im Blut stehend als der ursprüngliche Typus. Daneben gibt es noch andere italienische Landrassen wie z. B. den **Tolfetano** (so benannt nach den Bergen von Tolfa) oder den **Murgese** (aus Apulien), die beide für Geländeritte und für den Pferdesporttourismus geeignet sind, den **Bardigiano** (ein Pony aus dem emilianischen Apennin) und das **Italienische Kaltblut** (das in der Poebene gezüchtet wird).

Wir wollen unseren Überblick jedoch mit einer Pferderasse beenden, die dank zahlenmäßigen Anwachsens und sorgfältiger Zucht seit einiger Zeit eine neue Berühmtheit erlangt hat: mit dem **Haflinger.** Es handelt sich um das typische Lichtfuchspony aus der Gegend von Hafling in der Nähe von Meran in Südtirol. Es ist ein Pferd von mittlerer Größe, äußerst robust, untersetzt, aber auf seine Art von eleganter Haltung, ruhig und gelehrig, mit einem Kopf, der an den Stammvater der Rasse, den Orientalen El Bedavi XXII., erinnert. Vorzüglich geeignet als Zugpferd und Lasttier auf den kleinen Bergbauernhöfen, wird es heute auch häufig als Reitpferd eingesetzt, das für den Pferdesporttourismus und ganz besonders für Kinder und jugendliche Anfänger geeignet ist. Ebenso wird es im Fahrsport und besonders in Gespannen verwendet.

Die iberischen Pferderassen

Die berühmteste iberische Pferderasse ist zweifellos der **Andalusier.** Es ist nicht möglich, wissenschaftlich festzustellen, ob er vom iberischen *Equus* abstammt oder ob er, wie es wahrscheinlicher ist, seinen Ursprung dem Berber und Araber verdankt, die während der Zeit der Maurenherrschaft nach Spanien gelangten. Sicher ist jedenfalls, daß er entweder direkt oder über den Neapolitaner viele der europäischen Pferderassen (Lipizzaner, Hackney, Kladruber, Orlowtraber usw.) ebenso veredelt und beeinflußt hat wie sämtliche amerikanischen Rassen durch die Pferde, die Kolumbus und die Konquistadoren in die Neue Welt mitbrachten.

Er ist ein sehr schönes Reitpferd und ausgezeichnet in den verschiedenen Gangarten, ausgeglichen und mit

Ein Knabe auf einem Andalusier reitend. Das elegante Exterieur des Pferdes ist auf den ersten Blick offensichtlich.

Quarter Horse

Stockmaß: 154–162 cm
Körperbau: meso-dolichomorph
Farben: Brauner, Fuchs, Rappe,
Schimmel

Appaloosa

Stockmaß: 145–158 cm
Körperbau: mesomorph
Farben: Die typische Fellzeichnung tritt in
verschiedenen Grundmustern auf:
Schneeflocken, Marmor, Leopard,
Schabracken, Schabrack-Schneeflocken

Pinto

Stockmaß: 145–155 cm
Körperbau: mesomorph
Farbe: Schecke

Albino

Stockmaß: 150–155 cm
Körperbau: mesomorph
Farbe: weiß (Albino)

hervorragendem Springvermögen. Ihm ähnlich ist der
Lusitano, der in Portugal gezüchtet wird.
Beide Rassen sind bestens für die Hohe Schule geeignet: der Portugiese Nuno Oliviera, bis zu seinem
kürzlich erfolgten Tod der beste Ausbilder der Welt
von Schulpferden für die Hohe Schule, und viele Anhänger der klassischen Dressur bevorzugen den Andalusier und den Lusitano aufgrund ihrer Energie, Eleganz und schwungvollen Gangart. Die Wertungsrich-
ter beim Dressurreiten schätzen jedoch eher die Regelmäßigkeit und den Raumgriff der Gänge, so daß die
Dressurreiter im allgemeinen dem rahmigeren Typ der
deutschen Pferde den Vorzug geben.
Der Lusitano wird auch beim *Rejoneo,* dem Stierkampf
zu Pferde, eingesetzt, bei dem das Pferd Mut, rasches
Abschnellen und Wendigkeit benötigt, zusätzlich zum
absoluten Gehorsam gegenüber dem Reiter, der sich
durch ein anspruchsvolles Ausbilden des Pferdes erreichen läßt.

*Ein Appaloosa, eine Rasse mit einer ganz besonderen Fell-
zeichnung, die in verschiedenen Grundmustern auftritt.*

44

Die Pferderassen der Vereinigten Staaten

Die berühmteste Rasse der Vereinigten Staaten, die durch das Kino allen bekannt ist, ist das **Quarter Horse**, das traditionelle Pferd der Cowboys. Die Merkmale dieser Rasse entstanden durch kluge Kreuzung von Pferden andalusischer Abstammung und Englischen Vollblütern oder einfachen Pferden englischen Geblüts. Das Ergebnis ist ein harmonisches und kompakt gebautes Pferd, lebhaft und gleichzeitig fügsam, zäh, wendig und äußerst schnell im Spurt. Es ist das einzige Pferd, das imstande ist, über kurze Distanzen das Vollblut zu besiegen. Nicht umsonst wird es vor allem im Südosten der USA gezüchtet, um bei den populären Sprintrennen über eine Viertelmeile (»a quarter of a mile«) eingesetzt zu werden, daher auch sein Name. Das Quarter Horse findet man darüber hinaus aber auch in anderen Disziplinen des Reitsports: beim Polo, bei der Jagd, auch beim Springen und natürlich beim Westernreiten und Rodeo.

Der **Appaloosa,** das sympathische, malerische Pferd mit der charakteristischen Fellzeichnung, stammt ohne Zweifel von den Pferden der Konquistadoren ab. Die verwilderten Pferde wurden durch die Indianer selektiv weitergezüchtet, vor allem durch den Stamm der Nez-Percé-Indianer in der Gegend von Idaho. Als dieser Indianerstamm 1872 durch die amerikanischen Truppen besiegt wurde, gelangte eine Herde von 200 Pferden in die Hände der Weißen, die die Rasse durch selektive Zuchtwahl weiterzüchteten. Heute wird sie überall in Nordamerika gezüchtet, und auch in Europa hat sie viele Fans unter den Anhängern des Westernreitens. Es ist ein harmonisches und elegantes Pferd, ein guter Galopper mit entschiedener, ja manchmal außergewöhnlicher Sprungbegabung, wie im Falle des kleinen Crocodile (1,55 m), der 1985 unter seinem Reiter Philippe Rozier eine Mauer von 2,20 m übersprang. Unter den übrigen amerikanischen Rassen möchten wir den **Pinto** oder **Paint** mit seiner typischen Scheckung erwähnen: er ist ein gutes Pferd, fügsam und zäh, als Reitpferd und für den leichten Wagenzug geeignet. Der **Albino** und der **Palomino** sind vor allem wegen ihrer besonderen Fellfarben gesucht: weiß der erstere, fuchsfarben oder Isabell mit leuchtender Goldfärbung der letztere. Eine weitere typische Rasse ist der **Morgan,** ein Pferd von gefälligem, harmonischem Exterieur und einem intelligenten trockenen Kopf, der vom Hengst Figure, einem 1,35 m großen Pony, abstammt, das der Sohn eines Englischen Vollbluts, Beautiful Boy, war. Figure gehörte einem gewissen Justin Morgan: daher der Name der Rasse. Der Hengst vererbte seiner zahlreichen Nachkommenschaft seine außergewöhnliche Schönheit, Zähigkeit, Genügsamkeit und sein ausgeglichenes Temperament. Der Morgan (ein gutes Reitpferd sowie gut im Geschirr) wurde zur Veredelung anderer Rassen eingesetzt und war auch an der Züchtung des **Standardbred** (oder amerikanischen Trabers) mitbeteiligt.

Außergewöhnlich ist das **American Saddle Horse,** ein sehr robustes Reitpferd, durch Kreuzung von Englischem Vollblut, Morgan und den Paßgängern entstanden. Einst wurde es auf den Plantagen Virginias und Kentuckys verwendet, und heute wird es bei Schaureiten und für den Pferdesporttourismus eingesetzt. Man unterscheidet zwei Typen: das *Threegaited* American

Palomino
Stockmaß: 142–153 cm
Körperbau: mesomorph
Farbe: Palomino (Isabell)

American Saddle Horse
Stockmaß: 150–160 cm
Körperbau: mesomorph
Farben: Rappe, Fuchs, Brauner, Schimmel

Morgan
Stockmaß: 140–152 cm
Körperbau: mesomorph
Farben: Brauner, Rappe, Fuchs

Criollo
Stockmaß: 133–150 cm
Körperbau: mesomorph
Farben: im allgemeinen Falbe,
Palomino (Isabell)

Paso
Stockmaß: 140–152 cm
Körperbau: mesomorph
Farben: Brauner und Fuchs

Campolino
Stockmaß: 145 cm
Körperbau: mesomorph
Farben: Brauner, Fuchs, Schimmel

Mangalarga
Stockmaß: 145 cm
Körperbau: mesomorph
Farben: Brauner, Fuchs, Schimmel

Saddle Horse mit den drei Gangarten Schritt, Trab, Galopp, und das *Fivegaited* American Saddle Horse mit fünf Gangarten (zusätzlich zu den drei bereits angeführten Grundgangarten noch zwei andere, den *Slow Gait* oder *Stepping Pace*, eine Art Paßgang im Viertakt, und den *Rack*, der einem beschleunigten *Slow Gait* entspricht). Das *Threegaited* American Saddle Horse wird in der Regel mit fast zur Gänze abgeschnittener Mähne und abgeschnittenem Schweif vorgezeigt, während der *Fivegaited* mit sehr langer Mähne und ebensolchem Schweif prunkt. Er ist ein Pferd von großer Wirkung und ausgeglichenem Temperament, doch können einen seine ungewohnten Gangarten verblüffen.

Auch das **Missouri Fox Trotting Horse,** das in Europa fast unbekannt, aber in den USA und in Kanada populär ist, ist wegen seiner Gangarten sehr gesucht. Seine typische Art der Fortbewegung ist der sogenannte »Foxtrot«, bei dem das Pferd mit den Vorderfüßen galoppiert und mit den Hinterfüßen im Trab oder im Schritt geht. Es ist eine für Pferd und Reiter wenig ermüdende Gangart, die besonders das bequeme Zurücklegen weiter Strecken gestattet.

Die südamerikanischen Rassen

Das in ganz Südamerika am weitesten verbreitete und populärste Pferd ist der **Criollo,** der von den Berbern und Andalusiern abstammt, die von den spanischen und portugiesischen Eroberern im 16. Jahrhundert in die Neue Welt gebracht worden waren. Er wird vor allem in Argentinien gezüchtet, ist aber in allen südamerikanischen Ländern verbreitet und ist vor allem als Pferd der berühmten Gauchos bekannt. Der Criollo ist das Gegenstück des amerikanischen Quarter Horse: wie sein Artgenosse ist er genügsam, fügsam und zäh, aber kräftiger. Er ist der ideale Wegbegleiter für lange Geländeritte und verfügt über derart harte Hufe, daß er auch ohne Eisen geritten werden könnte. Wenn er mit Englischen Vollblütern gekreuzt wird, entstehen Pferde von guter Größe und gutem Gebäude, die sich ausgezeichnet für das Springreiten, für die Military und vor allem für das Polospiel eignen.

Von den Pferden Pizarros abstammend, die Anfang 1532 nach Peru gelangten, ist der **Paso** durch seine charakteristischen Gangarten gekennzeichnet, die den Reiter auch nach vielen Stunden im Sattel nicht ermü-

Argentinische Pferde. Diese Pferde sind aufgrund ihres raschen Abschnellens, ihrer Widerstandsfähigkeit und Wendigkeit von Polospielern auf der ganzen Welt sehr gesucht.

den. Außer in Peru wird er auch in Kolumbien und in anderen Ländern Lateinamerikas gezüchtet: die besten Pferde dieser Rasse findet man allerdings in den Vereinigten Staaten. Auch in Italien wird er reinrassig gezüchtet, mit einer Gruppe von aus den USA stammenden Stuten und Hengsten. Aufgrund seines fügsamen Temperaments, seiner Robustheit und Genügsamkeit eignet sich der Paso für lange Geländeritte und für den Pferdesporttourismus.

In Europa wenig bekannt, aber wertvoll als Reitpferde, besonders für den Pferdesporttourismus, sind die brasilianischen Rassen **Campolino** und **Mangalarga,** die wie alle amerikanischen Rassen von den Pferden der Konquistadoren abstammen, welche in der Folge mit anderen europäischen Rassen gekreuzt und durch Kreuzung mit Englischem Vollblut veredelt wurden.

Die Traber

Die Traber sind Pferde, die durch langjährige Zuchtwahl aus verschiedenen europäischen und amerikanischen Rassen entstanden sind.

Unter all den Trabern zeichnen sich zwei Rassen besonders aus, sowohl durch ihre morphologischen Merkmale als auch durch die Erfolge, die sie auf der Rennbahn erringen: der Französische und der Amerikanische Traber.

Der **Französische Traber,** eine Rasse, die zu Anfang des 19. Jahrhunderts entstand, geht auf die Selektion und Kreuzung mehrerer Rassen zurück: Norfolk, Normanne (der sowohl als Reitpferd als auch für leichte Wagen verwendet wurde) und neben englischen Hunters ausgewählte Englische Vollbluthengste und Hackneys. Mit der Zeit gelang die Züchtung eines Trabers von schönem Exterieur, stark, schnell und gleichzeitig mit besonderer Begabung für lange Strecken. In einigen Ländern, vor allem in Frankreich, trägt man Trabrennen auch unter dem Sattel (als Trabreiten) aus, und tatsächlich kann der Französische Traber auf Grund seines besonderen Körperbaus auch als Reitpferd verwendet werden. Durch Einkreuzung mit Englischem Vollblut, Selle Français oder Angloarabern erhält man Pferde, die für verschiedene Arten des Pferdesports und auch zum Springen geeignet sind. Diese Pferde, die von Trabern abstammen, zeigen im allgemeinen ein ausgezeichnetes Springvermögen.

Der Amerikanische Traber, als **Standardbred** bekannt, stammt vom Englischen Vollbluthengst Hambletonian ab, der 1849 geboren wurde, ein Alter von 27 Jahren erreichte und gut 1321 Fohlen zeugte, von denen wiederum 150 als Zuchthengste verwendet wurden. Man darf behaupten, daß ca. 90 Prozent der Amerikanischen Traber von diesem Hengst abstammen. Außer dem Englischen Vollblut hatten auch verschiedene andere Rassen Anteil an der Schaffung des Standardbred, wie der Morgan, der Cleveland-Bay, der Kanadische Traber und der Narragansett. In den USA, wo gegen Ende des 18. Jahrhunderts die ersten Trabrennen stattfanden, wird außer dem Traber im strengen Sinn des Wortes (*Trotter*) auch der Paßgänger (*Pacer*) gezüchtet. Der Paßgang erlaubt eine größere Geschwindigkeit als der Trab, daher gibt es in den USA Rennen, die ausschließlich den Paßgängern vorbehalten sind. Im Vergleich zum Französischen Traber zeigt der amerikanische Standardbred auch auf kurzen Strecken sehr gute Geschwindigkeit.

Französischer Traber
Stockmaß: 155–165 cm
Körperbau: meso-dolichomorph
Farben: Brauner, Fuchs, Rappe

Standardbred
Stockmaß: 150–165 cm
Körperbau: meso-dolichomorph
Farben: Brauner, Fuchs, Rappe, Schimmel

Shire Horse
Stockmaß: 170 cm
Körperbau: brachimorph
Farbe: Rappe

Boulonnais
Stockmaß: 150 cm
Körperbau: brachimorph
Farbe: Schimmel

Clydesdale
Stockmaß: 162 cm
Körperbau: brachimorph
Farbe: Brauner

Ardenner
Stockmaß: 153 cm
Körperbau: brachimorph
Farben: Brauner, Rotschimmel

Suffolk Punch
Stockmaß: 160 cm
Körperbau: brachimorph
Farbe: Fuchs

Bretone
Stockmaß: 150 cm
Körperbau: brachimorph
Farbe: Fuchs

48

Comtois
Stockmaß: 145–155 cm
Körperbau: brachimorph
Farben: Brauner, Fuchs

Percheron
Stockmaß: 160–180 cm
Körperbau: brachimorph
Farben: Schimmel, Rappe

Auch ein Kaltblutpferd wie dieses, groß, untersetzt, schwer und mächtig, kann auf seine Art schön sein und Sympathie erwecken.

Auf der folgenden Doppelseite: irische Ponys.

Die Kaltblutrassen

Unter den Kaltblutpferden finden wir die Giganten unter den Pferden: manche von ihnen wiegen mehr als eine Tonne und sind über 1,90 m groß.

Das gewaltigste dieser Kaltblutpferde ist das englische **Shire Horse,** das als Schlachtroß der Ritterzeit einst das »Große Pferd von England« genannt wurde. Von den flandrischen Reitern wurde es als Kriegspferd nach England importiert und in der Folge in der Landwirtschaft und zum Ziehen schwerer Wagen verwendet. Es wurde in den *Shires,* den Grafschaften im Zentrum Englands, gezüchtet und wird noch immer in die ganze Welt exportiert, vor allem nach Australien und Amerika, trotz der Tatsache, daß die Mechanisierung der Landwirtschaft und des Transportwesens der Zucht aller Kaltblutpferde schwere Einbußen gebracht hat. Von extrem fügsamer und intelligenter Wesensart, hat das Shire Horse trotz seines mächtigen Gebäudes ein schönes Exterieur.

Ein anderer, sehr ähnlicher »Gigant« ist der **Clydesdale,** dessen Name sich vom Tal des Clyde in Schottland herleitet. Er ist schneller und lebhafter als der Shire und wird auch heute noch in die USA, nach Kanada, Australien und Neuseeland exportiert.

Die dritte englische Kaltblutrasse ist der **Suffolk Punch,** der sich von den soeben genannten durch einen noch kompakteren, gedrungeneren und muskulöseren Körperbau und durch seine Fuchsfarbe unterscheidet; er wurde zum Ziehen der ersten Kutschen verwendet. Auch der Suffolk Punch wird in beträchtlichem Ausmaß exportiert.

Unter den französischen Kaltblutrassen (**Ardenner, Boulonnais, Bretone, Comtoise** usw.) ist sicherlich der **Percheron** die bekannteste Rasse. Er stammt aus der Perche und ist das auf der Welt am weitesten verbreitete Kaltblutpferd. Er ist von gutmütigem Charakter und von der Farbe her meist ein Apfelschimmel. In seiner Gesamtheit wirkt das Pferd so harmonisch und wohlproportioniert, daß es gar nicht so schwer erscheint. Es wird in zwei verschiedenen Typen gezüchtet: der Große Percheron (1,70–1,80 m mit einem Gewicht von ca. 1000 kg) und der Kleine Percheron (1,50–1,60 m hoch und 600–800 kg schwer), doch ist der Kleine Percheron, der einst unter anderem auch für die Artillerie eingesetzt wurde, inzwischen fast vollkommen verdrängt worden.

Die Ponyrassen

Die weite Verbreitung und Beliebtheit des Pferdesports haben dazu beigetragen, daß zahlreiche Ponyrassen, die früher den Reitern gar nicht bekannt waren, nunmehr bekannt und geschätzt sind.

Im allgemeinen sind die Ponys zähe, widerstandsfähige, fügsame und genügsame Tiere. Sie brauchen weniger Pflege und Aufmerksamkeit als größere Pferde und können einen Großteil ihrer Zeit im Freien

Exmoorpony
Stockmaß: 110 cm
Farben: Brauner, Fuchs

Welsh-Mountain-Pony
Stockmaß: 120 cm
Farbe: Schimmel

Shetlandpony
Stockmaß: 90 cm
Farben: Rappe, Kohlfuchs

Dartmoorpony
Stockmaß: 120 cm
Farben: Brauner, Rappe

Fellpony
Stockmaß: 135 cm
Farbe: Rappe

Highlandpony
Stockmaß: 140 cm
Farbe: Schimmel

auf der Koppel verbringen, vorausgesetzt sie haben ein Schutzdach, um sie vor der prallen Sonne zu schützen.

Ponys sind ideale Reitpferde für Kinder und Jugendliche, aber bestimmte Rassen sind auch für leichtgewichtige und nicht allzu große Erwachsene geeignet. Auch für das therapeutische Reiten werden häufig Ponys verwendet.

Einige Ponyrassen sind sehr alt und sind immer reinrassig gezüchtet worden, aber die Nachfrage des heutigen Marktes hat die Züchter dazu veranlaßt, ihre Tiere zu verbessern. Oft erzielt man durch Kreuzung von Ponys mit kleinen Arabern oder Englischen Vollblutpferden Miniaturhunter, die sich in allen Disziplinen des Pferdesports messen können: vom Springreiten bis zur Dressur, in der Military ebenso wie im Fahrsport.

Mit Recht am bekanntesten sind die britischen Ponyrassen: **Shetland-, Fell-, Welsh-, Dartmoor-, Exmoor-, Highland-, Dales-, New-Forest-** und **Ridingpony.** Das berühmteste unter ihnen ist das Shetlandpony, das typische Pony, mit großem Kopf und Hals, muskulösen Schultern, breiter Kruppe, langem, grobem Körperhaar und ebensolcher Mähne. Es eignet sich so-

New-Forest-Pony
Stockmaß: 130 cm
Farben: Brauner, Fuchs

Dalespony
Stockmaß: 140 cm
Farben: Rappe

Islandpony
Stockmaß: 120 cm
Farben: Schimmel, Mausfalbe

Falabella
Stockmaß: 50–70 cm
Farbe: Brauner

Dülmener
Stockmaß: 130 cm
Farbe: Rappe

wohl als Reitpferd als auch als leichtes Kutschpferd, es kann reitenden Kindern viel Vergnügen bereiten, aber auch einigen Kummer, weil es nicht immer von fügsamer Wesensart ist. Schöner anzusehen, ein richtiges Pferd vom orientalischen Typus en miniature ist das Welshpony, von dem es vier Typen gibt: das Welsh-Mountain-Pony, das besonders für Kinder geeignet ist (mit einem Stockmaß von rund 1,20 m); das Welshpony vom Reitpferdtypus, das bis zu 1,35 m groß wird und auch für Jugendliche geeignet ist und ausgezeichnete Springeigenschaften hat; das Welshpony vom Cob-Typ, mit einer Größe unter 1,35 m, als Reitpferd (für Jugendliche und leichtgewichtige Erwachsene) und für den Fahrsport geeignet; der Welsh Cob, elegant, mit wunderschönem Kopf, der bis knapp 1,50 m groß werden kann: er eignet sich sowohl für Jugendliche als auch für Erwachsene, sowohl als Reitpferd als auch im Geschirr: ein Allroundpferd mit ausgezeichnetem Springvermögen.

In vielen Ländern, nicht nur in seinem Heimatland, beliebt ist das **Islandpony,** das für eine seiner Gangarten besonders geschätzt wird. Zusätzlich zu den Grundgangarten Schritt, Trab und Galopp verfügt es über eine weitere Gangart, den Tölt, der dem Paßgang ähnelt und so wenig anstrengend ist, daß er das Reiten auch demjenigen erlaubt, dessen Wirbelsäule nicht vollkommen in Ordnung ist. Dank dieser besonderen Gangart ist das Islandpony besonders für lange Geländeritte und den Pferdesporttourismus geeignet. Es ist

so robust, daß es das ganze Jahr hindurch im Freien leben könnte, selbst bei tiefen Temperaturen, da es durch sein dichtes und langes Winterfell geschützt ist. Schließlich wollen wir als Kuriosum noch das kleinste Pferd der Welt anführen, das **Falabella,** ein Pony, das in Argentinien gezüchtet wird und dessen geringe Größe man dadurch erreichte, daß man sie immer wieder mit den kleinsten Shetlandponys kreuzte. Anscheinend hat bei der Bildung dieser Rasse die Beimischung von Englischem Vollblut die Gestalt dieses eleganten und zierlichen kleinen Pferdes veredelt.

Der Mensch und das Pferd

Der Kauf eines Pferdes

Die Entscheidung, ein Pferd zu kaufen, ist von größter Bedeutung, zeigt sie doch, daß man zu diesem wichtigen Schritt bereit ist, daß man einen Gefährten für sich haben will, mit dem man Tausende Emotionen ebenso wie die großen und kleinen Freuden des Lebens teilen kann. Eine falsche oder überstürzte Wahl kann alles zunichte machen, woraus sich eine wunderschöne Beziehung entwickeln könnte. Es ist daher ganz besonders wichtig, die richtigen Schritte zu unternehmen. Vor allem muß man ehrlich zu sich selbst sein und sein Gewissen erforschen, um zu einer realistischen Einschätzung seines eigenen reiterlichen Könnens zu gelangen: Jeder muß genau das Pferd wählen, das seinen Ansprüchen gerecht wird.

Nur allzu häufig werden Pferde am falschen Platz eingesetzt. Wenn die Charaktere von Pferd und Reiter nicht zusammenpassen, dann kann es leicht geschehen, daß den Reiter schnell der Mut verläßt. Manchmal sieht man auf dem Land, bei Pferdeschauen oder auf dem Parcours Pferde, die zwar alles andere als schön sind, aber dafür ehrlich und sicher. Pferde dieser Art könnten für einen Anfänger ideale Partner sein. Andererseits passiert es natürlich auch, daß man auf prachtvolle Tiere trifft, die jedoch mit ihrem Übermaß an Temperament und ihrer Launenhaftigkeit für einen ungeübten Reiter nicht geeignet sind.

Was also muß man beim Kauf eines Pferdes beachten? Die wichtigste Entscheidung hat sicherlich der Anfänger zu treffen. Ganz gleichgültig, welche spezielle Art des Reitsports er ausüben will, ist es für ihn von fundamentaler Bedeutung, daß er ein gutmütiges Pferd findet, dem er vertrauen kann und mit dem er sich gut versteht. Ein feuriges Pferd und ein ebenso »heißblütiger« Reiter können nicht harmonieren. In vielen Fällen hinterlassen ausgezeichnete Pferde nur aufgrund des nervösen Charakters ihres Reiters einen schlechten Eindruck. Ein ruhiger und ausgeglichener Reiter hingegen kann gerade aus diesen Tieren das Beste herausholen und optimale Resultate erzielen. Die temperamentvollen Pferde sind daher für geübte Reiter geeignet, nicht aber für blutige Anfänger.

Ein weiterer wichtiger Faktor bei der Wahl des Pferdes ist dessen Gleichgewicht. Wenn es von Natur aus ein gutes Gleichgewicht besitzt, müßte es leicht und bequem zu besteigen sein. Sind seine Bewegungsabläufe harmonisch, wird es angenehm zu reiten sein, das heißt, man wird mit ihm viel Freude haben.

Nehmen wir nun an, Sie gehen auf die Suche nach einem Pferd, das Sie kaufen möchten. Folgende Kriterien sollten Sie dabei immer beachten:

Lassen Sie das Pferd aus dem Stall herausholen und dann anhalten. Beobachten Sie dabei genau, *wie das*

Unten: England und Irland sind die Heimat des Pferdes und der leidenschaftlichsten und besten Reiter. Eine »Präsentation« an der Hand bei der Dubliner Messe. Vorhergehende Doppelseite: Connemaraponyschau.

genug ist und die Vorderbeine nicht zu nahe beisammen stehen. Denken Sie daran, daß das Gleichgewicht zwischen Vorder- und Hinterhand von größter Bedeutung ist: Ein zu schwerer Hals und ein zu breiter Kopf bedeuten, daß das Pferd kopflastig ist und daher wahrscheinlich auf der Vorderhand schwer sein wird. Der Brustkorb soll tief sein und dem Herzen ausreichend Platz bieten. Die Rippen sollten schön gebogen, aber nicht »tonnenförmig« sein (das wäre ein Anzeichen für Atemprobleme). Was den Rücken betrifft, sollte dieser jedenfalls kräftig sein, je nach Aufgabenstellung ist aber anderen Merkmalen der Vorzug zu geben: Ein kurzer Rücken bedeutet normalerweise, daß das Tier energisch und ein guter Springer ist, andererseits ist ein langer Rücken eher eine Garantie für angenehme Bewegungsabläufe und bequemes Reiten. Auch die Kruppe und die Hinterhand sollten kräftig sein, da von ihnen der Impuls zu jeder Bewegung ausgeht. Bei einem Springpferd ist eine etwas höhere Kruppe kein Fehler. Die Sprunggelenke müssen robust und trocken sein und keine abnormalen Knochenhöcker aufweisen (diese wären ein Anzeichen von Gelenksveränderungsprozessen). Der Schweif darf nicht kraftlos hängen, sondern muß »gehalten« sein.

Als letzten Punkt dieser Überprüfung des Exterieurs des Pferdes schenken Sie den Gliedmaßen und den Hufen besondere Beachtung. Gerade an diesen Stellen

Links: Ein Pferd mit einem der sogenannten Gewährsmängel, dem Koppen.
Unten: Ein Käufer prüft die Bezahnung des Pferdes vor dem Kauf.

Tier aus dem Stall herauskommt. Ist es lebhaft, leicht stürmisch herausgekommen und hat dabei ein wenig beunruhigt alles in seiner Umgebung registriert? In einem solchen Fall handelt es sich wahrscheinlich um ein etwas nervöses Tier. Ist es ruhig, mit sicherem Schritt und heiterer Miene herausgekommen? Das ist schon ein gutes Zeichen. Muß es herausgezogen werden und hält den Kopf gesenkt? Dann geht es ihm entweder nicht gut oder es ist träge. Betrachten Sie das Tier jetzt, als wäre es ein Buch, das Sie vom Anfang bis zum Ende lesen wollen. Beginnen Sie beim Kopf: Er muß nicht unbedingt »schön« sein, aber er soll Gutmütigkeit und Intelligenz ausdrücken. Die Augen können Ihnen viel verraten. Sie sollen groß und aufmerksam sein und in einem angemessenen Abstand zueinander stehen. Schauen Sie darauf, ob der Kopf gut gehalten wird oder ob er baumelt und ob seine Größe in der richtigen Proportion zum übrigen Körper steht. Der Bereich zwischen den Ganaschen, also der Kehlgang, muß ausreichend breit sein, um eine gute Atmung zu ermöglichen. Werfen Sie auch einen Blick auf das Maul und überzeugen Sie sich, ob das Tier keine sogenannten »Zahnhaken« hat (d. h., die beiden Zahnbögen treffen nicht richtig aufeinander, was beim Kauen große Probleme verursachen kann). Um das festzustellen, müssen Sie nur mit den Händen die Lippen aufklappen und die Vorderzähne freilegen.

Der Hals sollte nicht zu dick und schwer sein und eine sogenannte gute Zügellänge ermöglichen. Die Schulter soll robust, gut geneigt und bemuskelt sein. Das sieht man, wenn man das Pferd von der Seite aus betrachtet. Es ist jedoch anzuraten, das Pferd auch von vorne anzuschauen, um zu kontrollieren, ob die Brust breit

Die wichtigsten Defekte bei Hals und Schultern des Pferdes:
1 kurzer, dicker Hals,
2 Ramskopf und gerade Schulter
3 gerade Schulter und langer Hals

Links: Pferde zum Verkauf auf dem Markt von Monza, Italien.
Unten: Ein Pferd, das einen Zahndefekt hat, die soge-nannten »Zahnhaken«.

treten häufig Mängel auf. Das Pferd müßte sein Gewicht gleichmäßig auf die vier Beine verteilen. Der Mittelfuß muß kräftig genug sein, um das Gewicht des Tieres und des Reiters zu tragen. Hüten Sie sich vor geschwollenen oder verdickten Gelenken. Achten Sie darauf, daß die Sehnen und Bänder deutlich abgesetzt und schlank erscheinen. Die Hufe müssen wohlgeformt, weder zu groß und platt noch zu klein und vertikal sein. Der Huf muß gesund aussehen und darf keine Unebenheiten oder Risse aufweisen. Der Strahl (die Ausbuchtung unter dem Huf) ist äußerst wichtig, da er dem Fuß als Stoßdämpfer dient. Er muß elastisch sein, nicht hart und kontrahiert

Nun bitten Sie, daß man das Pferd auf einer geraden Linie bewegt, zuerst auf Sie zukommend, dann von Ihnen weg. Lassen Sie die gleiche Strecke auch im Trab zurücklegen. Vergewissern Sie sich, daß sich das Pferd locker bewegt und nicht lahmt und daß sich die Gliedmaßen während der Bewegung nicht gegenseitig berühren. Das würde bedeuten, daß sich das Tier selbst verletzen und seine Knochen beschädigen könnte.

Nun ist der Moment gekommen, in dem Sie das Pferd unter dem Reiter sehen sollten. Vor allem müssen Sie versuchen, den Grad des reiterlichen Könnens des Vorreiters festzustellen. Sollte er Ihrer Meinung nach ein besserer Reiter sein als Sie, dann bedenken Sie das bei Ihrer Wahl, denn höchstwahrscheinlich wird in diesem Fall das Pferd bei ihm besser laufen. Beachten Sie, *wie* er das Pferd besteigt. Muß er harte Arbeit mit

der Hand anwenden, um es stillzuhalten? Steht er unbeweglich wie eine Statue und zeigt sich ganz ruhig, um zu vermeiden, daß sich das Pferd aufregt? Muß er sich anstrengen, um es zu bewegen? Wehrt sich das Pferd, scharrt es mit den Hufen oder bockt es mehrmals? All das wären Alarmzeichen. Versuchen Sie den Ausbildungsgrad des Pferdes einzuschätzen und denken Sie nach, ob Sie seinen derzeitigen Zustand verbessern könnten. Arbeitet es mit Freude und Ruhe oder scheint es nervös, hält es die Ohren gesenkt und bewegt den Schweif? Bitten Sie den Vorreiter, das Pferd ein wenig galoppieren und es dann mit hängendem Zügel weitergehen zu lassen. Daran können Sie erkennen, welche Art von Reaktion das Tier zeigt, ob es erregt ist oder einen ruhigen Charakter hat.

Dann besteigen Sie selbst das Pferd. Da Sie es bereits unter dem Reiter gesehen haben, konnten Sie schon einen Eindruck über seine Gangart gewinnen. Seien Sie nicht übertrieben ehrgeizig und verlangen Sie nicht gleich zuviel. Dies ist der Moment, der Ihnen zeigen soll, ob Sie und das Pferd füreinander geschaffen sind und ob eine Zusammenarbeit möglich sein wird. Sie müssen sich nur fragen, ob das Pferd die richtige Art und Größe hat, die für Sie passen und ob es für die Aufgabe geeignet ist, für die Sie es vorgesehen haben. Sobald Sie die Entscheidung getroffen und einen Preis ausgehandelt haben, lassen Sie das Pferd von einem guten Tierarzt untersuchen. Berichten Sie ihm all die guten und schlechten Eindrücke, die Sie gewonnen haben, und erklären Sie ihm, welche Aufgabe das Pferd erfüllen soll. Wenn das Pferd schon zugeritten ist, ist es ratsam, die Hufe zu röntgen, da das die einzige sichere Methode ist, um deren guten Zustand festzustellen.

Jedenfalls soll der Tierarzt Herz, Lunge, Gliedmaßen, Augen, Maul und die anderen Organe genau untersuchen. Wenn seine Beurteilung positiv ausfällt, sollten Sie noch beim Vorbesitzer Erkundigungen über die Art der Arbeit des Pferdes sowie über die gewohnte Ernährung einholen. Das ist von großer Wichtigkeit, weil ein plötzlicher Wechsel von Gewohnheiten Probleme hervorrufen kann. Umstellungen sollten niemals überstürzt durchgeführt werden. Denken Sie auch daran, daß es die sogenannten Gewährsmängel (oder Hauptmängel) gibt. Wenn solche Mängel innerhalb einer bestimmten Zeitspanne ab dem Kauf auftreten (und daher anzunehmen ist, daß sie bereits vor dem Kauf bestanden haben), kann der Anspruch auf Rückerstattung der geleisteten Kaufsumme erhoben werden. Zu diesen Gewährsmängeln gehören Dämpfigkeit, Kehlkopfpfeifen (ein Pfeifton, der auf einen schweren Kehlkopfdefekt hinweist), periodische Augenentzündung (auch Mondblindheit genannt, weil alle vier bis sechs Wochen eine Trübung des Auges erfolgt) und Koppen (wenn das Pferd die Zähne auf eine Fläche auflegt und Luft schluckt). Jedenfalls wird Ihr Tierarzt Ihnen helfen, in derartigen Fällen richtig zu handeln.

Abschließend sei noch eines gesagt: Wenn Sie sich auf eine bestimmte Disziplin des Reitsports spezialisieren wollen, wird es unumgänglich sein, beim Kauf einen echten Pferdefachmann zu Rate zu ziehen und später bei der Arbeit mit dem Pferd von einem Ausbilder angeleitet zu werden. In vielen Fällen wird ein fähiger und kompetenter Beobachter die kleinen Fehler von Pferd oder Reiter korrigieren können, noch bevor sie zu schlechten Gewohnheiten werden.

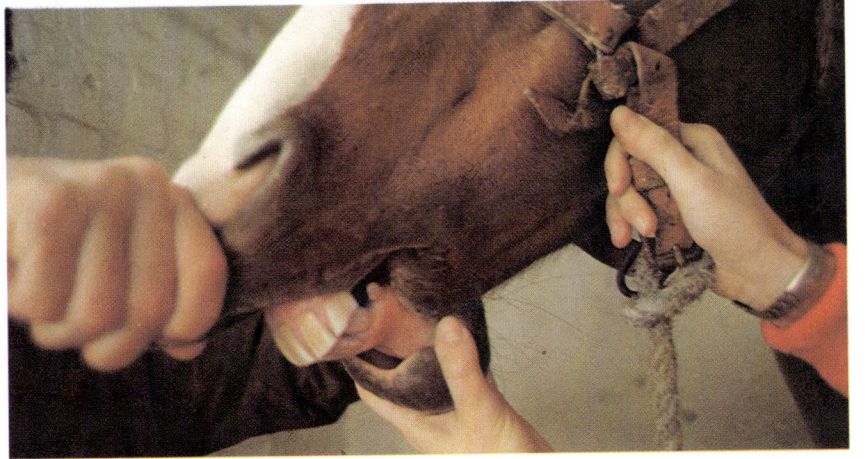

Die Unterbringung des Pferdes

Ein Pferd kaufen, ist die geringste Schwierigkeit – natürlich abgesehen von der finanziellen Frage. Die Sorgen beginnen dann, wenn es darum geht, einen passenden Einstellplatz zu finden, es regelmäßig zu bewegen oder es zumindest reiten oder bewegen zu lassen, und das jeden Tag, oder beinahe jeden Tag. Die beste Lösung wäre natürlich, das Pferd bei sich unterzubringen, falls man auf dem Land wohnt und das geeignete Grundstück und Gebäude dafür besitzt. Beginnen wir beim Stall. Die Ideallösung wäre, ihn nach modernen und vernünftigen Kriterien von Grund auf neu zu errichten. In den meisten Fällen ist das aber nicht möglich und man wird sich damit zufriedengeben müssen, einen alten Stall oder eine Räumlichkeit zu adaptieren, die früher einen anderen Bestimmungszweck hatte. Das Pferd soll in einer Box gehalten werden. Von Lösungen, bei denen das Pferd angebunden ist und praktisch den ganzen Tag stillstehen muß, ist abzuraten. Das Idealmaß einer Box liegt bei 4 × 4 m oder zumindest 4 × 3,50 m für ein normal großes Pferd. Bei kleinen Pferden oder Ponys genügt eine Box von 3,50 × 3 m, jedoch niemals weniger. Die Boxentür muß mindestens 1,20 m breit und mit einer Fensterklappe ausgestattet sein, aus der das Pferd herausschauen kann. Diese muß stets nach außen zu öffnen sein, mit abgerundeten Ecken und eventuell mit einer Schutzverkleidung, um Verletzungen des Pferdes zu vermeiden. Die Riegel dürfen nicht vorstehen.

Der Boden der Box muß rauh sein, damit das Pferd nicht rutscht. Er muß leicht abfallend sein, jedoch nicht mehr als 2 Prozent, da sonst die Gliedmaßen des Pferdes darunter leiden könnten (außerdem muß auch der Urin abfließen können). Als Material sind Ziegel, Vierkanthölzer oder fest gepreßtes Erdreich zu empfehlen. Von Zement ist abzuraten, da dieser kalt, hart und rutschig ist. Auch Asphalt ist ungeeignet, da er im Sommer zu weich wird. Es ist beinahe sinnlos, in der Mitte einen Abfluß einzubauen, da dieser allzu leicht verstopft ist. In einer Ecke wird der Futtertrog aus Stein oder Zement angebracht. Er soll abgerundete, geglättete und sehr dicke Ränder haben, damit das Pferd nicht die schlechte Gewohnheit annimmt, hineinzubeißen.

Was das Trinken betrifft, wird heute meist angeraten, auf gleicher Höhe wie der Trog, aber auf der gegenüberliegenden Seite, eine automatische Tränke mit einem Tellerventil zu installieren. Wenn dieses Ventil gedrückt wird, fließt Wasser in die Tränke. Das ist die praktischste Lösung, da sich das Pferd allein Wasser holt, so oft und so viel es will. Natürlich kann man im Bedarfsfall jederzeit zum guten alten Wasserkübel greifen: Lesen Sie dazu das Kapitel über die Ernährung.

Was das Heu betrifft, ist es am besten, dieses in eine Ecke neben den Futtertrog auf die Einstreu zu legen, und nicht auf eine hohe Futterraufe, wie das früher üblich war, da das Pferd dadurch zu einer unnatürlichen Kopfhaltung gezwungen würde. Wenn man will, kann man das Heu in ein Netz in der Höhe des Futtertrogs geben, es ist aber nicht nötig: In der Natur

frißt das Pferd mit dem Maul am Boden und beugt dabei den Rücken.

Ein Stall muß stets sauber und gut belüftet sein. Die Mauern sollen vorzugsweise weiß getüncht sein, die Fenster so angebracht, daß sie eine gute Belüftung ermöglichen. Ein Pferd braucht durchschnittlich 200 Liter Sauerstoff in der Stunde. Natürlich muß dabei Luftzug vermieden werden, da dieser für Pferde schädlich ist, vor allem, wenn sie geschwitzt haben. Die Beleuchtung des Stalls und der Box darf nicht zu hell sein. Im Sommer werden die Fenster mit Fensterläden, Vorhängen oder anderen Materialien abgedunkelt, wobei diese außen anzubringen sind. Weiters montiert man im Sommer feinmaschige Netze vor den Fenstern, die das Pferd vor Fliegen und anderen lästigen Insekten schützen sollen. Gegen Insekten gibt es darüber hinaus spezielle Präparate, die mit größter Vorsicht auf die äußeren Wände und den Plafond im Inneren gesprüht werden.

Auf dem Boden der Box wird die Einstreu ausgelegt: Die beste Einstreu ist Weizenstroh, da dieses eine ausgezeichnete Entwässerung ermöglicht. Haferstroh hingegen ist wohlschmeckend und es ist daher für das Pferd verlockend, davon zu naschen – mit allen unangenehmen Folgen, die der Verzehr mit sich bringen kann. Es gibt noch andere Lösungen für die Einstreu:

Unten: Die Pferde verbringen viele Stunden ihres Tages im Stall. Es ist wichtig, daß die Boxen gut belüftet, vernünftig angelegt, bequem und sauber sind. In der Zeichnung rechts sehen Sie das Schema einer gut konzipierten Einzelbox, von innen und außen.
Ganz rechts, von oben nach unten: Futtertrog, automatische Tränke, Einstreu.

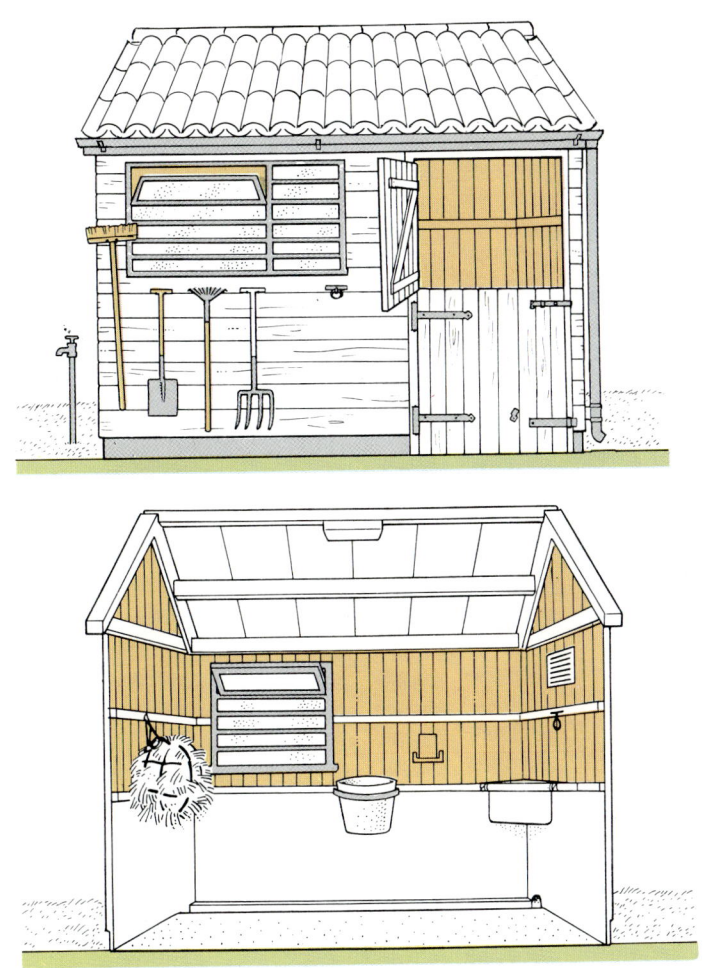

Ein gut durchdachter Stall muß es den Pferden ermöglichen, aus dem Fenster nach draußen zu schauen und so etwas Abwechslung zu haben.

Sägespäne, Torf, Reisspreu oder trockene Blätter, aber wie schon gesagt, die beste Einstreu ist Weizenstroh. Wenn das Pferd dazu neigt, zuviel davon zu fressen, wird man ihm einen speziellen Nasenriemen umbinden.

Die Streu muß hoch geschichtet und weich sein, so daß das Pferd niemals mit dem darunterliegenden Boden in Berührung kommt. An den Seiten muß sie besonders weit hinaufreichen, fast ballenartig, damit sich das Tier nicht verletzt, wenn es sich niederlegt und dann voll Energie wieder aufsteht.

Es ist wichtig, die Einstreu immer trocken und warm zu halten. Es wäre ideal, sofort nach jedem Koten abzuäpfeln. Wenn das nicht möglich ist, muß man die Streu wenigstens dreimal am Tag gründlich reinigen. Die Pferdeäpfel werden entfernt, und mit ihnen das schmutzige Stroh. Danach wird sauberes Stroh nachgelegt. Von der Streu hängt zu einem großen Teil das tägliche Wohlbefinden des Pferdes ab. Es ist ein Zeichen der Zuneigung des Reiters, die Streu immer ordentlich und sauber zu halten.

Stroh und Heu müssen sorgfältig unter einem Vordach aufbewahrt werden, um sie vor Witterungseinflüssen und Feuchtigkeit zu schützen. Von ihrer Qualität und Lagerung hängt die Gesundheit des Pferdes ab. Das Getreide oder die Futtermittel müssen in gut verschlossenen Behältern aufbewahrt werden (am besten aus Metall), die es vor Feuchtigkeit und dem Befall von Nagetieren schützen.

Der Misthaufen muß weit genug vom Stall entfernt sein, und, wenn er klein ist, eventuell zugedeckt werden, um eine Vermehrung der Insekten zu unterbinden.

Wir sprachen bisher nur vom Stall: Als ideale Ergänzung dazu wäre ein Stück freies Gelände, selbst wenn es nicht groß ist, als Auslauf notwendig.

Dieses Gelände muß mit einem robusten, 1,20–1,50 m hohen Bretterzaun eingezäunt werden. Das Pferd kann viele Stunden im *Paddock* verbringen: im Sommer, wenn die Insekten nicht allzu lästig sind, im Winter, wenn schönes Wetter ist, an den warmen Stunden des Tages. Die robusteren Pferde, die schrittweise daran gewöhnt wurden, könnten praktisch immer im Freien leben: In einer Ecke der Wiese müßte ein an drei Seiten geschlossener Verschlag aufgestellt werden, in dem im Bedarfsfall Futter und frisches, sauberes Wasser zur Verfügung stehen. Für manche Pferde kann das eine sehr bequeme Lösung sein, für feine und edle Rassen ist eine derartige Haltung jedoch nicht angezeigt. Ein Vollblutpferd oder ein exzellentes Springpferd sollten, wenn es die Zeit zuläßt, nur für einige Stunden auf die Wiese gebracht werden: Die Freiheit und das frische Gras, wenn es nicht naß ist, werden ihnen guttun. Es ist aber undenkbar, sie ständig im Freien zu lassen, vor allem wenn sie häufig und rennsportmäßig geritten werden.

Ein Pferd, das allein auf dem *Paddock* bleibt, kann sich langweilen. Es bräuchte einen Kameraden, ein zweites Pferd. Wenn das nicht möglich ist, könnte man es mit einem Esel oder einer Ziege als Beistelltier probieren, wobei beim ersten Kontakt größte Vorsicht angezeigt ist. Wenn es keine bessere Lösung gibt, kann man auch einen Hund nehmen.

Um dem Pferd eine ideale Unterbringung zu bieten, müßte man neben dem *Paddock* ein kleines eingezäuntes Wiesenstück für die Arbeit auf dem Flachen und eventuell über Hindernisse zur Verfügung haben – aber das ist sicher nicht für jedermann durchführbar. Auch Pferde für Gelände- oder Spazierritte, oder jene für den Pferdetourismus müssen eine Grundausbildung erfahren, was nur in einem eingezäunten Feld möglich ist. Diese Arbeit auf einer abgeschlossenen Fläche bewirkt, daß man das Pferd in der freien Natur besser in der Hand haben wird.

Viele Reiter können sich keine eigene Unterbringung für ihr Pferd leisten. Um ihrer Leidenschaft nachkom-

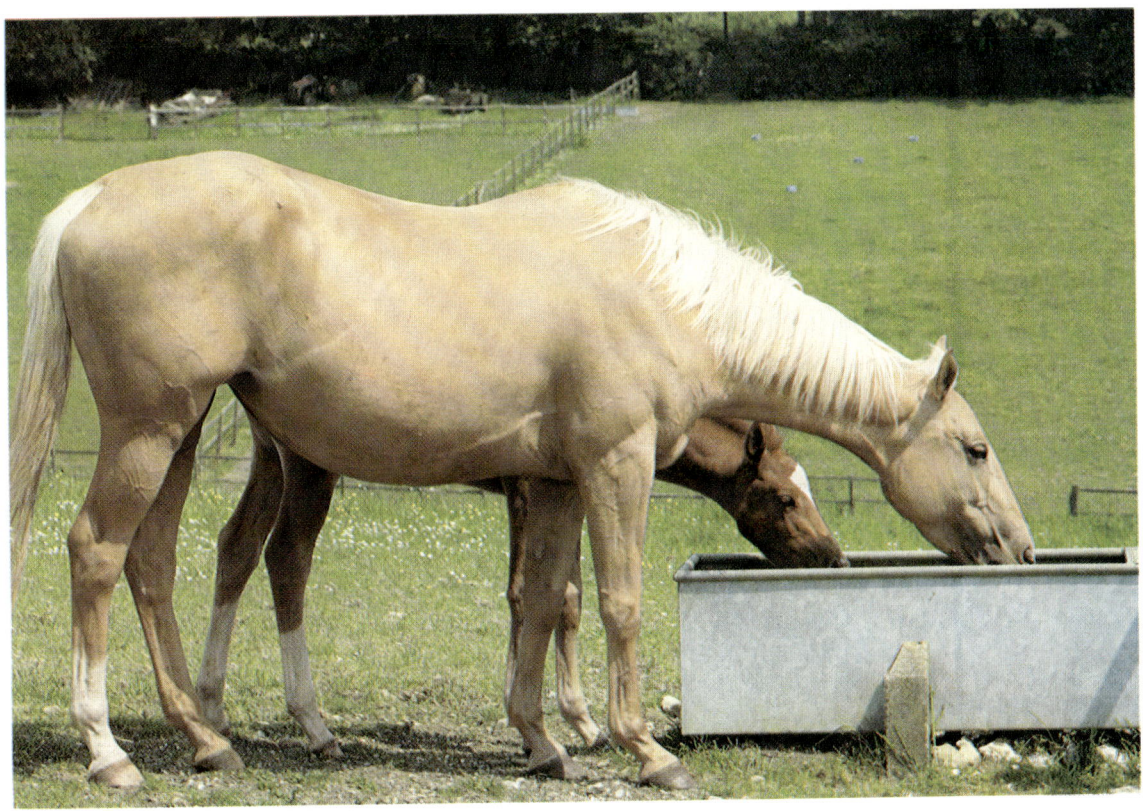

*Eine Reitstute und ihr Foh-
len auf dem* Paddock *bei
der Tränke.*

men zu können, müssen sie die Leistung Dritter in
Anspruch nehmen. Eine wirtschaftlich günstige Lösung wäre die Unterbringung des Pferdes bei einem
Bauern. Es ist jedoch darauf zu achten, daß es sich
dabei um eine verläßliche und gewissenhafte Person
handelt, die etwas von Pferden versteht, daß der Stall
oder der Raum, in dem das Tier untergebracht ist,
sauber und gut belüftet ist. Es ist schwer, all diese
Kriterien unter einen Hut zu bekommen, und wenn
wir daran denken, daß das Vorhandensein eines *Pad-
docks* fast notwendig ist, daß man einen Hindernis-
platz oder ein eingezäuntes Wiesenstück für die Arbeit mit dem Pferd braucht, wird klar, daß es sich
hierbei um eine Lösung handelt, die sich in erster
Linie für Personen eignet, die ein rustikales Pferd
besitzen und sich darauf beschränken, Spazierritte zu
unternehmen.
Es bleibt dann eine dritte Lösung, und zwar die der
Unterbringung des Pferdes in einer Stallgemeinschaft.
Um eine sichere Garantie für deren Seriosität und
Professionalität zu bekommen, ist es ratsam, sich an
die regionalen Komitees der nationalen Pferdesport-
verbände zu wenden, die Ihnen die Adressen von
Stellen geben wird, die Mitglieder der Organisation
sind.
Natürlich muß die Wahl der Unterbringung den finanziellen Möglichkeiten und der gewünschten Art des
Reitens angepaßt sein. Es gibt sehr teure und elitäre
Reitzentren, die automatisch den weniger wohlhaben-
den Reitern verschlossen bleiben. Aber es ist nicht
gesagt, daß die Pferde in diesen Zentren besser behandelt oder ernährt werden als in anderen, preisgünsti-
geren Reitställen.
Wichtig ist es, einen Reitstall zu wählen, dessen Inha-
ber oder Leiter die Pferde aufrichtig liebt und kompe-
tent ist. Bei solchen Personen können Sie sicher sein,
daß die Pferde gut genährt und behandelt werden,
auch wenn die Ställe und Anlagen nicht vor lauter
Luxus strotzen und überkomplett ausgestattet sind.

Für Anfänger und ungeübte Reiter ist in erster Linie
die Anwesenheit eines guten Ausbilders zur Betreuung der Reitschüler unerläßlich.
Bevor man sich für ein Reitzentrum oder einen Reitstall entschließt, muß man sich diese sehr genau anse-
hen. Kontrollieren Sie dabei den Zustand der Ställe
und achten Sie auf alle Details: Hygiene, Sauberkeit,
Einstreu usw. Wenn die Pferde mager und schmutzig,
die Boxen nicht trocken oder sauber sind, wenn im
Inneren ein schlechter Geruch in der Luft steht, ist es
besser, sich sofort an eine andere Adresse zu wenden.
Das eigene Pferd einem anderen anzuvertrauen, ist
eine ernste Angelegenheit und erfordert große Umsicht. Natürlich müssen auch alle Anlagen besichtigt
werden (Hindernisparcours, Reitbahn, wenn vorhanden, usw.) und die Sattelkammer. Weiters müssen Sie
sich bezüglich der Zeiten informieren, zu denen Sie
das Pferd reiten können: ein sehr wichtiger Punkt, der
nicht außer acht gelassen werden darf.
Schließlich muß man den Einstellplatz auch nach den
eigenen reiterlichen Vorlieben wählen: Turnierreiter
zu Turnierreiter, Freunde von Geländeritten zu Menschen, die die Landschaft lieben usw. Wie in allen
anderen Dingen, geht es auch hier um eine Art »See-
lenverwandtschaft«. Achten Sie ebenfalls darauf, daß
der Reitstall nicht zu weit entfernt liegt: Abgesehen
von den hohen Benzinkosten könnten Sie Gefahr laufen, bald immer weniger Stunden mit dem Pferd zu
verbringen. Ein letzter Rat: Informieren Sie sich sofort
über die Modalitäten (und die eventuellen Kosten),
wie Sie Ihr Pferd von anderen Personen bewegen
lassen können (am Zügel oder unter einem Reiter),
wenn Sie sich einmal nicht persönlich darum küm-
mern können.

Die Pflege des Pferdes

Um das Pferd bei guter Gesundheit zu erhalten, muß man auf die Pflege seines Körpers achten. In der Reitersprache bezeichnet der Ausdruck »Putzen« jenen Komplex von Tätigkeiten, die man täglich mit den geeigneten Putzutensilien auf der Oberfläche des Pferdekörpers durchführen muß. Dieses Putzen hat eine doppelte Bedeutung: Einerseits wird das Pferd dadurch sauber gehalten, andererseits trägt sie als spezielle »Massage« von Haut und Muskeln zu seiner allgemeinen Gesundheit bei.

Die Putzutensilien müssen sorgfältig in einem dafür vorgesehenen Sack oder Behälter aufbewahrt und nach Gebrauch gesäubert werden. Jeder Reiter müßte sein ganz persönliches Putzset für sein Pferd besitzen: Dadurch verhindert man die Übertragung von Krankheiten von einem Tier auf das andere.

Es gibt folgende Putzutensilien: Striegel, Wurzelbürste, Kardätsche, Hufkratzer, Schwämme, Mähnenkamm, Schweißmesser, Wollappen.

Das Putzen des Pferdes soll außerhalb der Box durchgeführt werden, zum Beispiel in der Stallgasse. Auch die ruhigsten Pferde müssen mit einem Stallhalfter an zwei seitliche Halteringe angebunden werden. Man beginnt mit dem Striegel auf der linken Seite beim Vorderbeinansatz. Es gibt verschiedene Arten von Striegeln: Metallstriegel sind am effizientesten, aber viele Pferde vertragen sie nicht. Für empfindliche Pferde sind Gummi- oder Plastikstriegel im Handel erhältlich. Der Striegel soll nur auf den Fleischpolstern des Körpers und gegen den Haarstrich angewendet werden, vor allem dort, wo das Fell verklebt ist. Folgende Teile sollen ausgespart werden: die knochigen

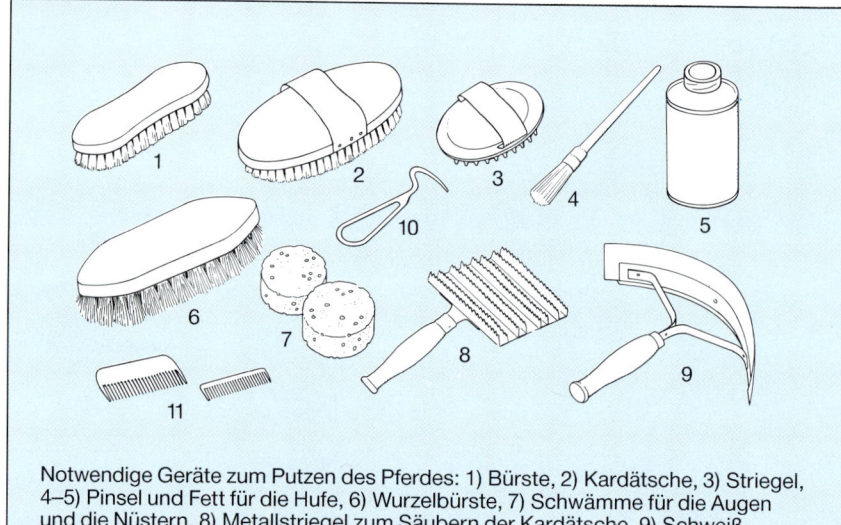

Notwendige Geräte zum Putzen des Pferdes: 1) Bürste, 2) Kardätsche, 3) Striegel, 4–5) Pinsel und Fett für die Hufe, 6) Wurzelbürste, 7) Schwämme für die Augen und die Nüstern, 8) Metallstriegel zum Säubern der Kardätsche, 9) Schweißmesser, 10) Hufkratzer, 11) Kämme.

Teile des Pferdes, der Kopf, die unteren Teile der Gliedmaßen und alle empfindlichen Teile wie die Geschlechtsorgane, die Innenseite der Schenkel, der untere Halsrand, der Schweifansatz usw. Nach dem Aufstriegeln fährt man mit der Wurzel- oder Kunststoffbürste über diese Stellen, um die vom Striegel gelösten Schmutzpartikel auszubürsten. Mit der Wurzelbürste putzt man alle knochigen oder empfindlichen Teile, die man nicht mit dem Striegel geputzt hat. Bei Pferden, die in keinem Fall einen Striegel vertragen, wird

Der Striegel: der erste Schritt bei der Pferdepflege.

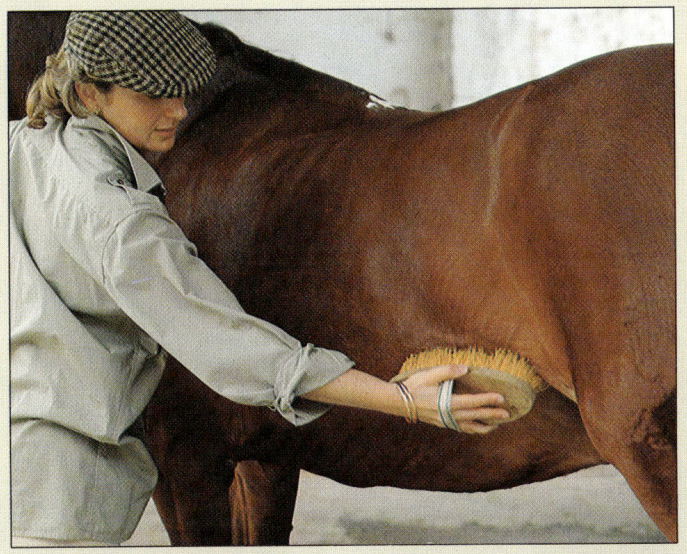

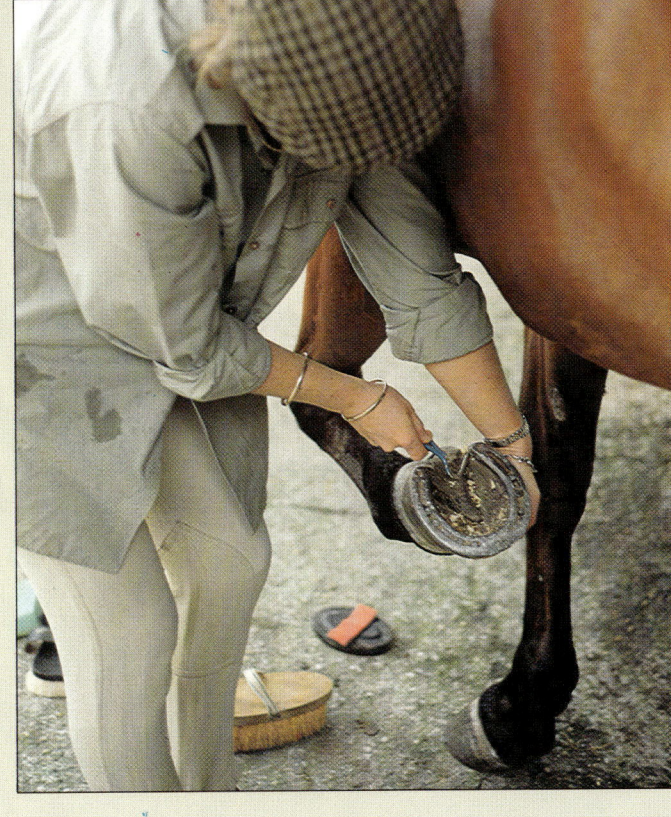

Nach dem Striegeln werden die Wurzelbürste (oben links) und die Bürste (oben rechts) verwendet. Der feuchte Schwamm (oben) dient zur Säuberung von Augen, Nase, Mund, After und Geschlechtsteilen.

Rechts die richtige Anwendung eines Hufkratzers bei der täglichen Hufpflege.

die Wurzelbürste für den ganzen Körper verwendet. Nach der Wurzelbürste verwendet man die Kardätsche, eine Bürste aus Roßhaar oder weichen Borsten. Man nimmt sie in die rechte Hand, während man in der linken den Striegel hält. Die Kardätsche wird zuerst gegen den Strich und sofort anschließend in Richtung des Fellstriches verwendet. Nach drei, vier Strichen fährt man mit der Kardätsche über den Striegel, um sie zu säubern. Der Striegel wird dann in gewissen Abständen auf dem Boden ausgeklopft, um Staub und andere Verunreinigungen zu entfernen.

Nach und nach wird das Fell zu glänzen beginnen. Der Vorgang wird durch Abreiben des ganzen Körpers mit einem sauberen Wischtuch abgeschlossen.

Mit einem feuchten Schwamm werden dann die Augen, die Nüstern und das Maul gereinigt, mit einem zweiten der After und die Geschlechtsteile. Jedes Pferd sollte seine eigenen Schwämme haben. Wenn diese Regel nicht beachtet wird, so muß zumindest dafür gesorgt werden, daß die Gemeinschaftsschwämme mehrerer Pferde vor jedem Gebrauch gründlich ausgewaschen werden.

Besondere Beachtung verdient die Hufpflege. Nach dem Heben jedes einzelnen Beins vom Boden werden mit dem Hufkratzer Schmutz, Erdreich, Kot usw. entfernt. Danach wird mit einem Pinsel ein spezielles Huffett auf die Hufe aufgetragen. Die Hufpflege muß während der täglichen Pferdepflege, vor dem Ausritt und nach der Arbeit mit dem Pferd durchgeführt werden.

Wenn das Pferd nach einem Ausritt noch verschwitzt ist, werden alle nassen Körperteile mit dem Schweiß-

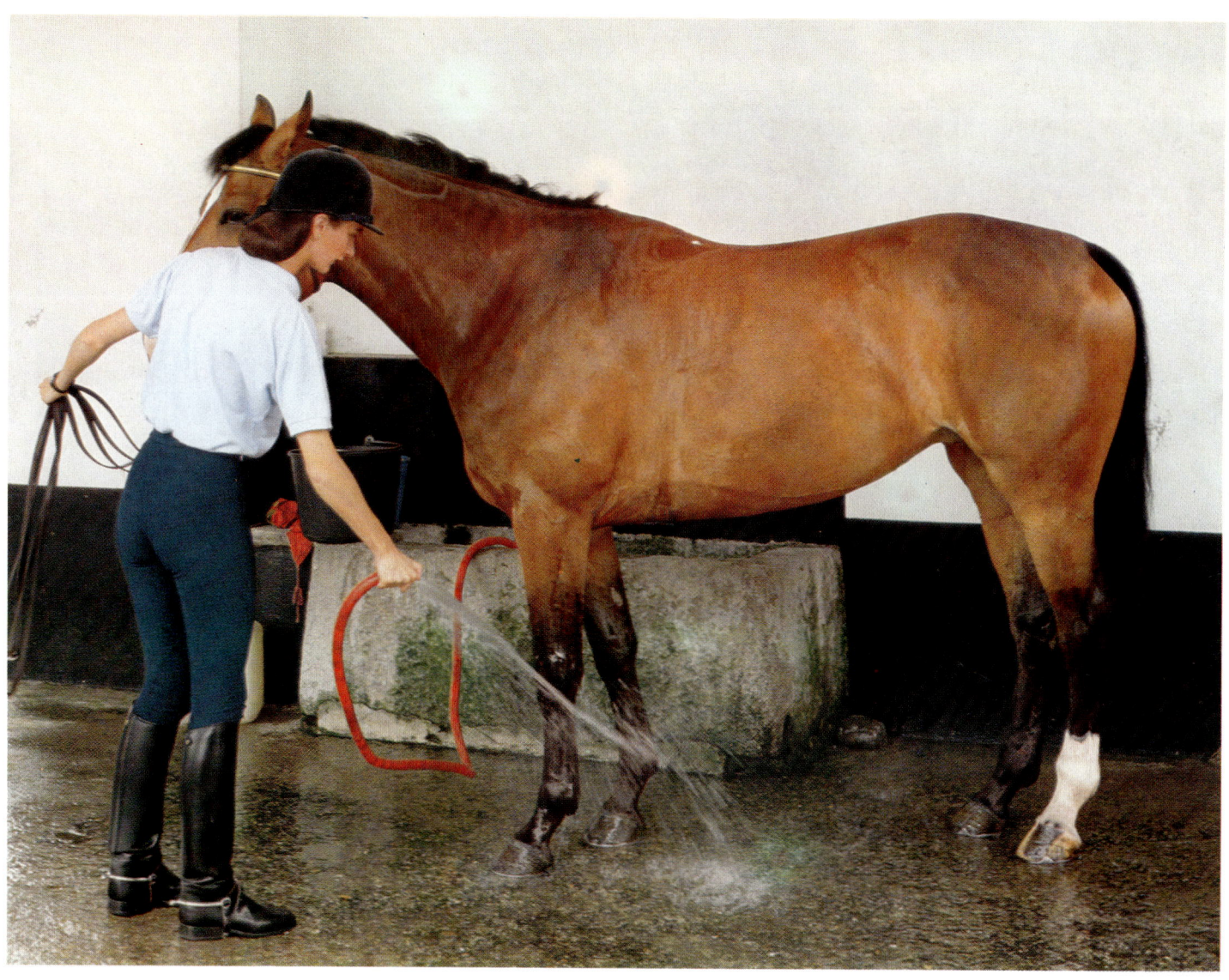

Eine kalte Dusche der Gliedmaßen nach der Arbeit ist gesund.

messer abgezogen. Es ist jedoch empfehlenswert, das Pferd niemals zu stark zum Schwitzen zu bringen und jedenfalls nicht mit dem verschwitzten Pferd in den Stall zurückzukehren. Im Sommer, wenn man das Pferd ab und zu komplett abduscht, dient das Schweißmesser dazu, den Pferdekörper von Wasser zu befreien. Bei jedem Wetter, auch im Winter, ist es empfehlenswert, die Beine abzuspritzen, um sie zu waschen und um die Sehnen zum Abschwellen zu bringen.

Die Mähne wird mit der Wurzelbürste gebürstet und dann mit einem Eisenkamm gekämmt. Der Schweif hingegen soll mit der Kardätsche gebürstet werden, manchmal mit der Wurzelbürste, niemals jedoch mit dem Kamm, da dieser die Pferdehaare leicht ausreißen könnte. Man muß dabei den Schweif in kleine Strähnen unterteilen und diese eine nach der anderen sanft bürsten, andernfalls läuft man Gefahr, daß der Schweif Schaden erleidet und immer dünner wird. Wenn der Schweif nach der Arbeit mit Schlamm beschmutzt ist, soll er am besten gewaschen werden.

Dieses Putzen sollte mindestens einmal am Tag komplett durchgeführt werden. In jedem Fall aber soll das Pferd, sobald es zur Arbeit den Stall verläßt oder nach der Arbeit dorthin zurückkehrt, wenigstens mit der Wurzelbürste abgebürstet werden, egal zu welcher Tageszeit (das hängt von den Arbeitszeiten der Pfleger und von den Verpflichtungen des Pferdebesitzers ab, wenn dieser sein Pferd selbst putzt).

Früher sagte man, daß man zum ordentlichen Putzen des Pferdes eine Stunde oder mehr brauche. Heute wäre dieser Zeitaufwand undenkbar: Man könnte sagen, daß für ein gründliches Putzen des Pferdes (also die komplette Pflege) etwa dreißig bis vierzig Minuten notwendig sind. Im Idealfall wird es der Reiter selbst sein, der sein Pferd pflegt: Durch die oftmalige Wiederholung dieser Prozedur entsteht ein Verhältnis der Vertrautheit und des gegenseitigen Vertrauens. Natürlich wird das aus Zeitmangel oder anderen Gründen nicht immer möglich sein. Jedenfalls sollte der Reiter aber wenigstens ab und zu die komplette Pflege seines Pferdes übernehmen, deren perfekte Ausführung erlernen und zumindest jene kleinen Reinigungsarbeiten (vor und nach der Arbeit) durchführen, die wir beschrieben haben.

Die Ernährung des Pferdes

Wie jedes Säugetier ernährt sich das neugeborene Fohlen ausschließlich von Muttermilch, die vor allem in den ersten Lebenstagen ein unerläßliches Nahrungsmittel darstellt und allen Ansprüchen des Neugeborenen gerecht wird. Sollte die Mutterstute aus irgendeinem Grund zu wenig oder gar keine Milch haben, muß man rasch Abhilfe schaffen, da ein neugeborenes Fohlen nicht lange ohne Nahrung bleiben kann. In diesem Fall wäre es am besten, dem Fohlen, wenigstens für ein paar Tage, die Milch einer anderen Stute zu geben, die kurz zuvor abgefohlt hat, und dann zu künstlicher Ernährung überzugehen. Dabei sollte man stets einen Tierarzt zu Rate ziehen, im Notfall kann man jedoch nach folgender Faustregel vorgehen: Man verwende Kuhmilch, zu einem Drittel mit abgekochtem Wasser verdünnt und mit Beimengung von zwei bis drei Stück Würfelzucker pro Liter. Von dieser Mischung verabreiche man sechs- bis achtmal am Tag 200–300 Milliliter (in den ersten acht bis 14 Lebenstagen).

Bald danach wird das Fohlen es seiner Mutter gleichtun und Gras oder Heuhalme zwischen die Lippen nehmen. Ganz langsam wird sich sein Verdauungsapparat an feste Nahrung gewöhnen: mit sechs Monaten kann sich das Fohlen bereits von derselben Nahrung ernähren wie ein erwachsenes Tier.

Vom physischen und psychischen Standpunkt aus wäre die Weide das absolute Ernährungsparadies für das Pferd: dieses Tier ist zum Weiden geschaffen. In seiner Entwicklungsgeschichte hat es sich dadurch ausgezeichnet, daß es sehr schnell große Entfernungen zurücklegen konnte, und zwar nicht nur zur Abwehr von Gefahren, sondern vor allem als Überlebensgarantie gegen Hunger. Daher wird man zum frühestmöglichen Zeitpunkt die Weide als Ernährungssystem wählen. Dort kann sich das Pferd selbständig seine Lieblingsnahrung holen und gleichzeitig ständig die Bewegung machen, die es stärkt und ausgeglichen stimmt. Natürlich ist diese Lösung nur dann geeignet, wenn das Pferd keine besonders anstrengende Arbeit

Nach der Geburt sucht das Fohlen die Zitze der Mutterstute und beginnt zu saugen. Aber bereits nach einem Monat kann es, zusätzlich zur Milch, die ersten Grashalme zermalmen.

ausführen muß, da sonst ein Zusatz von Hafer und Heu notwendig ist. Wenn nur in beschränktem Maße die Möglichkeit besteht, das Pferd frisches Gras fressen zu lassen, muß man dabei den Tieren den Vortritt lassen, die den größten Nutzen daraus ziehen können, nämlich trächtige oder säugende Mutterstuten, gestreßte oder rekonvaleszente Pferde: Ausreichend viele Stunden, die täglich auf der Weide verbracht werden, sind ein wahrer Gesundheitsborn. Natürlich gibt es dabei einige Regeln zu beachten: Die Weiden müssen einen gewissen Artenreichtum an Weidepflanzen aufweisen, weiters müssen die Grundprinzipien der Viehzucht beachtet werden (Weidewechsel usw.), um eine exzessive oder falsche Nutzung der Weiden zu vermeiden. Selbst wenn man viel Land zur Verfügung hat, sollte man den Tierarzt doch in bezug auf eine eventuelle Zufütterung mit Trockenfutter und Mineral- und Vitaminzusätzen zu Rate ziehen.

Wenngleich die Weide zweifellos in vieler Beziehung Vorteile bietet, so ist sie dennoch für Pferde, die im Pferdesport eingesetzt werden, als alleinige oder Hauptnahrungsquelle wenig geeignet, da gerade diese Pferde, ebenso wie Leistungssportler, ein extrem geregeltes Leben führen müssen. Dabei spielt die Ernährung eine höchst wichtige Rolle und darf daher nicht allein dem Gutdünken des Tieres überlassen werden. Aus diesem Grund wird bei diesen Tieren und in allen Fällen, wo es keine andere Lösung gibt, die Ernährung auf Trockenfutterbasis erfolgen. Welche Produkte sollen dabei verwendet werden? Nach dem herkömmlichen System – sicher das erprobteste und gleichzeitig auch das einfachste – wird dem Pferd gutes Heu von einer artenreichen Wiese und eine Getreidemischung (hauptsächlich Gerste und Hafer) sowie Kleie gegeben. Das ist die Basis einer korrekten täglichen Nahrung, die dann ab und zu kleine Abwechslungen erfahren kann, die dem Pferdegaumen sehr willkommen sein werden: zum Beispiel den Zusatz von Gras, Karotten oder frischen Äpfeln (zerkleinert, um gefährliche Verschlüsse der Speiseröhre zu vermeiden!), das Ersetzen einer Getreideart durch eine andere (z. B. Gerste oder Hafer durch Maismehl), den Zusatz von Rüben usw. Andere Vorgangsweisen, wie eine eventuelle Zufütterung von Vitaminen und Mineralstoffen, die Bereitung von Kleiewasser oder anderen erfrischenden Kleiegetränken usw., sollen nur dann durchgeführt werden, wenn der Tierarzt dies für notwendig erachtet. Die Ernährung ist ein sehr heikler Faktor. Eine unausgewogene Ernährung kann auf lange Sicht sogar schwere Funktionsstörungen im Organismus hervorrufen. Jedesmal wenn bei mehreren Tieren desselben Stalls oder derselben Herde etwas nicht stimmt, sollte man sich immer gleich fragen, ob der Grund dafür nicht in der Ernährung zu suchen ist.

Kehren wir nun zur kontrollierten Nahrungsmittelgabe zurück und untersuchen wir, wann und in welchem Ausmaß sie erfolgen soll. In der Regel wird ein Stallpferd (also ein nicht auf der Weide gehaltenes Pferd) zwei- bis dreimal am Tag fressen. Zwei dieser Mahlzeiten, zu Mittag und am Abend, gelten als Hauptmahlzeiten und sind in bezug auf die Nahrungsmenge als gleichwertig anzusehen. Eine geringe Futtermenge kann auch am Morgen gegeben werden, es muß jedoch darauf geachtet werden, daß zwischen einer Hauptmahlzeit und dem Beginn der Arbeit mindestens zwei bis drei Stunden vergangen sein sollen:

Wie der Mensch arbeitet auch das Pferd nicht gerne mit vollem Magen!

Was die Nahrungsmenge betrifft, muß man zwischen jener Menge unterscheiden, die notwendig ist, um die einfachen Lebensfunktionen aufrechtzuerhalten (»Erhaltungsmenge«) und der sogenannten »Leistungsmenge«, die der Abdeckung eines zusätzlichen Bedarfs dient und die es zum Beispiel einem Rennpferd ermöglicht, Wettkampfleistungen zu erbringen, die ein Fohlen wachsen, eine Stute Milch produzieren, oder ein Fleischpferd gute Fleischpolster ansetzen läßt. Grundsätzlich genügen einem erwachsenen Pferd von etwa 4,5 Zentnern in Ruhe und ohne spezielle Ernährungsbedürfnisse etwa 7–8 kg Heu und 2 kg Getreide am Tag, wenn eine Einstreu aus Stroh vorhanden ist, die teilweise gefressen wird. Besteht die Einstreu aus Torf oder Sägemehl, muß die Heumenge geringfügig erhöht werden oder es müssen 2–3 kg Stroh hinzugefügt werden. Der zusätzliche Leistungsbedarf wird von Fall zu Fall mit Hilfe eines Tierarztes oder einer Person mit einschlägiger Erfahrung zu bestimmen sein. In jedem Fall ist es notwendig, auf eine gute Qualität des Futters zu achten. Das Heu darf nicht schimmelig sein und keine zu groben Teilchen enthalten. Beim Heukauf ist es daher ratsam, einige Ballen zu öffnen, um den Zustand beurteilen zu können (meist sind die Defekte im Inneren des Ballens zu finden, das Äußere kann trügen). Es empfiehlt sich auch, das Heu vor der Verfütterung mit einer Heugabel »aufzuschütteln«, damit der Staub herausfällt. Auch das Getreide muß frei von Fremdkörpern und allzu viel Staub sein, man verwendet daher zu diesem Zweck ein gewöhnliches Sieb.

Was die Kleie betrifft, so tendiert diese von Natur aus zum Stauben. Es genügt, sie zum Zeitpunkt der Verfütterung zu befeuchten. Als Faustregel gilt, die Kleie nicht länger als 20 Tage aufzubewahren, da sie leicht ranzig wird. Planen Sie daher Ihren Kleieeinkauf in regelmäßigen Zeitabständen.

Wo bekommt man diese Futtermittel? Heu und Stroh können auf den entsprechenden Märkten gekauft werden, die sich meist neben Viehmärkten befinden, oder direkt beim Händler (in allen noch so kleinen Reitzentren gibt es stets mehrere von ihnen). Eine weitere Möglichkeit besteht darin, sich mit einem Bauern ins Einvernehmen zu setzen und eine gewisse Futtermenge von seinen Feldern vorzubestellen: In diesem Fall ist man sich über Herkunft und Qualität von Heu und Stroh sicher. Es empfiehlt sich, nicht gleich beim ersten Verkäufer zu bestellen, sondern mehrere Möglichkeiten auszukundschaften, um dann die günstigste und wirtschaftlichste Lösung zu wählen. Getreide und Kleie können bei Getreide- und Saatguthändlern erstanden werden oder direkt bei Getreidemühlen oder landwirtschaftlichen Genossenschaften. Zur Lagerung von Getreide und Kleie kann man Kunststoff-Fässer verwenden, die in einem trockenen Raum aufbewahrt werden sollen. Zum Themenkreis der Ernährung gehört als äußerst wichtiger Faktor das Trinkwasser, das natürlich in erster Linie trinkbar sein muß und dessen Idealtemperatur zwischen 8 und 12 Grad liegt. Am

Zwei Haflinger bei der Nahrungsaufnahme auf der Wiese. Die Weide wäre die natürlichste Ernährungsmethode für die Pferde. Leider ist diese Methode jedoch nicht immer anwendbar.

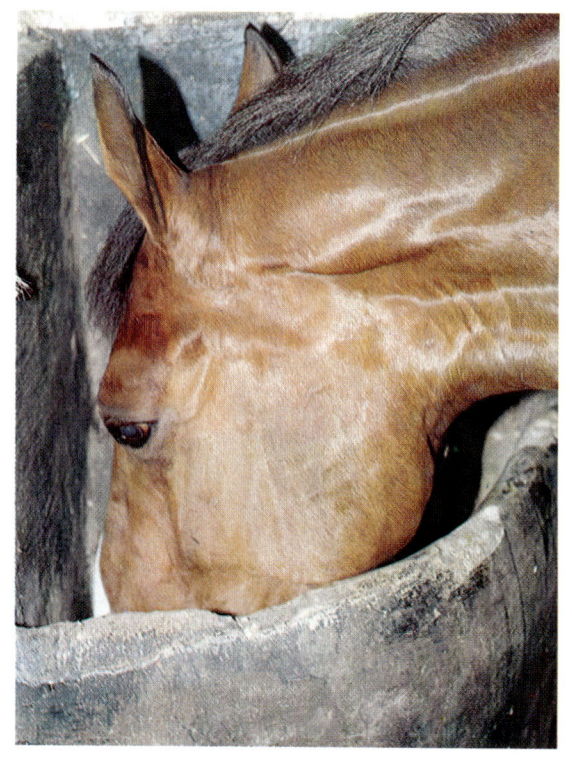

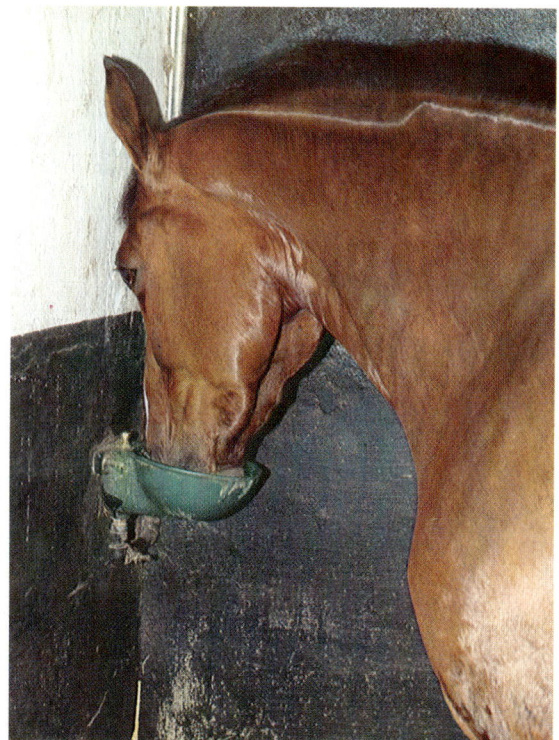

Links ein Pferd beim Futtertrog. Daneben ein Pferd bei der automatischen Tränke. Darunter ein Pferd, das Salz leckt. Bei einigen Pferden ist es notwendig, eine zusätzliche Ration Salz in Form eines großen Salzsteins zu verabreichen. Dieser wird an der Futterkrippe aufgehängt.

besten ist eine automatische Tränke. In diesem Fall trinkt das Pferd, wann immer es will und in der richtigen Menge. Muß man händisch tränken, so gilt, daß ein erwachsenes Pferd normalerweise 20–25 Liter Wasser am Tag trinkt, und bis zu 50–60 Liter, wenn es bei der Arbeit stark geschwitzt hat. Zuerst soll das Heu gegeben werden, dann das Wasser und schließlich das Getreide: In diesem Fall wird das kalte Wasser nicht auf leeren Magen getrunken, und das Getreide wird nicht in den Darm geschwemmt, bevor es nicht zumindest teilweise verdaut wurde.

Schließen wir dieses Kapitel nun mit einigen einfachen, aber nützlichen Ratschlägen ab: Vermeiden Sie die Gabe von zu kaltem Wasser, von gerade frisch geschnittenem Gras (es ist besser, dieses einige Stunden anwelken zu lassen) und von großen Mengen frischer Luzerne. All das dient dazu, die unangenehmen Darmkoliken zu vermeiden, für die das Pferd sehr anfällig ist. Wenn Sie eine Reise planen, sollte die letzte Mahlzeit davor leicht sein und mindestens drei bis vier Stunden vor der Abfahrt eingenommen werden. Achten Sie darauf, daß sich das Pferd nicht überfrißt, vor allem an Hafer, einer der Lieblingsspeisen jedes Pferdes, da Pferde nicht wie andere Tiere die Möglichkeit haben, sich zu übergeben (wenn sie es tun, ist dies ein schweres Krankheitssymptom). Und denken Sie schließlich daran, daß das Pferd ein Gewohnheitstier ist. Wenn Sie, sei es auch nur zum Teil, seinen Menüplan ändern wollen, müssen Sie das schrittweise tun, damit es sich ohne Traumata an den Wechsel gewöhnen kann. Heute gibt es bereits verschiedene Arten von Fertigfutter in Form von kleinen Würfeln oder Röllchen *(Pellets).* Sie erinnern ein wenig an die berühmten Nahrungspillen für Astronauten: auf kleinstem Raum sind alle notwendigen Nährstoffe konzentriert, die in einer normalen Heu- und Getreideration enthalten wären. Sie ermöglichen große Einsparungen an Platz und Arbeitskraft. Ihre Anwendung darf jedoch nur ganz langsam eingeführt werden, wobei man schrittweise von der herkömmlichen Fütterung Abstand nimmt. Auch beim umgekehrten Weg muß man, will man zur ursprünglichen Fütterungsart zurückkehren, dieselbe Taktik der kleinen Schritte anwenden.

Das Pferd wird krank

Will man erlernen, ein Auge dafür zu bekommen, wann das Pferd krank ist, dann muß man zuerst einmal erkennen können, wann es ihm gutgeht. Ein Pferd bei guter Gesundheit muß – egal was für Gewohnheiten es normalerweise hat oder welcher Rasse es angehört – den Eindruck allgemeiner Zufriedenheit machen; sein Äußeres oder sein Verhalten dürfen keinerlei Auffälligkeiten aufweisen. Wenn es auf der Weide steht, muß es ruhig und locker nach seinem Lieblingsfutter suchen. Wenn es arbeitet, muß es die Aufgaben mit dem üblichen Engagement durchführen: Ein Leistungspferd muß sich wie ein solches betragen, ein bescheidenes Schulpferd wird stundenlang geduldig seine Runden traben. Das Pferd ist im Grunde ein Gewohnheitstier: Wenn man viel Zeit mit ihm verbringt und seine Gewohnheiten im Stall und im Freien kennenlernt, kann man die ersten Symptome vieler Krankheiten erkennen, indem man einfach Änderungen in seinem Verhalten feststellt. Wie beim Menschen ruft auch bei den Pferden jede Störung des Befindens fast immer Teilnahmslosigkeit, Depression und Freßunlust hervor. Ein Pferd, das sich von der Herde isoliert, das seine Nahrung lustlos zermalmt, das bei der Arbeit nicht die gewohnte Leistung erbringt, muß genau beobachtet werden, weil es ihm höchstwahrscheinlich nicht gutgeht. Jede Krankheit hat ihre spezifischen Anzeichen, wobei einige davon den Symptomen beim Menschen ähnlich sind: Grippe zum Beispiel wird gekennzeichnet durch Fieber, Nasenausfluß und Husten. Darmkoliken – bei Pferden aufgrund ihres sehr anfälligen Verdauungsapparates eine sehr häufig vorkommende Krankheit – manifestieren sich mit starken Schmerzen, Schweißausbrüchen und einem Anstieg der Herzfrequenz, wie bei den Koliken des Menschen, und das Tier blickt dabei auf die betroffene Körperstelle. Durchfälle, Bronchitis, Verdauungsstörungen und viele andere häufige Krankheitsbilder entwickeln sich wie beim Menschen und werden auch mehr oder weniger wie bei diesem behandelt.

Dann gibt es eine Reihe von typischen Pferdekrankheiten mit ganz spezifischen Symptomen. Dazu zählt zum Beispiel die Hufrehe (auch Hufverschlag genannt), eine Entzündung des inneren Teils des Hufes, meist an den vorderen Gliedmaßen, wobei das Tier eine typische Haltung einnimmt, indem es den Schwerpunkt nach hinten verlegt und die vorderen Gliedmaßen weit vorgesetzt werden, um die Belastung auf den schmerzenden Körperteilen zu verringern. Bei der Hautwassersucht, einer Krankheit, deren Ursachen noch nicht ganz geklärt werden konnten, schwellen die Gliedmaßen zu dicken Säulen an, die Schwellung breitet sich dann über den Bauch, den Hals und den Kopf aus: Das Pferd, das auch Gefahr läuft zu ersticken, gleicht dabei einem Elefanten und bewegt sich völlig unbeholfen. Die Drüsenentzündung beim Pferd hingegen ist durch Anschwellen und Vereiterung der Lymphdrüsen am Hals gekennzeichnet: Wie die Grippe ist auch die Drüsenentzündung eine

höchst ansteckende Krankheit, die sogar sämtliche Tiere eines Reitstalls hintereinander befallen kann.

Ein weiteres typisches Syndrom ist die Myoglobinämie, die bei Wiederaufnahme intensiver Arbeit nach einer kurzen Ruhepause auftreten kann. Bei einem Anfall von Myoglobinämie sind sämtliche Muskeln des Pferdes versteift und schmerzend, in manchen Fällen ist das Tier so weit gelähmt, daß es keinen Schritt mehr tun kann. Der Ausdruck »Versteifung«, mit dem man dieses Krankheitsbild oft beschreibt, ist sehr treffend. Eine schreckliche Krankheit, für die Pferde besonders anfällig sind, ist der Tetanus: Alle Wunden, vor allem tiefe und nicht stark blutende Wunden können eine Gefahr darstellen. Ein von Tetanus befallenes Pferd hat ein ganz typisches Aussehen: aufgestellte Ohren, trompetenartig geweitete Nüstern, steife Muskeln, erhöhte Lärmempfindlichkeit, extrem hohe Schreckhaftigkeit beim geringsten Geräusch.

Viele schwere Infektionskrankheiten wie Rotz und Pferdepest, die vor allem in Kriegszeiten wahre Epidemien ausgelöst haben, sind heute bereits sehr selten und haben ihren Platz an andere ansteckende Krankheiten abgetreten, wie zum Beispiel die infektiöse Anämie, deren Symptome (Leistungsabfall, zeitweise Apatie) nicht sehr deutlich sind, wodurch sich die Krankheit oft unerkannt entwickeln und verbreiten kann.

Weiters gibt es eine Reihe von Verletzungen der Gliedmaßen, die am häufigsten bei Sportpferden in Form von Lahmheit auftreten. Wie bemerkt man, daß ein Pferd lahmt? Seine Gangart wird unregelmäßig, und der Reiter wird eine gewisse Gleichgewichtsstörung und Taktfehler wahrnehmen, die den Reitrhythmus beeinträchtigen. Der Kopf des Pferdes dient als wahres Alarmsignal: Wenn ein Pferd lahmt, bewegen sich Kopf und Hals wie ein Gegengewicht zum Ausgleich der Schwingungen: Je nach Bedarf heben und senken sie sich ruckartig. Wie erkennt man, wo die Ursache einer Lahmheit liegt? Handelt es sich um eine Vorderhand, wird das Pferd bei jedem Auffußen mit dem erkrankten Vorderfuß den Kopf heben, ist es die Hinterhand, wird es den Kopf senken, damit der schmerzende Punkt entlastet wird. Sind auch die Sehnen betroffen, wird die Lahmheit auf weichem Untergrund stärker werden, ist das Knochengewebe betroffen, wird sie eher auf hartem Untergrund zunehmen. Ist der untere Teil einer der Gliedmaßen erkrankt (Fesselkopf, Huf), wird das Pferd stärker lahmen, wenn das schmerzende Bein das Stützbein ist, und wenn es sich um eine Verletzung des oberen Bereichs handelt, wird es genau umgekehrt sein.

Nach diesem Überblick über die häufigsten Krankheiten wollen wir nun sehen, was man tun kann, wenn ein Pferd gesundheitliche Probleme hat. Vorweg ein Ratschlag: Es ist besser, wenn Sie das Pferd von einem Tierarzt behandeln lassen, ohne der Versuchung zu verfallen, alles allein machen zu wollen oder das Tier in die Hände eines inkompetenten »Kurpfuschers« zu geben. Leider kursieren gerade in Reiterkreisen nur

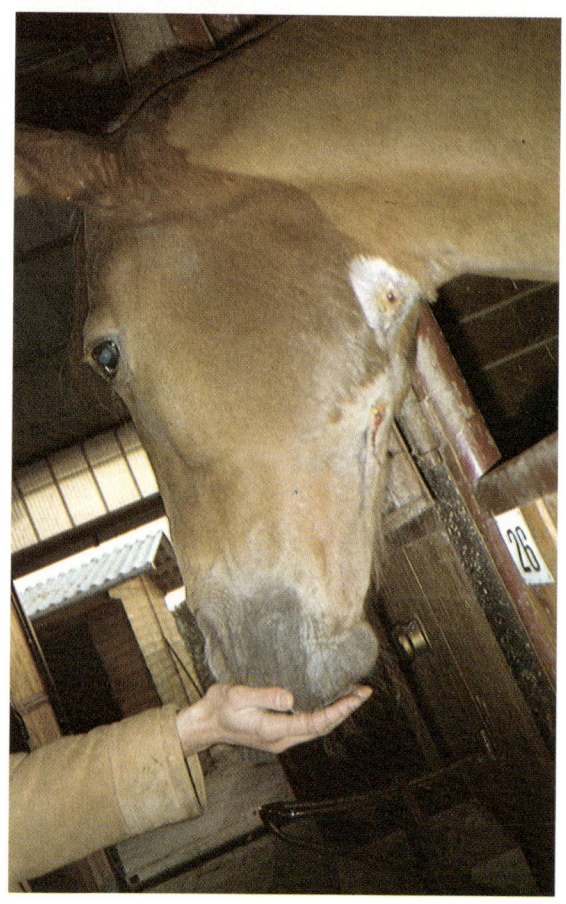

allzu leicht die kostenlosen Ratschläge, vor allem über sogenannte Wundermittel. Oft sind sie aber nicht nur unnötig, sondern sogar gefährlich. Um eine korrekte Diagnose und genaue Therapieangaben zu bekommen, soll man einzig und allein einen Tierarzt seines Vertrauens konsultieren. Was kann man bis zu seinem Eintreffen unternehmen?

Wenn das Pferd lahmt, ist es ratsam, die Arbeit sofort zu unterbrechen und die Hufe zu untersuchen, um zu sehen, ob der Grund für die Lahmheit vielleicht nur an einem Steinchen liegt, das sich zwischen Huf und Sohle eingeklemmt hat. In jedem Fall halten Sie sich an die alte Weisheit, die besagt: auf neuen Schmerz Kälte, auf alten Schmerz Wärme: Wenn die Verletzung akut ist, wird eine kalte Dusche guttun, ist sie chronisch, wird ein warmer Umschlag, beispielsweise mit einem Antiphlogistikum, das beste Mittel sein. Bei Infektionskrankheiten und ansteckenden Krankheiten wie Grippe oder Drüsenentzündung muß man sofort das betroffene Tier sowie alle seine Putzutensilien isolieren, um zu vermeiden, daß auch andere Tiere angesteckt werden. Wenn das Pferd fiebert (die normale Rektaltemperatur eines Pferdes liegt bei ungefähr 37,5 Grad), muß man das erkrankte Tier in einem zugfreien Raum unterbringen und es eventuell in eine Decke einhüllen. Wenn das Tier an Durchfall leidet, muß sofort die Zufuhr von den Nahrungsmitteln unterbunden werden, die den Durchfall fördern könnten, wie frisches Gras und Kleie. Wenn sich das Pferd verletzt, desinfizieren Sie die Wunde gründlich mit einem geeigneten Mittel, vermeiden Sie aber Jodtinktur (sie verätzt lebendes Gewebe) und Alkohol (er hat keine gute keimtötende Wirkung). Bei Blutungen bringen sie oberhalb des Schnittes eine Gummi-Staubinde an. Diese soll jedoch höchstens 20 Minuten dort belassen

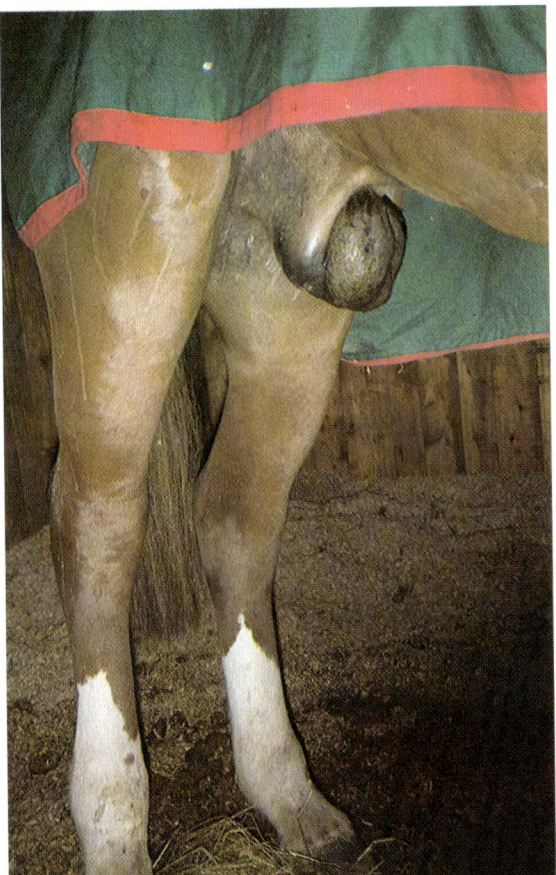

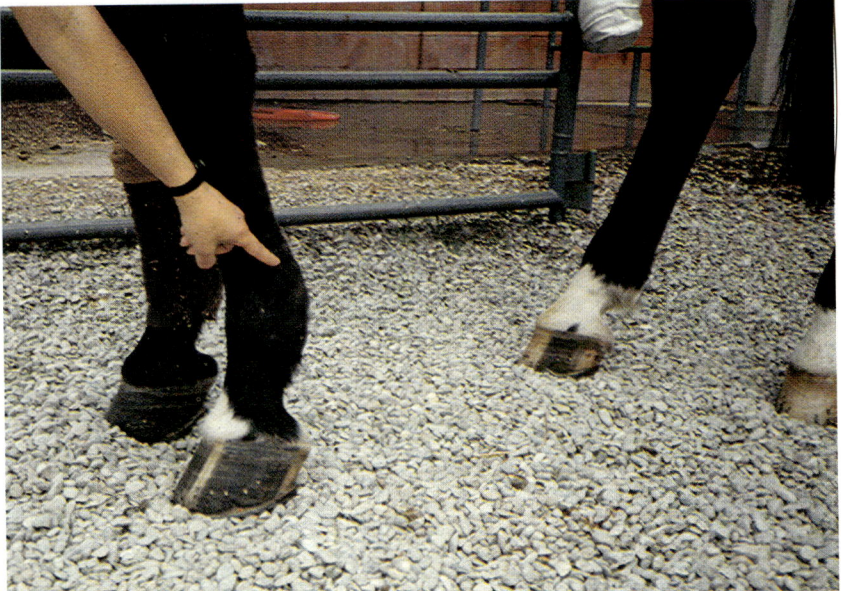

Auf dem Foto oben eine Gruppe von Pferden auf der Weide. An ihrem Verhalte.. läßt sich leicht erkennen, daß sie bei bester Gesundheit sind.
Darunter von links nach rechts:
1 Ein seröser Nasenausfluß kann oft das erste Symptom von Grippe sein.
2 Drüsenentzündung beim Pferd: Die betroffenen Lymphknoten am Hals sind gut sichtbar. In der dargestellten Phase bereits auf dem Weg der Heilung, nach der Entleerung von Eiter.
3 Hautwassersucht: Die hinteren Gliedmaßen, Hodensack und Penis sind stark geschwollen. Die Schwellungen sind das typische Symptom dieser Krankheit.
4 Schwere Sehnenentzündung an der linken Vorhand. Die Beugemuskeln des Fesselbeins erscheinen oberhalb des Knöchels geschwollen.

werden: Nach dieser Zeitspanne muß man den Druck lösen, um die Blutzirkulation wieder in Gang zu bringen. Danach kann man neuerlich abbinden. Wird das Pferd von einer Kolik befallen, so muß es in eine Box mit guter Einstreu gebracht werden, da es sich vor Schmerzen auf den Boden werfen könnte. Man soll das Pferd in diesem Zustand auf keinen Fall allein lassen, da es mit dem Kopf um sich schlagen könnte. Legen Sie dem Tier eine warme Decke auf die Nieren und die Flanken.

Um Zeit zu sparen und die Arbeit des Tierarztes zu erleichtern, ist es ratsam, ihm leichten Zutritt zum Tier zu verschaffen: Wenn das Tier auf der Weide ist, muß man ihm das Halfter anlegen, damit der Arzt es schon für die Untersuchung bereit vorfindet. Es sollten immer zwei Personen zur Hilfe vorhanden sein, da es oft notwendig ist, einen Fuß des Pferdes in die Höhe zu heben, und das Tier dabei gehalten werden muß. In gewissen Fällen ist es sogar nötig, zum Maulknebel oder ähnlichem zu greifen.

Ein Rat für die Sicherheit von Pferd und Reiter: Sollten Sie Ausflüge in Wälder oder Gegenden planen, in denen möglicherweise Giftschlangen vorkommen, ist es zweckmäßig, immer einige Packungen Schlangenserum mitzuführen, das Sie in jeder Apotheke kaufen können. Diese einfache Maßnahme kann lebensrettend sein.

Ein von einer Schlange gebissenes Pferd muß abgesattelt und ruhig gehalten werden. Sie müssen sofort die Bißstelle suchen, die Sie an den zwei unverwechselbaren Pünktchen erkennen können, die die Giftzähne hinterlassen. Wenn es möglich ist, sperren Sie das Blut oberhalb der Bißstelle ab, wobei Sie dieselben Vorkehrungen wie bei einer Arterienblutung treffen. Hat man ein Messer zur Verfügung, erhitze man dessen Spitze über einer Flamme und erweitere die zwei Wunden, damit das Blut herausfließen kann. Es wäre gut, die betroffene Stelle zu desinfizieren. Sie soll jedoch nicht mit Wasser gewaschen werden, da das nur weitere Verunreinigungen hervorrufen kann. Das beste Desinfektionsmittel bei einem Schlangenbiß ist Kaliumpermanganat, aber häufig wird man nichts dergleichen zur Verfügung haben. Hat man Schlangenserum bei sich, muß man einige Ampullen davon rund um die Wunde einspritzen (eine sterile Spritze liegt der Packung bei), dann werden weitere drei bis vier Ampullen in den Muskel gespritzt. Hat man kein Serum bei der Hand, gibt es zwei Möglichkeiten: Entweder beeilt sich ein Helfer, aus dem nächstgelegenen Ort Schlangenserum zu besorgen, oder man macht sich ganz langsam, mit dem Pferd an der Hand, auf den Weg, um Hilfe zu holen. Jedenfalls wird aber die Bewegung des Tieres bewirken, daß sich das Gift schneller im Organismus ausbreitet, und die Gefahr für das Tier wird steigen. Man muß sich auf jeden Fall so schnell wie möglich zu einem Tierarzt begeben, da das Überleben des Pferdes zu einem großen Teil von der raschen und sorgfältigen Behandlung abhängt.

Ein kleiner Trost: Wenn Ihr Pferd einen Schlangenbiß überlebt (was nicht so selten vorkommt), wird es wenigstens teilweise immun dagegen, wodurch es in der Folge – im (unglücklichen) Fall eines neuerlichen Bisses – weniger gefährdet ist.

Abschließend sei gesagt, daß es immer besser ist, den Krankheiten vorzubeugen: Ein regelmäßiges Leben, bei dem der Hygiene des Lebensraums gleich viel Bedeutung eingeräumt wird wie der Ernährung, ist die Voraussetzung für ein robustes und gesundes Pferd.

Weiters sei daran erinnert, daß Tetanus- und Grippeimpfungen de facto Pflichtimpfungen geworden sind. Letztere wird einmal im Jahr durchgeführt und ist die einzig sichere Möglichkeit, diese lästige, schon sehr weit verbreitete Krankheit zu verhindern, die böse Schäden am Atmungsapparat hinterlassen kann. Grippefälle sind anzeigepflichtig und können daher einen ganzen Stall für längere Zeit »lahmlegen«.

Erste-Hilfe-Ausrüstung:

In jedem Reitstall müßte ein Erste-Hilfe-Schrank zur Verfügung stehen, der die notwendigen Medikamente und Gegenstände enthalten sollte, die für ein schnelles Eingreifen im Notfall unumgänglich sind. Solch ein Erste-Hilfe-Schrank ist eines der wichtigsten Dinge in einem Reitstall, dennoch wird er leider nur allzu oft vernachlässigt und ist nichts weiter als ein verschmutztes, altes Kästchen, in dem sich abgelaufene Arzneimittel und alles andere als sterile Spritzen ansammeln. Wenn man dann etwas braucht, findet man es natürlich mit größter Wahrscheinlichkeit nicht.

Folgende Gegenstände gehören zur Mindestausstattung:

1 Staubinde (wie sie beim Menschen bei intravenösen Spritzen verwendet wird. Sie soll die Blutung an einem Bein zum Stillstand bringen.)
5 sterile Einwegspritzen zu 20 cm^3
1 Paket Wattepads für die Desinfektion kleiner Stellen (Injektionen usw.)
1 Paket Watterolle, von der man Streifen für Verbände abreißen kann
10 sterile Bandagen (Breite 10 cm)
1 Paket steriler Verbandmull, einzeln verpackt
3 Rollen Pflaster (Mindestbreite 5 cm)
1 Desinfektionsmittel, das nicht Alkohol sein darf
1 Desinfektionsspray für Veterinärzwecke (sein Hauptverwendungszweck sind Verletzungen an der Sohle und am Strahl)
1 Thermometer für Veterinärzwecke.

Was Medikamente betrifft, so soll man den Tierarzt um Rat fragen. Manchmal kann es nützlich sein, im Bedarfsfall bereits bestimmte Medikamente vorzufinden und sie nicht erst aus der Apotheke holen zu müssen. Es ist aber die Aufgabe eines Fachmannes, anzugeben, um welche Medikamente es sich handeln soll, und eventuell, wann und wie sie verabreicht werden sollen.

Zäumung und Sattelung

Das Reiten ist eine äußerst technische Sportart. Aus diesem Grund ist das Zaumzeug des Pferdes von besonders großer Bedeutung. Es handelt sich dabei nicht um reinen Fetischismus, um eine Passion für schöne Dinge aus Leder und Metall, die zweifelsohne eine ganz eigene Faszination ausüben; es handelt sich vor allem um Effizienz und Sicherheit. Durch die immer größere Verbreitung der einzelnen Reitsportdisziplinen entstand in den meisten Ländern ein eigener Industriezweig, der zu mehr oder weniger erschwinglichen Preisen all jene Artikel liefern kann, die dem Reiter zur Ausübung dieses Sports dienen. Natürlich brachten die Perfektionierung der Herstellungstechniken, die Verwendung von Kunststoffen und einige andere innovative Maßnahmen wesentliche Fortschritte bei der Produktion dieser Gegenstände.

Das erste Ausrüstungsstück, das ein Reiter kaufen muß, ist die Zäumung. Das Pferd trägt sie von den ersten Lebenstagen an und wird sie stets benötigen. Es gibt verschiedene Typen aus unterschiedlichen Materialien: Die schönsten Zaumzeuge sind natürlich jene aus Leder. Als besondere Raffinesse kann man daran ein Schildchen mit dem Namen des Pferdes anbringen. Im Handel finden Sie auch verschiedene, sehr haltbare und bunte Zaumzeuge aus Kunststoff (rot, grün, gelb usw.). Wichtig ist, das Zaumzeug in einer für das Pferd passenden Größe zu kaufen. Mit dem Halfter wird man ein oder besser zwei Anbinderiemen kaufen, die dazu dienen, das Pferd an den Halteringen anzuhängen. Dabei ist wichtig, daß diese Riemen sehr widerstandsfähig sind und nicht beim ersten Ruck reißen: Der Reiter sollte jedoch soviel Umsicht besitzen, das Pferd mit einem speziellen Knoten anzubinden, der im Bedarfsfall leicht zu lösen ist.

Kommen wir nun zum Sattel, der teuersten Komponente beim Kauf der Ausrüstung. Im Idealfall würde man sich den Sattel nach Maß anfertigen lassen, was

Ein gezäumtes und gesatteltes Pferd (Sattel, Satteldecke und Trense).

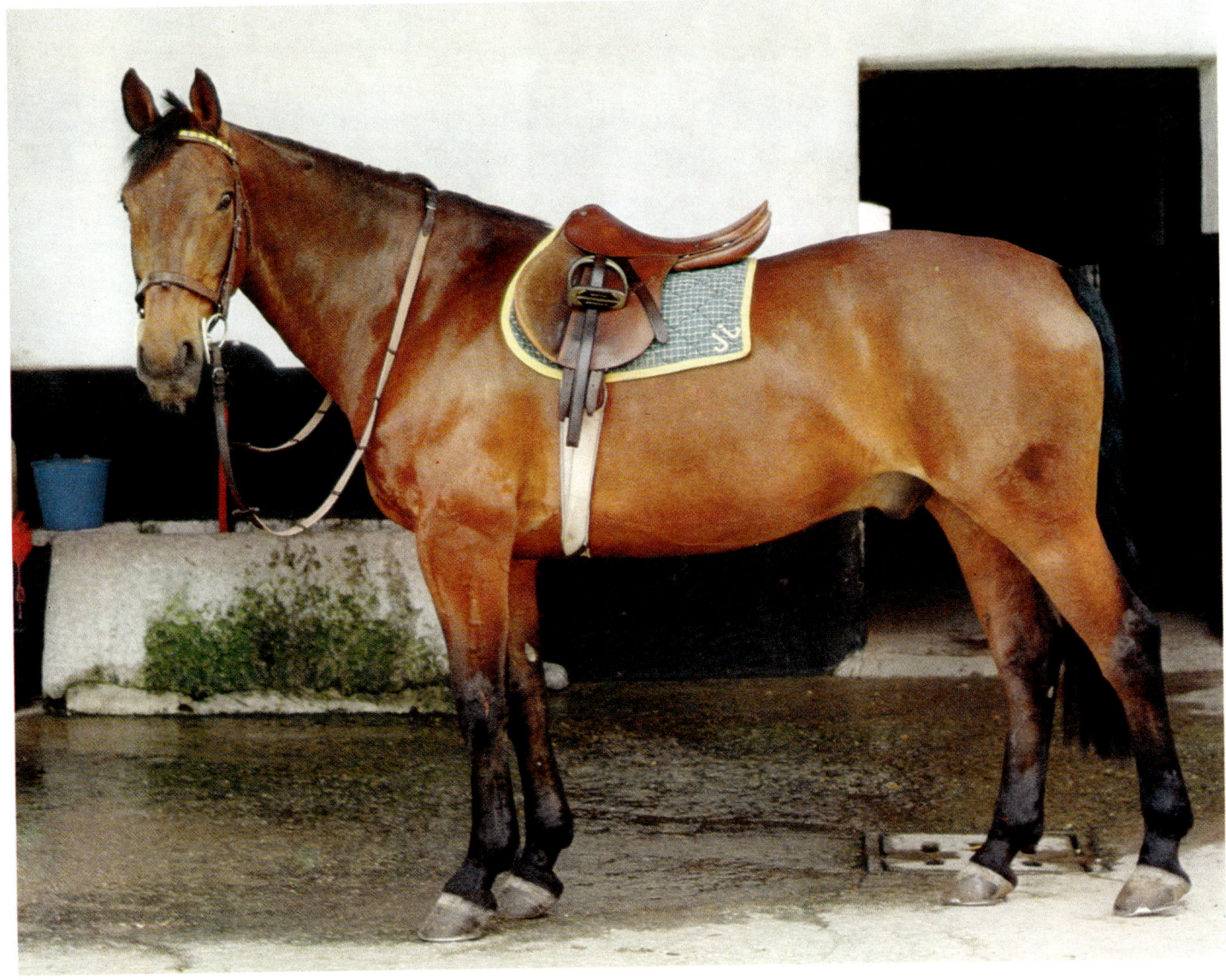

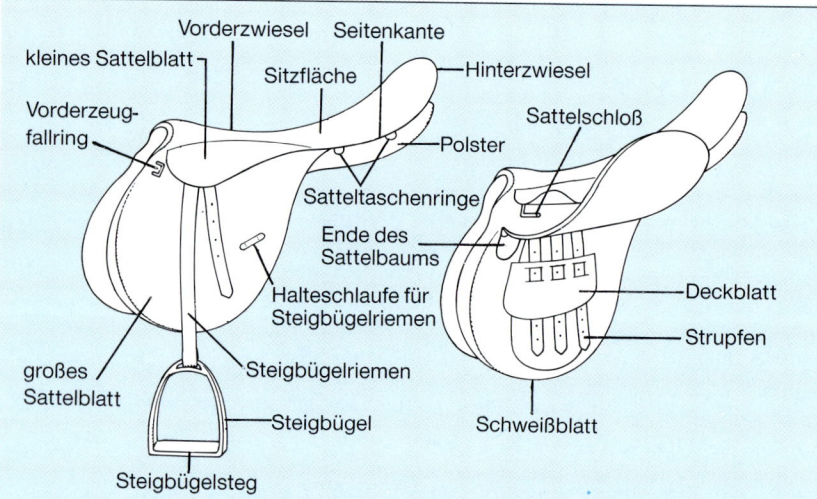

Vorderzwiesel
Seitenkante
kleines Sattelblatt
Sitzfläche
Hinterzwiesel
Vorderzeug-
fallring
Sattelschloß
Polster
Satteltaschenringe
Ende des
Sattelbaums
Halteschlaufe für
Steigbügelriemen
Deckblatt
großes
Sattelblatt
Steigbügelriemen
Strupfen
Steigbügel
Schweißblatt
Steigbügelsteg

Eine gut ausgerüstete und trockene Sattelkammer trägt zur guten Erhaltung des Sattelzeugs bei, das in periodischen Abständen gründlich geputzt und eingefettet werden muß.

jedoch nicht unbedingt notwendig ist. Sie finden am Markt eine reiche Auswahl an erstklassigen Sätteln.

Es gibt verschiedene Satteltypen: Springsattel mit stark vorgezogenem Sattelblatt, das speziell aufgekißt ist, um dem Knie die besondere, beim Springen unbedingt notwendige Position zu ermöglichen; Dressursattel mit geraden Sattelblättern für gestreckte Knie; Vielseitigkeitssattel, der für viele Verwendungszwecke geeignet ist, wie z. B. zum Springen, zur Jagd, zur Grunddressur usw.; und schließlich gibt es noch den Sattel, den die Engländer *General Purpose Saddle* nennen: Seine Sattelblätter sind relativ weit nach vorne gerichtet und aufgekißt, jedoch weniger als beim Springsattel. Weiters gibt es eine Reihe spezieller Satteltypen wie den Rennsattel, den Westernsattel, den Trekkingsattel usw.

Die wichtigsten Kriterien bei dem Sattel, den man normalerweise verwendet, sind jedoch zweifellos seine Bequemlichkeit, die für den Reiter passende Größe und eine relativ weiche Konsistenz. Der Sattel

darf nicht am Widerrist des Pferdes aufliegen. Zwischen dem Pferderücken und dem hinteren Teil des Sattels (den unter der Hinterzwiesel liegenden Polstern) muß ein Freiraum bleiben. Kurz gesagt, der Sattel soll vorne und hinten nicht zu knapp am Pferd aufliegen.

Um dem Tier eventuelle Scheuerstellen zu ersparen und das Sattelleder zu schützen, kann man unten den Sattel eine leicht waschbare Sattelunterlage legen. Wenn nötig, kann diese noch durch ein Lammfell (echt oder synthetisch) oder durch Filz ergänzt werden. Lammfell und Filz können auch allein verwendet werden, es ist jedoch vorteilhafter, zusätzlich immer auch noch eine Textilsatteldecke aufzulegen, da diese leichter zu waschen ist.

Zur Vervollständigung des Sattels gehören noch die Steigbügel, die vom Steigbügelriemen und vom Sattelgurt gehalten werden. Diese sind für die Sicherheit des Reiters von großer Bedeutung und müssen daher sehr sorgfältig ausgewählt und gewartet werden.

Die Steigbügel müssen unbedingt breit und schwer sein und die richtige Proportion zum Fuß des Reiters haben, so daß man leicht hinein- und heraussteigen kann. (Man sagt, daß auf jeder Seite 1½ cm frei sein müssen.) Eine Gummiauflage auf dem Bügelsteg gibt dem Fuß eine bessere Haftung. Die Steigbügelriemen müssen aus erstklassigem Leder gearbeitet sein. Ihre Länge muß in der Proportion auf die Beine des Reiters abgestimmt sein. Sie müssen sorgfältig gewartet, gesäubert und oft eingefettet werden. Beim geringsten Anzeichen von Abnutzung (Risse, z. B. an der Umschlagkante, an der die Steigbügel hängen) müssen sie ausgewechselt werden. Der Steigbügelriemen sollte am Sattel mittels eines Sicherheitsverschlusses befestigt werden, der sich öffnet, wenn ein starker Druck ausgeübt wird. Durch diese Vorrichtung kann man die Gefahr einschränken, im Steigbügel hängen zu bleiben.

Ebenfalls von größter Wichtigkeit für die Sicherheit des Reiters ist der Sattelgurt. Heute gibt es ihn bereits aus verschiedenen Materialien; aus Leder, Leinen, Nylon, Nylonschnur usw., wobei jeder Typus seine Vor- und Nachteile hat. Auch wenn ein Ledergurt wahrscheinlich am schönsten ist, so sind doch Sattelgurte aus Nylonschnur oder aus anderem Kunststoff praktischer. Sie sind elastisch und beständig, bleiben angenehm sauber und können leicht gewaschen werden. Ein Ledergurt muß oft geputzt und eingefettet werden. Jedenfalls gilt wie bei den Steigbügelriemen, daß der Sattelgurt bei der geringsten Abnützungserscheinung erneuert werden muß.

Zum nicht obligatorischen Zaumzeug zählen der Brustgurt und das Martingal. Ersterer besteht aus einem Gurt, der über der Brust des Pferdes verläuft und verhindert, daß der Sattel nach vorne oder nach hinten verrutscht. Seine Verwendung empfiehlt sich, wenn man ein engagierter Springreiter ist oder Geländeritte (mit Steigungen und Abhängen, schwierigen Passagen usw.) unternimmt, vor allem dann, wenn man Pferde mit einem besonderen Körperbau reitet. Man unterscheidet grundsätzlich drei Arten von Martingalen: 1) das Martingal mit Gabelung oder Ringmartingal, auch Jagdmartingal oder laufendes Ringmartingal genannt. Es wird am häufigsten verwendet und besteht aus einem Brustriemen, durch den ein Lederband durchgeführt wird, das auf einer Seite mit dem Sattelgurt verbunden ist und sich auf der anderen

Seite in zwei Riemen gabelt, die jeweils in einem Ring enden. Durch die Ringe führen die Trensenzügel. Es ist wichtig, das Martingal gut anzupassen, damit die Ringe nicht zu tief zu liegen kommen und dadurch −den Spielraum des Halses einschränken, aber auch nicht zu hoch, da sonst das Martingal nutzlos wäre und nur reinen Schmuckcharakter hätte. Das Ringmartingal wird bei Pferden verwendet, die dazu neigen, den Kopf zu hoch zu tragen. Ist es gut angepaßt, kann ein kundiger Reiter es als sicheres Mittel zur Lenkung des Pferdes benützen, vor allem bei Querfeldeinritten. 2) Das starre Martingal verbindet den Sattelgurt direkt mit dem Halfter und wirkt auf dieses ein. Es wird fast ausschließlich beim Polo verwendet, wo es notwendig ist, damit das Pferd den Kopf nicht zu stark anhebt, sowie beim Westernstil. Bei anderen Reitdisziplinen

ist von ihm abzuraten. 3) Das falsche Martingal besteht aus einem einfachen, mit zwei Ringen versehenen Lederstreifen. Durch diese Ringe laufen die Zügel. Es wird ausschließlich bei Rennpferden verwendet, damit sich die Zügel nicht verstricken oder über den Kopf rutschen können.

Die häufigste Zäumung ist jene auf Trense: Sie ist eine universelle Zäumung, die für alle Reiter (vom Anfänger bis zum Champion) und für alle Pferde geeignet ist.

Es gibt verschiedene Arten von Trensen: Die geläufigsten unter ihnen sind folgende: Olivenkopftrense, Wassertrense oder Chantillytrense und Knebeltrense. Je dicker das Mundstück der Trense ist, desto milder seine Wirkung: Junge Pferde werden daher immer mit ziemlich dickem Mundstück aufgetrenst. Es ist von

Ein prachtvolles Geschirr für ein mächtiges Shire-Gespann.

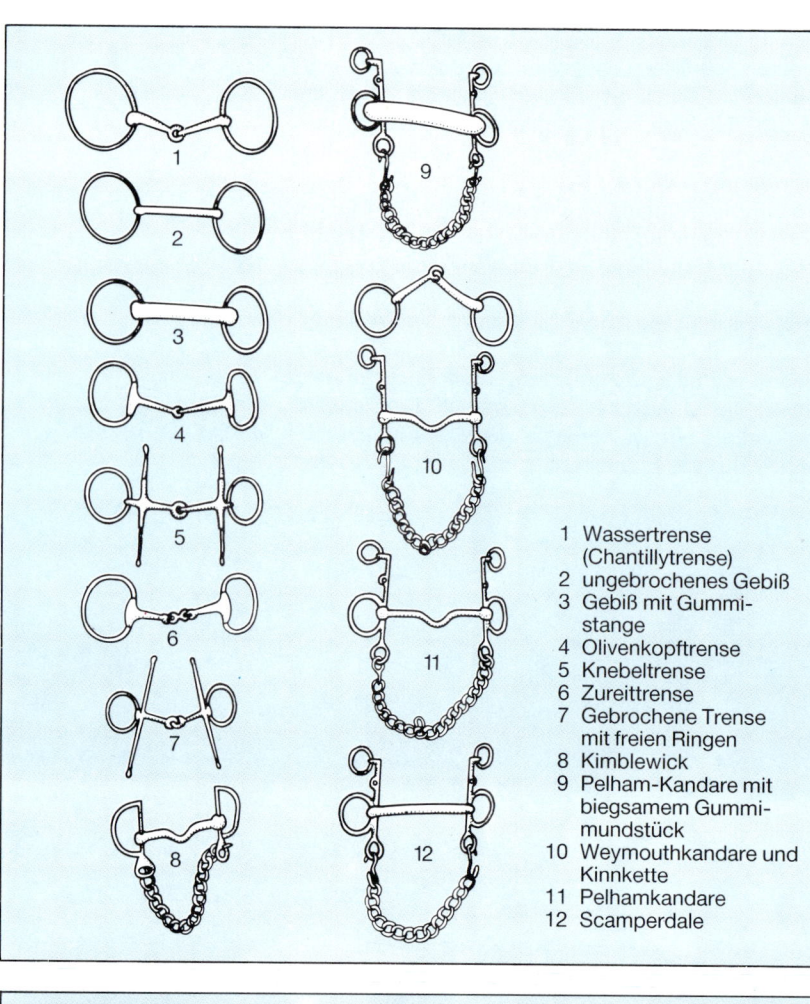

1 Wassertrense
  (Chantillytrense)
2 ungebrochenes Gebiß
3 Gebiß mit Gummi-
  stange
4 Olivenkopftrense
5 Knebeltrense
6 Zureittrense
7 Gebrochene Trense
  mit freien Ringen
8 Kimblewick
9 Pelham-Kandare mit
  biegsamem Gummi-
  mundstück
10 Weymouthkandare und
   Kinnkette
11 Pelhamkandare
12 Scamperdale

größter Wichtigkeit, daß die Trensengröße in der richtigen Proportion zum Pferdemaul steht: nicht zu breit und nicht zu schmal. Um zu vermeiden, daß die Trense die Mundwinkel des Pferdes zwickt, kann man an beiden Seiten zwei Gummischeiben anbringen.

Eine komplette Trense besteht, abgesehen vom eigentlichen Gebiß, aus folgenden Teilen (siehe die Abbildung): Kopfstück, Stirnriemen, Kehlriemen, Backenstücke, Reithalfter und Zügel. Ein Reithalfter ist nicht unbedingt notwendig, kann sich aber als sehr nützlich erweisen, um zu verhindern, daß das Pferd das Maul aufreißt. Das Reithalfter ist heutzutage sehr in Mode. Man unterscheidet drei Arten, wobei nicht überall dieselbe Terminologie verwendet wird: 1) das Englische Reithalfter, das oberhalb der Trense liegt, 2) das Hannoversche Reithalfter, das unterhalb der Trense liegt, und 3) das Mexikanische Reithalfter, das aus zwei Riemen besteht, die sich über der Nase kreuzen. Diese Art Halfter hat den Vorteil, daß es die Atmung nicht behindert, auch wenn es sehr eng geschnallt wird.

Ein Anfänger muß das komplette Auftrensen eines Pferdes unbedingt unter fachmännischer Leitung erlernen. Die Backenstücke müssen so eingerichtet werden, daß das Gebiß an den Maulwinkeln anliegt, ohne sie hochzuziehen. Der Kehlriemen und das Reithalfter (Englisches oder Hannoversches) müssen so locker angelegt werden, daß man zwei oder drei Finger dazwischenschieben könnte. Das Mexikanische Halfter kann ein wenig enger sein, aber man sollte nie übertreiben. Ein erwachsenes und ausgebildetes Pferd kann auch auf Kandare geritten werden. »Die Kandare«, so schreibt Baldo Bacca, ein berühmter Reiter

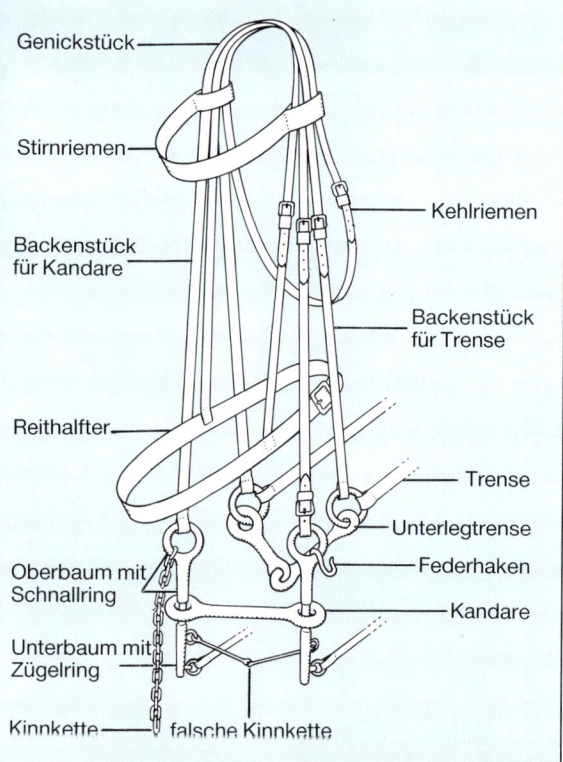

Genickstück
Stirnriemen
Backenstück für Kandare
Reithalfter
Oberbaum mit Schnallring
Unterbaum mit Zügelring
Kinnkette — falsche Kinnkette
Kehlriemen
Backenstück für Trense
Trense
Unterlegtrense
Federhaken
Kandare

Der Kappzaum wird bei der Arbeit des Pferdes an der Longe benutzt. Das richtige Anlegen und ein fachkundiger Gebrauch sind unerläßlich.

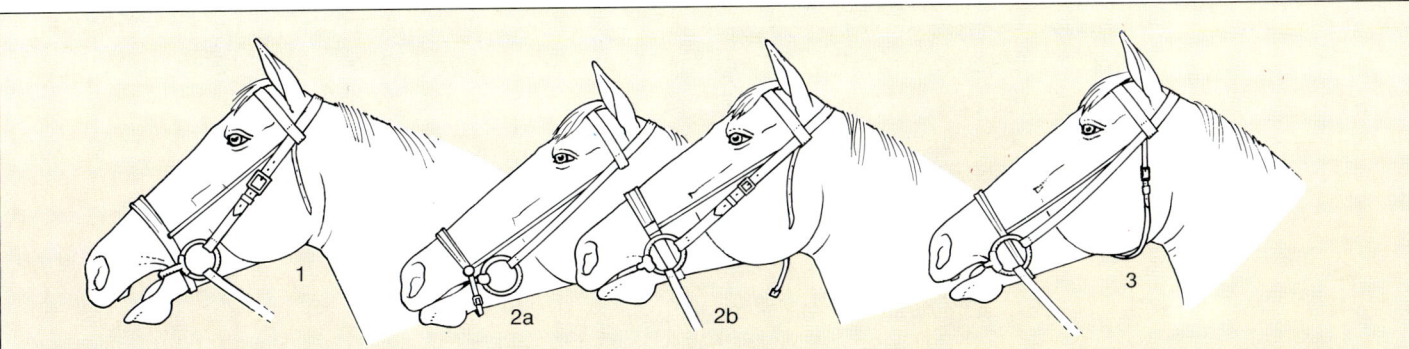

1) Anpassen der Trense: Das Gebiß ist zu eng und zieht die Mundwinkel nach hinten. Man muß die Backenstücke verlängern. 2) Anbringung des Nasenriemens: a) deutscher Nasenriemen, liegt vor dem Mundstück; b) normaler Nasenriemen, liegt hinter der Trense. 3) Ziehen Sie den Kehlriemen nicht zu fest an: Zwischen Kehlriemen und Kehle muß noch eine Faust des Reiters passen.

der dreißiger Jahre, »ist ein Mittel, das ob der Wirkung, die man damit erzielen kann, nicht einfach anzuwenden ist. In den Händen eines unerfahrenen Reiters kann sie daher gefährlich werden, dem geübten Reiter hingegen von größter Hilfe sein. Mit Geschick und Fachkenntnis angewendet kann die Kandare in den Händen des Reiters zu einem Präzisionsinstrument werden, mit dessen Hilfe man bei einem bereits gut auf Trense geschulten Pferd eine schnellere und perfektere Ausführung der Bewegungsabläufe erreichen kann, wie es anders nicht möglich wäre.« Erfahrene Reiter werden daher gut daran tun, bei der Arbeit im Dressurviereck ihr Pferd ab und zu auf Kandare zu reiten: Das dient der Ausbildung des Pferdes ebenso wie dem Feingefühl des Reiters.

Zum Schluß sei noch die gebißlose Zäumung, das sogenannte Hackamore erwähnt, das vor allem bei Sprungpferden mit Maulproblemen sowie beim Westernreiten angewendet wird. Die Zügel, in einer für das Gebäude und den Hals des Pferdes geeigneten Länge, können aus Leder bestehen, glatt oder an dem in der Hand liegenden Teil geflochten, mit Gummi überzogen (damit sie griffiger sind) oder aus Textilmaterial mit Lederbändchen gearbeitet sein.

Reitet man auf Kandare, sollen die Zügel immer glatt sein. Reitet man auf Trense, kann man nach eigenem Geschmack wählen: Zügel aus geflochtenem Leder bieten unserer Meinung nach den Vorteil, griffig in der Hand zu liegen und gleichzeitig im richtigen Moment leicht durch die Finger zu gleiten.

Von den speziellen Zügeln seien nur die deutschen Zügel oder Ausbindezügel erwähnt, die normalerweise seitlich am Sattelgurt befestigt werden, durch die Trensenringe gehen, mit den normalen Zügeln zusammenlaufen und bis zu den Händen des Reiters führen. Sie sollen den Hals »biegsam« und die Wirbelsäule der Pferde starr machen. Sie müssen mit Feingefühl und Mäßigkeit angewendet werden, damit die Pferde nicht den Kopf zur Brust beugen und dadurch zurückgehalten werden.

Während der Arbeit sollten die Gliedmaßen des Pferdes gegen eventuelle Stöße geschützt werden, denen das Pferd vor allem beim Springen oder bei Querfeldeinritten ausgesetzt sein kann: Bandagen und Streichgamaschen schützen den Mittelfuß der Vordergliedmaßen beziehungsweise die Knöchelgelenke der

Ein spektakuläres Geschirr für einen wunderschönen Clydesdale.

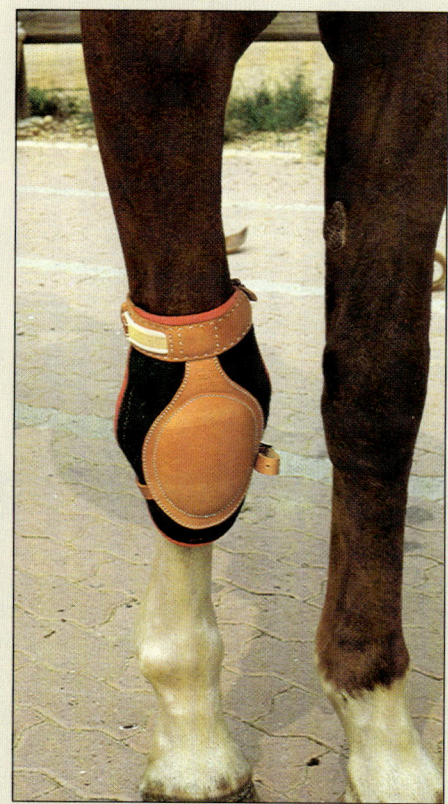

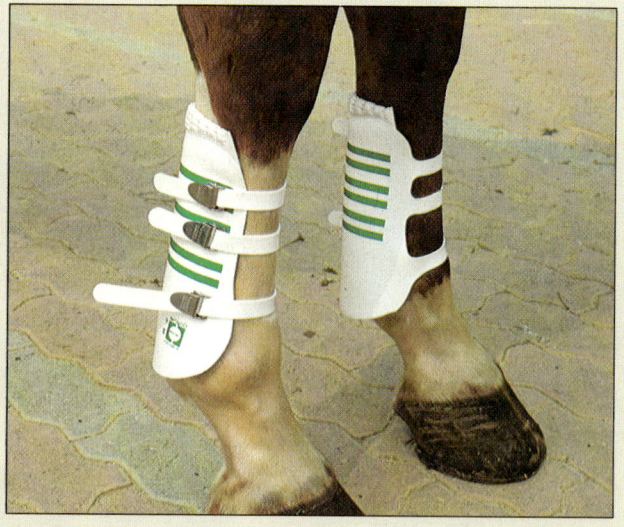

Um die Gliedmaßen des Pferdes fachgerecht schützen zu können, werden entsprechende Hilfsmittel verwendet: Knieschützer (links), Bandagen (oben), Streichgamaschen (unten links) und Hufglocken (unten rechts). Sie müssen jeweils die richtige Größe haben und sorgfältig angebracht werden.

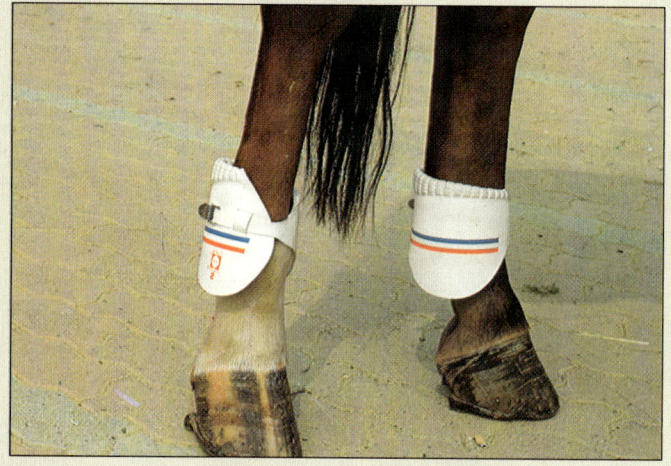

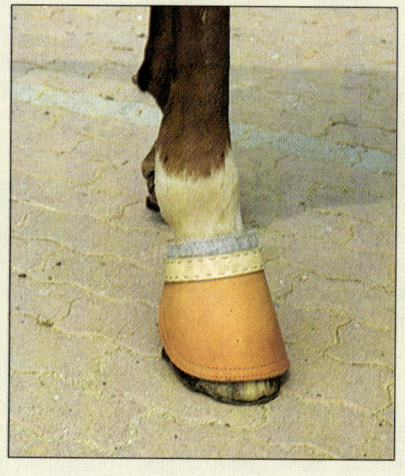

Hinterbeine. Sie bestehen aus verschiedenen Materialien, wie z. B. Leder, Filz oder Kunststoff. Beinschützer aus Kunststoff mit Klebebandverschlüssen sind am günstigsten, da sie leicht zu reinigen und zu waschen sind. Hufglocken (auch Sprungglocken genannt) dienen dazu, die Vorderhufe vor Kronenverletzungen zu schützen, die sich das Pferd zuziehen könnte. Sie sind aus Gummi, und es gibt sie in verschiedenen Größen. Einige Typen kann man mit Schnallen- oder mit Schieberverschlüssen öffnen.

Zur Vorbeugung gegen Schäden am Knie während des Springens oder auf Reisen verwendet man spezielle Knieschützer, die normalerweise aus Textilmaterial gearbeitet und mit Leder verbrämt sind. Sie müssen mit großer Sorgfalt angelegt werden, da sonst das Pferd in seiner Bewegung beeinträchtigt sein könnte. Während einer Reise wird das Pferd stets mit weite-

rem Zubehör geschützt: ein Schweifschoner aus Leder oder aus Stoff, ein Nackenschoner und Schaumstoffpuffer oder spezielle Bandagen zum Schutz der Gliedmaßen.

Jedes Pferd sollte zwei oder mehr Decken besitzen: eine leichte Leinendecke für die Übergangszeit, eine dicke Wolldecke für den Winter und schließlich noch eine Decke aus Netzgewebe zum Aufsaugen des Schweißes und zum Schutz vor Fliegen. Die beiden erstgenannten Decken werden mit einer Überbinde auf dem Pferderücken befestigt.

Aus Gründen der Sicherheit oder für spezielle Kuren muß man in manchen Fällen die Gliedmaßen des Pferdes bandagieren, während es in der Box bleibt. Dieser Vorgang muß mit höchster Sorgfalt und Fachkenntnis durchgeführt werden, damit die Maßnahme nicht mehr Schaden als Nutzen bringt.

Der Hufbeschlag

»*No foot, no horse*« (Ohne gesunden Huf kein Pferd), so sagen die Engländer, und das zu Recht. Ein Pferd kann wie eine perfekte Maschinerie, wie ein Spitzensportler arbeiten, wenn aber die Hufe nicht in Ordnung sind, kann seine Leistung, manchmal sogar für immer, beeinträchtigt sein. Als allgemeine Regel gilt daher, daß man sich immer an einen guten Hufschmied wenden muß.

Der Hufbeschlag besteht darin, daß auf der Sohle Metallbeschläge (Eisen, Aluminium usw.) angebracht werden, damit der Hufsohlenrand nicht abgenützt wird. Dieser Vorgang wird jeweils in Abständen von ungefähr 40 Tagen wiederholt (das hängt vom Ausmaß der Arbeit, die das Pferd leistet, und von der Bodenkonsistenz ab), auch wenn die Eisen noch nicht abgenützt sind. In diesem Fall wird der Hufschmied den Huf zurückschneiden und raspeln und dann mit demselben Eisen wieder beschlagen.

Jedes Pferd benötigt Eisen, die perfekt an die Hufform angepaßt sind. Die Arbeit des Hufschmieds besteht also vor allem darin, eventuelle Mängel des Hufs und der Beinstellung festzustellen und zu korrigieren. Die Abnützung des alten Eisens kann ihm über die Gangart des Pferdes Auskunft geben.

Man unterscheidet zwischen Heißbeschlag und Kaltbeschlag. Beides sind gültige Methoden: Die Wahl der einen oder anderen Methode liegt ganz in der Kompetenz des jeweiligen Schmiedes. (Heißbeschlag ist vorzuziehen.)

Nebenstehend ein Hufschmied, der ein Eisen formt.

Unten: Das geformte und noch heiße Eisen wird auf den Huf aufgesetzt, um festzustellen, welche Änderungen noch durchzuführen sind, damit es perfekt paßt.

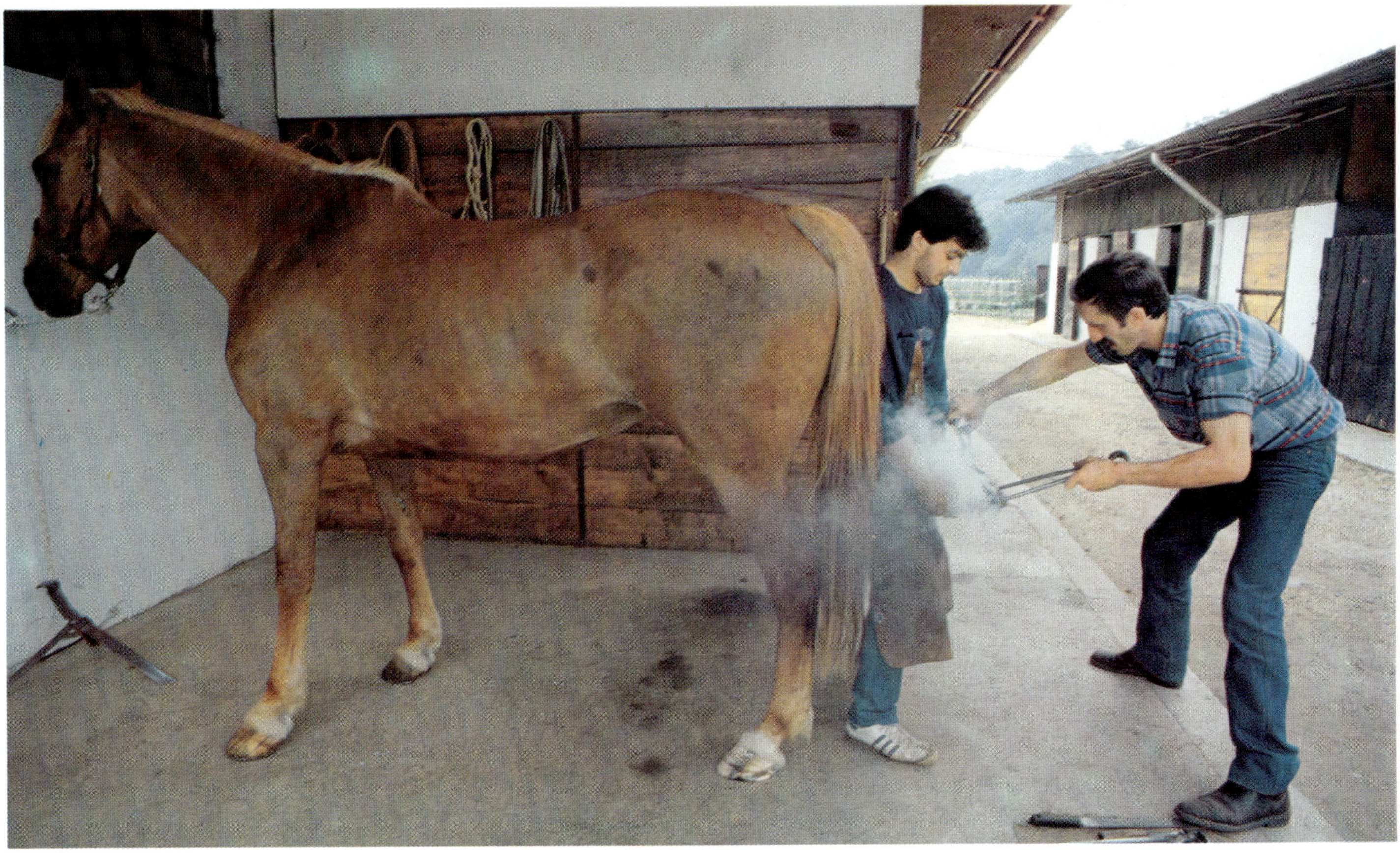

81

*Foto rechts: Der Huf-
schmied befestigt das Eisen
am Huf des Pferdes.
Rechts außen: Die Werk-
zeuge des Hufschmieds.*

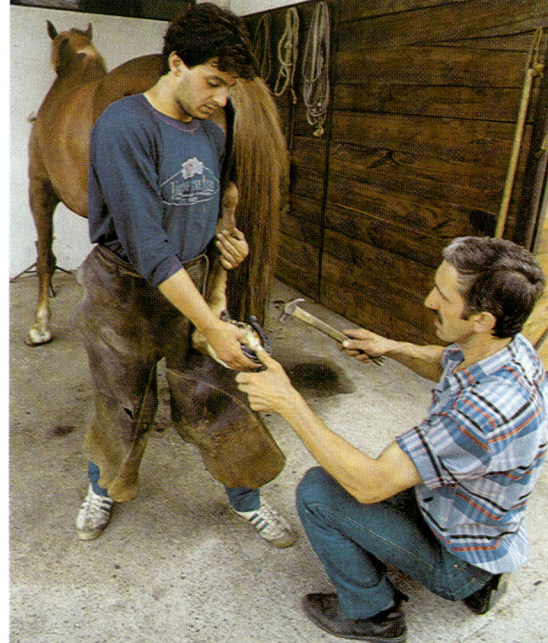

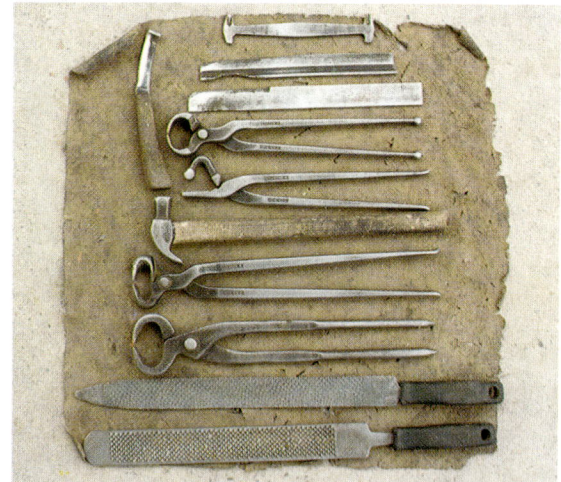

*Unten: Frisch beschlagene
Hufe; rechts: Hufe ohne
Eisen. Die Hufe bedürfen
ständiger Pflege und Auf-
merksamkeit, wenn man ein
leistungsfähiges Pferd haben will.*

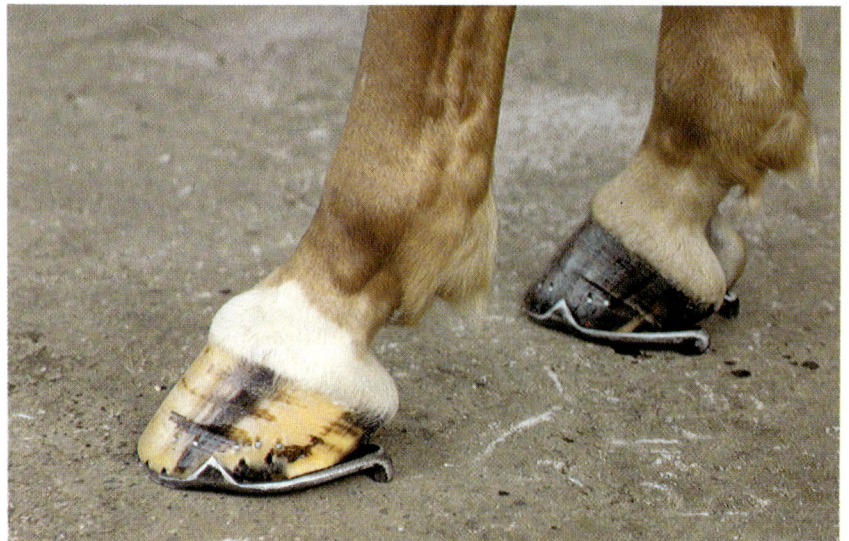

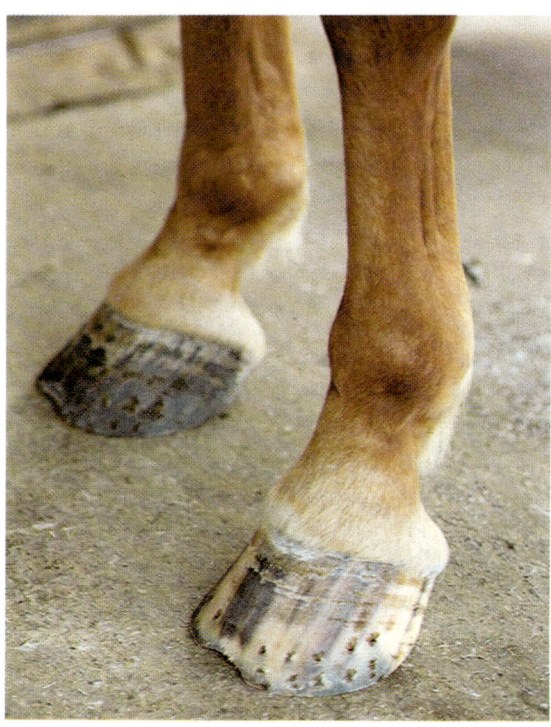

Beim Kaltbeschlag wird das Eisen vom Schmied exakt nach den vorher abgenommenen und angepaßten Maßen des Hufes vorgefertigt. Beim Heißbeschlag hingegen biegt der Schmied nur die Hufeisenform vor und probiert das Eisen dann mehrmals am Huf, indem er es in heißem Zustand auflegt, um anhand der hinterlassenen Brandspuren jene Unebenheiten festzustellen, die vor dem Beschlag beseitigt werden müssen.

In beiden Fällen wird der Schmied den Huf zurückschneiden müssen. Wieviel er dabei vom Huf abtragen muß, ist von Fall zu Fall verschieden und hängt von der Hufqualität, von der mehr oder weniger großen Abnützung an den verschiedenen Hufteilen, von der Form des Hufs usw. ab: In jedem Fall soll lieber weniger beschnitten werden als zuviel. Beim Heißbeschlag erschrecken viele Pferde, vor allem Fohlen, beim Anblick des Rauchs, der beim Kontakt des Eisens mit dem Huf entsteht. Die Tiere sollen allmählich daran gewöhnt werden.

In die Arbeit des Hufschmieds sollte man sich nicht zu sehr einmischen: Die Wahl des Eisens soll gänzlich ihm überlassen bleiben.

Wenn das Pferd einen speziellen Beschlag zum Aus-

gleich eventueller Mängel benötigt, wird der Tierarzt selbst die notwendigen Anweisungen für den Hufschmied geben.

Was den Reiter betrifft, so genügt es, wenn er nötigenfalls einen Nagel wieder einschlagen kann, mehr sollte er aber nicht unternehmen.

Ebenso wichtig wie die Arbeit des Hufschmieds ist auch die ständige Aufmerksamkeit, die der Reiter den Hufen seines Pferdes widmen soll. Wir haben bereits im Kapitel über die Pferdepflege darauf hingewiesen, wie wichtig es ist, die Hufe mehrmals am Tag mit dem Hufkratzer zu säubern und mit dem Hufpinsel einzufetten, und daß es unerläßlich ist, die Einstreu immer trocken und sauber zu halten, um ein Faulen des Hornstrahls zu verhindern.

Sollte das Pferd unterwegs ein Eisen verlieren, ist es besser, gleich abzusitzen, vor allem, wenn es sich um eine Vorhand handelt. So vermeidet man ein unnötiges Risiko.

Der Transport des Pferdes

Immer häufiger kommt es vor, daß Pferde transportiert werden, und zwar aus den verschiedensten Gründen. Ein Reiter kauft ein Pferd an einem Ort, der fern von seinem Wohnort liegt, er will an einem Turnier oder an einer Jagd teilnehmen, die an weit entfernten Orten stattfinden, oder er will schlicht und einfach zu seinem eigenen Vergnügen einmal in einer anderen Gegend reiten oder die Querfeldeinausbildung seines Pferdes verbessern: Das sind nur einige der Gründe, die einen Reiter dazu bewegen können, das Pferd von einem Ort an einen anderen zu transportieren.

Pferde reisen heutzutage auf dem Landweg, und zwar in erster Linie auf der Straße, seltener in der Eisenbahn, aber auch auf dem See- oder Luftweg.

Weite Entfernungen können innerhalb kürzester Zeit mittels eigens dafür ausgestatteter Flugzeuge zurückgelegt werden. Wer sein Pferd im Ausland kauft, muß bei der Kostenplanung auch die Spesen für den Lufttransport miteinbeziehen. Das Tier wird auf diese Weise, ohne lästige Fahrtunterbrechungen und ohne negative, durch die ungewohnten Klimaverhältnisse hervorgerufene Auswirkungen, schnell zu seinem neuen Reitstall gebracht.

Für jede Art des Transports muß man sich an seriöse Fachfirmen wenden, die geschultes Personal einsetzen, das sich während der Reise um das Pferd kümmert und dazu beiträgt, unnötige Stehzeiten zu minimieren.

Das gebräuchlichste Transportmittel ist der Caravan, speziell dafür konzipiert und ausgestattet, dessen Innenraum in Kojen mit gepolsterten Wänden unterteilt ist. Er muß ordentlich belüftet und mit rutschfestem Boden und bequemen Aufstiegsrampen ausgestattet sein. Transportmittel für Viehtransporte, die keine Sicherheit bieten, sollten auf keinen Fall verwendet werden, auch wenn sie finanziell günstiger kommen. Sie haben keine Zwischenwände, und die Pferde können daher beißen und ausschlagen.

Heutzutage setzt sich der Trend zum Trailer oder Minicaravan, mit einer oder zwei Kojen, durch: es ist

Ein Pferd, das eben aus seinem Trailer herausgestiegen ist. Das rauhe Klima dieser Gegend macht es notwendig, das Tier mit einer Decke zu schützen.

Los geht's! Das Pferd wird an der Hand zur Rampe des Caravans geführt. Zwei Personen halten zwei seitlich am Fahrzeug befestigte Seile, um eine Art Korridor zu bilden.

Auf der Rampe: Der Begleiter Albert Moyersoen steigt entschlossen, vom Pferd gefolgt, hinauf. Beachten Sie, daß Gliedmaßen und Schweif des Pferdes geschützt sind.

ein spezieller Anhänger, der vom eigenen Auto gezogen wird. Dabei handelt es sich um eine bequeme, praktische und relativ preisgünstige Lösung. Die Verwendung eines Trailers ist jedoch auf relativ kurze Reisen beschränkt; für größere Reisen wird nach wie vor die Verwendung eines Caravans empfohlen.

Den Trailer muß man mit großer Umsicht auswählen. Es ist besser, dabei nicht auf Kosten der Sicherheit zu sparen. Ein Trailer muß ganz spezielle Merkmale aufweisen: eine Drehstabaufhängung und vier (niemals zwei!) voneinander unabhängige Räder; ein Bremssystem mit mechanischer Rückfahreinrichtung, automatischem Rückwärtsgang und Feststellbremse, Sicherheitsseile, technisch hochentwickelte Materialien und einen niedrigen Schwerpunkt, das heißt, die Ladefläche muß bodennah sein.

Als Zugfahrzeug benötigt man einen Wagen mit mehr als 2000 cm^3 Hubraum, oder besser einen Kleintransporter oder einen Geländewagen mit großem Hubraum. Man muß jedenfalls sehr vorsichtig fahren (nie schneller als 70–80 Stundenkilometer). Vor allem in Kurven und bei anderen Lenkmanövern muß der Fahrstil ruhig und gleichmäßig sein.

Es empfiehlt sich auch, die Ladefläche, die normalerweise aus Holz ist, an den Punkten, auf denen das Pferd steht, mit Eisentraversen zu verstärken. Dann muß der Boden mit einem geriffelten Gummibelag oder einem anderen rutschfesten Belag versehen werden. Sehr wichtig ist die Abdichtung der Decke. Dadurch wird die Feuchtigkeit verhindert, und der kleine Raum wird im Sommer nicht zu einer Sauna. Die Seitenwände müssen gut gepolstert sein. Es ist ratsam, einen Trailer mit zwei Kojen zu verwenden, auch wenn man nur mit einem Pferd reist. Auf diese Art bietet man dem Tier mehr Platz.

Das Pferd soll niemals sofort nach einer Mahlzeit reisen. Um ihm die Reise angenehmer zu gestalten oder wenn es sich um ein nervöses Tier handelt, kann man ein Netz mit etwas Heu anbinden. Wenn die Reise viele Stunden dauert, sollte das Pferd während der Haltepausen getränkt werden.

Vor Reiseantritt muß das Pferd sorgfältig geschützt werden: Die Gliedmaßen werden bandagiert oder mit speziellen Transportgamaschen aus Schaumstoff umwickelt, der Schweif wird mit einem Schweifschoner, das Genick mit einem Nackenschoner abgedeckt.

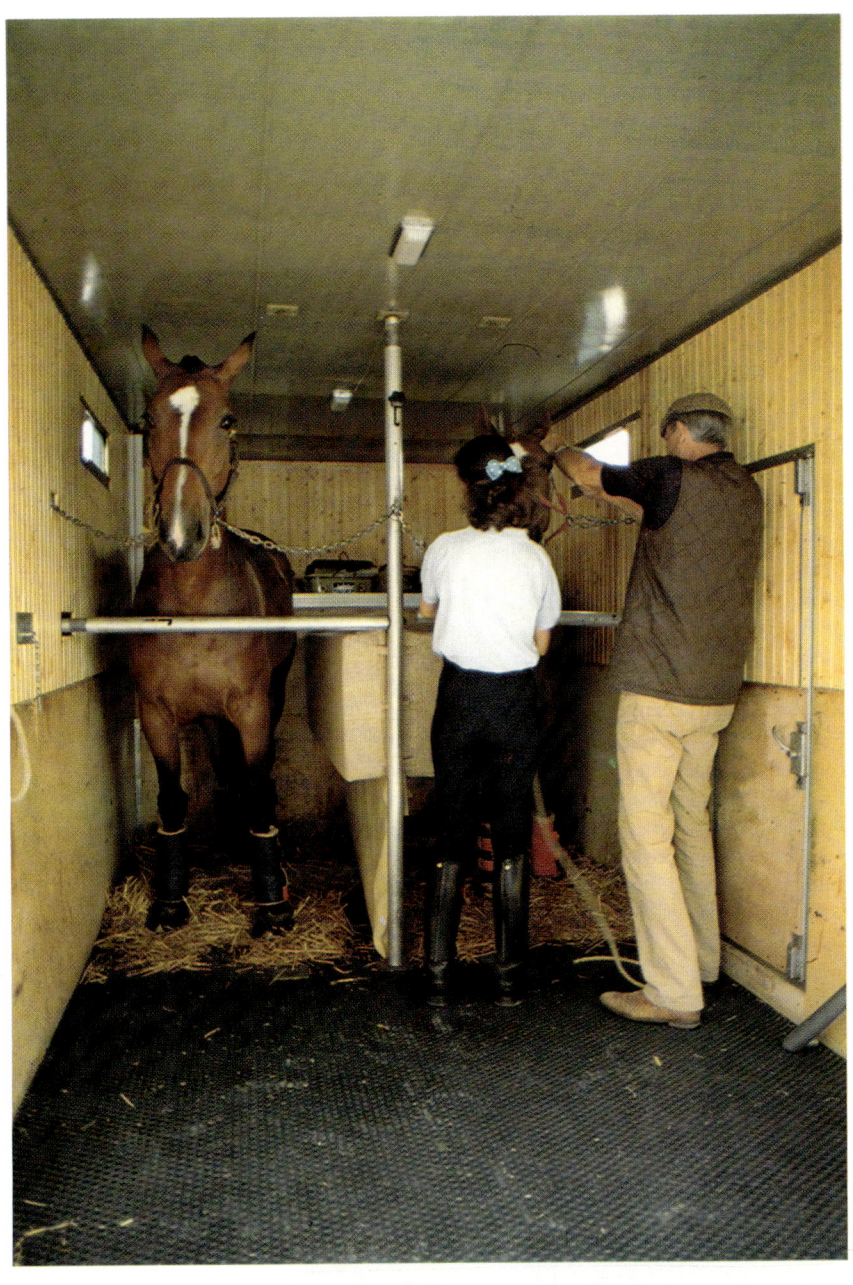

Zu seinem eigenen Wohl sollte das Pferd schon als Fohlen daran gewöhnt werden, in jegliches Transportmittel einzusteigen. Am Anfang wird man es zum Einsteigen bringen, indem man es der Mutter folgen läßt, später dann soll es allein einsteigen, aber man gehe stets sanft vor und mit langsamen Steigerungen, wobei man das Jungtier mit Hafer oder anderen Lekkerbissen belohnt. Sobald das Fohlen problemlos ein- und aussteigt, läßt man den Motor an, schließt den Caravan und legt ein Stück auf der Straße zurück. Bald wird das Fohlen den Caravan oder Trailer als eine seiner Wohnstätten akzeptieren.

Anders liegt der Fall bei einem erwachsenen Tier, das beim Einsteigen Schwierigkeiten macht. Auch hier ist es besser, mit Güte vorzugehen, das Pferd langsam daran zu gewöhnen, behutsam und schlau zu sein, anstatt es mit Gewalt zu versuchen. Letztere Vorgangsweise wäre dem Pferd zuwider und könnte ihm das Einsteigen noch mehr verleiden.

Bei einem schwierigen Pferd ist es wichtig, daß die Tür des Caravans groß genug, die Rampe nicht zu steil und der Innenraum hell ist. Eine zweckmäßige Maßnahme wäre es, zuerst ein sicheres Pferd hineinzuführen und dahinter entschlossen mit dem eigenen Tier nachzufolgen, wobei man es nicht zu kurz hält.

Wenn es sich absolut weigert, einzusteigen, kann man folgende Vorgangsweise versuchen: Man bindet zwei Seile oben am Caravan fest, ein Mann geht mit dem Pferd in Richtung der Rampe. In dem Maße, in dem sich das Pferd der Rampe nähert und hinaufsteigt, überkreuzen sich die beiden von zwei Männern gehaltenen Seile hinter der Kruppe des Tieres und machen ihm so klar, daß es vorwärts gehen muß. Wenn das Pferd nicht ausschlägt, kann man es auch ermutigen, indem man von hinten mit den Händen anschiebt.

Es ist auf jeden Fall besser, sanfte und vernünftige Methoden oder kleine Tricks anzuwenden. Schläge nützen wenig und wenn, dann nur für den Augenblick. Wie in vielen anderen Fällen ist es auch hier besser, das Pferd zu überzeugen. Wenn ein schwieriges Pferd einmal eingestiegen ist, muß man es belohnen und die Übung dann oft wiederholen (und auch die Belohnung), bis ihm der Vorgang zur Gewohnheit wird.

Oben: So werden die Pferde in einem Caravan untergebracht. Der Vorgang muß sehr gewissenhaft durchgeführt werden.
Rechts daneben: Zwei komplett für die Reise hergerichtete Pferde.

Die Reitbekleidung

Wie bei allen anderen Sportarten gibt es auch beim Reiten eine korrekte Form der Bekleidung. Man kann dabei mehr oder weniger elegant sein (das hängt einerseits von den finanziellen Möglichkeiten, andererseits auch vom Geschmack ab). Voraussetzung ist jedoch, daß man die Gepflogenheiten kennt, nach denen sich die Bekleidung des Reiters richtet.

Wie beim Zaumzeug gibt es auch im Bereich der Reitbekleidung in den meisten Ländern einen speziellen Industriezweig, der alle notwendigen Artikel zu mehr oder weniger erschwinglichen Preisen anbietet: Man hat zwar so die Qual der Wahl, kann aber korrekt oder sogar elegant gekleidet sein und relativ wenig dafür ausgeben.

Die Bekleidung für den reiterlichen Alltag ist leger und informell.

Für den Anfänger genügen ein Paar Reithosen, Stiefel (um geringere Ausgaben zu haben, können es zu Beginn auch Gummireitstiefel sein, vor allem dann, wenn man sich über die Beständigkeit seiner Leidenschaft für den Reitsport noch nicht im klaren ist), eine Reitkappe (in allen seriösen Reitställen obligatorisch) und eine Reitgerte. Wenn man will, kann man sich für eine Jodhpurhose entscheiden, die mit Stiefeletten getragen wird: Das ist eine Ausstattung, die vor allem Kindern gut paßt (ergänzt durch ein T-Shirt oder ein Hemd mit leichtem Pullover ist sie die traditionelle Bekleidung der Reitschüler eines Ponyclubs).

Gummireitstiefel sind äußerst praktisch und unersetzlich, wenn man im Freien bei Regen oder Schnee reitet, oder wenn der Boden sehr schlammig ist. Darüber hinaus wird ein fortgeschrittener Reiter jedoch auch Lederstiefel besitzen, im Idealfall sogar zwei Paar davon: eines in Braun, für alle Tage, eines in Schwarz, zum Wechseln, für Turniere usw. Reiter auf einem gewissen Niveau werden überdies ein Paar schwarze Stiefel mit einem rötlichen oder braunen Streifen haben, das für wichtige Turniere zum roten Reitrock getragen wird. Es ist nicht unbedingt notwendig, sich Stiefel nach Maß arbeiten zu lassen (es gibt ausgezeichnete Konfektionsmodelle, die an den Wadenumfang angepaßt werden können). Natürlich ist eine Maßanfertigung prinzipiell vorzuziehen, und zwar nicht nur aus ästhetischen, sondern auch aus funktionellen Gründen, da man sich damit zu Pferd wohler fühlt. Bei Regen kann man über den Stiefeln eigens für Reiter bestimmte Galoschen tragen.

Im Sommer trägt der korrekt gekleidete Reiter ein T-Shirt oder ein kurzärmeliges Hemd. In der Übergangszeit trägt man heutzutage Windjacken oder spezielle bunte Reitjacken aus synthetischem Material. Man kann auch im *Casual-Look* höchst elegant sein, und –

Links eine korrekte Bekleidung im Casual-Look *für Geländeritte: Jodhpurhose, Stiefeletten, Hemd im Militarystil, Kopfbedeckung. Rechts daneben der korrekte Anzug für Tunierteilnehmer.*

abgesehen von speziellen Anlässen – ist das Tragen des traditionellen Reitrocks nicht unbedingt notwendig. Ein Reitrock ist länger als eine normale Jacke und eng tailliert, hat drei oder vier Knöpfe und ist geschlitzt. Unter dem Reitrock kann man ein Hemd und eine sportliche Krawatte oder einen Rollkragenpullover tragen.

Was die Handschuhe betrifft, so gibt es verschiedene Arten: Leder-, Strick- oder Garnhandschuhe. Man wählt unter ihnen je nach Saison und Geschmack. Auch das Reiten ohne Handschuhe ist nicht unkorrekt. Es ist reine Gewohnheitssache, wie übrigens auch die Kopfbedeckung (die jedoch in jedem Fall anzuraten ist). Die Damen sollten die Haare in ein Netz zusammenfassen oder zu einem Zopf flechten, lange Haare sollen nicht offen getragen werden: das könnte sogar gefährlich sein. Damen sollten beim Reiten wenig Schmuck tragen, nicht zu stark geschminkt sein, keine Parfümwolken hinter sich herziehen und wie bei allen anderen Sportarten auch den Büstenhalter nicht vergessen. Das ist eine Frage der Gesundheit und des Stils. Für Regentage kann man sich, wenn man will, einen speziellen, langen Regenmantel mit hohem Schlitz kaufen. Sehr praktisch und schnell anzuziehen sind *Chaps*: eine Art Schürzenhose, die sehr bequem ist, da sie über den normalen langen Hosen getragen wird (z. B. über Jeans, Stoff- oder Kordhosen) oder über der Jodhpurhose. Zu den *Chaps* trägt man vorzugsweise Stiefeletten. Beim Westernstil ist das Tragen von Jeans (mit oder ohne *Chaps*) und speziellen Stiefeln korrekt.

Bei Turnieren, die von Mitgliedsorganisationen der

Links: Damen sollten beim Reiten die Haare mit einem Netz zusammenfassen oder zu einem Zopf flechten.

Unten: Prinz Philip von Edinburgh, untadelig im für Fahrturniere vorgeschriebenen Anzug.

*Polo ist ein harter und ge-
fährlicher Sport. Pferd und
Reiter müssen entsprechend
ausgerüstet und geschützt
sein.*

braunen Reitstiefeln, Kappe, Hemd und Krawatte,
oder – eleganter – mit schwarzem Reitrock, heller oder
weißer Stiefelhose, schwarzen Reitstiefeln, schwarzer
Kappe, weißem Hemd mit weißem Plastron oder weißer Krawatte reiten. Bei wichtigen Turnieren trägt man
den roten Reitrock und schwarze Stiefel mit braunem
Streifen.

Bei der Military hängt die Bekleidung des Reiters von
der Art der Prüfung ab: 1) Bei der Dressurprüfung
schwarzer oder roter Reitrock, Sporen sind vorgeschrieben; 2) In der Geländeprüfung ist das Tragen
eines Sturzhelms mit Kinnschutz obligatorisch; dazu
Stiefelhose, Stiefel, T-Shirt oder Pullover, je nach Jah-
reszeit; 3) In der Teilprüfung Springen trägt der Teilnehmer den für Turniere vorgeschriebenen Reitanzug
wie oben beschrieben.

Bei Dressurprüfungen kleidet man sich der Wichtigkeit der Veranstaltung entsprechend. Bei weniger
wichtigen Veranstaltungen trägt man den für Turniere
vorgeschriebenen Reitanzug (schwarzer oder roter
Reitrock). Die Kleidung bei wichtigen Veranstaltungen besteht aus schwarzem Rock oder dunklem Reit-
frack, weißer Stiefelhose, Zylinder, weißem Hemd mit
weißem Plastron oder weißer Krawatte, weißen Handschuhen und natürlich funkelnden Sporen.

Auch bei Jagden präsentiert sich der Reiter der Bedeutung der Veranstaltung entsprechend. Bei weniger
wichtigen Jagden kann man einen normalen Reitrock,
Halbzylinder, Plastronkrawatte oder Hemd und Krawatte, beige- oder havannafarbene Hose und braune
oder schwarze Stiefel ohne Stulpe tragen. Für wichtige
Jagden bieten sich mehrere Möglichkeiten: roter Jagdrock mit Zylinder, Plastronkrawatte, Jagdgilet (normalerweise gelb), weiße Reithose, schwarze Stiefel mit
brauner Stulpe. Man kann auch einen stahlgrauen
Jagdrock, Zylinder, Plastronkrawatte, Jagdgilet,
schwarze Stiefel mit schwarzer Stulpe und weiße Reithose wählen. Dieser graue Rock kann auch mit einem
Halbzylinder kombiniert werden. Reiterinnen können
zwischen einem schwarzen, blauen oder stahlgrauen
Rock wählen und diese zu Plastron, Jagdgilet, beige-
farbener Hose, schwarzen Stiefeln, weißen oder
gelben Handschuhen und Halbzylinder tragen.

In den Reglements der Fahrturniere wird keine spezielle Bekleidung vorgeschrieben: Gewohnheit und
guter Geschmack sind hierbei die Richtlinien. Der
Fahrer muß stets eine Kopfbedeckung und Handschuhe tragen. Während der Gespannkontrolle, der
Dressur und des Hindernisfahrens muß die Bekleidung tadellos sein und aus Halbzylinder oder Zylinder, einreihigem Rock, braunen Lederhandschuhen
und darüber hinaus aus der traditionellen Bockdecke
bestehen. Bei Marathonfahrten wird man vor allem auf
Bequemlichkeit und Funktionalität achten. Eine Kopfbedeckung und ein festes Paar Handschuhe sind dabei
unerläßlich.

Beim Polo schließlich muß der Reiter den Kopf mit
einem starren Reithelm mit Kinnband schützen, ein
T-Shirt in der Farbe seiner Mannschaft und dunkel-
gelbe Stiefel tragen und die spezielle Poloreitgerte in
der Hand halten.

Fédération Equestre Internationale wie z. B. der *Deutschen Reiterlichen Vereinigung* oder des *Bundesfachver-
bands für Reiten und Fahren in Österreich* oder von
anderen anerkannten Verbänden organisiert werden,
ist der *Casual-Look* nicht zulässig und wäre jedenfalls
fehl am Platz. Bei Leistungsprüfungen muß man sich
dem Reglement entsprechend kleiden.

Bei weniger wichtigen Turnieren kann man mit Reitrock, heller oder dunkler Stiefelhose, schwarzen oder

Wer kann den Reitsport ausüben?

Jeder normale Mensch kann reiten lernen. Wir verwenden absichtlich den allgemeinen Begriff »normal«, um denjenigen zu bezeichnen, der unter keiner mehr oder weniger schweren körperlichen oder funktionellen Beeinträchtigung leidet. Es gibt keine Altersgrenze, wobei natürlich klar ist, daß sich weder allzu kleine Kinder noch zu alte Personen diesem Sport werden widmen können.

Das beste Alter, um reiten zu lernen, liegt zwischen sechs und acht Jahren, wobei dieses Alter bis zehn oder elf Jahre ausdehnbar ist. Ideal wäre es also, zu beginnen, solange der Körper noch nicht ausgewachsen ist, damit man sich Gewandtheit, Natürlichkeit, Gleichgewichtsgefühl, Reflexe und Vertrautheit mit dem Pferd aneignen kann, die alle wichtige Eigenschaften beim Ausüben des Reitsports sind.

Kleinkinder und Kinder vor der Pubertät sollen mit Ponys beginnen, da diese für ihren Körperbau am besten geeignet sind und die kindliche Psyche nicht überfordern. Eine der allgemeinen Regeln des Reitsports besagt, daß die Größe des Pferdes der Statur und dem Gewicht des Reiters entsprechen soll.

Auch wenn es sehr günstig ist, früh mit dem Reiten zu beginnen, so heißt das nicht, daß man nicht auch dann noch optimale Resultate erzielen kann, wenn man diesen Sport erst nach der Pubertät erlernt, wenn also der Körper bereits ein bestimmtes Reifestadium erreicht hat. Ein Beispiel: Baldo Bacca, ein berühmter internationaler Reiter der dreißiger Jahre und Autor eines der bekanntesten italienischen Pferdebücher dieses Jahrhunderts, begann erst mit 20 Jahren während des Militärdienstes zu reiten. Je später man anfängt, umso geringer werden natürlich die Möglichkeiten, ein gehobenes Niveau in diesem Sport zu erreichen, der in so hohem Maße auf Technik beruht. Aber alles hängt davon ab, was man eigentlich sucht, welches Ziel man sich setzt: Reiten als Hobby oder aber turniermäßig. Erst mit 20 Jahren zu beginnen, ist

Zu Pferd durch einen dafür adaptierten Park in Kopenhagen. Diese »umweltbewußte« Auffassung des Pferdesports findet heutzutage immer weitere Verbreitung.

Auch ein Amateurreiter mit 50 kann Freude am Springen haben: der Autor dieses Buches, Luciano De Maria, auf dem Vollblüter Andros.

für einen Wettkampfsport ein echtes Handicap, obwohl manchmal Ausdauer, Lerneifer, körperliches Durchhaltevermögen und gute Pferde diese Hürde überwinden helfen. Um aber Reiten als Freizeitspaß zu betreiben, ist es kaum je zu spät. Man darf nur nicht jenes Minimum an Technik vernachlässigen, das für alle Stufen Voraussetzung ist, selbst wenn man nur Spazierritte im Gelände unternehmen will. Auch sie sollen ohne unnötige Risken und frei von Angst ablaufen, eben als Hobby und Freizeitspaß.

Ich lernte einen Reiter über 60 kennen, der lange Ausritte liebte. Er hatte mit 53 zu reiten begonnen. Trotzdem war es ihm gelungen, ein technisch gutes Niveau zu erreichen, jedenfalls seinen reiterlichen Ambitionen entsprechend: zu reiten, traben und galoppieren, ohne dabei unnötige Risken bei gefährlichen Passagen oder Sprüngen einzugehen. Dieser Reiter hatte es sich zum Ziel gesetzt, ungeachtet seines gesetzteren Alters korrekt und fehlerlos zu reiten, und fragte daher oft Personen seines Vertrauens nach einer Beurteilung seines Stils.

Auch für Spazierritte bedarf es einer technischen Grundlage und gewisser Grundkenntnisse.

Wie bei vielen anderen Sportarten ist auch beim Reiten kein spezieller Körperbau notwendig. Zwar sollte ein Hürdenläufer groß und robust gebaut, ein Langstreckenläufer leicht, ein Gewichtheber ein Typus mit kurzen Gliedmaßen, oder zumindest ein bärenstarker Normaltypus sein usw., ein Reiter hingegen kann groß oder klein, stämmig oder mager sein, und jedem Typus angehören: Zum Glück gibt es so viele verschiedenartige Pferde, daß sich jeweils die passenden Typen zusammenfinden können.

Natürlich kann man auch beim Reiten einen Idealtypus definieren, der für alle Arten von Pferden geeignet ist. Dieser Typus würde bei Männern bei einer mittleren oder mittelgroßen Statur liegen, zwischen 1,70 m und 1,80 m (1,65–1,75 m bei Frauen). Eine mittlere Größe wäre am besten, aber auch Über- und Untergrößen sind akzeptabel, soweit sie nicht extreme Ausmaße annehmen. Ein zu langer Oberkörper oder zu lange Beine lassen keine perfekte, richtig ausbalan-

gerade verlaufende Beinlinie es ermöglicht, das Pferd gut zu umfangen. Bei allen Arbeiten vom Boden aus (Aufzäumen, Arbeit an der Longe, Arbeit an der Hand usw.) werde große Menschen unbestreitbare Vorteile haben, wie man sich leicht vorstellen kann. Sie werden jedoch keine kleinen Pferde, zum Beispiel die edlen Araber, reiten können. Bei Geländeritten, und vor allem bei Springbewerben (Springturnier und Military) wird der großgewachsene Reiter ebenfalls Schwierigkeiten haben. Ein Fehler bei einem Sprung trifft große Leute schwerer als kleinere, da die Störung der Balance klarerweise gravierender ist. Hochgewachsene Menschen sollen aber nicht den Mut verlieren: Joe Fargis, der Gewinner des Einzelsprungbewerbs bei den Olympischen Spielen in Los Angeles, war 1,83 m groß (und seine Stute Touch of Class ist knapp 1,60 m!).

Als historisches Beispiel sei auch Federico Caprilli, der »Erfinder« der modernen Reiterei, erwähnt, der ebenfalls 1,83 m groß war. Sein Lieblingsschüler, Ruggero Ubertalli, ein untadeliger, elastischer und eleganter Reiter, übertraf an Größe noch seinen Meister. Und schließlich sei auch an einen absoluten Grenzfall erinnert, den Rittmeister Raabe, der im vorigen Jahrhundert lebte. Nach seinen eigenen Worten lag er »mit dem Dragonerhelm am Kopf 2,10 m über dem Meeresspiegel«. Sehr hochgewachsenen Menschen bleibt nichts anderes übrig als zu reiten, zu reiten, und nochmals zu reiten, um ihr Gleichgewichtsgefühl und ihre Elastizität zu verbessern und eine sparsame Gestik zu erarbeiten. Wenn ihnen das nicht gelingt, so sollen sie das Springen bleiben lassen, große Pferde wählen und sich dem elementaren Reiten und den Spazierritten widmen. Reiter können also verschiedene Größe haben, und das gilt, natürlich in Grenzen, auch für das Gewicht: Es gibt keine speziellen Regeln. Selbstverständlich wäre ein mittlerer, proportionaler, schlanker und gut bemuskelter Körperbau ideal. Aber es gibt phantastische Reiter mit stämmiger Statur ebenso wie auch magere, in manchen Fällen sogar extrem magere. Was absolut schlecht ist, ist allzu viel Übergewicht, das sich in Bauch, zu großem Gesäß und dicken Schenkeln ausdrückt. Nicht nur aus ästhetischen, sondern auch aus funktionellen Gründen ist das nicht akzeptabel. Reiter, die zu Übergewicht neigen, müssen sich beim Essen einschränken und viel zusätzliche körperliche Betätigung in ihren Terminplan einbauen (Gymnastik, Laufen, Schwimmen, Radfahren, Leichtgewichtheben). Kraft als solche braucht man zu Pferd nicht, aber ein wenig davon zu besitzen, schadet nicht, jedenfalls nicht bei Notfällen. Oft hört man, daß ideale Reiter oder Reiterinnen »flache« Schenkel haben sollen. Hinter dieser Aussage steckt ein Körnchen Wahrheit, da magere Schenkel und Beine, ohne übermäßige Rundungen, gut am Pferd anliegen und so einen perfekten Knieschluß ermöglichen. Aber der erwähnte Caprilli wurde beinahe für den Militärdienst als untauglich erklärt, weil er, wie auch auf den Fotos zu sehen ist, im Verhältnis zum Oberkörper zu kurze Beine hatte. Und bei den Reiterinnen sei an Giulia Serventi erinnert, die bekannte Wettkämpferin der fünfziger Jahre, sowie an die Schweizerin Heidi Robbiani, Dritte in Los Angeles, die beide sicher nicht den idealen Körperbau, dafür aber eine Menge Verstand, Technik und Fingerspitzengefühl für das Pferd hatten!

Welche physischen Eigenschaften werden nun tat-

Oben: Die Spiele zu Pferd dienen dazu, dem Reitschüler den Mut, die Gewandtheit und Lockerheit zu verleihen, die beim Reiten stets nützlich oder sogar unerläßlich sind.
Unten: Kinder sollten nur auf Ponys reiten lernen. Es ist pädagogisch falsch, die kleinen Reiter auf große Pferde zu setzen.

cierte Haltung zu. Die genannten Maße dürfen aber nicht zu streng genommen werden. Man kann auch kleiner als 1,70 m sein und gut reiten. Nur unterhalb einer bestimmten Grenze sind dann die Beine einfach zu kurz, um einen guten Knieschluß zu ermöglichen. Wer in einem solchen Fall dennoch seiner Leidenschaft für Pferde frönen will, dem bleibt noch immer das weitläufige Gebiet der Pferderennen und des professionellen Pferdesports, die mit dem vorher angesprochenen Reiten nicht vergleichbar sind. Hier müssen die Jockeys klein und leicht sein und brauchen keinen »Knieschluß«, da sie in Balance reiten, auf ganz kurzen Steigbügeln.

Der hochgewachsene Reiter hat, abgesehen vom Nachteil beim Gewicht, das normalerweise seiner Statur proportional ist, noch eine Reihe anderer Probleme zu bewältigen. Dennoch wird ein großer, schlanker und wohlproportionierter Reiter auf einem geeigneten Pferd sicherlich einen ästhetischeren Anblick bieten als ein kleiner, plumper Reiter. Auch bei der Dressur wird er Vorteile haben, weil dabei eine lange, fast sächlich vom Reiter verlangt? Grundsätzlich sind es vier: 1) Gleichgewichtssinn; 2) Koordination; 3) gute Reflexe; 4) Elastizität. Man muß für das Reiten keine übermäßig hohen athletischen Fähigkeiten besitzen, was Muskelkraft, Funktionalität des Herzens und der Lunge sowie Flexibilität und Biegsamkeit des Körpers betrifft. Auch wenn man gewisse Yoga-Positionen nicht schafft, kann man dennoch ein guter Reiter sein. Natürlich müssen das Herz-Kreislauf-System und das Atmungssystem zumindest durchschnittlich gut funktionieren. Das gleiche gilt für andere Parameter des Körpers. Bei einer Vorsorgeuntersuchung durch den Arzt werden gewisse Funktionen des Reiters ausgetestet, da klarerweise die Sehkraft (wenn sie auch durch Brillen korrigiert sein kann) und der Gehörsinn im Normbereich liegen müssen und der Knochenbau keine Mißbildungen aufweisen darf, vor allem im Bereich der Wirbelsäule, die beim Reiten stark belastet wird.

Man kann sehr wohl reiten, wenn man kurzsichtig oder astigmatisch ist: Man muß in diesem Fall nur Kontaktlinsen oder gut sitzende, leichte Brillen mit unzerbrechlichen Gläsern tragen, die nicht bei der ersten Erschütterung zu Boden fallen. Was den Rücken anbelangt, so sind leichte Formen von Wirbelsäulenkrümmungen keine absolute Kontraindikation, wobei natürlich zuerst ein Arzt konsultiert werden muß. Was die Arthrose betrifft, eine Krankheit, die bei fortschreitendem Alter fast unvermeidbar wird, so genügt es, während der akuten Schübe das Reiten zu unterlassen und es sich vor allem zur Gewohnheit zu machen, längere Zeit im Schritt zu gehen, bevor man zu traben und zu galoppieren beginnt. Es erscheint seltsam, aber viele Reiter klagen gerade dann über Rückenschmerzen, wenn sie nicht reiten. Und wenn man darüber nachdenkt, wird das auch verständlich: Wer reiten kann und es versteht, der Verletzungsgefahr beim Traben, Galoppieren und Springen auszuweichen, für den stellt das Reiten eine gute Wirbelsäulengymnastik dar, und die Spazierritte im Schritt sind eine Form von Heilmassage. Schließen wir diesen kurzen Exkurs über die medizinischen Aspekte des Reitens mit der Feststellung, daß nervliche Labilität oder ein Übermaß an Emotionalität eine Kontraindikation darstellen können. Aber bezüglich dieser Aspekte verweisen wir auf das Buch „Equitazione di base" (Grundlagen des Reitens), von Federico Tomassi. Wir empfehlen eine Tetanusimpfung, die für Personen, die Reitställe frequentieren und sich im Umfeld von Pferden aufhalten, absolut wichtig ist.

Der Reiter muß also Gleichgewichtssinn, Koordination, gute Reflexe und Elastizität besitzen. Das sind teilweise angeborene Eigenschaften, die aber jedenfalls durch Übung perfektioniert werden können. Die Reitausbildung zielt darauf ab, diese Fähigkeiten zu verbessern. Es gibt jedoch darüber hinaus noch andere, psychologisch-moralische Eigenschaften, wie Selbstbeherrschung, Geduld, Ausdauer, Beobachtungsgabe, psychologisches Einfühlungsvermögen für das Tier, das so anders als der Mensch ist, sowie eine gewisse Phantasiebegabung bei der Konfrontation mit unvorhergesehenen Situationen. Auch das sind Eigenschaften, die durch Übung und durch die Lektüre einschlägiger Bücher verbessert werden können.

Was den Mut betrifft, so darf dieser nicht mit Waghalsigkeit verwechselt werden, was für Reiter und Pferd sogar gefährlich werden kann und ganz im Gegensatz

zu einem vernünftigen, bewußten Reiten steht. Bei einer guten und gesunden Ausbildung wird schrittweise der Schwierigkeitsgrad erhöht. Die Reitschüler gewöhnen sich an den Mut, jenes Bewußtsein, bestimmte Situationen bewältigen zu können, auch wenn sie unvorhersehbar sind. Diese Erziehung zum Mut, die in erster Linie auf angeborenen Eigenschaften und individuellen, psychologischen Merkmalen beruht, obliegt während der Reitausbildung der Intelligenz, dem Einfühlungsvermögen, der Ausbildung und der Verantwortung des Reitlehrers. Hat man einen guten Lehrmeister für eben diesen Mut, wie auch für die rein technischen Aspekte des Reitens gefunden, so ist das fast das größte Glück, das einem Reiter widerfahren kann. Es sei noch hinzugefügt, daß

Im Wald oder wie hier am Meeresufer zu reiten, kann denen, die es zu schätzen wissen, unvergeßliche Eindrücke vermitteln.

ganz abgesehen von Turnieren, egal welche Art des Reitens man gewählt hat, sei es auch nur für Querfeldeinritte, man niemals aufhören darf zu beobachten, zu lernen, zu experimentieren.

Ars longa, vita brevis: Auch beim Reiten gilt dieser Spruch. Bis zu welchem Alter kann man reiten? Wenn man diesen Sport kontinuierlich betreibt und gesund bleibt, dann kann man mit 60 Jahren, mit 70 Jahren und in manchen Fällen auch noch länger reiten. Natürlich wird man seinen Ehrgeiz schrittweise etwas reduzieren müssen, geeignete, gutmütige und ruhige Pferde wählen, sich auf eine leichte Arbeit am Boden und einige Querfeldeinritte beschränken. Aber was gibt es Eindrucksvolleres, Entspannenderes und gleichzeitg Anregenderes, als vom Pferderücken aus

die Landschaft zu betrachten? Das sind Eindrücke, die alle Sorgen, Risken und Anstrengungen wettmachen, die das Reiten mit sich bringt.

Das Reiten ist sicherlich eine der faszinierendsten Sportarten, eine Quelle unbeschreiblicher Freuden, Gefühle und Eindrücke. Dennoch darf man nicht vergessen, daß es auch ein hohes Maß an Engagement erfordert. Wenn man ein eigenes Pferd besitzt, hat man die moralische Verpflichtung, sich mit ihm zu beschäftigen, ihm eine gute Unterbringung und gute Nahrung zu verschaffen, es angemessen oft zu reiten (oder reiten zu lassen). Das erfordert Zeit und Geld.

Man könnte natürlich auf fremden Pferden reiten, auch wenn das nicht das gleiche ist. Man wird kein guter Reiter, wenn man nicht regelmäßig gute Pferde reitet.

Gemeinsam Spaß haben

Einführung

Die folgenden Seiten zielen darauf ab, dem Reiterneuling eine Richtung zu weisen und ihm Ratschläge bezüglich der einzelnen Phasen seiner Ausbildung zu vermitteln: von den ersten Stunden bis zur »Perfektionierung« zu Pferd, wobei auch Grundkenntnisse des Turniersports erörtert werden. Wer aber die Absicht hat, weiterzulernen und sich ernsthaft mit einer der Turnierdisziplinen zu beschäftigen (Springreiten, Military, Dressur), wird im Text zahlreiche Hinweise auf Bücher finden, mit deren Hilfe er sein Wissen vertiefen kann.

Es ist seltsam, daß bei Abhandlungen über den Pferdesport sehr oft der Hinweis auf bereits zu diesem Thema veröffentlichte Bücher fehlt: Es erscheint fast immer, als wäre der jeweilige Autor der erste, der dieses Thema behandelt. Und doch gibt es, beginnend mit Xenophon, eine unendlich weitgestreute Literatur zum Thema Pferd. Wenn man sich nur auf das Wesentliche beschränkt und im 16. Jahrhundert bei italienischen Autoren und vor allem im 18. Jahrhundert bei vorwiegend französischen Autoren beginnt, gibt es eine umfangreiche Tradition der schriftlichen Abhandlungen über das Reiten, die jeder weitere Autor derartiger Bücher nicht leugnen kann, zumindest was das Gebiet der Terminologie und der Beschreibung betrifft.

Viele Namen von historischen oder zeitgenössischen Autoren werden im vorliegenden Text öfters auftauchen. Hoffen wir, daß dies ohne Pedanterie geschieht, sondern vielmehr den Zweck verfolgt, den dargestellten Inhalt deutlicher und fundierter zu machen. Es soll nicht als Verherrlichung ausländischer (der italienischen und französischen) Fachliteratur ausgelegt werden, wenn die am häufigsten vorkommenden Namen die von Franzosen (Baucher, L'Hotte usw.) und Italienern sind. Der Grund dafür liegt in der geschichtlichen Entwicklung. Zwischen dem 18. und 19. Jahrhundert war Frankreich jene Nation, welche sowohl in der Theorie als auch in der Praxis des Pferdesports die herausragendsten Leistungen erbrachte. Aber um die Jahrhundertwende »erfand« und kodifizierte ein italienischer Offizier, der Rittmeister Federico Caprilli, die moderne Sportreiterei, das Spring- und das Geländereiten.

Abschließend eine Feststellung, auf die wir noch mehrmals im Text zurückkommen werden: Reiten lernt man sicher nicht aus Büchern. Aber das Studium guter Autoren (zeitgenössischer wie auch historischer) kann helfen, Fehler zu vermeiden, Unsicherheiten zu beseitigen und Fortschritte zu erzielen. Und so mancher Reiter wird das Gefühl zu schätzen wissen, ein gewisses Rüstzeug an theoretischen Kenntnissen zu besitzen, und nicht nur rein auf Instinkt und Muskelkraft angewiesen zu sein. Abschließend möchte ich noch Albert Moyersoen, der das italienische Manuskript geduldig gelesen hat, meinen besonderen Dank ausdrücken. Durch seine Kompetenz und Fachkenntnis auf dem Gebiet des Pferdesports konnte er mir einige unklare Stellen und Ungenauigkeiten aufzeigen, die ich dann noch vor der Veröffentlichung verbessern konnte.

Merci, cher Maître!

Die Grundausbildung

Das Aufsitzen

Klarerweise ist der erste Schritt für jeden, der reiten will, der, sich in den Sattel zu setzen, also aufzusitzen. Der Reitschüler soll von Anfang an lernen, diesen Vorgang, der für das gute Verhältnis zwischen Pferd und Reiter so wichtig ist, korrekt auszuführen.

Bei einem Neuling oder Anfänger sollte das Pferd auf der Reitbahn oder auf dem Parcours bereits ordnungsgemäß gesattelt präsentiert und von einem Pferdepfleger gehalten werden. Die Steigbügel werden privisorisch eingestellt, und erst später, wie wir in der Folge genauer beschreiben werden, angepaßt. Es gibt drei Arten, das Pferd zu besteigen. Wir beginnen mit der Methode, die anfangs für Reitneulinge ratsam ist.

Aufsitzen mit Hilfe eines Pferdepflegers oder einer anderen Person

Der Reiter stellt sich an der linken Schulter des Pferdes auf. Mit der linken Hand umfaßt er, etwa auf halber Höhe des Halses, die Zügel. Die nicht zu stark gespannten, aber doch anstehenden Zügel laufen um den kleinen Finger herum und werden durch den Daumen festgehalten. Die andere Hand liegt auf dem Sattelknopf. Das linke Bein wird beim Knie fast rechtwinkelig nach hinten abgebogen. Der Pferdepfleger oder eine andere Person legt zum Abstützen seine linke Hand unter das Knie und die rechte Hand unter das Schienbein des Reiters. Auf ein vorher abgestimmtes Signal hin (eins, zwei, drei!) stößt sich der

1

2

3

Das Aufsitzen mit Hilfe (indem man sich das Bein abstützen läßt):
1) Die Reiterin stellt sich an die Schulter des Pferdes, eine Hand auf dem Sattelknopf, die andere am Pferdehals. Das linke Bein wird abgewinkelt, damit der Helfer sie in den Sattel heben kann.
2) Die Reiterin wurde sanft hochgehoben: jetzt schwingt sie das rechte Bein auf die andere Seite und stützt sich auf den Armen ab, um sich in den Sattel gleiten zu lassen.
3) Sie sitzt beinahe schon, die Arme stützen sich noch ab, während der Helfer hilft, die Füße in die Steigbügel zu schieben.

Gegenüberliegende Seite: Ein wenig müde, aber glücklich kehren die Reitschüler mit den Pferden an der Hand von der Reitstunde im Freien zurück.

97

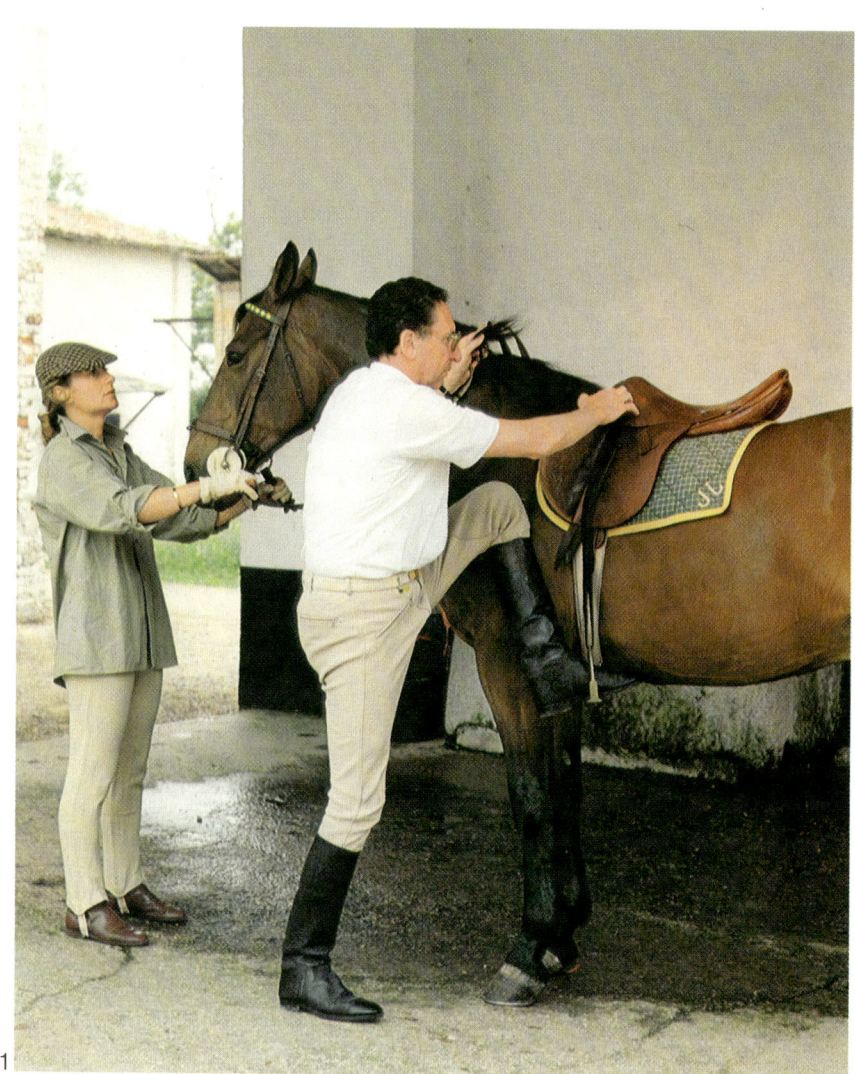

Reiter mit dem rechten Bein ab und zieht sich mit den Händen kräftig hinauf, während der Pfleger ihn sanft, aber bestimmt in die Höhe hebt und das Knie des Reiters auf das Sattelblatt legt. Die Geschicklichkeit des Reiters besteht darin, mit Kraft nachzuhelfen und sich mit den Händen entsprechend festzuhalten, jene des Helfers hingegen in der Kraft und der Präzision, mit der er den Reiter auf das Tier setzt. Sobald der Schüler auf dem Rücken des Tieres ist, wird er sich weich in den Sattel gleiten lassen, wobei er sich mit den Armen abstützt.

Sollte das Pferd Anstalten machen, sich zu bewegen, kann der Helfer es mit der linken Hand festhalten und den Reiter nur mit der Rechten hochheben. Sobald der Reiter im Sattel sitzt, wird er in die Steigbügel schlüpfen und einen Zügel in jede Hand nehmen. Dieser Vorgang wird etwas später genauer erklärt.

Diese Art des Aufsitzens ist für die ersten Versuche bei einem Reitanfänger, für ältere oder kurzfristig in ihrer Bewegung beeinträchtigte Personen sowie auch bei Pferden geeignet, die beim Aufsitzen Schwierigkeiten machen. Es ist jedenfalls ratsam, möglichst schnell zu erlernen, sich selbst zu helfen, damit man das Pferd in jeder Situation ohne die Hilfe anderer besteigen kann.

Aufsitzen mit Steigbügeln: 1) Der Reiter hat den linken Fuß in den Steigbügel geschoben. Die linke Hand hält die Zügel, die rechte wird in Richtung des Sattelknopfes bewegt, dann hält man sich am Sattelblatt fest. 2) Der Reiter hat sich durch Abstützen im Steigbügel bereits hinaufgezogen und setzt an, das rechte Bein auf die andere Seite zu schwingen. 3) Jetzt ist der Reiter bereits auf dem Pferd, die Füße in den Steigbügeln, und läßt sich weich in den Sattel gleiten.

Aufsitzen mit Steigbügeln

Das ist die »klassische«, für den Reiter am wenigsten anstrengende Methode, die, wenn sie korrekt durchgeführt wird, auch das Pferd am wenigsten belästigt. Auch in diesem Fall stellt sich der Reiter an der linken Schulter des Pferdes auf, ist jedoch zum hinteren Teil des Pferdes gewendet. Die linke Hand liegt am Halsansatz, etwas oberhalb des Widerristes. Die Zügel werden wie vorher beschrieben gehalten. Um einen besseren Halt zu haben, kann der Reiter ein Mähnenbüschel umfassen. Der linke Fuß wird mit Hilfe der rechten Hand in den Steigbügel geschoben. Man achte darauf, daß man von außen hineintritt, sonst ist der Riemen hinterher verdreht. Das ist die Ausgangsposition: Kopf und Körper sind zur Kruppe gewendet. Es ist wichtig, diese Vorschrift einzuhalten, weil man so das Pferd besser lenken kann, was nicht möglich wäre, würde man beim Hineinsteigen in den Steigbügel den Blick zum Pferdekopf gewendet haben. Sobald der Reiter die rechte Hand auf den Sattelknopf gelegt hat (und dann auf das Sattelblatt, um einen besseren Griff zu haben), wird er mit kleinen Bewegungen an den Pferdekörper heranrücken und sich durch Abstoßen vom Steigbügel und mit Hilfe der Hände in die Höhe drücken. Man muß darauf achten, mit dem Fuß im Steigbügel nicht die Rippen des Pferdes zu berühren und muß das rechte Bein so über das Pferd schwingen, daß das Tier dabei nicht versehentlich gestoßen wird. Auch in diesem Fall läßt sich der Schüler weich in den Sattel gleiten, schiebt den Fuß in den rechten Steigbü-

Aufsitzen durch Abstützen: 1) Der Reiter beugt die Knie, um sich nach oben abzustoßen. 2) Dank des Schwunges durch die Beine und Arme befindet sich der Reiter auf der Höhe des Widerristes. 3) Er hat das rechte Bein auf die andere Seite gebracht und läßt sich, auf die Arme gestützt, weich in den Sattel gleiten.

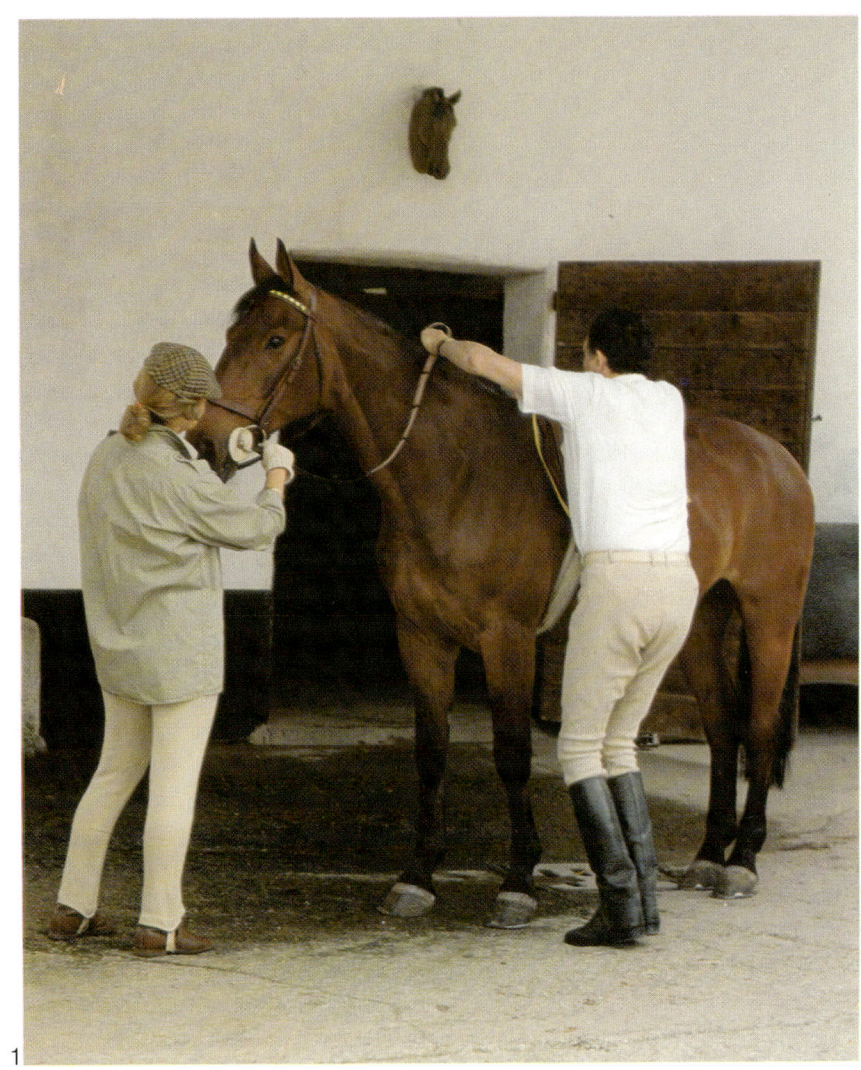

1

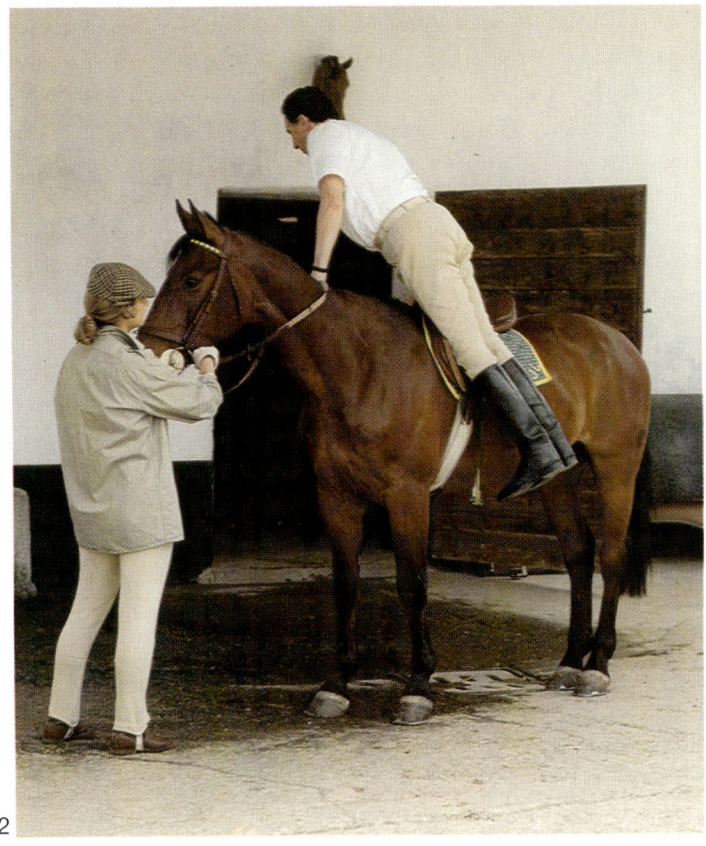

2

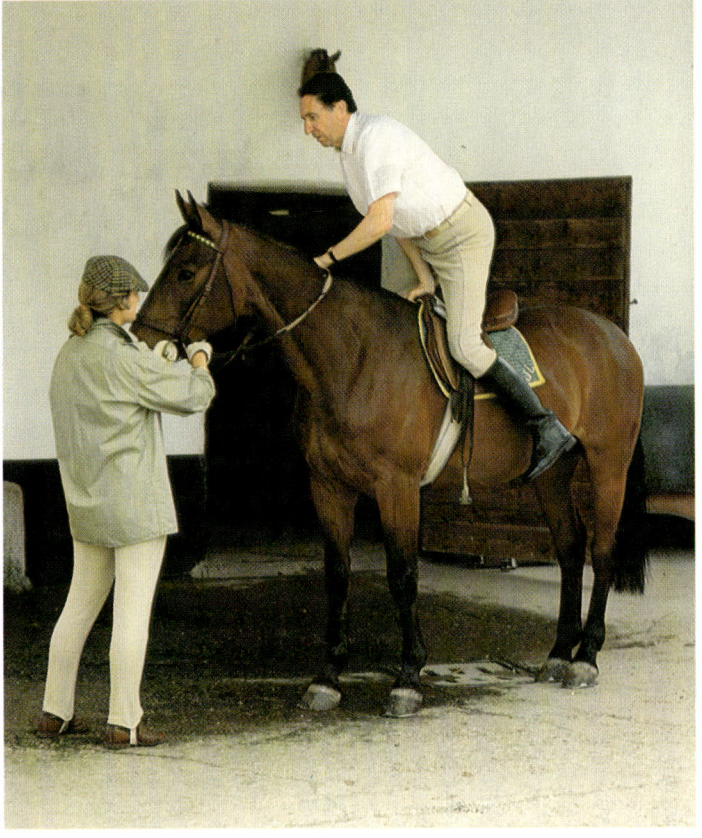

3

1

2

3

4

gel und nimmt gleichzeitig mit beiden Händen die Zügel auf.

Wird diese Methode von durchschnittlich geschickten Personen korrekt ausgeführt, erweist sie sich als höchst angenehm. Schwierigkeiten könnten auftreten, wenn ein Reiter von kleiner Statur auf diese Art ein hochgewachsenes Pferd besteigen will.

Aufsitzen durch Abstützen

Das ist die schnellste (und daher in manchen Fällen die nützlichste), athletischste und schönste Art aufzusitzen. Alle jungen Reiter sollten sie schnell erlernen. Auch geschickte und kräftige Mädchen werden diese Methode mit Erfolg probieren können, wobei sie natürlich darauf achten müssen, sich nicht durch einen Aufprall an der Brust zu verletzen.

Der Reiter stellt sich an die Schulter des Pferdes, nimmt die Zügel in die linke Hand und umfaßt mit der rechten Hand den Sattelknopf. Zur Erhöhung der Sicherheit soll das Pferd von einem Pferdepfleger plaziert und eventuell gehalten werden. Der Reiter beugt die Knie, springt und stößt sich mit den Armen ab (wichtig ist das Abstützen mit beiden Armen), bis diese komplett durchgestreckt sind. Ist man dann auf der Höhe des Widerristes im Gleichgewicht, muß man nur mehr das rechte Bein über das Pferd schwingen, sich sanft in den Sattel gleiten lassen, die Zügel richten und die Füße in die Steigbügel schieben.

Es gibt noch eine weitere Variante dieser Methode, die noch schneller und effektiver ist. Sie erfordert jedoch athletische Fähigkeiten, die nicht jeder besitzt.

Der Reiter stellt sich wie oben beschrieben auf, beugt die Knie, springt, aber anstatt die Arme vollkommen durchzudrücken, kommt er bäuchlings auf dem Halsansatz zu liegen, zieht die beiden fast ganz nach vorne ausgestreckten Beine unter dem Halsansatz durch, schwingt im Gegenschwung nach hinten und bringt das rechte Bein auf die andere Seite des Pferdes. Diese Art des Aufsitzens empfehlen wir nur erfahrenen, kräftigen und geschickten Reitern. Die Folgen könnten sonst für Reiter und Pferd fatal sein.

Die Reitschüler müssen das Aufsitzen mit Steigbügel und mit Abstützen ständig trainieren. Nur ganz zu Beginn soll man sich helfen lassen. Das Aufsitzen mit dem Steigbügel »belästigt« das Pferd weniger und ist für den Reiter leichter. Durch Abstützen aufzusitzen geht, wie schon gesagt, schneller und kann sich in bestimmten Situationen als sehr nützlich erweisen. Nehmen wir an, ein Reiter wird während eines Geländerittes abgeworfen und sein Pferd versucht, die anderen einzuholen. Bei einem erregten und unruhigen Pferd wird nur das Aufsitzen durch Abstützen in dieser Situation helfen können. In einem solchen Fall schwingt sich der Reiter auf den Widerrist, verharrt dort bäuchlings, ohne die Arme durchzustrecken, und bringt das rechte Bein rasch über den Pferderücken. Aus Erfahrung können wir sagen, daß das in manchen Fällen die einzige Möglichkeit ist, schnell das Pferd zu besteigen.

Der Sitz

Bei einem so hochgradig technischen Sport wie dem Reiten ist der perfekte Sitz von fundamentaler Bedeutung, denn von ihm hängen alle anderen reiterlichen

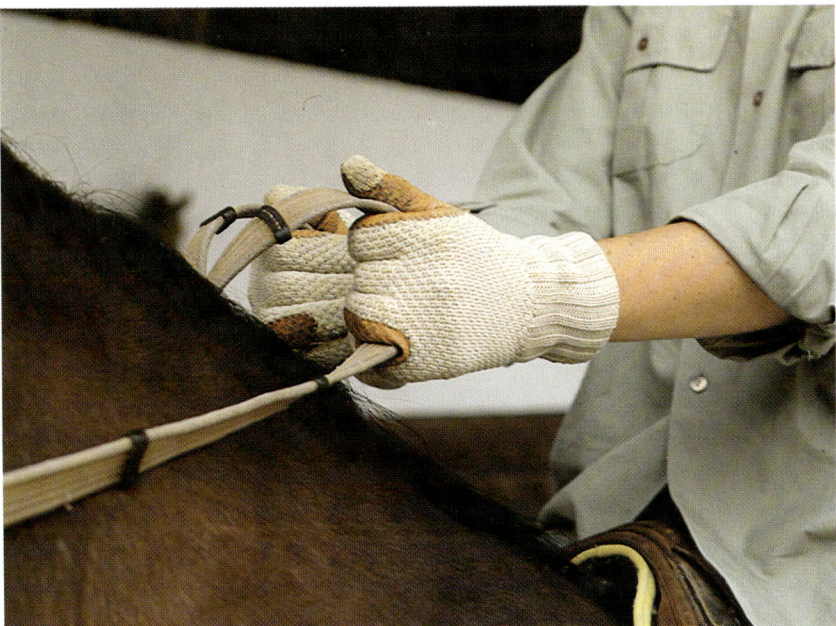

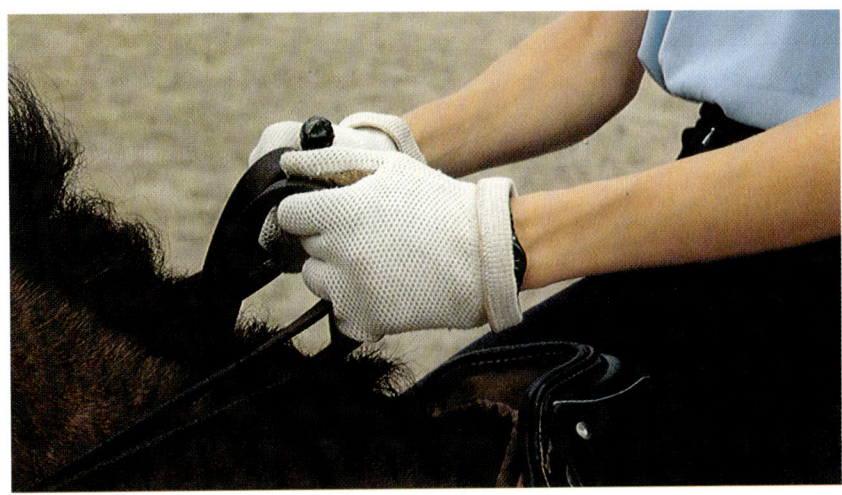

Fähigkeiten ab. Oft schon haben begabte Reiter ihre Möglichkeiten bei diesem Sport nicht genutzt, weil sie zu Beginn nicht richtig angewiesen wurden oder weil sie die Bedeutung des Sitzes auf dem Pferd unterbewertet haben. Der perfekte Sitz sollte das Ziel jedes Reiters, egal ob Anfänger oder Profi, sein. Daher wird jeder Reiter ab und zu objektive und fachkundige Freunde um eine Beurteilung seiner Haltung bitten oder Aufnahmen mit einem Fotoapparat oder besser noch mit einer Filmkamera machen lassen. Diese Meinungen und Unterlagen können dann als Basis für eine überlegte Selbstkritik dienen. Man kann auf diese Art eventuelle Fehler korrigieren und sich jedenfalls verbessern. Bevor wir jedoch zum Sitz kommen, wollen wir noch die Zügelhaltung und die Einstellung der Steigbügel behandeln.

Die Zügelhaltung

Zu Beginn wird das Pferd immer aufgetrenst sein. Der Reitschüler lernt, zuerst jeweils einen Zügel in jeder Hand zu halten. Die Zügel werden mit der rechten Hand an ihrer Verbindungsstelle ergriffen, wobei darauf geachtet werden muß, daß sie flach am Hals aufliegen. Dann werden sie folgendermaßen aufgenommen: Der rechte Zügel mit der rechten Hand und der linke mit der linken Hand. Der Zügel läuft zwischen klei-

Oben: Trensenzügel: Die Zügel verlaufen zwischen kleinem Finger und Ringfinger jeder Hand und werden oben vom Daumen gehalten. Darunter: Kandare und Unterlegtrense: Der Trensenzügel läuft außen, geht um den kleinen Finger herum, der Kandarenzügel geht zwischen kleinem Finger und Ringfinger durch.

Gegenüberliegende Seite: Absitzen. Als erstes muß man die Füße aus den Steigbügeln nehmen (1), dann muß man das rechte Bein auf die andere Seite bringen und sich längs des Sattels hinuntergleiten lassen, wobei man sich mit den Händen festhält (2, 3). Sobald man den Boden berührt, muß man die Knie beugen, um den Stoß abzufangen (4).

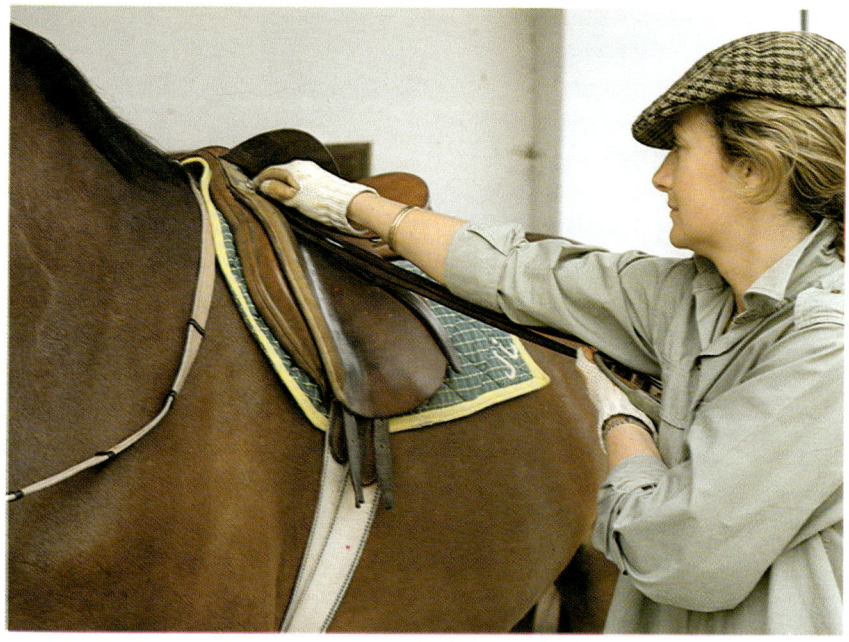

Eine empirische Methode, um die Steigbügelriemen anzupassen: Die Länge des Riemens und des Steigbügels zusammen muß der Länge des Armes von den Fingerspitzen bis zur Achselhöhle entsprechen.

nem Finger und Ringfinger durch und wird vom Daumen festgehalten. Die freien Enden der Zügel hängen auf der rechten Seite des Pferdes hinunter. Von allem Anfang an muß der Reitschüler lernen, mit den Zügeln behutsam umzugehen, da sie das Kommunikationsmittel zwischen Hand und Pferdemaul darstellen. Denken Sie daran, daß das Gebiß auf den Laden aufliegt, einem sehr sensiblen Teil des Pferdemauls. Bei den ersten Reitstunden genügt es, wenn der Schüler sich folgender Punkte bewußt ist: Man darf niemals an den Zügeln ziehen. Zügel sind nicht zum Anhalten

Um den Steigbügelriemen zu verstellen, muß man den Fuß nicht herausnehmen. Es genügt, das Knie nach außen zu biegen und dann die Einstellung vorzunehmen.

gedacht. Die Anlehnung muß leicht sein. Wir werden in der Folge alle Besonderheiten und Abstufungen der Anlehnung in den verschiedenen Reitsituationen und Gangarten erklären. In der Praxis muß der Reitschüler lernen, die Zügel leicht anzuspannen, wobei die Anlehnung je nach Bedarf dosiert werden muß. Dabei darf nicht gezogen oder, noch schlimmer, ruckartig zurückgenommen werden. Wie der bedeutendste Stallmeister des vergangenen Jahrhunderts, François Baucher, schrieb, darf das Wort »Ruck« im Vokabular eines Reiters gar nicht vorkommen. Es ist (reiterlich gesehen) unzivilisiert, und sein Gebrauch bringt absolut keinen Vorteil.

Der Schüler muß möglichst bald lernen, die Zügel in nur einer Hand zu halten. Der rechte Zügel muß so wie oben beschrieben erfaßt werden, der linke wird flach zwischen Daumen und Handteller durchgeschoben. Hält man die Zügel in der linken Hand, so gilt genau das Gegenteil. Eine weitere Methode, die Zügel in der linken Hand zu halten, wäre folgende: Der linke Zügel läuft um den kleinen Finger herum, der rechte Zügel verläuft zwischen kleinem Finger und Ringfinger, und beide liegen flach zwischen Handteller und Daumen, der sie festhält. Dieser Griff empfiehlt sich vor allem, wenn man im Gelände reitet. Weiters muß der Schüler lernen, die Zügel zu verkürzen und zu verlängern, sie aber auch mit einer gewissen Natürlichkeit von einer Hand in die andere gleiten zu lassen. Das sind Abläufe, die man vor allem in der Praxis lernt und die viel leichter auszuführen als zu beschreiben sind.

Die Einstellung der Steigbügel

Die richtige Steigbügeleinstellung ist ein äußerst komplexes Thema, das von mehreren Faktoren abhängt: von der Statur des Reiters und des Pferdes, vom Satteltyp und von der Art des Reitens (z. B. bei der Dressur werden die Steigbügel um zwei oder drei Löcher länger eingestellt als beim Turnierreiten). In vereinfachter Form dargestellt – und vor allem in bezug auf die Anfänger – wird die richtige Steigbügeleinstellung jene sein, die es ermöglicht, den festesten und sichersten Sitz im Sattel zu haben. Es gibt zwei empirische Methoden, um die richtige Steigbügeleinstellung festzustellen. Bei der ersten Methode läßt der Lehrer den Reitschüler aufsitzen, ohne daß dieser dabei die Füße in die Steigbügel schiebt. Der Reiter läßt seine Beine locker hinunterhängen. Die Steigbügel werden nun so eingestellt, daß der Steg in der Höhe des Fußansatzes oder ein wenig darunter liegt. Bei der zweiten Methode stellt der an der linken Seite des Pferdes stehende Reiter vom Boden aus die Steigbügelriemen ein, so daß deren Länge der Armlänge von den Fingerspitzen bis zur Achselhöhle entspricht. Diese Methode kann den Nachteil haben, daß in manchen Fällen die Länge der Arme und die der Beine nicht perfekt proportioniert sind. Sobald die geeignete Länge festgestellt wurde, werden die Steigbügelriemen nun vor dem Reiten vom Boden aus eingerichtet. Sobald wie möglich soll der Reiter lernen, diesen Vorgang vom Sattel aus durchzuführen. Der Fuß wird dabei nicht aus dem Steigbügel genommen, sondern man drückt leicht dagegen, bis das Knie genügend weit vom Sattel entfernt ist. Mit der linken Hand wird dann der linke Steigbügelriemen je nach Bedarf verkürzt oder verlängert, mit der rechten Hand der rechte Riemen. Der Reitlehrer sollte diesen einfachen Vorgang, den der Schüler schon sehr früh erlernen kann, vorzeigen. Wichtig ist, daß man diese Handgriffe wirklich allein ausführt und den Fuß dabei nicht aus dem Steigbügel nimmt.

Die Haltung auf dem Pferd

Der richtige Sitz wird, beginnend mit Xenophon bis zu den zeitgenössischen Autoren, in allen Fach- und Handbüchern über das Reiten beschrieben. Er war zwar im Laufe der Zeit leichten Veränderungen unterworfen, seine grundsätzlichen Merkmale sind jedoch unverändert geblieben.

Prinzipiell soll der Kopf hoch und locker gehalten werden, aber klarerweise wird der Reiter zum Beispiel im Gelände schauen müssen, an welchen Stellen das Pferd durchreiten kann. In solchen Situationen senkt er natürlich den Kopf.

Die Schultern sind offen, der Oberkörper gerade und gehalten, das Kreuz wird leicht nach vorne geschoben. Die Arme fallen natürlich abwärts, die Ellbogen liegen dabei eng, aber ohne Anspannung am Körper an. Die Unterarme sind zum Pferdemaul gerichtet, die Hände setzen die Linie des Unterarms fort, sind also eher in einer vertikalen Position oder leicht nach oben gerichtet, die Daumen liegen dabei näher beieinander als die kleinen Finger. Der Abstand zwischen den beiden Daumen sollte etwa 10 bis 15 cm betragen. Die Ellbogen sind je nach Zügellänge und Gangart mehr oder weniger gebeugt. Man liest und hört häufig, daß die Ellbogen am Körper gehalten werden sollen: Das ist in Ordnung, diese Haltung darf jedoch keine Anspannung und vor allem keine Verkrampfung mit sich bringen. Der Reiter sitzt im Sattel zum Sattelknopf hin tendierend, aber auch hierbei sollte man nicht übertreiben. Schenkel und Knie liegen locker am Sattel an, je nach Stellung der Beine. Diese sollen natürlich hinunterhängen, wobei die Waden, ohne absichtlichen Druck auszuüben, am Pferdekörper aufliegen. Die Füße werden bis zum Fußballen in die Steigbügel geschoben. Sie drücken auf den inneren Teil des Steigbügelstegs, wobei einige Autoren vorschreiben, daß die Innenkante des Fußes weiter hinten aufliegen soll als die äußere. Unserer Meinung nach handelt es sich dabei aber um eine Vorschrift, die man nicht unbedingt einhalten muß.

Die Fessel muß locker sein, die Fußspitze ist leicht nach außen geöffnet, der Absatz liegt tief, das heißt tiefer als die Fußspitze, die Fußsohlen schauen nach vorne. Die Regel, daß der Absatz tiefer liegen muß, ist eines der unumstößlichen Gesetze des guten Sitzes. Man muß dabei beachten, daß man diese tiefliegende Ferse nicht dadurch erreicht, daß man übertrieben fest auf die Steigbügel drückt, sondern den Absatz selbst nach unten drückt, als würde das gesamte Gewicht des Beines in ihr zusammenlaufen. Dabei ist vor allem ein lockeres Knöchelgelenk wichtig. In den ersten Stunden tendieren die Schüler dazu, die Fußspitzen zu senken, um sich im Steigbügel festzuklammern. Diesen Fehler muß man beseitigen, weil vom tiefliegenden Absatz die gesamte Beinstellung, der sogenannte Knieschluß, abhängt.

Die italienische Reitweise, die auf den klassischen Stil Caprillis zurückgeht, schreibt vor, daß der Reiter den ganzen Fuß bis zur Sohlenwölbung in den Steigbügel schieben muß. Die Anhänger Caprillis behaupteten, daß davon »der richtige Gebrauch der Steigbügel« abhängt. In Wirklichkeit wollte sich Caprilli mit dieser

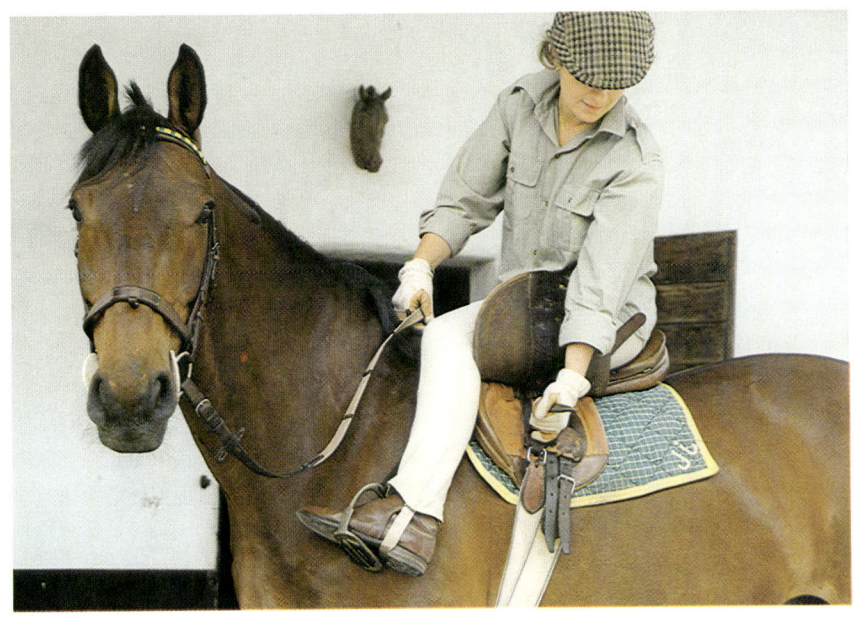

Regel nur von der Schulreitweise abwenden, bei der nur die Fußspitze in den Steigbügel geschoben wurde. Andererseits konnten die Rekruten (Caprilli war in erster Linie Militärreiter) auf diese Weise relativ rasch eine gewisse Sicherheit im Sattel erreichen. Steckt der Fuß aber ganz im Steigbügel, werden gerade jene Lockerheit und jene Elastizität des Knöchelgelenks verhindert, die beim Reiten so wichtig sind. Während viele andere Regeln der Reitweise Caprillis bald in anderen Ländern übernommen wurden, hat sich die Methode des ganz in den Steigbügel geschobenen

Oben: So wird der Sattelgurt gelockert oder angezogen, während man im Sattel sitzt. Unten: der Sitz: Die Haltung der jungen Reiterin entspricht unserer Beschreibung. Es sind keine Verkrampfungen oder Versteifungen zu sehen.
Folgende Doppelseite: Eine Abteilung von Reitschülern beim Traben.

Links ein korrekter Sitz: Kopf aufrecht, Schultern offen, Oberkörper gerade, Kreuz leicht nach vorne geschoben, Arme und Ellbogen nahe am Körper. Schenkel schräg und in Fühlung mit dem Pferdeleib, möglichst gerade, Absätze tief, Fuß bis zum Ballen im Steigbügel. Alles ohne Versteifungen oder Verkrampfungen.

Unten ein falscher Sitz: Der Oberkörper ist nicht aufgerichtet, das Kreuz nicht nach vorne geschoben. Die Schultern sind nicht offen, das Bein läuft nicht nach unten, es ist zu weit hinten, der Absatz ist nicht tief.

Fußes nicht durchgesetzt – und das zu Recht.
Wir sprachen vom Sitz beim Stillstand des Pferdes. Dazu muß man aber noch eines hinzufügen: es gibt keinen idealen, abstrakten Sitz, der für alle Situationen geeignet ist, auch wenn das bei der theoretischen Beschreibung eine große Erleichterung wäre. Der Reiter soll schließlich nicht an das Pferd gebunden sein, sondern an dessen Bewegung. Der Sitz soll es ihm ermöglichen, mit dem Pferd eine Einheit zu bilden, ohne das Tier dabei zu beeinträchtigen. Der Sitz soll daher nicht als statisches Element gesehen werden (wie eine Skulptur), sondern dynamisch. Man muß gegen jene Haltung ankämpfen, die der große Reiter und Theoretiker Jean d'Orgeix den »Positionismus«, das krampfhafte Festhalten an einer idealen Position, genannt hat. Was zu Pferd zählt, ist zwar die richtige Position, sie muß aber mit Lockerheit, also im Zustand der Entspannung erreicht werden. Aus diesem Grund spielen nervliche, psychologische und emotionelle Faktoren des Reiters eine so große Rolle. Es ist äußerst wichtig, an dieser Stelle nochmals herauszustreichen, daß man nie mit Kraft reiten sollte. Den festen Sitz erreicht man nicht, indem man willentlich die Knie anzieht, sondern dadurch, daß man die Beine und die Absätze, die bestimmenden Faktoren des guten Knieschlusses (Anliegen von Schenkel, Knie und Wade), in der richtigen Stellung hält. Klarerweise wird der Reiter in manchen speziellen Fällen (seitliches Ausbrechen, Buckeln, hohe Sprünge usw.) Knie und Waden fest anziehen müssen, was aber normalerweise, abgesehen von Notsituationen, nicht vorkommt.

Die ersten Reitstunden

Gleich zu Beginn eine Anmerkung: Was wir hier beschreiben, wäre eine »ideale« Anfangsausbildung des Reiters, die in der Praxis nicht immer durchführbar ist. Wer das Reiten erlernen will, soll, gleichgültig wie alt er ist, die ersten Reitstunden in einem wirklich seriösen Reitzentrum absolvieren. Das Reiten ist ein ernster Sport, der hohe Anforderungen stellt und der, wenn er ohne Technik, Sicherheitsvorkehrungen oder geeignete Pferde und Anlagen ausgeübt wird, gefährlich werden kann. Viele Leute hängen das Reiten deshalb an den Nagel, weil sie von ihren ersten Erfahrungen negativ beeinflußt wurden.
Haben wir soeben den Sitz im Stillstand beschrieben, so wollen wir nun den Sitz im Schritt, Trab und Galopp untersuchen. Für den idealen Ausbildungsweg, wie wir ihn dem Reitneuling vorschlagen, müßte als Schulpferd ein sicheres, gutmütiges Tier zur Verfügung stehen. In den ersten Stunden wird das Pferd vom Reitlehrer an der Longe gehalten, so daß der Reiter das Tier nicht selbst führen muß und es vor allem nicht im Maul irritiert.

Sobald der Reiter im Sattel sitzt, wird ihm der Reitlehrer den Sitz im Ruhezustand erklären und seine Haltung dabei korrigieren, indem er die Absätze entsprechend nach unten, die Fußsohle nach außen, das Kreuz nach vorne drückt, usw. So wird praktisch mit den Händen die richtige Position im Sattel »modelliert«. Dann wird der links neben dem Pferd stehende Reitlehrer den Anfänger folgende Übungen ausführen lassen: 1) Komplettes Aufrichten mit den Füßen in den Steigbügeln. 2) Etwa nur 10 cm aus dem Sattel hochheben und dabei den Oberkörper leicht nach vorne neigen. Diese Übung dient zur Vorbereitung des sogenannten Leichttrabens.

Der Reitlehrer hilft dem Anfänger bei der Ausführung dieser Übungen und korrigiert eventuelle Fehler. Anfangs kann sich der Reitschüler an der Mähne, oder besser an einem um den Hals des Pferdes gelegten Riemen anhalten. Der Reitlehrer überwacht, daß bei diesen Übungen die Absätze unten bleiben, die Beine nicht nach hinten rutschen, der Kopf oben bleibt, die Schultern offen sind und so weiter. Diese Übungen werden am Beginn jeder Reitstunde wiederholt. Dann wird das Pferd an der Longe vom Reitlehrer in Schrittbewegung gesetzt. Die Innenhand des Reiters hält die Zügel, die Außenhand die Mähne oder den Riemen. Die Zügel sind ziemlich lang, um das Pferd nicht zu behindern. Nach und nach erlernt der Schüler, ein Gefühl für den Schritt des Vierbeiners zu bekommen, den korrekten Sitz beizubehalten, aber dennoch der Bewegung des Pferdes zu folgen: von allem Anfang an muß man jegliche Starrheit oder Verkrampfung vermeiden. Ab und zu wird der Reitlehrer das Pferd anhalten lassen, indem er den Schüler auffordert, die

Oben: Mit den Füßen im Steigbügel stehen. Die Reiterin hat dabei eine korrekte Haltung bewahrt: Der Steigbügel ist vertikal, der Absatz tief. Unten und links: Abstufungen des leichten Sitzes, mit dem Oberkörper mehr (links) oder weniger (unten) weit nach vorne geneigt.

107

Auf diesen beiden Fotos reitet das Mädchen ein von der Reitlehrerin an der Longe gehaltenes Pony. Rechts im Schritt, unten im Trab.

Gegenüberliegende Seite:
1) Leichttraben (englischer Trabsitz). Der Reiter Filippo Moyersoen auf Whisky trabt auf dem äußeren diagonalen Beinpaar: In dieser Phase hält er den Oberkörper leicht nach vorne geneigt. Er wird sich erheben, sobald das äußere diagonale Beinpaar (das rechte diagonale Beinpaar) nach vorne geht. Beachten Sie die Haltung der Beine und die betont tiefen Absätze.
2) Schwebender Trab: Der Reiter hat sich in den Steigbügeln erhoben, der Oberkörper ist nach vorne geneigt. 3) Ausgesessener Trab: Das Pferd hat eine versammeltere Haltung als auf den vorangehenden Fotos; der Oberkörper von Filippo Moyersoen ist dabei fast senkrecht.

Zügel durch Eindrehen der Zügelfaust anzuziehen. Um dann wieder die Schrittbewegung aufzunehmen, wird er den Schüler anweisen, die Beine an die Rippen des Pferdes zu legen und die Zügel etwas zu lockern. Schon während der ersten Reitstunden können talentierte Reitanfänger das sogenannte Leichttraben erlernen.

Der Trab ist eine zweitaktige, gesprungene Gangart, bei der das Pferd abwechselnd seine beiden diagonalen Beinpaare (vorne rechts, hinten links – vorne links, hinten rechts) aufsetzt. Was die Reitweise betrifft, so gibt es zwei verschiedene Arten des Trabens: erstens den ausgesessenen Trab, bei dem man sich nie aus dem Sattel erhebt und Gesäß und Kreuz als Stoßdämpfer fungieren, und zweitens das Leichttraben, bei dem der Reiter einen Takt sitzt und sich beim zweiten aus dem Sattel erhebt. Bis zur ersten Hälfte des 19. Jahrhunderts kannte man fast ausschließlich den ausgesessenen Trab. Die Engländer entwickelten dann das für Pferd und Reiter weniger anstrengende Leichttraben. Von England aus verbreitete sich diese Trabart über den Kontinent, wobei sie jedoch mancherorts auf Widerstand stieß. Etwa um 1880 wurde es noch als unkor-

rekt empfunden, wenn ein Soldat sich vor einem Vorgesetzten im Leichttraben präsentierte.

Der Reitlehrer wird den Anfänger einige Male im Stillstand üben lassen, sich mit leicht nach vorne gebeugtem Oberkörper aus dem Sattel zu erheben: Dabei wird der Lehrer den Schüler bei der Taille abstützen und ihm bei der Bewegung helfen: eins, zwei! eins, zwei!...

Dann läßt er das Pferd antraben: Der Schüler muß schrittweise lernen, sich einen Takt lang zu erheben und sich im folgenden Takt weich wieder in den Sattel zu setzen. Es ist wichtig, den Schüler darauf aufmerksam zu machen, daß er den Oberkörper leicht nach vorne gebeugt halten muß und daß er den Impuls des Pferdes (oder besser die Bewegung des Pferdes) abwarten muß, bevor er sich in den Steigbügeln erhebt. Man darf sich dabei nicht zu weit aus dem Sattel erheben und muß eine Vorverlagerung des Beckens (und des Bauches) vermeiden. Ein anderer weitverbreiteter Fehler besteht darin, den Rücken zu krümmen und die Schultern zu weit nach vorne zu schieben.

Einige Reitanfänger lernen das Leichttraben sofort, andere brauchen mehrere Reitstunden dazu. Anfangs halten sich die Schüler bei der Mähne, oder besser beim Riemen an. Schritt für Schritt müssen sie dann aber diese Haltehilfe weglassen und in jede Hand einen Zügel nehmen. Die Anlehnung muß leicht bleiben; von der ersten Reitstunde an muß man dem Anfänger einprägen, daß die Zügel nicht zum Anhalten dienen.

Anfangs trabt man entweder auf dem einen oder auf dem anderen diagonalen Beinpaar, weil der Anfänger sie noch nicht unterscheiden kann. Nach etwa zehn Stunden muß er folgende Unterscheidung erlernen: Traben auf dem rechten diagonalen Beinpaar bedeutet, sich im Sattel zu erheben, wenn dieses vom Boden weggehoben wird, und einzusitzen, wenn ebendieses Beinpaar auffußt. In der Praxis wird der Reiter erkennen, daß er zum Beispiel auf dem rechten diagonalen Beinpaar reitet, wenn er sich erhebt, sobald die rechte Schulter des Pferdes nach vorne geht. Aber mit etwas Erfahrung wird er dazu nicht mehr hinunterschauen müssen: Dann wird der Reiter die Bewegung seines Pferdes spüren.

In den deutschsprachigen Ländern wird ebenso wie in England und Frankreich in der Bahn auf dem inneren Hinterfuß und damit logischerweise gleichzeitig auf dem äußeren Vorderfuß leichtgetrabt. In dem Moment, wenn der innere Hinter- und der äußere Vorderfuß vom Boden abfußen, muß sich der Reiter aus dem Sattel heben, um beim Auffußen dieses Beinpaares wieder weich und geschmeidig in den Sattel einzusitzen.

Im Gegensatz dazu wird in Italien auf der Reitbahn auf dem inneren diagonalen Beinpaar getrabt, d. h. auf dem inneren Vorderfuß und dem äußeren Hinterfuß, also genau umgekehrt. Man muß jedoch hinzufügen, daß heute auch in Italien Dressur- und Militaryreiter gewöhnlich auf dem äußeren diagonalen Beinpaar traben. Beide Methoden haben ihre Vor- und Nachteile, auf die wir hier jedoch nicht näher eingehen wollen. Im Gelände belastet das Traben auf einem diagonalen Beinpaar dieses stärker. Der Reiter soll daher darauf achten, oft das Beinpaar, auf dem er trabt, zu wechseln, um eine Übermüdung des Pferdes oder noch schlimmer Asymmetrie oder Verkrampfungen bei der Gangart zu vermeiden.

Anfangs werden die Trabpassagen kurz sein und immer wieder durch Reiten im Schritt unterbrochen werden. Der Reitlehrer muß darauf achten, relativ oft die Hand wechseln zu lassen; ab und zu wird er das Pferd anhalten und die Haltung des Reiters korrigieren. Wir schicken voraus, daß in der Terminologie der Reitbahn »Gehen auf der rechten Hand« bedeutet, daß der Reiter seine rechte Seite zum Inneren der Reitbahn gewendet hält. Für die linke Hand gilt das Analoge.

Die ersten Reitstunden sollten mit den einzelnen Trab- und Schrittpassagen nicht länger als 30 bis 40 Minuten dauern. Es ist unnötig, die Schüler zu ermüden und ihnen die Freude zu nehmen, umso mehr als ein ermüdeter Schüler nicht mehr auf seine Haltung achten kann, was gerade während der ersten Stunden so wichtig ist. Prinzipiell lehnen wir es ab, Schüler während der ersten Stunden aussitzend, oder – was noch weniger gerechtfertigt ist – ohne Steigbügel traben zu lassen.

Führt man Übungen dieser Art zu früh aus, kann es zu Versteifungen und Verkrampfungen kommen: Der angehende Reiter wird dabei durch die Bewegung des Pferdes durchgeschüttelt (»geworfen«) und verkrampft sich, um im Gleichgewicht zu bleiben. Wir haben also jetzt gesehen, daß man nicht durch Kraft, sondern einzig und allein aufgrund der richtigen Haltung reitet. Sitzend oder ohne Steigbügel zu traben, wird dann zu einer wichtigen Übung, wenn der Schüler bereits eine gewisse Gewandtheit im Sattel erworben hat. Beim ausgesessenen Trab gleicht der Reiter die Stöße des Pferdes durch Verschieben des Kreuzes aus, das daher elastisch sein muß.

Im Vergleich zum Leichttraben ist der Oberkörper des Reiters beim ausgesessenen Trab gerader, also auf der vertikalen Linie.

Es ist schwierig zu definieren, wann Reitanfänger zu galoppieren beginnen sollen – das hängt von ihrer Geschicklichkeit, Losgelassenheit und ihrem Mut ab. Einige Anfänger können schon nach zehn Reitstunden oder sogar noch früher damit beginnen, andere erst nach 20 oder mehr Stunden. Der Reitschüler beginnt mit dem Galopp, wenn er fähig ist, losgelassen, ausbalanciert und voll rhythmusbewußt zu traben, ohne

sich dabei an der Mähne oder beim Steigbügelriemen anzuhalten. Die ersten Passagen im Galopp sollten sehr kurz sein: Das Pferd wird vom Reitlehrer an der Longe gehalten, dann geht man ohne Ruck und jähe Bewegungen vom Traben in den Galopp über. Der Schüler macht dabei absolut nichts. Er hält sich an der Mähne oder am Riemen an und versucht vor allem, die korrekte Haltung beizubehalten, ohne dabei zu stark mit dem Gesäß gegen den Sattel zu drücken. Der Körper wird leicht nach vorne geneigt gehalten, die Schultern offen, aber ohne Verkrampfung, das Gesäß leicht vom Sattel gehoben. Es handelt sich um die Art des Galopps, die Caprilli für seine sogenannte »natürliche Reitweise«, als »schwebenden Galopp« bezeichnet hat. Er wird beim Sportreiten, bei Turnieren und im Gelände verwendet. Beim schwebenden Galopp hält sich der Schüler anfangs am Riemen oder an der Mähne fest, dann erlernt er diese Gangart ohne Stütze. Da der Oberkörper nach vorne geneigt ist, werden natürlich beim schwebenden Galopp die Unterarme und die Hände weiter nach vorne gehalten, und die Zügel sind daher im Vergleich zum Schritt und zum Trab entsprechend kürzer. Sobald der Reitanfänger den schwebenden Galopp korrekt beherrscht, kann er sich im ausgesessenen Galopp versuchen, der anfangs schwieriger ist. Der Oberkörper muß gerade bleiben, auf der vertikalen Linie. Das Gesäß bleibt im Sattel ohne zu »klappen«. Anfangs kann der Reiter als Hilfe die Zügel mit der Innenhand halten und sich mit der Außenhand unter dem hinteren Sattelbogen anhalten. Das ist eine nützliche Übung. Natürlich werden beim ausgesessenen Galopp die Zügel etwas länger sein als beim schwebenden Galopp.

Als idealen Weg, der den Anfänger in seinen ersten Reitstunden zu einem sicheren, ausbalancierten und lockeren Traben und Galoppieren bringen soll, haben wir also geraten, daß der Schüler ein vom Reitlehrer an der Longe gehaltenes Pferd besteigen soll. Aus pädagogischer Sicht ist das die schnellste und sicherste Methode, auch wenn sie aus einleuchtenden Gründen nicht immer anwendbar sein wird.

Wenn nun der angehende Reiter nach der beschriebenen Methode Leichttraben und schwebend oder sitzend galoppieren gelernt hat, können wir ihn auf einer Reitbahn oder in einem nicht allzu großen, eingezäunten Feld in Abteilung reiten lassen. Es ist nicht empfehlenswert, den Anfänger allein reiten zu lassen, auch wenn er ein ruhiges und sicheres Pferd reitet. Eine nicht allzu große Abteilung mit einem erfahrenen Reiter an der Spitze wird auf alle Fälle bessere Resultate bringen. Der Reitlehrer in der Mitte der Reitbahn kontrolliert ständig die Gangart der Abteilung. An dieser Stelle muß der Schüler die Grundregeln der Reitordnung lernen, die es ihm ermöglichen, das Pferd zu führen. Gleichzeitig wird er dadurch befähigt, die ersten Begriffe der Reitterminologie zu verstehen und korrekt anzuwenden.

Die Hilfen des Reiters sind folgende: Zügel, Gewicht und Schenkel. Als zusätzliche Hilfen können wir weiters die Stimme (und das Zungenschnalzen), die Reitgerte und die Sporen nennen.

An diesem Punkt der Ausbildung muß der Reitanfänger, wenn er nach rechts schwenken will, nur leicht den rechten Zügel ziehen, indem er die Faust mit dem nach oben gerichteten Daumen etwas nach hinten nimmt. Die linke Hand gibt leicht nach, um der Bewegung des Halses zu folgen. Genau das Gegenteil gilt

für ein Schwenken nach links. Diese Zügelhilfe, in der Reitersprache »Öffnungszügel« genannt, ist für Anfänger und junge Pferde angezeigt. Was die Beine betrifft, muß der Reitanfänger in diesem Stadium der Ausbildung wissen, daß man, um das Pferd vorwärts zu bewegen, die Schenkel an die Rippen des Tieres drükken muß. Nur bei sehr verrittenen Pferden ist ein erheblicher Druck der Schenkel und möglicherweise sogar ein Klopfen (kurze Fersenschläge) nötig, je nach Empfindlichkeit des Tieres, und nach gewünschtem Vorgang müssen die Schenkelhilfen dosiert werden. Bei jeder Art von Reiten, von der elementarsten bis zur komplexesten, gilt eine grundsätzliche Regel, die der Reitanfänger früh lernen muß. Wenn man die Schenkelhilfe anwendet, muß man entsprechend mit den

Zügeln nachgeben: *main sans jambes, jambes sans main* (Hand ohne Beine, Beine ohne Hand), schreiben die großen französischen Autoren von Baucher an. Das ist ein Grundsatz, der, abgesehen von wenigen Ausnahmen, niemals mißachtet werden darf. Darüber hinaus ist dieses Nachgeben einer der Schlüsselfaktoren des von Caprilli eingeführten »natürlichen« Reitens. In der Praxis sieht das so aus: Wenn der Schüler vom Stillstand in den Schritt übergehen will, muß er die Unterschenkel an die Rippen des Pferdes legen und mit den Zügeln nachgeben (indem er die Fäuste nach vorne schiebt). Wenn der stärkere Kontakt mit den Schenkeln nicht genügen sollte, dann muß er das Tier einmal oder öfter mit den Absätzen berühren und mit den Zügeln nachgeben. Das gleiche gilt für den Übergang vom Schritt in den Trab. Was den Galopp betrifft, erinnern wir daran, daß es zwei Arten von Galopp gibt: den Rechts- und den Linksgalopp. Beim Rechtsgalopp beginnt das Pferd die Bewegung mit der linken Hinterhand, setzt das linke diagonale Beinpaar auf (vorne links – hinten rechts) und endet mit der rechten Vorderhand. Für den Linksgalopp gilt das Gegenteil. Bei den Rechtskurven muß das Pferd nach rechts galoppieren, indem es die rechte Vorderhand nach vorne setzt, bei Linkskurven trifft das Gegenteil zu. Wenn das Pferd auf der rechten Hand im Linksgalopp nimmt, nennt man das in der Reitersprache Außengalopp (oder Kontergalopp). Das ist unangenehm für den Reiter und weniger harmonisch für das Pferd. Allerdings stimmt es nicht, wie man früher behauptete, daß

Eine Reitstunde mit Ponys in der Rundbahn. Es ist wichtig, daß die kleinen Schüler Pferde in einer für sie geeigneten Größe reiten.

*Gegenüberliegende Seite,
oben: Eine Abteilung von
Reitschülern im Galopp.
Unten: schwebender
Galopp: Der Reiter (Filippo
Moyersoen auf Whisky)
reitet mit Knieschluß, der
Oberkörper ist leicht nach
vorne gebeugt.*

ein derart galoppierendes Pferd Gefahr läuft, sich zu überschlagen. Dennoch muß der Schüler bald lernen, richtig anzugaloppieren. Nach einiger Zeit wird er gelernt haben, die Pferdebewegung zu spüren und nicht mehr nach unten schauen müssen, um zu kontrollieren, ob das Pferd richtig läuft.

Zum Angaloppieren begibt sich der Reitanfänger in eine Ecke der Reitbahn oder des Parcours und geht mit folgenden Hilfen aus dem Traben in den Galopp über: Sobald er in der Kurve ist, erhöht er den Druck mit den Schenkeln, wobei die stärkere Betonung auf dem äußeren Schenkel liegt. Gleichzeitig erhöht er den Zug am äußeren Zügel. Das Pferd verlängert den Trab und »bricht« in den richtigen Galopp aus: rechts auf der rechten Hand, wie wir gezeigt haben, links auf der linken Hand. Die Zügelhilfen (Außenzügel) und Schenkelhilfen (mit Betonung auf dem äußeren Schenkel) dienen dazu, die äußere Hinterhand, mit der der Galopp beginnt, zu aktivieren, sowie die innere Schulter und daher den Vorderfuß auf dieser Seite zu lösen. Wenn das Pferd im Außengalopp (Kontergalopp) beginnen sollte, zum Beispiel im Linksgalopp auf der rechten Hand, pariert der Schüler das Pferd zum Traben durch und galoppiert bei der nächsten Ecke wieder richtig an.

Wir haben das Angaloppieren durch »Gleichgewichtsverschiebung« erklärt: Das ist die Methode, die von den Anfängern und von erfahrenen Reitern auf jungen und unerfahrenen Pferden angewendet werden muß. Es gibt auch ein Angaloppieren durch »Gleichgewichtsaufbau«, das man aus dem Traben, aus dem Stehen oder sogar aus dem Rückwärtsgang ausführen kann. Diesen Start werden wir später im Kapitel über die reiterliche Perfektionierung behandeln.

An diesem Punkt wäre es empfehlenswert, daß der Reitanfänger die wichtigsten Bahnfiguren erlernt. Vor allem erinnern wir daran, daß am Hufschlag reiten bedeutet, am äußeren Rand der Bahn, nahe der Bande zu reiten. Der Hufschlag ist meist als deutlich ausgetretene Spur erkennbar. Auf der Reitbahn kann man in Abteilungen oder einzeln arbeiten. Die Tête (Führung) übernimmt normalerweise der Reiter mit der größten Erfahrung auf einem gut ausgebildeten Pferd.

Hier unten: der sitzende Galopp: Der Reiter umfaßt das Pferd mit Knieschluß. Das Gesäß ist fest im Sattel, der Oberkörper vollkommen senkrecht (F. Moyersoen auf Whisky).

Auf das Kommando »Ganze Bahn auf der rechten Hand« oder »Ganze Bahn auf der linken Hand« sollen die Reiter auf dem Hufschlag in der angegebenen Richtung hinter dem ersten Reiter in der richtigen Reihenfolge, die der Reitlehrer am Beginn der Stunde bestimmt hat, die ganze Reitbahn ausreiten.

Wenn die Schüler in Abteilung reiten, müssen sie auf den Abstand achten (etwa 1,50 m zwischen den einzelnen Pferden). Sie werden versuchen, die Ecken voll auszureiten. Wenn das Pferd dazu tendiert, die Kurve zu schneiden, muß der Schüler schon einige Meter vor der Ecke leicht den äußeren Zügel anziehen und den inneren Schenkel ans Pferd bringen. Dadurch wird das Pferd nahe bei der Bande gehalten. Wenn der Schüler dann genau in der Ecke ist, gibt er mit dem äußeren Zügel nach und zieht in gleichem Maße den inneren an. Der innere Schenkel bleibt im Kontakt, damit das Pferd den Kopf *leicht* auf die richtige Seite neigt, also nach innen.

In Abteilung arbeiten die Schüler dann nach Anweisung des Reitlehrers in den drei Gangarten nach dem Kommando »Im Arbeitstempo Schritt!... Trab!... Galopp!« Und für den Gangartwechsel: »Verlängern!... Verkürzen!« Zum Anhalten wird der Reitlehrer den Befehl gewöhnlich etwas früher geben, damit das Stehenbleiben geordnet und schrittweise ablaufen kann: »Achtung, halt!« oder »Schrittweise halt!« Die Schüler nehmen die Zügel zurück und versuchen, auch beim Stehenbleiben die Abstände beizubehalten. Es kann gefährlich werden, wenn ein Pferd mit dem Kopf beim Schweif des Vorderpferdes zu stehen kommt. Dieses könnte durch Ausschlagen reagieren.

Zählen wir nun die einzelnen Bahnfiguren auf:

Auf das Kommando: **Durch die ganze Bahn wechseln!** wendet sich der zum Beispiel auf der rechten Hand reitende vorderste Reiter kurz nach dem Durchreiten der zweiten Ecke einer kurzen Reitbahnseite ins Innere der Reitbahn und durchquert diese diagonal, wobei er an der gegenüberliegenden langen Seite einige Meter vor der Ecke wieder auf den Hufschlag gelangt.

Bei dem Kommando: **Durch die Mitte der Bahn wechseln!** biegt der erste Reiter nach dem Erreichen der

113

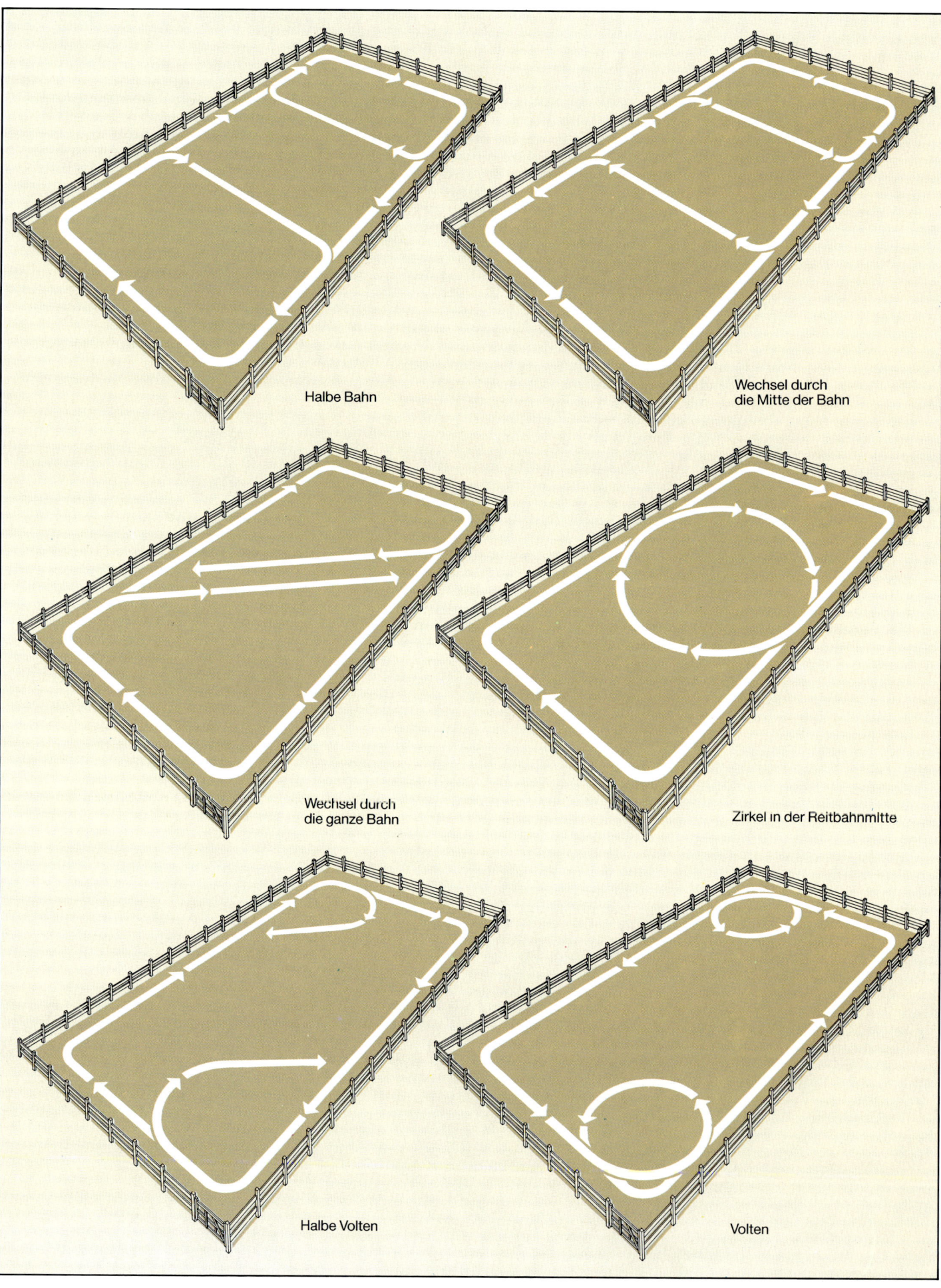

Halbe Bahn

Wechsel durch
die Mitte der Bahn

Wechsel durch
die ganze Bahn

Zirkel in der Reitbahnmitte

Halbe Volten

Volten

Mitte der langen Seite ins Innere der Bahn ein, durchquert diese geradlinig und gelangt an der gegenüberliegenden Seite wieder auf den Hufschlag.

Beim Kommando **Halbe Bahn!** biegt der erste Reiter nach Erreichen der Mitte der langen Seite ins Innere ein, durchquert auf einer geraden Linie die Reitbahn und kommt auf derselben Hand auf den gegenüberliegenden Hufschlag.

Beim Kommando **Durch die Länge der Bahn!** biegt der erste Reiter nach Erreichen der Mitte der kurzen Seite ins Innere ein, durchquert die Reitbahn senkrecht in gerader Linie und kommt in der Mitte der gegenüberliegenden kurzen Seite wieder auf den Hufschlag, ohne dabei die Hand zu wechseln.

Das **Wechseln durch die Länge der Bahn** wird wie die vorangehende Übung durchgeführt, mit dem Unterschied, daß der erste Reiter nach Erreichen der Mitte der gegenüberliegenden kurzen Seite die Hand wechselt.

Der **Zirkel** wird folgendermaßen geritten: Der Durchmesser des Kreises muß der Länge der kurzen Seite entsprechen. Das Kommando wird gegeben, wenn sich der erste Reiter in der Mitte der kurzen Seite oder der langen Seite befindet.

Bei der **Volte** beschreibt der Reiter einen kleinen Kreis von etwa 5–7 m Durchmesser. Die Volte kann an jedem Punkt der Reitbahn ausgeführt werden. Auch die **halbe Volte** kann an jedem Punkt der Reitbahn geritten werden, aber der Einfachheit halber werden wir jene beschreiben, die man am Ende der langen Seite ausführt. (Kommando: **Aus der nächsten Ecke kehrt!**) Sobald der Reiter diesen Punkt erreicht, beginnt die Figur, als müsse man eine Volte mit etwa 5–7 m Durchmesser reiten. Der Kreis wird jedoch nicht ausgeritten und man kehrt auf den Hufschlag zurück, indem man die Hand wechselt.

Die Hufschlagfiguren können in Abteilung oder einzeln ausgeführt werden. Jede Reitstunde beginnt im Schritt. Die Pferde werden allmählich an die Hand gestellt (durch leichtes Spannen der Zügel). Dann geht man in den Trab und später in den Galopp über. Dazwischen werden zum Ausruhen Passagen im Schritt eingeschoben. Dabei gibt der Reiter in den Zügeln nach und läßt den Hals des Pferdes komplett ausspannen. Das ist die beste Art, das Pferd zu belohnen.

Ab einem bestimmten Ausbildungsniveau werden die Reiter beim Figurenreiten die Abteilung verlassen und einzeln reiten. Dabei müssen sie darauf achten, stets rechts zu reiten. Bei der Einzelarbeit ist es von fundamentaler Bedeutung, daß die Reiter die geometrischen Linien immer perfekt ausreiten: Gerade, Kreise, Serpentinen usw. Das Pferd darf keine Wellenlinien reiten, sondern entweder gerade Linien oder geordnete Kurven. Auf diesen Punkt werden wir später noch

Oben: die Abteilung im Schritt. Die Abstände zwischen den einzelnen Pferden könnten geringer sein: der durchschnittliche Abstand liegt bei 1,50 bis 2 m, das heißt bei etwa einer Pferdelänge.

Darunter: Am Boden liegende Stangen werden im Schritt genommen. Der Abstand zwischen den einzelnen Stangen liegt bei etwa 1 m. Der Reiter muß dem Pferd die Sicht auf die Hindernisse ermöglichen, so daß es sieht, wo es die Füße hinsetzen soll (F. Moyersoen auf Barone).

115

zurückkommen, die Grundregel muß sich der Reitanfänger jedoch von allem Anfang an einprägen. Um sich die Aufgaben zu erleichtern, kann der Schüler beim Figurenreiten in der Reitbahn oder auf dem Parcours einen Punkt vor sich fixieren und diesen auf einer perfekt geraden Linie zu erreichen versuchen. Gleichermaßen wird er bei den Zirkeln darauf achten, daß der Durchmesser immer gleich bleibt. Der Befehl »Halt!« muß häufig erteilt werden und erfordert den absoluten Stillstand. Gleichermaßen häufig müssen auch Ruhepausen im Schritt mit langen Zügeln sein. Wenn der Schüler mit einer gewissen Sicherheit traben und galoppieren kann, ist auch der Moment gekommen, ihn die ersten am Boden liegenden Hindernisse überqueren zu lassen.

Bei diesen Übungen muß der Reitschüler natürlich ein darin geschultes Pferd reiten, damit sich nicht zu dem Problem, sich im Sattel zu halten, noch andere gesellen.

Man beginnt mit einem Hindernis, das im Schritt zu überqueren ist. Der Schüler muß den Oberkörper leicht nach vorne neigen und schon in der Annäherungsphase mit den Zügeln nachgeben. Das Pferd muß das Hindernis sehen können, um die jeweilige Gangart darauf abstimmen zu können. Das Nachgeben, auf das Caprilli und seine Schüler solchen Wert legten, ist eine wichtige Bewegung für das Springen und für das gesamte Geländereiten, wo bei verschiedenen Passagen (Geländeunebenheiten, Steigungen, Abhängen, Baumstämmen, Gräben usw.) das Pferd in der Lage sein muß, den Hals frei zu bewegen.

Wenn Reiter und Pferd ein einzelnes Hindernis mehr-

mals gut überwunden haben, kann man ein zweites Hindernis anfügen, das ebenfalls im Schritt zu nehmen ist. Bei normal großen Pferden beträgt der durchschnittliche Abstand zwischen den Hindernissen etwa 1 m, bei Ponys 70 bis 80 cm.

Überquert das Pferd dann beide Hindernisse souverän, kann man ein drittes und nach Belieben auch ein viertes hinzufügen. Im allgemeinen gilt, daß diese Übungen, wie auch die Springübungen immer alternierend auf beiden Händen ausgeführt werden sollen.

Dieselbe Übung wird im Trab erst mit einem, dann mit zwei, drei und vier Hindernissen ausgeführt. Es gibt keine bessere Art, einen guten Sitz zu erlernen. Die Hindernisse werden bei normal großen Pferden in einem Abstand von etwa 1,40 m, bei Ponys in etwa 1 m oder 1,10 m Abstand aufgelegt. Der Reiter soll sie in der Mitte überqueren, und schon einige Zeit vor dem Überqueren den leichten, das heißt schwebenden Sitz einnehmen. Die Hände werden tief gehalten und geben nach, damit das Pferd den Hals entspannen kann, um die Hindernisse sehen und bewältigen zu können. Der Körper wird wie beim Schritt etwas nach vorne geneigt, das Gesäß ist aber diesmal leicht aus dem Sattel gehoben. Natürlich gelten auch bei diesem Überwinden von Hindernissen die allgemeinen Regeln des Sitzes: Kopf hoch, Schultern offen, Ellbogen körpernah, Beine möglichst gerade, Steigbügel gesenkt, Absätze tief usw. Man kann dem Schüler nicht oft genug einprägen, nach vorne und nicht nach unten zu schauen. Dieser Fehler muß gleich bei seinem Entstehen ausgemerzt werden, und diese Korrektur gilt für das gesamte Springreiten.

Am Boden liegende Stangen werden im Trab bewältigt: Der Abstand zwischen den Stangen beträgt etwa 1,40 m. Der Reiter (F. Moyersoen auf Barone) ist im leichten Sitz.

Der Sprung

Nun ist der Moment gekommen, die ersten Sprung-übungen auszuführen. Dabei ist es besonders wichtig, ein geübtes und gutmütiges Pferd auszuwählen. Es muß keineswegs ein hervorragendes Springtalent sein, aber willig, ausgeglichen, sicher und genau beim Springen. Es gibt keinen besseren Lehrer als ein Pferd, das auf eventuelle Fehler des Reiters nicht reagiert. Beim Reitsport im allgemeinen und beim Springen im speziellen soll das Lernklima sachlich, aber heiter sein: Der Lehrer muß dem Schüler jegliche Angst nehmen. Man muß dabei schrittweise vorgehen und anfangs niedrige Hindernisse verwenden, die beim Schüler kein Mißtrauen, oder, noch schlimmer, Angst erwekken könnten. Eine der Hauptschwierigkeiten des Anfängers besteht darin, dem Pferd im Augenblick des Absprunges und des darauffolgenden Lösens vom Boden zu folgen. Dies läßt sich dadurch erleichtern, indem man vor der Hürde eine Stange auf den Boden legt, die den Ablauf der einzelnen Sprungphasen steuert.

Man beginnt mit einem kleinen Hindernis von etwa 50–60 cm Höhe. Drei Schritte davor (etwa 2,50 m) wird eine Absprungstange aufgelegt. Der Schüler reitet im Trab auf die Mitte des Hindernisses zu. Die Übung läßt sich leichter ausführen, wenn das Hindernis und die Distanzstange etwa in der Mitte einer der beiden langen Seiten plaziert werden. Bei den ersten Versuchen hält sich der Reiter mit der Außenhand an einem eigens dafür um den Pferdehals gelegten Riemen fest. Schon in der Anreitphase nimmt der Reitschüler den »leichten Sitz« ein. Im Moment des Sprunges muß er mit seinem Oberkörper etwas weiter nach vorn gehen, wobei die Hand, die die Zügel hält, nach vorn geschoben wird, damit das Pferd den Hals strecken kann. Diese Übung wird mehrmals in beiden Richtungen ausgeführt. Natürlich muß dabei die Anordnung der Hindernisse geändert werden. Die Hürde kann dann bis zu 80 cm erhöht werden, damit der Reitschüler die Bewegungen des Pferdes verstärkt wahrnimmt. Sobald er etwas Sicherheit gewonnen hat, kann er die Mähne und den Riemen loslassen, um je einen Zügel zu halten. Die Zügel werden leicht angespannt, aber nicht zu kurz gehalten. Das Hindernis wird genau in dessen Mitte übersprungen. Der Reitschüler muß sich darin üben, das Pferd zu führen, indem er es genau in der von Händen und Beinen geformten Bahn hält. Caprilli bezeichnete diese Führung als »Korridor«, was eine bildliche Vorstellung des Bewegungsablaufes zuläßt, die sich beim Lernen als äußerst zweckdienlich und wirksam erweisen kann.

Eine kleine Hindernisreihe: Stange am Boden, Cavaletto in 2,50 m Abstand, kleines Gatter in 3 m Abstand, übereinandergestellte Cavaletti (1 m) in 3,50 m Abstand. An dieser Stelle hat das Pferd die Distanzstange überwunden und springt gerade über das Cavaletto. Der Reiter (F. Moyersoen auf Barone) steht in den Steigbügeln, der Oberkörper ist aus dem Sattel gehoben und nur leicht nach vorne geneigt, da das Hindernis sehr niedrig ist (50 cm). Der Kopf ist hoch, der Blick nach vorne gerichtet. Die Hände geben nach, bleiben aber auf Kontakt.

Etwas später kann die Übung bereits variiert werden: Hinter die Absprungstange und die erste Hürde wird in etwa 5,50 m Abstand ein weiteres Hindernis (Höhe 70–80 cm) so plaziert, daß das Pferd zwischen den beiden Hindernissen einen kompletten Galopptakt ausführt. Wenn der Reitschüler diese Aufgabe gut meistert, wird in einem Abstand von etwa 6 m ein drittes Hindernis aufgestellt, so daß eine kleine Hindernisreihe entsteht. Wenn der Anfänger diese Hindernisreihe mehrmals passiert, wird er den Rhythmus des Sprunges spüren und, wie es in der Reiterterminologie ausgedrückt wird, in die Bewegung des Pferdes eingehen. Zum korrekten Reiten gehört ein gutes Auge für Distanzen, aber auch ein gutes Gehör, um Rhythmen und Taktabläufe zu erfassen.

Der Reitlehrer muß den Stil der Reitschüler stets mit Bestimmtheit pflegen und korrigieren, ohne aber dabei die Ruhe und die Geduld zu verlieren. Auf folgende Punkte muß er besonders achten: Der Reitschüler muß ausreichend Zügel geben – lieber zuviel als zuwenig – und die Beine richtig halten. Die Absätze müssen tief (dies ist besonders wichtig!), der Rücken gerade, der Kopf hoch und die Ellbogen körpernah sein. Sobald der Reitschüler die Hindernisreihe beherrscht, kann er Einzelsprünge im Trab und im Galopp probieren. Bei den ersten Versuchen wird er sich dabei an der Mähne festhalten. Dieser Technik des Festhaltens an der Mähne bedienen sich in ganz speziellen Fällen auch geübte Reiter, zum Beispiel wenn sie ein schwieriges Pferd, ein unsicheres Fohlen usw. reiten.

Caprilli und seine Anhänger, die stets nach innovativen Lösungen für die Bewegungsfreiheit des Pferde-

In den Zeichnungen auf diesen beiden Seiten wird der Ablauf des Sprunges gemäß der Beschreibung im Text dargestellt.

halses suchten, rieten bei manchen Sprungsituationen dazu, sich am Martingal festzuhalten. Auch das ist eine gute Methode, die jeder Reiter beherrschen sollte. Sprünge aus dem Traben ohne Absprungstange sind für den Reiter schwieriger als Sprünge aus dem Galopp. Es ist nicht immer einfach zu spüren, wann das Pferd abspringen und sich vom Boden lösen wird. Beim Sprung ist es wichtig, daß der Reiter das Pferd mit Oberkörper und Händen unterstützt. Anfangs wird sich der Reitschüler beim Sprung, wie schon erwähnt, an der Mähne oder auch am Martingal festhalten. Sobald er sich jedoch sicherer fühlt, nimmt er stattdessen je einen Zügel in die Hand. Beim Anreiten eines Hindernisses wird der Reiter einige Zeit vor dem Absprung seine Hände auf den Halsansatz des Pferdes legen, um durch diese Anlehnung leichter in die Bewegung des Pferdes eingehen zu können.

Kommen wir nun zu den Sprüngen im Galopp, die zwar anfangs vielen Reitschülern ein wenig Angst einflößen, später jedoch die intensivsten Glücksgefühle beim Reiter hervorrufen können. Gemeinsam mit einem Pferd harmonisch und ohne Anstrengung ein mehr oder weniger hohes Hindernis zu überwinden, ist ein Eindruck, der in keiner anderen Sportart und in keinem anderen Bereich nachempfunden werden kann. Zwei Körper verschmelzen in der Bewegung gleichsam zu einer harmonischen Einheit.

Der Ablauf des Sprunges

Bevor wir die Haltung des Reiters besprechen, wollen wir die Bewegung des Pferdes beim Springen be-

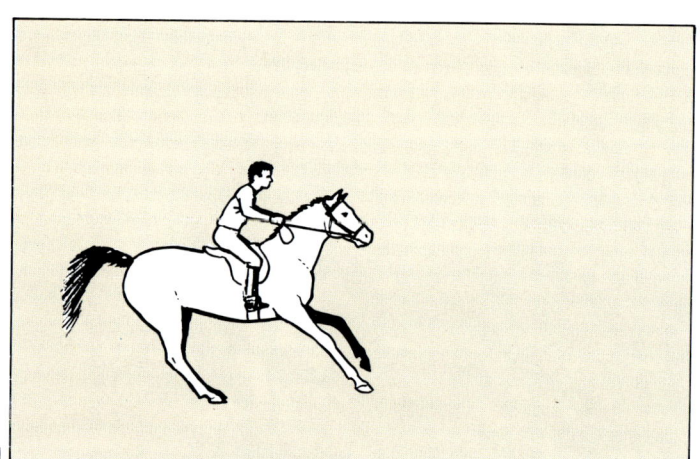

schreiben, wobei wir in dankbarer Anerkennung seiner diesbezüglichen Arbeit die Worte Caprillis, des »Erfinders« der modernen Springreiterei, zitieren wollen: »Sobald wir in die Nähe des Hindernisses kommen, sehen wir, daß das Pferd die Nasenspitze vorstreckt und den Hals dehnt. Diese Bewegung, die es dem Pferd ermöglicht, das Hindernis besser anzuvisieren und mit dem Auge zu vermessen, ist für den gesamten Ablauf des Sprunges von größter Bedeutung. Während das Pferd den Hals durchstreckt, preßt es die Vorderbeine an den Boden, wodurch diese das Körpergewicht aufnehmen und es dann auf die Hinterbeine übertragen, sobald jene die dafür notwendige Stellung eingenommen haben. Auf diese Art bringt das Pferd die Hinterbeine leichter unter den Schwerpunkt und plaziert sie daher so, wie sie am besten einen Großteil des Körpergewichtes aufnehmen und anschließend die Körpermasse durch den Absprung in die Luft heben können. Danach zieht das Pferd den Kopf und den Hals wieder ein, kontrahiert die Muskeln des Rumpfes und verschiebt den Schwerpunkt nach hinten. Dadurch und aufgrund des Gegenschwunges des Vorderteiles können sich die Vorderbeine vom Boden lösen. Der Impuls der Hinterbeine verbindet sich mit dem Schwung, den die letzten Galopptakte der Körpermasse verliehen haben, und das Pferd kann dadurch in der Folge die notwendige Höhe erreichen.

Das Tier hat in diesem Moment die Kraft aufgebracht, die es zum Abheben vom Boden benötigt. Sobald es die gewünschte Höhe erreicht hat, verlagert es den Schwerpunkt schnell nach vorne, streckt neuerlich Kopf und Hals weit vor und gleichzeitig die Vorderbeine durch. Dadurch wird der Schwerpunkt nach vorne verlagert, und die Körpermasse kann auf den Vorderbeinen abgefangen werden. Zur Verlagerung des Schwerpunktes nach vorne ist eine Kontraktion der Rumpfmuskulatur von hinten nach vorne notwendig. Auf diese Weise können auch die vom Gewicht befreiten Hinterbeine das Hindernis leicht überwinden. Sobald die Vorderbeine den Boden berühren, folgen die Hinterbeine und übernehmen das Gewicht, damit das Pferd seine Gangart wiederaufnehmen kann.«

So beschrieb Caprilli meisterlich den Ablauf des Sprunges und empfahl dem Reiter, sich stets so zu verhalten, daß der Sprung des Pferdes immer in der von ihm beschriebenen Weise abläuft, also der Natur entsprechend und frei von Störungen sowie durch die Anwesenheit des Reiters hervorgerufene Zwänge.

Die Filmtechnik hat es ermöglicht, die exakte Beschreibung Caprillis bildlich darzustellen und dadurch zu bestätigen. Schematisch kann der Ablauf folgendermaßen zusammengefaßt werden:

1) **Näherungsphase:** Das Pferd bemerkt das Hindernis und beginnt den Rhythmus darauf einzustellen, die Galoppsprünge vor dem Hindernis anzupassen und die Hinterbeine unter sich zu bringen. Es streckt den Hals nach vorne.

2) **Letzter Galoppsprung:** Das Heranbringen der Hinterbeine und das Vorstrecken des Halses werden noch stärker betont.

3) **Absprung der Vorderbeine:** Das Pferd zieht den Kopf und den Hals zurück, während es die Hinterbeine komplett unter sich bringt.

4) **Absprung der Hinterbeine:** Die Hinterbeine rücken

Auf den folgenden Seiten ein natürliches Hindernis im Gelände. Die Reiterin geht korrekt mit dem Pferd mit.

Der Sprung über ein kleines, festes Hindernis: ein Zaun im Gelände. Der Reiter stört das Pferd im Grunde nicht, aber er bewegt die Arme durch Heben der Ellbogen.

ganz nahe an die Vorderbeine heran und sind fast parallel; die Vorderbeine heben ab.

5) **Aufsteigender Ast der Sprungparabel:** Das Pferd hebt die Schultern und die abgewinkelten Vorderbeine, die Hinterbeine werden durchgestreckt. Der Hals wird allmählich nach vorne gestreckt, der Rücken wird gebeugt (Beginn der Basküle).

6) **Horizontaler Ast der Sprungparabel oder Gleitphase:** Die Vorderbeine haben das Hindernis überwunden, werden wieder ausgestreckt und nähern sich dem Boden. Die Hinterbeine haben sich vom Boden gelöst und werden abgewinkelt, um das Hindernis zu überwinden. Der Hals ist noch langgestreckt. Der Rücken wird wieder geradegerichtet.

7) **Absteigender Ast der Sprungparabel:** Während die Vorderbeine durchgestreckt werden und am Boden aufkommen, überwinden die Hinterbeine das Hindernis, werden unter den Körper gezogen und fallen wieder in den Galopp. Der Hals wird angezogen und geradegerichtet.

8) **Wiederaufnahme des normalen Galopps.**
Die Beschreibung ist lange und mag kompliziert erscheinen, aber die entsprechenden Zeichnungen erleichtern sicher das Verständnis. Wir empfehlen dem Reitschüler, oft zu diesen Seiten des Buches zurückzukehren, um sich den Ablauf des Sprunges genau einzuprägen. Anfangs ist es aber sicher noch ausreichend, in groben Zügen zu wissen, was zu tun oder zu unterlassen ist. Es sei jedoch daran erinnert, daß ohne ein theoretisches Rüstzeug (vor allem in bezug auf die Gangarten und den Ablauf des Sprunges) ein bewußtes Reiten niemals möglich sein wird.

Der Stil des Reiters

Zum Überspringen eines niedrigen Hindernisses von 70 bis 80 cm Höhe muß der Reiter in erster Linie einen gleichmäßigen, rhythmischen, aber nicht antriebslosen Galopp einhalten. Der Gang darf nicht übereilt, aber auch nicht zu verhalten sein. Das Pferd muß sich im Gleichgewicht befinden und darf nicht schulterlastig sein. Diese Haltung wird der Neuling nicht gleich von Anfang an korrekt beherrschen. Daher muß der Reitlehrer die gesamte Phase des Anreitens mitverfolgen und korrigieren. Der richtige Rhythmus wird in einem gewissen Abstand vor dem Hindernis erreicht. Der Einfachheit halber nehmen wir an, daß sich das Hindernis in der Hälfte der langen Seite der Reitbahn befindet. Bereits auf der gegenüberliegenden langen Seite muß der Reiter im richtigen Galopp und in jenem Rhythmus reiten, in dem er das Hindernis überwinden will. Sollte der Reitlehrer bemerken, daß die Gangart aus irgendeinem Grund nicht korrekt ist (zum Beispiel, daß das Pferd übereilt oder verhalten läuft), wird er den Reiter das Pferd an der kurzen Seite im Zirkel reiten lassen, bis der Galopp und das Gleichgewicht stimmen.

Sobald das Pferd in bezug auf Rhythmus, Schwung und Gleichgewicht korrekt galoppiert, kann der Reitschüler das Hindernis anreiten. In der Annäherungsphase nimmt er den »leichten Sitz« ein, wobei der Körper leicht nach vorne geneigt und das Gesäß ein wenig aus dem Sattel gehoben ist. Im übrigen gelten die üblichen eisernen Regeln: Kopf hoch, Schultern offen, Rücken gerade, Arme fallend, Ellbogen anliegend, Hände unten, Beine ruhig, Absätze tief usw. Dank der Entspannung der Arme und des ganzen Körpers wird die Anlehnung leicht und geschmeidig sein. Bei den ersten Sprungversuchen im Galopp muß sich der Reitschüler mit der Außenhand an der Mähne oder am Martingal festhalten. Sobald er eine gewisse Sicherheit dabei erlangt, wird er auf einem sicheren Pferd den Sprung ohne Festhalten probieren.

Wie immer wird das Hindernis genau in der Mitte angeritten. Was also macht der Schüler in der Annäherungsphase? Absolut nichts, außer das Pferd in der von Händen und Beinen geformten Bahn, also im sogenannten »Korridor«, zu halten. Das Pferd wird von sich aus die letzten Galoppsprünge anpassen, und der Schüler sollte versuchen, es dabei nicht zu stören. Ab dem Absprung der Vorderbeine und dann vor allem ab dem Absprung der Hinterbeine und im aufsteigenden Ast der Sprungparabel schiebt der Reiter den Oberkörper nach vorne, hebt das Gesäß weiter aus dem Sattel und gibt mit der Hand bzw. mit den Händen nach. Was zählt, ist die Gemeinsamkeit: Der Reiter muß in die Bewegung des Pferdes eingehen. Betrachtet man die Zeichnungen auf den Seiten 124 und 125, wird man bemerken, daß sich der Oberkörper des Reiters nach dem Absprung der Hinterbeine im aufsteigenden Ast und in der Gleitphase parallel (oder beinahe parallel) zum Körper des Pferdes befindet (Rumpf und Hals). Auf dem absteigenden Ast der Sprungparabel und beim Aufkommen wird der Körper geradegerichtet und das Gesäß nähert sich wieder dem Sattel.

Diese Bewegungen, die im wesentlichen aus dem Vorschieben des Oberkörpers (der in der Hüfte gebeugt ist), dem Heben des Gesäßes aus dem Sattel und dem Vorschieben der Hände bestehen, werden von Caprilli durch zwei sehr treffende und bereits klassische Ausdrücke zusammengefaßt: das »Nachgeben« und das »Leichtmachen im Sattel«. Der erste Vorgang ermöglicht die notwendige Hals- und Maulfreiheit, zweiterer die unumgängliche Zügelfreiheit. Ohne einen korrekten Sitz kann der Reiter diese beiden grundlegenden Bewegungen niemals durchführen. Besonders wichtig

dabei ist der »richtige Gebrauch des Steigbügels«, wie die Verfechter der Lehre Caprillis es formulierten. Beim leichten Sitz und vor allem beim Springen stützt sich der Reiter mit den Füßen im Steigbügelsteg ab, um sich aus dem Sattel zu heben. Ohne diese Stütze würde das »Leichtmachen im Sattel« unmöglich werden. Der tiefe Absatz und die nach außen gerichtete Fußsohle ermöglichen einen guten Knieschluß und einen festen und sicheren Halt im Sattel, was bei den Gleichgewichtsverlagerungen, die der Sprung hervorruft, unbedingt notwendig ist.

Obwohl die Regel des »richtigen Gebrauchs des Steigbügels« seit den Zeiten Caprillis unumstößlich geblieben ist, ist zu bemerken, daß die besten Turnier- und Militaryreiter dazu neigen, nicht mehr den ganzen Fuß in den Steigbügel hineinzuschieben, wie Caprilli riet und die Meister des Italienischen Reitstils predigten. Heute geht sogar in Italien, im Mutterland dieses Stils, der Trend dahin, den Steigbügel an der breitesten Stelle des Fußes (etwa in der Hälfte) zu halten: Dies ermöglicht eine bessere Elastizität des Fußgelenks, was sich wiederum auf die Beine und den ganzen Körper auswirkt. Natürlich wird es Situationen geben (steile Sprünge im Gelände, Aufbäumen des Pferdes usw.), in denen das Einführen des ganzen Fußes eine gewisse Sicherheitsmaßnahme darstellt. In den meisten Fällen jedoch wird es vorteilhaft sein, das Fußgelenk elastisch zu halten, indem man nur etwa den halben Fuß in den Steigbügel stellt. Selbst wenn man in diesem einen Punkt von den Regeln Caprillis Abstand nimmt, so bedeutet das nicht, seine einzigartigen Verdienste in diesem Bereich gering zu achten. Das sogenannte »System Caprilli« soll schließlich nicht zu einem starren Dogma werden, das einen davon abhält, zu experimentieren und manches zu überdenken.

Wir haben bereits die Bedeutung des Sitzes in der Reiterei im allgemeinen und beim Springen im speziellen erkannt. Was die Knie und die Beine, genauer gesagt die Waden betrifft, so haben wir gesehen, daß sie nicht durch Kraft und Druck in der richtigen Stellung gehalten werden, sondern eben durch den richtigen Sitz. In seinen Aufzeichnungen schrieb Caprilli vor, daß die Beine »in Ruhestellung und nicht zu rippennah« sein sollen.

Heute herrscht vor allem unter den Turnierreitern der Trend vor, die Waden eng und ständig am Pferdekörper anliegend zu halten. Auch diese Praktik ist nicht neu, wenn man bedenkt, daß ein französischer Autor, Kommandant Licart, folgendes behauptete: ». . . Die wirksamste Haltehilfe für den Reiter ist der Druck der Waden am Pferdebauch.« Man sieht sogar Reiter, die nicht nur die Waden, sondern auch die (womöglich mit Sporen versehenen!) Absätze in Dauerkontakt mit den Rippen des Pferdes halten. Arme Pferde!

Wir werden später auf dieses Thema zurückkommen, wenn wir über die Beinhilfen bei der höheren Reiterei sprechen werden. An dieser Stelle jedoch wollen wir Schülern und Lehrern raten, sich an die alte, bewährte italienische Reitweise zu halten. Das Bein wird dabei in einer möglichst gerade abfallenden Linie (leicht aufliegend, je nach Körperbau von Reiter und Pferd) und die Wade in Rippennähe des Pferdes gehalten, um das Tier anzutreiben oder in Ausnahmefällen, also in Notsituationen (Aufbäumen des Tieres, steilere Sprünge im Gelände usw.), einzugreifen. Die Waden dürfen nicht als Haltehilfe eingesetzt werden. Wenn sie in ständigem Körperkontakt stehen, oder wenn,

Der Sprung über ein Hindernis (Filippo Moyersoen auf Mini Mac).
1, 2, 3) Die Annäherungsphase: der Reiter ist in leichtem Sitz, der Oberkörper ist leicht nach vorne geneigt, das Pferd wird in der von Händen und Beinen geformten Bahn, im sogenannten »Korridor«, gehalten.
4) Der aufsteigende Ast der Sprungparabel, beinahe am Ende: Untadeliger Sitz in bezug auf Haltung und Funktionalität. Man achte auf den senkrechten Steigbügel und den tiefen Absatz. Der Oberkörper des Reiters ist parallel zum Pferdekörper, die beiden Schwerpunkte fallen zusammen. Der Reiter gibt nach, hält aber dennoch den Kontakt zum Pferdemaul aufrecht.
5) Der absteigende Ast der Sprungparabel.

was noch schlimmer ist, auch die Absätze angelegt werden, nimmt man dem Pferd seine Sensibilität und macht es am Bein stumpf und unempfindlich. Man spricht in der Reiterei von der »Leichtheit der Hände«, aber genauso existiert die »Leichtheit der Beine«: Bei diesem Grundsatz stimmt Caprillis Lehre mit jener von La Guérinière, L'Hotte und anderen berühmten französischen Autoren überein.

Während des Galopps und der Annäherungsphase zum Absprung werden die Hände tief gehalten, also vor dem Widerrist, am Hals aufliegend und mit parallelen Fäusten, wobei die Daumen nach oben zeigen sollen. Bei den Galoppsprüngen knapp vor dem Absprung, vor allem beim letzten, werden sie allerdings noch weiter gesenkt und liegen dann am Halsansatz auf. Auf diese Art findet der Reitneuling am Pferdehals eine Art Stütze, die ihm hilft, das Pferd während der einzelnen Phasen des Sprunges nicht zu stören und der Bewegung des Tieres zu folgen. Wenn die Hände passiv am Hals aufliegen, wird das Pferd selbst sie nach vorne führen. Noch besser ist es, wenn der Reitschüler nach dem kritischen Moment des Absprunges, sobald er mit dem Pferd eine Einheit gebildet hat, noch mehr in den Händen nachgibt. Die Hände werden, zumindest hier in der Grundausbildung, am oberen Ende des Halses gehalten. Es ist

1

2

3

4

5

nicht notwendig, das Nachgeben zu übertreiben und vor allem nicht die Zügel mit einer jähen Bewegung nach vorne zu »schmeißen«. Im Idealfall wird immer ein leichter Kontakt aufrechterhalten, und es macht nichts aus, wenn die Zügel ein wenig locker werden: Der Reiter muß nur darauf achten, daß er beim neuerlichen Anziehen nicht am Maul des Pferdes reißt.

Nach und nach wird der Schüler lernen, die Hände frei und unabhängig zu halten, ohne am Hals Halt zu suchen. So kann er, sogar während der Sprungparabel, immer der Situation entsprechend agieren. In der letzten Phase des Sprunges werden die Hände nicht mehr am oberen Endes des Halses gehalten, sondern in Richtung des Mauls geführt. Auf diesen Punkt werden wir jedoch später noch zurückkommen.

Es sei nochmals wiederholt, daß in dieser ersten Lernphase der Sprungtechnik der Reitlehrer vor allem geduldig, aber dennoch nicht ohne Nachdruck auf den Stil des Reiters achten muß. Er muß verhindern, daß Fehler entstehen, die später sehr schwer wieder abzugewöhnen sind. Leider wird gerade heute aus verschiedensten Gründen immer weniger Wert auf Stil gelegt, was sich auch sehr negativ auf das allgemeine Niveau der Reiter auswirkt. Mit Stil zu reiten, ist nicht nur eine Frage der Ästhetik, sondern auch eine Frage der Technik und Leistung, und nicht zuletzt des Respektes für das Tier. Es sollte zum Beispiel allen klar sein, daß der Reiter ohne korrekte Bein- und Fußhaltung (möglichst gerade abfallende Beinlinie, tiefer Absatz, Fußsohle nach außen) niemals eine gute Hand besitzen kann: weich, unabhängig, bereit, mit den Bewegungen des Pferdehalses zu verschmelzen und sie zu unterstützen.

Es gibt eine Reihe von Fehlern, die vor allem auf Unerfahrenheit, Mangel an Reflexen, Kontraktionen, Verhärtungen oder gar Angst zurückzuführen sind. Der Reitlehrer muß versuchen, ein ausgeglichenes, entspanntes Lernklima zu schaffen, und soll demzufolge weniger begabte Schüler auf sicheren Pferden über niedrige Hindernisse springen lassen. Es ist fast überflüssig zu erwähnen, daß sich der Schüler bis zum Erreichen einer gewissen Sicherheit und eines entsprechenden technischen Könnens dabei an der Mähne oder an einem Riemen festhalten muß.

Oft passiert es, daß der Reitschüler, statt seinen Oberkörper abzuwinkeln, mit gesenktem Kopf vornüber »eintaucht« und so das Pferd überholt; oder der dazu konträre Fehler, daß er vor Angst erstarrt, dadurch den Absprung des Pferdes nicht spürt, sich an den Zügeln anklammert und »zurückbleibt«. Das sind besonders eklatante Fehler, die einen Sturz verursachen können. Der Reitlehrer darf seine Schüler niemals zu heftig rügen. Er muß sie beruhigen und ermutigen, die Fehler erklären und nochmals mit niedrigerem Schwierigkeitsgrad beginnen. Wenn der Schüler zu große Angst hat, ist das Springen zu unterlassen. Er sollte sich entspannen und im Dressurviereck arbeiten. Es ist unmöglich, allgemeingültige Regeln aufzustellen. Sicher ist nur, daß ein guter Reitlehrer unbedingt über gewisse pädagogische Fähigkeiten verfügen muß.

Ein weiterer wichtiger Punkt, den wir besonders hervorheben wollen, ist die Notwendigkeit, den Sprung mit gehobenem Kopf und hinter das Hindernis gerichtetem Blick auszuführen. Den Kopf beim Sprung zu senken, den Blick auf das Hindernis oder, noch schlimmer, auf den Boden zu richten, ist ein auch bei erfahrenen Reitern weit verbreiteter Fehler – und es ist

Gegenüberliegende Seite: zwei Phasen ein und desselben Sprunges: Die Reiterin ist ein wenig verkrampft und aus dem Gleichgewicht, der Oberkörper müßte weiter vorne sein. Es fehlt der »richtige Gebrauch des Steigbügels«: Er wird zu weit vorne mit dem Fuß gehalten.

Oben: Kleine Mißgeschicke beim Springen: Das Pferd ist brillant und voll Freude abgesprungen. Der Reiter hat die Balance und den Halt im Steigbügel verloren. Der zweite Reiter (auf dem aufsteigenden Ast) gibt durch Öffnen der Ellbogen nach, weil er die Hände am Pferdehals abstützt. Rechts übertriebenes Nachgeben: Der Reiter kippt nach vorne an den Halsansatz des Pferdes. Das Bein ist zu weit hinten und berührt die Rippengegend.

ein schwerwiegender Fehler, da er sich negativ auf die Einheit von Pferd und Reiter und auf das Gleichgewicht des Reiters auswirkt, der dadurch verleitet werden kann, Taktfehler zu begehen. Man soll nicht springen, indem man das Hindernis anschaut und zu sehen versucht, wo das Pferd abspringen wird. Man springt, indem man in die Bewegung des Pferdes eingeht und den Absprung *fühlt.*
Auch das Öffnen der Ellbogen während des Sprunges ist nicht nur ein ästhetischer Fehler, sondern stört in der Funktion: Der Unterarm und die Fäuste können dadurch nicht elastisch und im erforderlichen Ausmaß nach vorne geschoben werden. Noch schlimmer ist das Zurückgehen mit den Beinen: Abgesehen vom Verlust der Balance riskiert der Reiter, das Pferd zu irritieren, vor allem, wenn er Sporen trägt. Gerade darin kann der Grund von Verweigerungen seitens des Tieres liegen, die auf Dauer chronisch werden können.

All diese Fehler können mittels einer schrittweisen und vernünftigen Schulung und durch geeignete Reitgymnastikübungen, wie wir sie in einem der folgenden Kapitel behandeln werden, vermieden oder korrigiert werden. Letztlich wird das Springen nur durch Praxis zu erlernen sein. Diese Regel gilt sowohl für die Schulung des Reiters als auch für die des Pferdes.

Jede Reitstunde müßte, abgesehen von der normalen Arbeit in der Dressur, wenigstens das wiederholte Überwinden von am Boden liegenden Hindernissen im Trab oder von Bodenricks geringer oder mittlerer Höhe beinhalten. In jeder zweiten Reitstunde müßten Sprungübungen durchgeführt werden. Um das Reiten zu erlernen, müßte der Schüler mindestens dreimal in der Woche reiten (zweimal ist sehr wenig, einmal absolut ungenügend), und davon sollte mindestens eine Stunde dem Springen gewidmet sein.

Sprungübungen

Sobald der Schüler ein etwas fortgeschrittenes Niveau erreicht hat, empfehlen wir vor allem jene Übungen, die Reiner Klimke (Olympiasieger im Dressurreiten in Los Angeles 1984) in seinem berühmten Buch *Cavaletti* zusammenfaßte.

Nach einem Cavaletto auf maximaler Höhe (50 cm) wird in 5–5,50 m Entfernung ein kleines Rick von etwa 80 cm Höhe aufgestellt. Der Reiter nimmt die Kombi-

nation im Trab, genau in der Mitte des Cavaletto. Der Reiter überspringt das Cavaletto, reitet einen Takt im Galopp und springt über das kleine Rick. Die gleiche Übung kann ausgeführt werden, indem man hinter das Cavaletto in etwa 6 m Entfernung einen kleinen Oxer (80×80 cm) aufstellt. Die Maßangaben sind nur Richtwerte und müssen je nach Statur und Länge der Trabschritte oder Galoppsprünge des Pferdes angepaßt werden. Es ist daher Aufgabe des Reitlehrers, die richtigen Entfernungen zu erkennen.

Der Reiter soll die Kombination im Trab nehmen und es dem Pferd nicht erlauben, in den Galopp auszubrechen, bevor er das Cavaletto übersprungen hat. Als Gangart wird ein mittlerer, aber dynamischer Trab gewählt. Es ist falsch, vor dem Cavaletto in den Galopp zu fallen, aber gleichermaßen falsch ist es, die Kombination mit einem verhaltenen Pferd anzugehen. Der Reitlehrer muß rechtzeitig den Rhythmus angeben, der unbedingt eingehalten werden muß. Der Schüler führt diese Übungen im »leichten Sitz« aus, die Hände liegen bei den ersten Versuchen auf dem Halsansatz des Pferdes. Aber schrittweise muß der Neuling lernen, die Hände an den beiden Seiten des Halses frei zu halten.

Dieselben Übungen können dann im Galopp ausgeführt werden, wobei natürlich die Abstände erweitert werden müssen. Man kann rechnen, daß der Sprung beim normalen Galopp durchschnittlich 3,50 m lang ist. Daher können folgende Kombinationen für Sprünge aus dem Galopp gebildet werden:

Auf dem Foto die gleiche Hindernisreihe wie auf Seite 117 (Filippo Moyersoen auf Barone). Das Pferd überquert gerade das zweite Hindernis und nimmt gleich das dritte in Angriff. Bei dieser Übung wäre es empfehlenswert, daß die Hürden eine Höhe von 1 m nicht überschreiten.

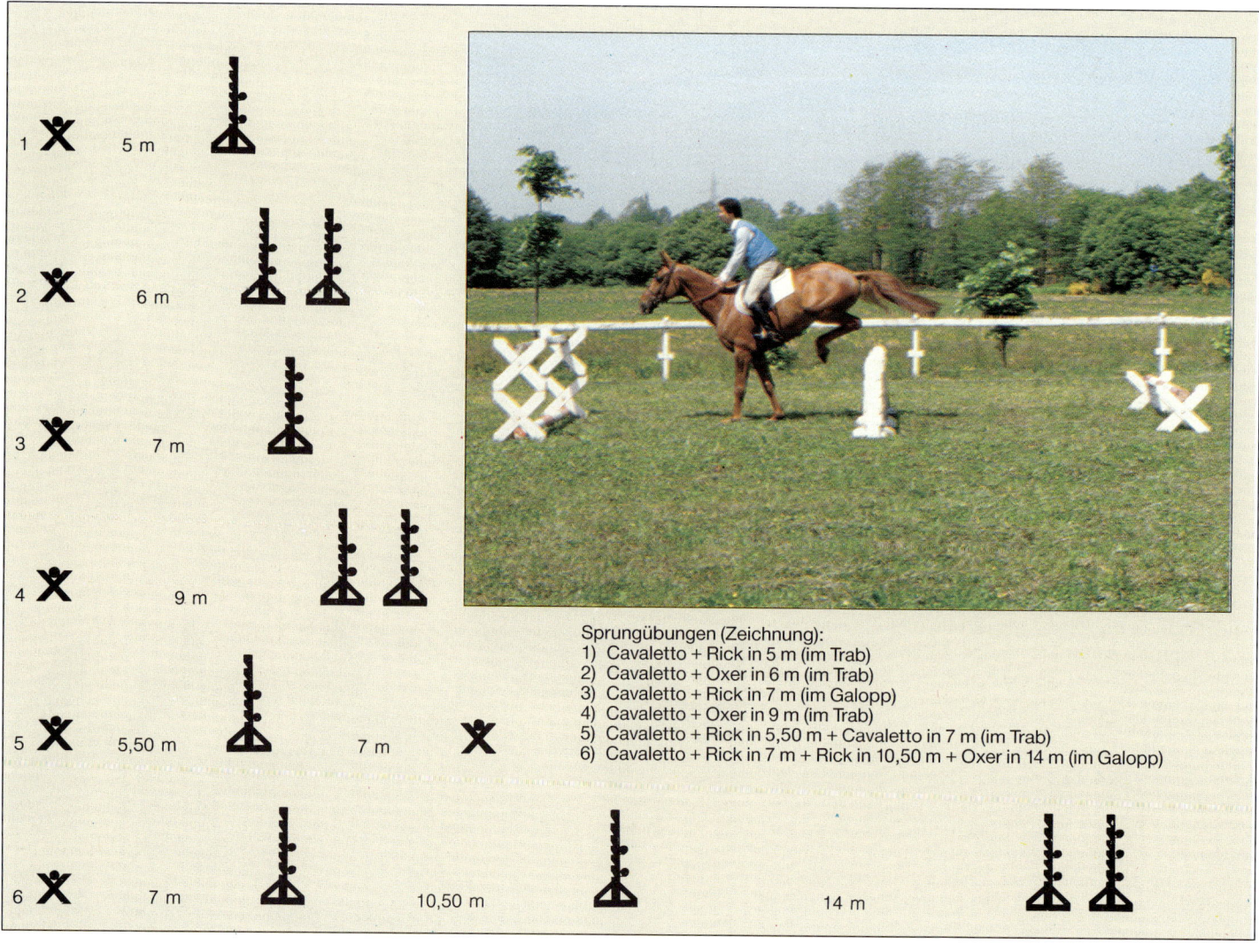

Sprungübungen (Zeichnung):
1) Cavaletto + Rick in 5 m (im Trab)
2) Cavaletto + Oxer in 6 m (im Trab)
3) Cavaletto + Rick in 7 m (im Galopp)
4) Cavaletto + Oxer in 9 m (im Trab)
5) Cavaletto + Rick in 5,50 m + Cavaletto in 7 m (im Trab)
6) Cavaletto + Rick in 7 m + Rick in 10,50 m + Oxer in 14 m (im Galopp)

1) Cavaletto (50 cm) + Rick (80 cm) in etwa 6,80–7 m Abstand (mit einem Takt im Galopp).

2) Cavaletto + Oxer (80×80 cm) in 10,50 m oder in 14 m Abstand (entweder zwei oder drei Takte zwischen Cavaletto und Hindernis).

Wie Klimke schrieb, »...wenn man über Cavaletti galoppiert, hat man den Vorteil, sicher zu sein, daß der Takt stimmt«. Der Reiter kann sich auf seine eigene Haltung und seinen eigenen Stil konzentrieren, ohne dabei auf die Richtigkeit des Absprungs achten zu müssen, wobei gleichzeitig sein Auge sowie sein Rhythmus- und Taktgefühl geschult werden.

Zu diesen Übungen gibt es zahllose Variationen. Wir wollen nur zwei davon erwähnen, die im Traben zu nehmen sind:

1) Cavaletto + Rick (80 cm) in 5,50 m + Cavaletto in 7 m.

2) Cavaletto + Rick (80 cm) in 5,80–6 m + Rick (80 cm) in 10 m + Rick (90 cm) oder Oxer (80×80 cm) in 13–14 m.

In diesem Stadium können die Reitschüler auch Kombinationen aus zwei oder drei niedrigen Hindernissen überspringen. Die einfache Kombination besteht aus zwei, in etwa 7 m Abstand aufgestellten Hindernissen (ein Galopptakt dazwischen) oder in etwa 10,50 m Abstand (zwei Galopptakte dazwischen). Es handelt sich dabei wieder um Richtwerte, die an die jeweiligen Pferde angepaßt werden müssen. Bei Schulpferden auf der Reitbahn könnte der Idealabstand bei 6,80 m liegen. Die Entscheidung liegt jedoch, wie gesagt, beim Reitlehrer. Es ist anzuraten, als erstes Element zwei niedrige, gekreuzte Stangen zu wählen, um das Pferd gut in die Mitte der Kombination zu lenken. Das zweite Element sollte aus einem kleinen Rick oder einem relativ schmalen Weitsprung bestehen. Bei der doppelten Kombination wird ein drittes Element hinzugefügt (Rick oder Weitsprung). Der Reitlehrer kann

all diese Übungen nach eigenem Belieben je nach Geschicklichkeit des Pferdes und Ausbildungsgrad des Schülers variieren. Natürlich müssen auch die Schulpferde ab und zu vom Reitlehrer selbst geritten und korrigiert werden, um eventuelle Fehler oder Unsicherheiten zu beseitigen, die die Neulinge aus Mangel an Erfahrung auf ihre Pferde übertragen.

Die goldene Regel: Anreiten, taxieren, mitgehen

Das Überqueren von Stangen oder Cavaletti im Trab darf niemals vernachlässigt werden, nicht einmal bei erfahrenen Reitern oder geübten Pferden. Seltsamerweise wird diese Übung oft ab einem gewissen Niveau aus Überheblichkeit mißachtet. Diese Einstellung wäre aber mit jener eines Pianisten gleichzusetzen, der es verabsäumen würde, vor dem Spielen von Werken großer Meister die Tonleitern zu üben. Sehen wir im Moment von den Vorteilen ab, die daraus für das Pferd entstehen, so festigt und perfektioniert die Überquerung von Cavaletti im Trab den Stil des Reiters und verfeinert sein Gefühl für das Hingeben. Man überquert die Cavaletti hauptsächlich im schwebenden Sitz, ab und zu auch im leichten Trab und schließlich im Schultrab. Man darf die Tatsache nicht unterschätzen, daß die Cavalettiarbeit eine optimale Übung darstellt, die den Reiter und sein Pferd zu einer entspannten Konzentration führen kann.

An den Hindernisreihen lernt man den harmonischen Ablauf des Sprunges. Wegen ihrer geringen Höhe ermöglichen sie ein angstfreies Arbeiten am Stil, wobei nach und nach an allen Details (Stellung der Beine, der Absätze, Haltung des Körpers und des Kopfes, Haltung der Hände usw.) gearbeitet werden muß. Die genau bestimmten Abstände ermöglichen es, ein Auge

Ein aus dem Takt geratener Sprung. Das Pferd ist zu »groß« weggesprungen und hat die junge Reiterin überrascht. Das Nachgeben ist nicht komplett: Das Pferd springt mit geradem Rücken und aufgerichtetem Kopf.

Ein Sprung zu zweit.

für den Sprung zu bekommen, so daß der Reitschüler nach und nach erkennt, wann das Pferd richtig oder falsch zum Hindernis kommt.

Die Einzelhindernisse lehren den Reiter, die Gangart des Pferdes dem jeweiligen Hindernis rhythmisch anzupassen und den Absprung abzuwarten, um dem Pferd dann in den verschiedenen Phasen des Sprunges zu folgen. Klarerweise kann und darf der Schüler das Pferd dabei nicht beeinflussen, indem er versucht, die letzten Sprünge zu verlängern oder verkürzen, damit das Pferd richtig zum Hindernis kommt. Er muß nur auf den Takt achten, der weder übereilt noch verhalten sein darf, und passiv darauf warten, daß das Pferd abspringt. Dabei handelt es sich aus folgenden Gründen natürlich nur um eine »relative« Passivität: 1) weil bereits die Kontrolle des Taktes die Art der Annäherung an das Hindernis bestimmt; 2) weil er im Falle einer übereilten Annäherung des Pferdes versuchen wird, den Gang zu mäßigen, indem er das Pferd zurückhält; wenn es zögert, wird er das Tier durch Beinhilfen (durch Anlegen der Waden, oder, falls das nicht ausreicht, durch mehrmaliges Berühren mit dem Absatz) antreiben. Wichtig ist, daß der Reiter im Moment des Absprunges in keiner Weise einzugreifen

versucht: Er selbst darf absolut nichts tun (es ist das Pferd, das springt!), er muß einzig und allein mit dem Oberkörper, den Armen und den Händen mitgehen. An dieser Stelle möchte ich gerne einen großen internationalen Reiter und Autor eines bereits zum Klassiker gewordenen Buches über das Springen, William Steinkraus, zitieren: »Auch bei wirklich erfahrenen Reitern herrscht die Überzeugung vor, daß, sobald das Pferd im Begriff ist, vom Boden abzuheben, und zum Sprung ansetzt, irgendeine Aktion seitens des Reiters notwendig wäre. Dieser Gedanke ist so tief verwurzelt, wie er falsch ist. Ich selbst habe lange Zeit hindurch diesen Fehler begangen. Ich konnte einfach nicht glauben, daß das Pferd fähig sein könnte, vom Boden abzuheben, ohne daß ich eine, wenn auch nur kleine Bewegung täte, um es dabei zu unterstützen. ›Es ist größer als du, versuche nicht, es zu unterstützen, laß es dich tragen.‹ Immer noch höre ich diese Worte, die Morton ›Cappy‹ Smith vor einigen Jahren an den heißen Sommernachmittagen mit steigender Ungeduld zu mir sagte. Am Ende habe ich es dann verstanden, und ich werde ihm ewig dankbar sein, daß er mir diesen weisen Grundsatz eingehämmert hat.«

Gymnastik zu Pferd

Bei diesem Themenkreis sei vor allem darauf hingewiesen, daß die Gymnastik zu Pferd eine ganz fachspezifische und spezielle Art der Gymnastik darstellt, die darauf hinzielt, den Sitz des Reiters zu verbessern. Einerseits verleiht sie Lockerheit, Gelöstheit, Gleichgewicht und Entspannung im Sattel und hilft dabei, die Starrheit abzubauen und die Gelenkigkeit des Reiters zu erhöhen. Andererseits stärkt sie genau die Muskelpartien, die beim Reiten am stärksten beansprucht werden (Rücken- und Schenkelmuskulatur). So werden sowohl die körperliche Kondition des Reiters verbessert als auch die für den guten Halt notwendigen Körperteile gestärkt. Diese Art der Gymnastik kann jedoch ein herkömmliches Gymnastiktraining in der Halle oder im Freien nicht ersetzen. Ein Minimum an Kondition zu besitzen, ist bei allen Sportarten wichtig, so auch beim Reiten. Ohne diesen Punkt detailliert zu behandeln, empfehlen wir im Rahmen der normalen Gymnastik verschiedene Übungen, die die Beweglichkeit, die Gelöstheit und in geringem Maße auch die Kraft fördern (was in manchen Extremsituationen durchaus notwendig sein kann).

Ein Aufbautraining mit leichten Gewichten kann – in geringem Maße – nicht schaden, wie auch Beugeübungen der Arme zum Boden. Ein durchtrainierter Reiter kann sich dann locker und elegant durch Aufstützen in den Sattel schwingen. Abgesehen von dem von Sheila Willcox so favorisierten Schnurspringen empfehle ich als Atemübung Radfahren, Schwimmen oder am besten lockeres Laufen. Viele Reiter können nicht richtig atmen, wenn sie zu Pferd sitzen, und ermüden daher rasch. Denken Sie daran, daß eine korrekte und gleichmäßige Atmung eine unumgängliche Voraussetzung für das korrekte Ausüben jeglicher Sportart ist. Da bei der Reiterei nicht allzu viel Kraft notwendig ist, kann man dabei im Gegensatz zu anstrengenderen Sportarten durch die Nase atmen. Darüber hinaus ist es unästhetisch, mit offenem Mund zu reiten.

Zu den nützlichsten Übungen zählen folgende:

Langes Traben im »leichten Sitz«, das heißt im Schwebesitz: Der Körper ist leicht nach vorne geneigt, das Gesäß wenig vom Sattel abgehoben, die Schultern sind offen, der Kopf hoch usw. Natürlich sind die Beinstellung und der »richtige Gebrauch der Steigbügel« von besonderer Wichtigkeit, da auf letzteren das gesamte Gewicht des Reiters ruht. Es handelt sich dabei um eine exzellente Vorübung zum schwebenden Galopp und zu einem festen Sitz beim Springen. Die Hände werden etwas weiter vorne sein als im Normalfall und die Zügel daher ziemlich kurz. Damit die Übung eine Wirkung hat, sei darauf geachtet, daß der Reitschüler sich nicht mit den Händen am Halsansatz des Pferdes festhält. Als Alternative kann der Reiter einen Zügel mit der Innenhand halten und den zweiten hinter dem Rücken, damit das Rückgrat gerade und die Schultern offen sind. Eine weitere Variante: Die geknoteten Zügel werden auf den Pferdehals gelegt. Der Reiter muß sich nur durch den korrek-

Traben ohne Steigbügel. Die Reitschüler wurden aufgefordert, die Absätze tief zu halten.

Traben ohne Steigbügel. Hier hingegen lassen die Reitschüler das Bein und den Fuß herunterhängen.

ten Sitz und die Balance im Sattel halten. Eine letzte Übung von Mario Badino Rossi, einem überzeugten Verfechter der Lehre Caprillis: Der Schüler umfaßt die Zügel mit der Außenhand, während er mit der Innenhand die Schulter des Pferdes streichelt. Diese Übung wird im Traben ausgeführt, sowie bei gleichzeitigem Überqueren von am Boden liegenden Hindernisstangen.

Komplettes Aufrichten in den Steigbügeln, aus dem Stillstand, im Schritt, im Trab und im Galopp: Die Steigbügel bilden die Basis, die Steigbügelriemen bleiben in der senkrechten Linie. Die Zügel werden etwas länger als in der zuvor beschriebenen Übung gehalten und dürfen keinesfalls als Haltehilfe verwendet werden – eine ausgezeichnete Übung für die Stellung der Beine und die Balance. Es folgt eine Übung, die mehrmals hintereinander auszuführen ist, wobei das Pferd stillsteht: sitzen – erheben, sitzen – erheben. Dann 20

bis 30 Sekunden Verweilen in erhobener Position im Schritt; Wiederholung der Übung im Trab und im Galopp.

Reiten ohne Steigbügel. Diese Übung sollte unserer Meinung nach erst dann probiert werden, wenn der Reitschüler einen gewissen Grad in seiner Ausbildung erreicht hat, also sobald sein Sitz korrekt und sicher ist und vor allem erst dann, wenn die Hände von den Beinen unabhängig sind. Wird diese Übung bereits zu einem früheren Zeitpunkt durchgeführt, so wirkt sich dies nachteilig aus: Der Schüler spannt die Muskeln an, um sich im Sattel zu halten, wird dadurch zu steif und hängt sich an die Zügel. Wird die Übung jedoch zum richtigen Zeitpunkt ins Trainingsprogramm aufgenommen, steigert sie den Gleichgewichtssinn, bewirkt ein Verschmelzen zu einer Einheit mit dem Pferd und stärkt den Knieschluß. Die Arbeit ohne Steigbügel ist vor allem in einem verkürzten, gleich-

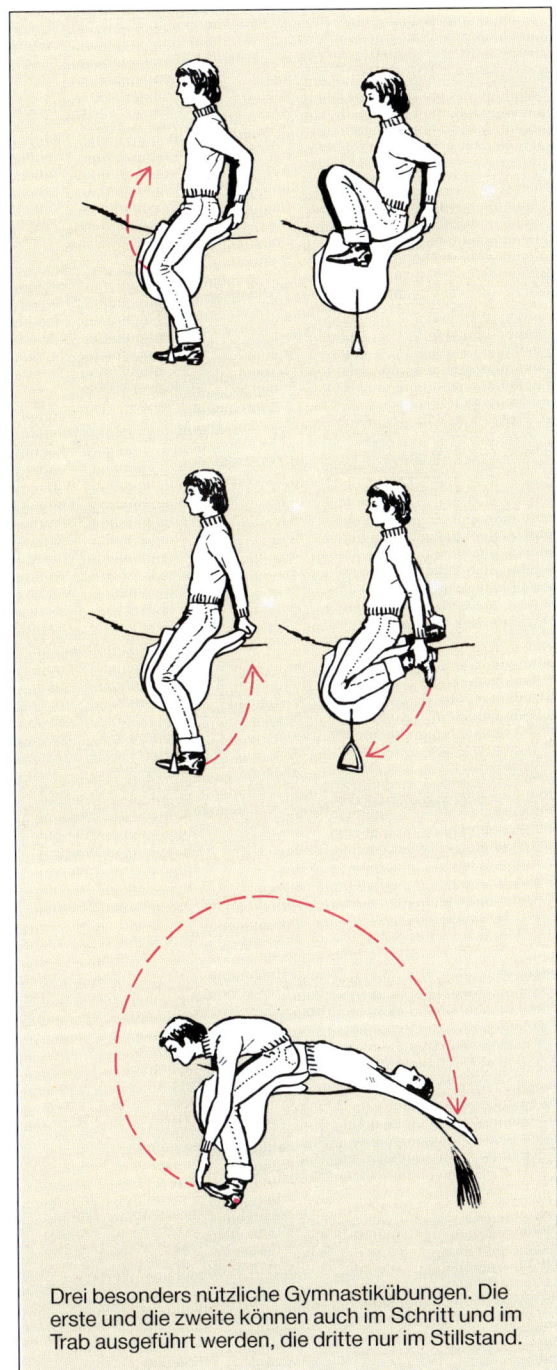

Drei besonders nützliche Gymnastikübungen. Die erste und die zweite können auch im Schritt und im Trab ausgeführt werden, die dritte nur im Stillstand.

mäßigen Trab auszuführen. Die Steigbügel werden über den Widerrist gelegt, der rechte Steigbügel hängt demnach links hinunter und der linke rechts. Die Beinhaltung ist je nach Land unterschiedlich: In manchen Ländern trabt man ohne Steigbügel mit derselben Beinstellung wie beim Reiten mit Steigbügeln (tiefer Absatz usw.). In anderen Ländern (in Frankreich zum Beispiel) wird vorgeschrieben, daß die Fußspitzen locker hinunterhängen sollen. Wir raten dazu, die beiden Methoden alternierend anzuwenden: Das locker herunterhängende Bein mit dem entspannten Fuß ermöglicht es, mit dem Pferdekörper eine Linie zu bilden, den Knieschluß tief hinunterzuziehen und ihn so zu verbessern. Durch die andere Methode gewöhnen sich die Muskeln des Beins an die korrekte Position, die dann mit den Steigbügeln bequemer eingehalten werden kann.

Man muß jedenfalls darauf achten, das Knie dabei nicht zu weit zu heben, wodurch der Nutzen der Übung verlorenginge. Bei beiden Methoden ist ein gerader Rücken, das nach vorne geschobene Gesäß und die stoßdämpfende Wirkung des Kreuzes von größter Bedeutung. Die Hände werden in Ruhestellung etwas oberhalb vom Widerrist gehalten, wobei ein leichter Kontakt mit dem Pferdemaul aufrechterhalten wird. Die Arbeit ohne Steigbügel kann auch im Galopp ausgeführt werden. Aber weder im Traben noch im Galopp soll sie zu lange ausgedehnt werden, damit keine Ermüdung und Verkrampfungen eintreten.

Die drei beschriebenen Übungen dienen vor allem dazu, den Sitz zu festigen und sind daher von fundamentaler Bedeutung. Aber es gibt darüber hinaus eine Vielzahl von anderen Übungen, die alle darauf hinzielen, Lockerheit und Gelöstheit zu vermitteln. Wir zählen nur einige davon auf und verweisen unsere Leser

zum Beispiel auf das Buch der Reiterei von Anthony Paalman, in welchem gerade diese Übungen detailliert beschrieben werden:

1) Im Stillstand läßt der Reiter im normalen Sitz die Zügel los und legt die Hände auf den Hinterzwiesel des Sattels. Einatmen, die Füße aus den Steigbügeln nehmen und die Knie so weit wie möglich heben. Dabei ausatmen. Einatmen und gleichzeitig die Beine in die Ausgangsposition zurückbringen.

2) Eine Variante der vorher beschriebenen Übung: Der Reiter hebt das Knie, beugt sich leicht nach vorne und hält sich, auf die Sitzbeine abgestützt, im Gleichgewicht. Diese Übung kann auch im Schritt ausgeführt werden; sie eignet sich ausgezeichnet für das Gleichgewichtsgefühl.

3) Im Stillstand, normaler Sitz: Die Zügel werden mit der linken Hand ergriffen, der rechte Fuß wird aus dem Steigbügel genommen, das Bein gebeugt. Die rechte Hand umfaßt den rechten Knöchel und zieht ihn so weit wie möglich nach oben. Das Knie bleibt dabei in der gleichen Position. Diese Übung wird auch mit dem anderen Bein wiederholt. Knoten in die Zügel: Beide Knöchel werden mit den Händen umfaßt, und der Reiter hält die Balance. Diese Übungen können auch im Schritt und im Trab ausgeführt werden.

4) Knoten in die Zügel: Vom normalen Sitz aus beugt sich der Reiter nach vor und atmet dabei aus. Mit den Händen werden die Fußspitzen berührt. Aufrichten und gleichzeitig einatmen. Die Arme werden dabei in die Höhe gestreckt. Zurückbeugen zur Kruppe (natürlich müssen die Pferde an die Übung gewöhnt sein). Aus dieser Stellung geht man in die Ausgangsposition zurück, wobei ausgeatmet wird.

Gymnastik zu Pferd. Oben: Knoten in die Zügel, Arme seitlich ausgestreckt. Unten: Mit der rechten Hand die linke Fußspitze berühren.

Die ersten Ausritte

Der Ausritt zu Pferd soll die Krönung des ersten Ausbildungsabschnittes sein. Leider wird aus Unüberlegtheit oft der Fehler begangen, Leute ausreiten zu lassen, die blutige Anfänger sind oder gerade erst begonnen haben, das Abc der Reiterei zu erlernen. Abgesehen von der Unfallgefahr kann es zu Ängsten und Abneigungen kommen, die zu vermeiden gewesen wären. Einen Geländeritt kann nur unternehmen, wer bereits einen guten Sitz und eine gewisse Lockerheit besitzt. Nur dann kann man den Ausritt genießen und dabei seine Reittechnik verbessern.

Für Geländeritte eignen sich natürlich nur zugerittene, sichere Pferde, die nicht vor Autos auf den Straßen, Hunden, Hühnern oder anderem, was einem unterwegs begegnen kann, scheuen.

Wenigstens am Anfang wird man in eher kleinen Gruppen ausreiten, und zwar hintereinander, der Reitlehrer an der Spitze und, falls mehr als sechs bis sieben Reiter in der Gruppe sind, ein geübter Reiter als Schlußlicht. Alle Geländeritte beginnen im Schritt. Der Schüler muß eine fundamentale Regel lernen: Abgesehen von wenigen Ausnahmen wird im Gelände immer mit langen Zügeln geritten: Das Pferd darf in seiner rhythmischen Bewegung des Halses und des Kopfes nicht beeinträchtigt werden und muß schauen können, wo es auffußen kann. Seltsamerweise wird diese so grundlegende Regel auch von erfahrenen Reitern oft mißachtet. Die Abstände zwischen den Pferden müssen größer sein als auf der Reitbahn, da die Tiere den Boden vor sich sehen müssen.

Die Befehle für Gangartwechsel, Richtungswechsel und Paraden müssen vom Reitlehrer rechtzeitig gegeben werden. Einige schöne, nicht übertrieben lange Trabpassagen auf geeignetem Gelände (am besten Feldwege) können den Ausritt auflockern. Es wird dabei natürlich im Leichttrab geritten, wobei in gewissen Abständen das diagonale Beinpaar gewechselt wird. Die Anlehnung muß leicht und konstant sein, die Zügel dürfen nicht zu kurz genommen werden. Der Trab darf auch nicht zu raumgreifend sein, da er das Pferd sonst ermüdet.

Wenn es die Bodenkonsistenz zuläßt (frisch gemähte Wiesen, Heideland usw.), können Reitschüler mit dem entsprechenden Grad der Ausbildung auf kurzen Strecken im Galopp reiten. Vom Trab wird stufenweise in einen gleichmäßigen, nicht zu schnellen Galopp (etwa 350–400 m in der Minute) übergegangen. Im Gelände darf das Pferd auf dem Bein galoppieren, auf dem es will. Der Reiter nimmt den leichten oder schwebenden Sitz ein, hält den Oberkörper etwas nach vorne geneigt und das Gesäß aus dem Sattel gehoben. Aus dem Galopp wird allmählich in den

Unten: Ausritt ins Gelände.
Auf den folgenden Seiten
ein Galopp im Gelände.

Schritt durchpariert, und die Zügel werden hingegeben, damit sich das Pferd ausruhen kann.

Bei fortgeschrittenen Schülern kann der Reitlehrer während der Ausritte probieren, die ersten kleinen Hindernisse wie Baumstämme, kleine Gräben oder niedrige Hecken zu überqueren und die ersten schwierigeren Passagen wie Steigungen, Abhänge und schmale Durchgänge zu bewältigen. Im Gelände springen Pferde, vor allem wenn sie in der Gruppe reiten, meist mit mehr Freude und besser, und die Reiter können das umsetzen, was sie auf der Reitbahn gelernt haben.

Je nach Ermessen des Reitlehrers werden die verschiedenen Miniaturhindernisse in den drei Gangarten genommen: im Schritt, im Trab und im Galopp. Im Gelände muß der Reiter dem Pferd immer die Möglichkeit lassen zu schauen, wo es auffußen kann. Somit gilt im Gelände und bei Sprüngen mehr denn je die bereits erwähnte goldene Regel: Rhythmus halten, abwarten, mitgehen. Dazu kann man noch einen vierten Punkt hinzufügen: eingreifen, und zwar, wenn das Pferd zögert, sich unentschlossen zeigt oder, noch schlimmer, wenn es Widersetzlichkeit zeigt. Im folgenden Kapitel über die fortgeschrittene Ausbildung werden wir die Art des Reitens im Gelände noch ausführlicher behandeln.

Lange, nicht sehr steile Steigungen werden im Schritt genommen: Der Reiter beugt den Oberkörper leicht nach vorne, stützt sein gesamtes Gewicht in den Steigbügeln ab und versucht, die Nierengegend des Tiers nicht übermäßig zu belasten. Die Hände geben nach, oder besser gesagt die Zügel sind bereits gelockert, damit das Pferd den Hals beugen kann. Kurze, steile Steigungen hingegen werden im Galopp genommen. Der Reiter befindet sich im Schwebesitz, gibt mit den Händen nach und hält sich, wenn notwendig, an der Mähne fest. Bei Abhängen, die immer geradlinig geritten werden müssen, beugt der Reiter den Oberkörper leicht nach vorne und hält sich durch den »richtigen Gebrauch der Steigbügel«. Der Kontakt mit dem Maul des Pferdes wird elastisch aufrechterhalten, ohne nachzugeben oder zu ziehen. Wenn der Abhang schwierig ist, kann der Reiter durch Abstützen der Hände auf dem Pferdehals Halt suchen. Wenn das Gefälle sehr steil ist und etwa 60 Grad übersteigt, soll der Reiter, wie auch Reiner Klimke rät, den Oberkörper aufrichten und ihn leicht nach hinten verschieben, damit er senkrecht zum Boden steht. Dadurch wird das Pferd nicht gestört und ein Sturz vermieden.

Oben: So wird eine kleine Steigung genommen: Der Reiter, Luciano De Maria auf Andros, hält den Oberkörper korrekt nach vorne geneigt und gewährt dem Pferd somit die erforderliche Halsfreiheit!
Links: ein Abhang: Das Gesamtbild ist korrekt.

Fortgeschrittene Ausbildung

Nach der Grundausbildung, die je nach den individuellen Gegebenheiten von einem halben bis zu einem Jahr oder auch länger dauern kann, kommt man in die Phase der fortgeschrittenen Ausbildung.

Ab diesem Zeitpunkt ist alles bereits ein wenig komplizierter: Für eine Perfektionierung müssen speziell geeignete Tiere ausgewählt werden, also Pferde, die die dafür notwendigen Voraussetzungen mitbringen und zugeritten sind, und man muß einen guten Reitlehrer haben, der auch in dieser Phase den Schüler aufmerksam kontrolliert und leitet. Man kann seine Technik nicht verbessern, wenn man ungeeignete, verdorbene oder von der Routine des Schulpferddaseins bereits stumpf gewordene, widerspenstige oder hartmäulige Pferde reitet. Der Schüler muß sich daher an gute Reitzentren wenden, die über geeignete Pferde und die entsprechenden Einrichtungen verfügen. Ab einem gewissen Ausbildungsniveau wird es unumgänglich sein, ein eigenes Pferd oder zumindest ein Pferd zu reiten, das für längere Zeit zur ausschließlichen Verfügung des jeweiligen Reiters steht.

Nur wer lange Zeit hindurch ein und dasselbe Pferd reitet, kann Fortschritte erzielen und am lebenden Objekt (also am Tier selbst) feststellen, ob das Pferd dabei etwas dazulernt, in seinem Können gleichbleibt oder sogar schlechter wird. Wenn irgend etwas nicht reibungslos läuft, wenn das Pferd schlechte Gewohnheiten annimmt, zu scheuen beginnt, nervös arbeitet (knabbert, mit dem Schweif um sich schlägt, die Zähne fletscht oder buckelt, um den Reiter abzuwerfen, davonläuft usw.), dann bedeutet das, daß der Schüler es schlecht reitet, oder zumindest in einem Punkt Fehler begeht. Das kann von grundlegenden Faktoren wie dem Sitz oder auch nur von Kleinigkeiten (wie zum Beispiel davon, daß man ein nerviges Pferd mit starrer, schwerer Hand oder mit zu stark anliegenden Beinen reitet) abhängen. Jedenfalls muß der Reitlehrer versuchen, die Ursache des Mißstandes zu finden, sie dem Schüler erklären und durch Änderungen in der Reitweise beheben. Ab und zu wird der Reitlehrer gut daran tun, das Pferd wieder richtig »einzustellen«, indem er es selbst reitet und dem Schüler praktisch vorzeigt, was in den einzelnen Situationen zu tun ist.

Die Arbeit im Dressurviereck

Bei der Arbeit mit dem Pferd muß man stets a priori ein gewisses Programm ausarbeiten, das vorgibt, was man an einem bestimmten Tag mit dem Tier tun will. Natürlich wird es nicht immer möglich sein, dieses Programm dann auch in die Tat umzusetzen. Ein Pferd, das aufgrund einer längeren Arbeitspause nervös oder etwas aus der Übung ist, kann die korrekte Ausführung eines bestimmten Übungsablaufes verhindern und den Reiter zu Änderungen desselben

Nach intensiver Arbeit und wenn das Pferd nicht ganz trocken ist, soll es an der Hand herumgeführt werden.

zwingen. Als allgemeine Regel gilt, daß man, abgesehen von einem Ruhetag, an dem das Tier zum Ausruhen in der Box bleibt, an der Hand spazierengeführt oder am besten in den *Paddock* gebracht wird, täglich mit dem Pferd arbeitet. Wenn es sich nicht um ein besonders ausgeglichenes Pferd handelt, wird ein Tier, das mehrere Tage stillgestanden ist, zuerst mindestens 15 bis 20 Minuten lang an der Longe geführt. So können unnötige Risken für den Reiter vermieden werden, das Tier kann sich aufwärmen und wird nach dieser Vorbereitung das Gewicht des Reiters und die Aufgaben, die es absolvieren muß, besser akzeptieren. Eine kurze Arbeit an der Longe vor dem Aufsitzen ist für das Pferd immer nützlich, wenn nicht sogar notwendig. Das Tier stellt sich dadurch geistig und körperlich besser auf die ihm gestellten Aufgaben ein.

Bevor wir ein Modell für eine Reitstunde im Dressurviereck entwerfen, wollen wir die Worte eines großen Reitlehrers des vorigen Jahrhunderts, Faverot de Kerbrech, eines Schülers und geistigen Erben von François Baucher, zitieren:

»Oft fragen, sich auch mit wenig zufriedengeben und viel belohnen. Die Reitstunde muß für Pferd und Reiter eine nützliche und doch erfreuliche Übung dar-

Oben: Korrekter Sitz auf dem stillstehenden Pferd. (Die beiden Hinterbeine sind nicht perfekt auf der gleichen Linie und das Pferd ist leicht nach links gedreht.)

Gegenüberliegende Seite, oben: Eine Pause während der Arbeit: im Schritt am langen Zügel, der Hals ist langgestreckt.
Darunter: Albert Decarpentry, ein Lehrer der Klassischen Reitschule, bei einer Piaffe auf Professeur.

stellen, ein Lernspiel, das nie in Mühe ausartet. Sobald das Tier zu schwitzen beginnt, bedeutet das, daß der Mensch das Maß überschritten hat.«

Genau so soll mit Pferden gearbeitet werden: Der Reiter darf das Tier nicht zu sehr ermüden, er darf seine konzentrierte Aufmerksamkeit nur auf kurzen Passagen verlangen, muß es während der Arbeit oft ausruhen und entspannen lassen und mit viel Zärtlichkeit belohnen. Ein Teil der Arbeit ist selbstverständlich darauf ausgerichtet, die körperliche Kondition des Tieres aufzubauen, und dabei wird man zu langen Trab- oder Kanterpassagen greifen müssen. Der Rat Faverot de Kerbrechs bezog sich auf die Arbeit im Dressurviereck, auf der Reitbahn oder in einer Koppel, aber wir können seine Worte ebenso auf das Sprungtraining anwenden.

Das Modell einer Unterrichtsstunde

Natürlich beginnt die Reitstunde im Schritt. Anfangs gibt man eher größere Zügelfreiheit, allmählich werden die Zügel jedoch zurückgenommen, bis man eine

leichte, aber spürbare und geschmeidige Anlehnung aufgebaut hat. Schon in dieser Phase kann der Reiter Hufschlagübungen ausführen: Volten, halbe Volten, Zirkel, Handwechsel, Paraden. Dauer: etwa 10 Minuten, dann einige Minuten Ausruhen am hingegebenen Zügel.

Nun beginnt die Arbeit im Trab, auf beiden Händen. Es werden mehrmals die oben erwähnten Hufschlagfiguren und vor allem folgende Übergänge geritten: Mitteltrab, verlängerter Trab, versammelter Trab. Der Übergang vom Mitteltrab in den verlängerten Trab muß langsam, aber sauber erfolgen. Der verkürzte Trab wird ausgesessen (Schultrab). Häufige Paraden sind notwendig: Das Pferd muß beim Anhalten die Balance bewahren, die Beine müssen dabei in der richtigen Linie zum Körper stehen. Nach und nach wird der Reiter ohne Blick zum Boden ein Gefühl dafür entwickeln, wann die Parade korrekt ausgeführt wurde. Sie darf nicht durch Anziehen der Zügel erreicht werden, sondern durch ein Zusammenpressen der Finger. Nur in Extremfällen werden die Fäuste leicht zurückgenommen. Die Parade ist eine sehr wichtige Übung für die Erziehung des Pferdes: sie beruhigt, gleicht aus und unterwirft das Tier. Nach den Paraden wird oft im Trab weitergeritten: Schenkel anlegen (falls das nicht genügen sollte, mit dem Absatz berühren), die Hände ein wenig nach vor schieben, mit dem Schenkeldruck treiben.

Es sei daran erinnert, daß es in der Reitbahn sehr wichtig ist, nach exakten geometrischen Figuren zu reiten, wie z. B. Geraden, Kreisen, regelmäßigen Schlangenlinien usw.

Bei einem ausreichend geschulten Pferd kann man in diesem Stadium mit viel Fingerspitzengefühl und schrittweise zur Stellung an den Zügel und zur Versammlung des Tieres schreiten.

Was versteht man unter Stellung an den Zügel? Man versteht darunter das Ausrichten des Pferdehalses durch exakte, feinfühlige Handbewegungen, bis der Kopf ungefähr senkrecht zum Boden steht. Den höchsten Punkt müssen die Zervikalwirbel (der Hals) darstellen. Nur bei Dressurpferden soll der höchste Punkt das Genick sein (der zwischen den beiden Ohren liegende Teil). Es ist anzuraten, die Stellung zuerst im Schritt, dann im Trab zu verlangen. Das Pferd muß die richtige Dynamik haben (eine Dynamik, die von den Beinen bestimmt und eventuell aufrechterhalten wird). Die Finger werden zusammengepreßt und die Faust geschlossen, damit das Eisen auf das Maul wirkt und das Tier zum Nachgeben, zum »Abknicken« zwingt. Diese Vorgänge müssen wie gesagt sehr vorsichtig ausgeführt werden: also nicht mit Kraft, sondern mit »Leichtheit«. Die Stellung kann senkrecht, aber auch seitlich sein (rechts und links), wobei letztere in Kurven angewendet wird. In der Kurve wird der Reiter das Pferd so weit an den Zügel stellen, daß er gerade das Auge und die Nasenspitze des Tieres sehen kann. Nicht mehr, da die seitliche Stellung sonst bereits zu stark wäre.

Die Stellung (im Französischen *ramener*) wird herbeigeführt, wenn das Pferd die richtige Dynamik hat, da diese Haltung zum Ziel hat, das Tier zu versammeln, es zu spannen, damit es wie eine komprimierte Feder losschnellen kann. Wir wollen dazu die Worte eines Experten, Michel Henriquet, zitieren, der in der Hohen Schule nur Amateur war, aber über ein fundiertes Wissen in allem, was Pferde betrifft, verfügte: »Die

Links: versammelter
Schritt: Der Kopf des
Pferdes steht senkrecht zum
Boden (F. Moyersoen auf
Whisky).

perfekte Versammlung (im Französischen *rassembler*) verteilt das Gewicht und die Kraft des Pferdes exakt auf Vorder- und Hinterbeine. Die Punkte, an denen sich das Tier am Boden abstützt, sind näher beieinander und auch näher am Schwerpunkt. Das ermöglicht ein Maximum an Mobilität in alle Richtungen, macht ein rasches Wechseln der Gangart und des Tempos möglich und bewirkt eine brillante Annahme der reiterlichen Einwirkungen. Bei allen Formen der Reiterei, abgesehen von der Hohen Schule, hilft schon ein Minimum an Versammlung, die Möglichkeiten des Sprungpferdes zu entfalten, sowie auf einem Geländepferd bequem und sicher reiten zu können.«

Wenn die Versammlung aus der Dynamik heraus erfolgt, ohne Krafteinwirkung und für kurze Zeit, kann sie bei allen Arten der Reiterei extrem nützlich sein. Es gibt kaum einen schlimmeren, unsportlicheren Anblick als einen Reiter, der sein Pferd immer zusammenpreßt, an den Zügeln zerrt, womöglich ohne vorher die Hinterbeine unter das Pferd gebracht zu haben, oder der das bedauernswerte Tier niemals ausspannen läßt. Die Stellung und die Versammlung dürfen während der Arbeit nur auf kurzen Strecken und mit ständigen Unterbrechungen aufrechterhalten werden. Ab und zu müssen die Zügel komplett hingegeben werden: Wenn das Pferd gut geschult und gut geritten ist, wird es dabei seine Gangart und seine Balance beibehalten, ohne schneller oder langsamer zu werden (*self carriage,* wie die Engländer sagen). Wenn ein Pferd ohne Anlehnung schneller wird und aus der Balance gerät, so bedeutet das, daß es nicht gut geschult ist. Ich erinnere mich an eine Episode, als ich in einem Parcours einen Springreiter beobachtete, der bereits zahlreiche regionale Turniere gewonnen hatte. Er arbeitete mit einem großen, mächtigen Irländer im Trab (einem Arbeitstrab) auf Stange. »Versuche, die Zügel komplett hinzugeben!« rief ich ihm zu. Der Reiter lockerte die Zügel, und das Pferd, das seitens der Hände und der Arme des Reiters keinen Halt mehr verspürte, verlor augenblicklich seine Balance, begann zu straucheln und brach in Galopp aus.

Mit einem Pferd zu arbeiten, ist ein ständiger Austausch von Gefühlen, ein Dialog zweier Körper, teil-

weise auf bestimmte Zonen des Körpers beschränkt, in seiner Gesamtheit jedoch auf die Einheit zweier kompletter Körper bezogen. Man spricht von »Mitteln« des Reiters und meint dabei sein Körpergewicht, die Beine und die Arme. Nach Meinung Baldo Baccas, eines ausgezeichneten Reiters und Fachbuchautors der dreißiger Jahre, kommen dazu noch die sogenannten zusätzlichen Hilfen, wie Sporen, Reitgerte, Stimme, Loben, das Halfter, der Ringmartingal, der Ausbindezügel und das Gebiß. Diese genauen Unterscheidungen mögen nützlich sein, sind aber sicherlich praxisfern. Der Reiter beeinflußt das Pferd im Detail mit den Händen, den Beinen, den (eventuell mit Sporen versehenen) Absätzen und durch das Verschieben des Oberkörpers usw. Durch die Zügel und die Gebißstange sind seine Hände mit dem Pferdemaul verbunden, wie andererseits die Beine auf die Rippen des Tieres einwirken. In Wirklichkeit ist es aber der gesamte Körper des Reiters, der auf das Tier einwirkt, und es ist der gesamte Pferdekörper, der den Reiter trägt und der auf seinen Willen reagiert. Daher muß sich zwischen den beiden Körpern in ihrer Gesamtheit ein ständiger Dialog, ein Einklang, ein Verständnis aufbauen.

Bei der Arbeit mit dem Pferd muß man eine Vielzahl von Fakten und Eindrücken gleichzeitig kontrollieren: da ist zuerst einmal natürlich die Gangart, weiters der Takt und schließlich das Gleichgewicht. Das Pferd muß, wie die berühmten Worte von General L'Hotte lauteten, »ruhig, gerade, vorwärts« gehen, es darf nicht übereilen und auch nicht an Tempo verlieren, es darf nicht vor oder hinter der reiterlichen Hand sein, darf sich der Anlehnung nicht entziehen oder die Arme des Reiters belasten. Diese Kontrolle erfolgt durch eine richtige Dosierung der Beinhilfen (treibende Bewegungen) und der Hände (verhaltende Bewegungen).

Das scheint im Widerspruch dazu zu stehen, was oben über das Reiten mit dem kompletten Körper gesagt wurde. Aber es ist kein Widerspruch. Der Wille des Reiters überträgt sich vor allem durch die Hände und durch die Beine, aber es agiert dabei der ganze Körper. So geht zum Beispiel eine Kontraktion des menschlichen Körpers aufgrund von Angst und Unruhe sofort auf das Tier über, ganz unabhängig von den bewußten

Gegenüberliegende Seite,
von oben nach unten:
1) Versammelter Trab:
Der Reiter sitzt ein
(F. Moyersoen auf Whisky).
2) Verlängerter Trab:
Für ein Turnierpferd ist die
Streckung des linken Vorderbeins ausreichend
(F. Moyersoen auf Whisky).
3) Verlängerter Trab: Die
Reiterin sitzt im Dressursitz.

oder gewollten Einwirkungen der Hände oder Beine des Reiters. Wie zum Beispiel im Buch *Your problem horse* von Sallie Walrond zu lesen ist, hat es fast den Anschein, als könne das Pferd den Adrenalinstoß, den die Angst dem menschlichen Körper versetzt, riechen. Dieser Geruch scheint das Pferd zu alarmieren, wodurch die Situation für den Reiter noch schwieriger wird. Sallie Walrond schreibt, daß es ein spezielles Aroma namens *Pax* (Day, Son & Hewitt, Grand Street, Bradford, Yorkshire) gibt, das den Adrenalingeruch überdeckt und dadurch die Angst des Reiters vor dem Pferd verbirgt. Wir haben diese Substanz niemals ausprobiert, diese Tatsache sei nur als Detail am Rande vermerkt. Es ist jedenfalls sicher (egal ob durch Adrenalin oder nicht), daß das Pferd die Angst und Unruhe des Reiters augenblicklich spürt. Der Reiter muß daher lernen, diese Gefühle zu beherrschen.

Kommen wir nun zu unserem Reitstundenmodell zurück. Nach der Arbeit im Trab (etwa eine Viertelstunde) und nach einer kurzen Entspannung am hingegebenen Zügel im Schritt kann man mit der Arbeit im Galopp beginnen. In der Grundausbildung sind wir vom Trab in den Galopp übergegangen, durch Verlängern, aus der Gleichgewichtsverschiebung heraus. In der fortgeschrittenen Ausbildung kann man vom Trab oder vom Schritt (sogar aus dem Stillstand oder aus dem Rückwärtstreten) in den Galopp übergehen, aber jeweils durch Gleichgewichtsaufbau, durch Einsitzen und Schub von hinten. Das Pferd darf nicht in den Galopp ausbrechen, sondern sich sozusagen mit den Vorderbeinen in den ersten Takt der höheren Gangart hineinheben. Das Gefühl gleicht jenem bei einer Welle, die sich hebt, und nicht jenem eines Körpers, der fällt. In diesem Stadium wird der Befehl zum Übergang anders gegeben. Nicht mehr wie in der Grundausbildung Innenschenkel mit Außenzügel, sondern durch Außenbein hinter dem Sattelgurt, wobei das Pferd richtig gestellt sein muß.

Wenn man zum Beispiel in die Ecke kommt, die an der rechten Hand die lange Seite der Reitbahn mit der kurzen verbindet, muß das Pferd unmerklich nach rechts gestellt werden. Anfangs wird dieser Übergang vor allem aus dem Trab verlangt (einem verkürzten, taxierten, dynamischen Trab); gleichzeitig mit der Hilfe durch das äußere Bein hinter dem Gurt verlagert der Reiter das Gewicht auf die äußere Gesäßbacke und zieht die äußere Schulter ein wenig zurück. Wenn Reiter und Pferd bereits besser geschult sind, wird der Übergang auch aus dem Schritt verlangt. Während wir anfangs in den Ecken in den Galopp übergegangen sind, muß der Reiter allmählich lernen, auf der langen Seite oder an jedem beliebigen Punkt der Reitbahn anzugaloppieren, was wesentlich schwieriger ist. Schon vom Angaloppieren an und bei allen Galopptakten muß der Reiter darauf achten, daß das Pferd nicht schief kommt: Die Spuren der Hinterhufe müssen jenen der Vorderhufe folgen, oder, anders ausgedrückt, die Kruppe muß den Schultern direkt folgen. Wie Nuno Oliveira (ein berühmter portugiesischer Reitlehrer der Hohen Schule) sagte, muß der Galopp, um schön und korrekt ausgeführt zu werden, »rund, dynamisch, gerade, taxiert und leicht« sein. Auch beim Galopp gibt es Abstufungen: vom mittleren Galopp in den verlängerten Galopp, vom mittleren in den verkürzten Galopp. Wichtig ist, die Ruhe und die Dynamik zu bewahren und einen flüssigen Übergang zu schaffen. Der Reiter wird abwechselnd aussitzen oder schwebend galoppieren. Der ausgesessene Galopp stellt einen größeren Kontakt her, ermöglicht eine feinfühligere Kontrolle und ist daher für einen Großteil der Arbeit in der Reitbahn geeignet, vor allem für die Hufschlagfiguren: Zirkel, Wechsel, Volten usw. Die Schüler müssen beim Perfektionstraining folgende Haltung beibehalten: Schultern offen, Oberkörper gerade, aber nicht verkrampft. »... Es ist nicht der Oberkörper, der sich bewegen muß«, schrieb Nuno Oliveira, »es ist der ›Gürtel‹, also der Bereich um die Nieren, der weich werden muß.« Meistens wird der Schüler jedoch schwebend oder nach vorne geneigt galoppieren, da dies die Haltung beim Sportreiten ist. Sehr nützlich ist auch die Übung des Kontergalopps. Nehmen wir an, das Pferd galoppiert auf der rechten Hand: Nach der kurzen Seite wird der Reiter durch die ganze Bahn wechseln. Sobald er die gegenüberliegende Ecke erreicht, bleibt er im rechten Galopp und erlaubt dem Pferd nicht, die Hand zu wechseln. Das Pferd wird auf der linken Hand im Rechtsgalopp, also im Kontergalopp reiten. Der Reiter muß das Pferd mit dem linken Bein stützen, anderenfalls könnte das Pferd dazu tendieren, den Galopp zu wechseln.

Wie bei allem, muß auch die Arbeit im Galopp durch Abwechslung in Rhythmus und Figuren aufgelockert werden. Die Hand muß oft gewechselt werden, wobei darauf zu achten ist, daß beide Hände gleich oft geritten werden. Man darf es niemals übertreiben, auch wenn galoppieren – gut galoppieren natürlich – mit einem ausgeglichenen, geschulten Pferd zu den schönsten Gefühlen eines Reiters zählt. Beim ersten Zeichen von Schweiß muß aufgehört werden: Pferde sind keine Maschinen.

Auch im Galopp muß das Pferd, wenn der Reiter die Zügel komplett hingibt, im gleichen Takt und im gleichen Gleichgewicht weitergaloppieren. Wenn es sein Verhalten ändert, schneller oder langsamer wird oder in den Trab übergeht, so bedeutet das, daß es nicht perfekt im Gleichgewicht ist, daß es sich nicht allein hält oder daß die Dynamik fehlt. Beim Galoppieren wird der Reiter wie immer versuchen, das Pferd mit den Händen so wenig wie möglich zu stören. Die Anlehnung muß elastisch und geschmeidig sein. Nuno Oliveira riet dabei folgendes: »Es ist nützlich, die Hände etwas zu heben, um den Galopp langsamer zu machen und das Pferd zu setzen.« Wenn das Pferd übereilt oder zieht, stellen Sie sich nicht mit den Zügeln dagegen. Das Pferd ist viel stärker als Sie. »Ändern Sie vielmehr die Anlehnung«, sagte ebenfalls Nuno Oliveira. »Nehmen Sie den rechten Zügel zurück, geben Sie am linken nach. Nehmen Sie den linken Zügel zurück und geben Sie am rechten nach. Geben Sie an beiden Zügeln nach. Nehmen Sie stets nur jeweils einen Zügel zurück.«

Die Arbeit im Galopp (auf beiden Händen) kann etwa 5–10 Minuten dauern, je nach Ausbildungsgrad, Klasse und Kondition des gerittenen Pferdes. Danach muß wieder eine Ruhepause eingelegt werden: Schritt am langen Zügel.

Nun haben wir bereits etwa eine halbe Stunde mit dem Pferd gearbeitet. Wir haben die Lektion absichtlich schematisch dargestellt. In Wirklichkeit muß die Stunde nicht immer so linear ablaufen: Schritt, dann Trab, dann Galopp. Ganz im Gegenteil. Vom Trab kann und soll man mehrmals in den Schritt zurückgehen. Trab ist die Basis jeder Ausbildung für das Pferd, wie auch der Schritt (die langsamste und ruhigste Gangart). Der französische Rittmeister Lubersac

(18. Jahrhundert) ließ die jungen Pferde bei der kompletten Ausbildung 18 Monate bis zwei Jahre lang nur im Schritt arbeiten. Jedenfalls darf man nicht den Fehler begehen, die Arbeit im Schritt, also Hufschlagfiguren, Stellung und Versammlung, mit Ruhepausen im Schritt zu verwechseln, bei denen die Zügel komplett hingegeben werden.

Nach dem ersten Teil der Lektion, die dem Tier zum Aufwärmen in den drei Gangarten dient, kann man den zweiten Teil speziellen Punkten widmen: Zum Beispiel dem Vertiefen von Stellung und Versammlung, Perfektionierung der Übergänge in die drei Gangarten, Übungen wie Schulterherein oder Travers (die weiter unten beschrieben werden) usw. Schon allein die korrekte und geradlinige Ausführung eines Bahnwechsels im Schritt kann bereits ein Problem darstellen; wie auch eine korrekte Parade oder das Rückwärtstreten, das wir noch behandeln wollen. Die letzte Viertelstunde sollte man einer entspannenderen Arbeit widmen: wenn möglich geht man ins Freie und trabt und galoppiert ein wenig. Dann fällt man wieder in den Schritt und kehrt schließlich mit dem ruhigen, trockenen und ruhig atmenden Pferd in den Stall zurück.

Ein technischer Exkurs

Wir haben bereits die drei Hilfen des Reiters kennengelernt: Oberkörper, Beine und Hände. Dazu kommen noch zusätzliche Hilfsmittel wie Sporen, Reitgerte usw. In bezug auf den Oberkörper haben wir bereits die verschiedenen Stellungen beschrieben, die der Reiter bei den einzelnen Gangarten einzunehmen hat. Dabei wollen wir es momentan bewenden lasssen und das Thema des Oberkörpers erst dann wieder aufnehmen, wenn wir über den Sprung und die Widersetzlichkeiten des Pferdes reden.

Die Beine sollen wie gesagt in einer natürlichen, möglichst gerade abfallenden Linie verlaufen und an den Rippen des Pferdes aufliegen, jedoch nicht zu knapp oder gar in ihrer Bewegungsfreiheit eingeengt sein. Um das Pferd anzutreiben, stehen dem Reiter eine ganze Serie von Hilfen zur Verfügung: vom einfachen Wadendruck bis zur mehr oder weniger starken Berührung mit dem Absatz oder den Sporen. Die Beinhilfen müssen je nach Ausbildung und Sensibilität des Pferdes dosiert werden. Wie es eine Leichtheit der Hände in der Reiterterminologie gibt, so existiert auch eine Leichtheit der Beine. Besonders unter den Springreitern setzt sich heute der Trend durch, die Beine zu stark einzusetzen und sie ständig am Pferdekörper aufliegend zu halten. Viele Reiter bemerken nicht einmal, daß ihre Sporen das Tier ständig berühren: Dadurch stumpft das Tier am Bein ab, in manchen Fällen wird es ganz gefühllos. Alle großen Reiter von La Guérinière über L'Hotte bis zu Caprilli predigten, zwar mit unterschiedlichen Worten, aber inhaltlich dasselbe: einen mäßigen, vernünftigen Gebrauch der Beinhilfen. Auf diese Weise wird das Pferd »auf ein einfaches Darüberstreichen mit dem Stiefel hin gehorsam« (Decarpentry).

Die Sporen müssen in ihrer Form und Länge dem Ausbildungsgrad, der Sensibilität des Pferdes und der Statur des Reiters angemessen sein. Ein langbeiniger Reiter kann lange Sporen tragen, kleine Leute, deren Beine naturgemäß näher bei der Rippengegend des Tieres liegen, müssen kurze Sporen anlegen. Abgesehen von Fällen spezieller Abneigung oder Überempfindlichkeit seitens des Pferdes empfehlen wir, stets mit Reitgerte zu reiten, im Gegensatz zum Ratschlag des großen Reiters James Fillis, der sie bei erfahrenen Reitern für unnötig hielt. Die Reitgerte ist ein sehr nützliches Hilfsmittel, das auch psychologischen Wert hat. Eine leichte Anwendung auf der Schulter soll ein Pferd munter machen, wenn es lethargisch arbeitet. Auf dem Rippenbogen hinter den Stiefeln eingesetzt, kann sie als stärkere Hilfe dienen, oder als Bestrafung. Im Falle groben Ungehorsams kann der Reiter die Gerte abwechselnd mit der rechten Hand auf dem Rippenbogen und auf der gegenüberliegenden Schulter verwenden. Die Bestrafung muß trocken und kurz ausfallen; der Reiter darf niemals zornig oder brutal agieren.

Es gibt Reitgerten in verschiedenen Formen und Längen. Die Dressurgerte ist länger, daher kann das Pferd damit berührt werden, ohne daß der Reiter die Hände dabei stark bewegt. Bei den Gerten in normaler Länge kann der Reiter zwischen harten mit schmerzhafterer Wirkung und zwischen solchen mit einem verbreiterten Endstück wählen, die bei der Berührung mit dem Pferd lauter schnalzen, was eher einen psychologischen Effekt hat. Je nach Situation wird es am Reiter liegen, die richtige Gerte zu wählen.

Man muß sich daran gewöhnen, die Gerte rechts und links zu halten, um sie jeweils für Bestrafungen oder die richtigen Hilfen griffbereit zu haben. In der Reitbahn sollte sie mit der Innenhand gehalten werden, dadurch kann ein Querstellen des Pferdes leichter vermieden werden. Achtung: Niemals die Gerte in den Stiefel stecken!

Die Anlehnung

Wir sprachen von den Beinen als Mittel zur Antreibung, wie auch von den Hilfsmitteln wie Sporen und Reitgerte. Kommen wir nun zu den Händen. Durch die Zügel und die Gebißstange wird der Kontakt zum Pferdemaul aufrechtgehalten. Gemeinsam mit den Beinhilfen und dem Oberkörper gehören die Zügel zu den geeignetsten Mitteln zur Führung des Pferdes. Man spricht von Anlehnung des Pferdes an der Hand, wobei die Spannung gemeint ist, die durch die Zügel zwischen dem Pferdemaul und den Händen des Reiters aufgebaut wird.

Einige Fachbuchautoren (Gustav Steinbrecht, André Jousseaume u. a.) unterscheiden drei Arten von Anlehnung:

1) leichte Anlehnung, vor allem bei der Schulreiterei;
2) sanfte Anlehnung, die vor allem bei Geländeritten und beim Springen anzuwenden ist;
3) feste Anlehnung, die bei den schnellen Gangarten empfehlenswert ist (bei Rennen, Jagden).

Die Unterscheidung ist sicherlich nützlich, soll aber nicht zu genau genommen werden: Bei der Anlehnung unterscheidet man nach Nuancen. In Wirklichkeit kann man behaupten, daß die richtige Anlehnung immer das Minimum an Spannung ist, das für eine bestimmte Aufgabe des Pferdes notwendig ist. Natürlich wird beim Traben in der Reitbahn die Anlehnung geringer sein als bei einer schwierigen Geländepassage oder während einer Jagd. Der Reiter darf das Pferd niemals zu fest »packen«, also eine zu starke Anlehnung suchen. Der erste Kontakt wird immer

Gegenüberliegende Seite: drei Fotos im Galopp.
1) Schwebender Galopp: Der Reiter (Luciano De Maria auf Andros) ist auf Knieschluß. Das Gesäß ist leicht aus dem Sattel gehoben und entlastet so die Nierengegend des Tieres. Das Bein verläuft in einer möglichst gerade abfallenden Linie, der Absatz ist tief.
2) Ausgesessener Galopp: Der Reiter (F. Moyersoen auf Whisky) umfaßt das Pferd fest. Der Oberkörper steht fast senkrecht, ganz leicht nach vorne gebeugt. Die Haltung von Bein und Absatz ist perfekt.
3) Verlängerter Galopp: Der Reiter (F. Moyersoen auf Whisky) reitet in leichtem Sitz, das Gesäß ist etwas aus dem Sattel gehoben, der Oberkörper ein wenig nach vorne gebeugt. Richtiger Gebrauch der Steigbügel, Bein in möglichst gerade abfallender Linie, Absatz tief.

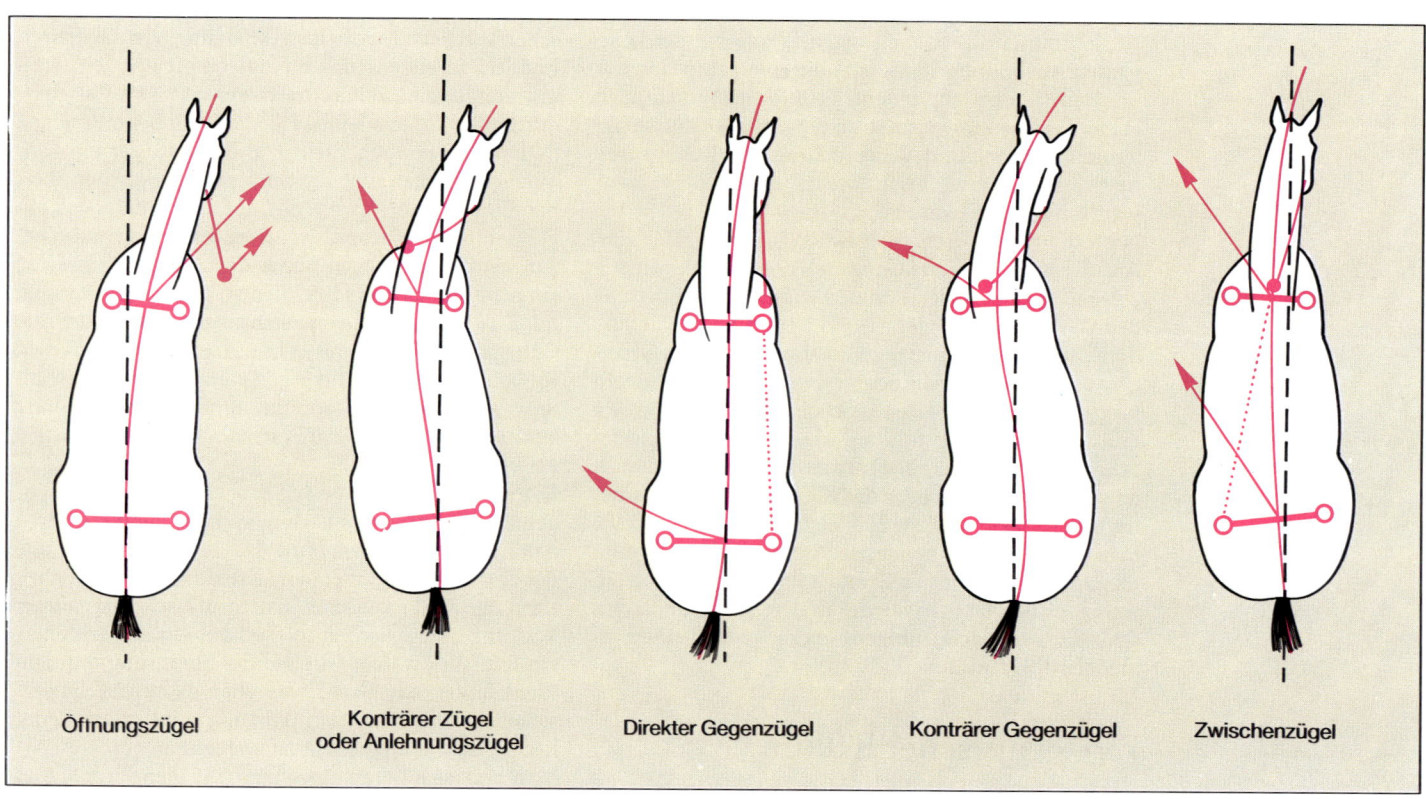

| Öffnungszügel | Konträrer Zügel oder Anlehnungszügel | Direkter Gegenzügel | Konträrer Gegenzügel | Zwischenzügel |

Die halbe Parade:
Die Reiterin richtet den Oberkörper gerade und hält das Pferd mit den Händen zurück, während die Beine ihm Halt geben. Das Pferd hat den Hals gehoben und baut seine Balance wieder auf.

vom Reiter gesucht, das Pferd lehnt sich dann an der Hand an. Es ist jedoch Aufgabe des Reiters, die Anlehnung so zu gestalten, daß sie für das Tier richtig und angenehm und dadurch funktionell ist. Dabei werden die Beine mit ihren antreibenden Hilfen die Hände unterstützen, indem sie das Tier sozusagen zur Stange hin bewegen.

Eine gute Hand wird durch den Sitz und durch den Halt im Sattel bestimmt. Man sagt im allgemeinen, daß die Hand ruhig sein muß, aber auch hier muß man genauer definieren. Wenn man darunter versteht, daß die Hand keine unkontrollierten Bewegungen machen darf, dann ist diese Aussage korrekt. Aber ruhig darf nicht gleichbedeutend sein mit starr oder noch schlimmer mit schwer. Eine gute Hand ist elastisch, weich, aber doch auf sensible Weise autoritär. Die Entspannung der Schultern und der Arme, das Spiel der Finger tragen zu einer guten Hand bei. Ein geschultes Pferd wird mit den Fingern gelenkt: Die Zügel werden vor allem zwischen Daumen und Zeigefinger gehalten, die eine Art »Zange« bilden. Die anderen Finger dienen dazu, die Einwirkungen zu dosieren. Zum Parieren genügt es, alle Finger zu schließen und die Fäuste bewegungslos zu machen. Im Rahmen des Möglichen sollten die Zügel niemals zurückgenommen werden, indem der Reiter die Hände zu sich zieht: Das ist die zentrale Aussage der Lehre des großen Reiters Baucher. Also, man suche immer die Leichtheit. Die Pferde werden dieser Haltung mit Dankbarkeit begegnen. Ein gut geschultes und gut gerittenes Pferd wird nicht mit dem Maul schnappen, nicht den Kopf heben oder sich aufbäumen, es wird nicht die Zähne fletschen, das Maul öffnen und nicht übermäßig speicheln: Es »genießt das Eisen«, indem es leicht daran kaut und mäßig speichelt. Es vertraut der Hand des Reiters und pariert oder reagiert auf das kleinste Zeichen hin.

Die Zügelhilfen

Die französischen Autoren unterscheiden fünf verschiedene Zügelhilfen. Der Einfachheit halber werden wir uns hier nur auf den rechten Zügel beziehen.
Öffnungszügel: Die rechte Faust wird nach rechts aufgedreht, die Fingernägel schauen nach oben. (In Österreich wird Faust nur eingedreht, nie aufgedreht.) Der Ellbogen entfernt sich nicht vom Körper, die Beine

sind körpernahe. Das Pferd geht nach rechts, der Körper folgt den Schultern.

Konträrer Zügel oder Anlehnungszügel: Die rechte Hand wird nach links vorne auf den Mähnenkamm über die linke Hand gebracht. Unterstützt durch die Beine, vor allem durch das linke Bein. Das Pferd schwenkt nach links, der Körper folgt den Schultern. Dies ist eine Methode, um auf eine Seite zu schwenken, wenn man die Zügel in einer Hand hält.

Direkter Gegenzügel: Die rechte Hand bleibt in ihrer normalen Stellung, der Zügel verläuft dabei parallel zum Pferdehals. Die Hand wirkt gleichzeitig als Bremse und als Drehpunkt: Das Pferd »dreht« um diesen Punkt herum. Die Schultern gehen nach rechts, das Pferd schwenkt nach rechts.

Konträrer Gegenzügel: Die rechte Hand wird von rechts nach links, oberhalb des Halses, an den Platz der linken Hand geschoben. Dort verharrt sie. Das rechte Bein bleibt verwahrend in seiner Stellung, das linke wirkt durch Druck von rechts auf das Pferd ein; das Pferd schwenkt nach links. Im Stillstand kommt es dabei zu einem Rückwärtstreten, aus der Bewegung heraus kommt es zu einem Tempoverlust.

Zwischenzügel: Der rechte Zügel muß von vorne nach hinten gedreht werden, wobei er hinter den Widerrist kommt, in Richtung der linken Flanke. Das rechte Bein des Reiters drückt nach links, das linke Bein wirkt verwahrend und hält die Dynamik aufrecht. Der Reiter wirkt so auf das gesamte Pferd ein und drückt gleichzeitig die Schultern nach links.

Es ist notwendig, die fünf Zügelhilfen theoretisch und praktisch zu beherrschen, um einen Eindruck über die Vielfalt der Möglichkeiten zu bekommen, die einem Reiter zur Verfügung stehen, um sein Pferd zu lenken. Die Zügelhilfen entsprechen in einem gewissen Sinn den verschiedenen »Handpositionen« beim Fechten (erste, zweite usw.). Man muß sie kennen, erlernen, ohne in Starre zu verfallen. Es handelt sich jedenfalls nur um theoretische Beschreibungen, was wirklich zählt, ist der Dialog zwischen der Hand des Reiters und dem Pferdemaul. Die Hand nimmt für die verschiedenen Zügelhilfen die vorgeschriebenen Stellungen ein, es handelt sich jedoch um fast unmerkliche Bewegungen in jeweils auf die Situation abgestimmten Abstufungen. Es gibt also einen Dialog zwischen der Hand und dem Pferdemaul, und genau so gibt es einen Dialog zwischen den Händen und Beinen des Reiters. Die Hände unterstützen die Beine und umgekehrt. Dennoch bleibt die goldene Regel, auf die wir bereits hingewiesen haben, gültig: Hand ohne Beine, Beine ohne Hand. Das heißt, Bein- oder Handhilfen werden nur alternierend gegeben und niemals (oder besser gesagt, fast niemals) gleichzeitig. Wenn der Reiter in einer gewissen Gangart, in einem gewissen Rhythmus gut vorwärts kommt, also dynamisch und ausgeglichen reitet, bedeutet das, daß er die Praktik anwendet, die die Franzosen unter *descente de main et de jambes* verstehen. Im deutschen Sprachgebrauch kommt das dem Begriff »Pferd am langen Zügel« gleich. Das bedeutet, er lockert die Anlehnung, entspannt die Beine, hört auf einzuwirken: Das Pferd muß das Gefühl haben, zu seinem eigenen Vergnügen und aus eigenem Willen heraus vorwärts zu kommen. Gute Reiter vermitteln den Eindruck, als bewegten sie sich kaum im Sattel. Ihre Bewegungen sind kaum merklich, aber präzise. Sie fuchteln nicht mit Händen

und Beinen, ihre Eleganz besteht aus Effektivität und aus der Beschränkung auf das Wesentliche.

In der Praxis wird der Reiter, abgesehen vom »Öffnungszügel«, den wir bereits in dem der Grundausbildung gewidmeten Kapitel beschrieben haben, vor allem den »direkten Gegenzügel« (langsamer werden, parieren, rückwärtsgehen) sowie den richtig dosierten »konträren oder Anlehnungszügel« anwenden. Wie Baldo Bacca in seiner Abhandlung über die Kunst der Reiterei richtig anmerkt, »... ist es einleuchtend, daß beim Langsamerwerden der Druck von beiden Seiten parallel erfolgen muß und die Fäuste sich weder voneinander weg noch zueinander bewegen dürfen, während bei Einwirkungen, die das Pferd zu einem seitlichen Schwenken nach rechts veranlassen sollen, beide Zügel so anzuwenden sind, daß auf dem rechten Zügel ein Druck parallel zum Hals und auf dem linken Zügel ein Druck gegen den Hals ausgeübt wird, der in der Intensität unterschiedlich sein wird, je nachdem, wie sich das Pferd beim Schwenken verhalten soll. Wenn man will, daß das Pferd die Hinterbeine weiter nach links setzen soll, als die Vorderbeine nach rechts gehen, dann wird der parallele Druck des rechten Zügels größer sein. Der schräge Druck links wird größer sein, wenn man will, daß das Pferd die Vorderbeine weiter nach rechts setzt, als es die Hinterbeine nach links setzt. Der Druck muß gleich stark sein, wenn Vorder- und Hinterbeine gleich weit bewegt werden sollen.

Das Rückwärtstreten: Die Zügel sind leicht gelockert. Das zeigt, daß der Reiter nicht am Maul des Pferdes zieht, um nach rückwärts zu treten (Filippo Moyersoen auf Jock).

Eine Dehnung des Halses: Das Pferd streckt den Kopf nach unten und nach vorne. Die Reitschülerin gibt in den Händen dementsprechend nach.

Obwohl die Hände unterschiedlich auf das Pferd einwirken, müssen ihre Bewegungen doch gemeinsam ablaufen, und es darf nicht vorkommen, daß eine Hand allein agiert und die andere nur mitgeht.«

Mit diesem Satz stellt sich Bacca richtigerweise gegen die Vorschrift der kompromißlosen Caprilli-Anhänger, derzufolge es genügt, einen Zügel zurückzunehmen und mit dem zweiten nur proportional dazu nachzugeben. Diese Vorgangsweise mag zwar im Anfangsstadium der Ausbildung genügen, nicht aber bei einer verfeinerten Form der Reiterei, also in einem Ausbildungsstadium wie jenem, das wir auf diesen Seiten beschreiben.

Will der Reiter einen Rechtskreis im verkürzten Trab ausführen, muß er einsitzen: Die rechte Hand hält er dabei ein wenig höher als die linke Hand, leicht gespannt, um den Pferdekopf entlang der Kreislinie zu führen. Die linke Hand hält den Kontakt mit dem Pferdemaul aufrecht und bestimmt dessen Position (mehr oder weniger nahe dem Widerrist), je nach der Genauigkeit, mit der das Pferd den Kreis beschreibt. (Nuno Oliveira schrieb: »Der Innenzügel beugt, stellt, der Außenzügel setzt, begrenzt.«)

Gleichzeitig bleibt das Innenbein verwahrend am Sattelgurt, während das Außenbein ein wenig weiter hinten die Rippengegend des Pferdes zur Krümmung veranlaßt. Wenn das Pferd vom Kopf bis zum Schweif perfekt gekrümmt ist und sich mit der richtigen Dynamik fortbewegt, kann es der Reiter belohnen, indem er die Anlehnung lockert (der Kontakt bleibt jedoch bestehen) und die Beine entspannt: Das ist die berühmte *descente de main et des jambes*, das Pferd am langen Zügel.

Halbe Parade

Manchmal kann es während der Arbeit zu einer Tendenz des Pferdes zur Schulterlastigkeit kommen, oder der Reiter will versuchen, das Tier in eine Balance zu bekommen oder seine Balance zu verstärken. Dazu dient die sogenannte halbe Parade (im Französischen: *demi-arrêt*). Es handelt sich dabei um ein eher energisches Eingreifen, das aber niemals brutal sein darf: Der Reiter hebt eine oder beide Hände und versucht, die Vorderpartie des Pferdes (Kopf und Hals) in den Griff zu bekommen, so daß die Balance nach hinten verlagert wird. Diese Zügelhilfe wird rasch ausgeführt und wird stets unmittelbar von einer nachgebenden Hilfe gefolgt. Bei der halben Parade muß das Pferd den Halsansatz und den Kopf heben, wobei der Genickwinkel nicht vergrößert werden soll. Dieser müßte im Gegenteil eher kleiner werden. Die halbe Parade kann in allen Gangarten ausgeführt werden. Beim Springen dient sie dem Pferd zur Sammlung der Balance vor Inangriffnahme des Hindernisses.

Vorwärtsparade

(Gleichzeitige »Halt«parade mit der Hand und entgegengesetzt wirkender Fersendruck durch Sporen)

Bereits mehrmals haben wir auf die Regel »Hand ohne Beine, Beine ohne Hand« hingewiesen. Dies ist eine Regel, die stets eingehalten werden muß. Eine Ausnahme hierzu bilden nur Extremfälle, in denen man dem Tier mit Bestimmtheit und Konsequenz begegnen muß. In diesen Situationen (Widersetzlichkeiten, Notfälle usw.) muß man zu jenem Mittel greifen, das die Franzosen die Parade mit gleichzeitigem, entgegengesetzt wirkendem Fersendruck nennen (*effet d'ensemble sur l'éperon*). Achtung: Diese Vorwärtsparade kann nur bei gut geschulten Pferden, die leicht an der Hand und sensibel an den Beinen sind, nutzbringend angewendet werden. Anderenfalls verwirrt es sie und kann die Widersetzlichkeit noch verstärken.

Faverot de Kerbrech beschreibt diese Einwirkung in

seinem Buch über die methodische Dressur des Reit-pferdes (*Dressage méthodique du cheval de selle*, 1891) folgendermaßen:

»Ab einem bestimmten Grad der Ausbildung kann der Reiter gegebenenfalls seinen ›Schüler‹ zwischen Kandare und Sporen einschließen, fesseln, so daß jeglicher Versuch einer Verteidigung bereits im Keim erstickt wird: Die Hände werden an den Pferdekörper herangebracht, es folgt ein rasches, stärker werdendes Schließen der Schenkel, bis zu einem bewußten, dauernden und energischen Anlegen der beiden Sporen. Dadurch erreicht man die sogenannte ›Vorwärtspa-rade‹. Diese Einwirkung erreicht und bekräftigt die Lösung der Spannung der Kinnbacke, zerstört jeden Ansatz von Widerstand, macht das Tier bewegungslos und dem Willen des Reiters gefügig [...]. Auf diese Weise kann man jegliche Verteidigung verhindern und das Pferd führen, wohin man will und in welcher Gangart man will, unabhängig vom entgegengesetzten Willen des Tieres oder an einem Gegenstand vorbei, der es erschreckt hat.«

Eine sehr passende Beschreibung für die Einwirkung, deren Ausübung ich jedoch nur wirklich erfahrenen Reitern auf gut geschulten Pferden rate.

Das Rückwärtstreten

Vollkommen bewußt haben wir die Bewegung des Rückwärtstretens, einem sehr wichtigen Element für die Arbeit im Dressurviereck, bisher außer acht gelassen. Paradoxerweise gibt es Theoretiker wie Jean d'Orgeix, die das Rückwärtstreten als die wichtigste Gangart schlechthin bezeichnen. In einem gewissen Sinn mag diese Anschauung ihre Gültigkeit haben, da das Tier im Rückwärtstreten seine Unterwerfung unter den Willen des Reiters beweist. Gleichzeitig führt diese Bewegung dazu, die Hinterbeine unter den Körper zu bringen. Also ein doppelter Vorteil psychologischer und körperlicher Natur.

Das Rückwärtstreten sollte nur von gut geschulten, an den Beinen sensiblen und an der Hand leichten Pferden gefordert werden: Anderenfalls kann diese Übung in einer Kraftprobe enden, wie das Ziehen an zwei Endes eines Seiles.

Man sollte dabei folgendermaßen vorgehen: Das Pferd wird durchpariert. Die Schenkel üben einen Druck auf die Rippen aus, während die Fäuste geschlossen werden. Niemals dürfen die Zügel dabei nach hinten gezogen werden: Wenn das Pferd nicht rückwärts tritt, wenn es den Kopf hebt oder sich widersetzt, so bedeutet das, daß es für diese Übung noch nicht bereit ist. Bevor man zu Gewalt greift, sollte man sich von einer zweiten Person vom Boden aus helfen lassen, oder aber absitzen und die Übung vom Boden aus probieren. Das Rückwärtstreten muß stets ruhig und mäßig ausgeführt werden. Schon eingangs muß der Reiter entscheiden, wie viele Schritte nach hinten er das Pferd ausführen lassen will. Nach dem Schritt (oder den Schritten) nach hinten, in den Händen nachgeben und die gewünschte Gangart aufnehmen.

Die Streckung des Halses

Die gesamte Ausbildung und die Arbeit im Dressurviereck im speziellen müssen als Art vernünftige Gymnastizierung des Pferdes angesehen werden. Im Zuge dieser Gymnastizierung ist die Übung der »Streckung des Halses« extrem nutzreich. Bei dieser Bewegung dehnt das Pferd den Kopf nach vorne und nach unten und aktiviert dabei die Rückenmuskulatur. Diese Übung ist für jegliche Form der Reiterei ratsam, im speziellen jedoch für das Springen und das Geländereiten.

Wie erreicht man das Strecken des Halses? Der Autor L'Hotte beschreibt dies meisterlich in seinem Buch *Questions équestres*: »Die Arme wirken wie elastisch gespannte Federn und müssen auf die Trensenzügel einen Zug ausüben, dem das Pferd instinktiv durch Streckung des Kopfes und Halses begegnet. Die Hände folgen der Streckung des Halses durch allmähliches Nachgeben bis zu dem Punkt, in dem der Kopf verharren soll. Der Zug muß wiederaufgenommen werden, sollte das Pferd die Anlehnung nicht von selbst aufrechterhalten.«

Andere Autoren schreiben, daß ein einfaches Senken der Hände das Pferd zu einer Streckung veranlassen müßte. Dies hängt natürlich vom Grad der Ausbildung und von den individuell verschiedenen Einwirkungen und deren Bedeutung ab, wie sie der Reiter als Kommunikationskodex zwischen sich und seinem Pferd festsetzt. Als rein empirische Methode zur Streckung des Halses wollen wir jene erwähnen, die Y. Benoist-Gironière mehrmals beschrieben hat (wir sehen, es sind vorwiegend französische Autoren, die diese Praktiken beschreiben, und wir wollen nicht neu formulieren, was bereits seit so langer Zeit in Fachbüchern festgehalten ist):

Der Reiter legt im Schritt eine Hand auf die Mähne, etwas oberhalb des Pferdemauls und verweilt dort. »Das Pferd«, so schreibt Benoist-Gironière, »lehnt sich an diesen eisernen Zügel an, und nach einer mehr oder weniger langen Zeitspanne gibt es im Maul nach.« Genau in diesem Moment muß der Reiter die Zügel hingeben. Probieren Sie dasselbe mit der anderen Hand, Sie werden die gleiche Wirkung erzielen. Wichtig ist das unmittelbare Nachgeben, damit das Pferd versteht, daß es, wenn es sich der Spannung nicht widersetzt, sofort mit Hingeben der Zügel belohnt wird. Nach und nach wird das Pferd auf Wunsch des Reiters seinen Kopf immer tiefer senken, bis es den Boden berührt.

Schulterherein und Travers

Wir beenden dieses Kapitel über die Arbeit im Dressurviereck mit der Beschreibung zweier grundlegender Bewegungen für die Gymnastizierung des Pferdes: Schulterherein und Travers.

Schon La Guérinière definierte im 18. Jahrhundert das Schulterherein als »... erste und letzte Übung, die man dem Pferd beibringen kann, damit es eine vollkommene Geschmeidigkeit und eine perfekte Beweglichkeit in all seinen Körperteilen erlangt.« Nuno Oliveira verlieh dem noch eine humoristische Note und bezeichnete das Schulterherein als »Aspirin« der Reiterei, als echtes Allheilmittel. Albert Moyersoen machte mich darauf aufmerksam, daß die Übung seltsamerweise immer ungebräuchlicher wird, vor allem bei Springreitern, während das Travers (mehr oder weniger gut) immer noch ausgeführt wird.

Schauen wir, wie das Schulterherein korrekt auszuführen ist: Das Pferd schreitet an der rechten Hand im

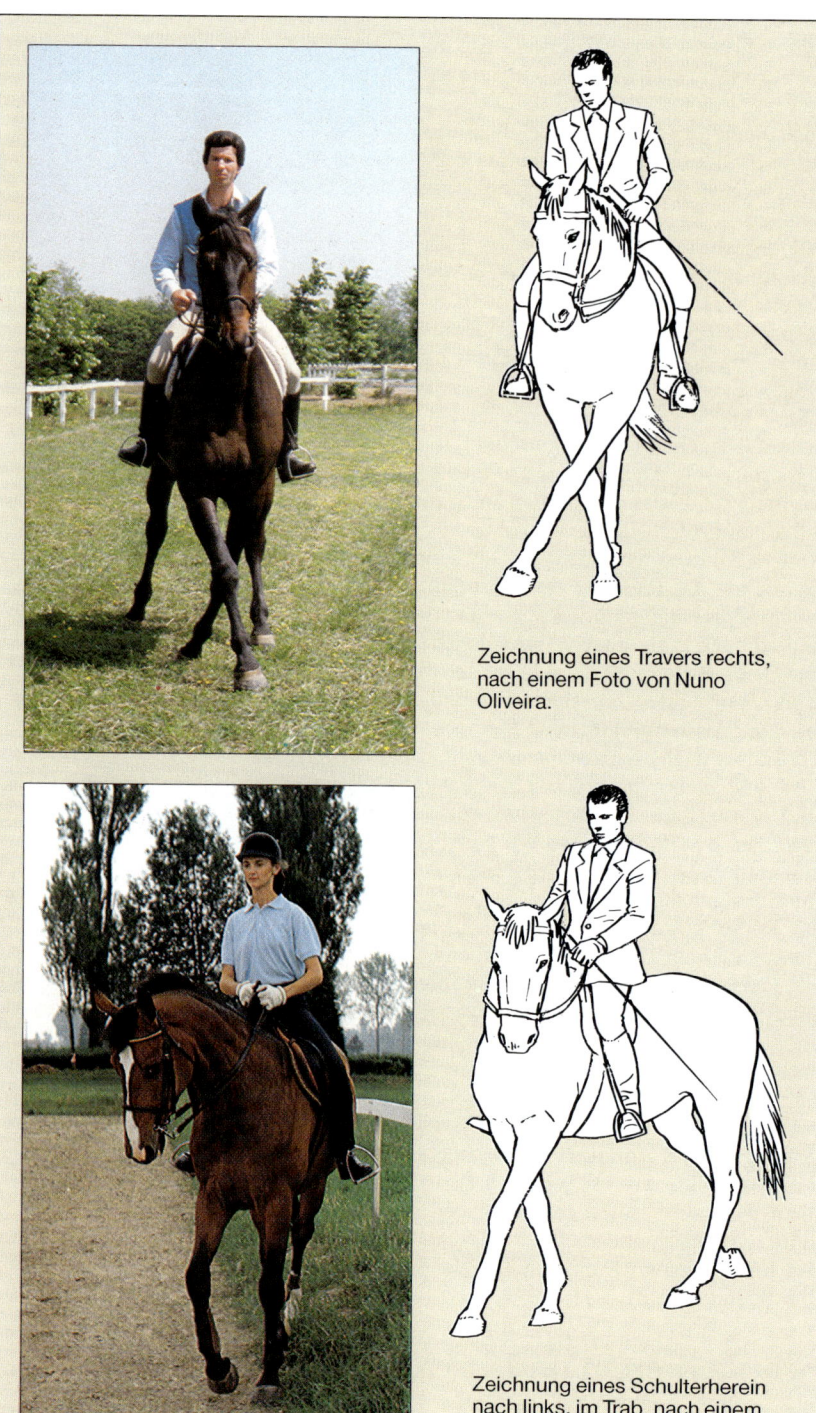

Zeichnung eines Travers rechts, nach einem Foto von Nuno Oliveira.

Zeichnung eines Schulterherein nach links, im Trab, nach einem Foto von Nuno Oliveira.

Auf den Fotos oben: Travers links, im Traben (F. Moyersoen auf Whisky). Die Einwirkung des rechten Beins hinter dem Sattelgurt ist deutlich zu sehen. Der Hals müßte leicht links sein. Darunter: Schulterherein rechts, im Schritt.

Schritt, möglichst versammelt, leicht und federnd dynamisch. Bei der zweiten Ecke der kurzen Seite führt der Reiter, ohne dabei zu ziehen, beide Hände nach außen und in der Folge wieder nach innen. Der Innenzügel wirkt in Richtung der Außenschulter des Reiters. Das Innenbein liegt am Sattelgurt. Bei jedem Schritt berührt und entspannt es jeweils. Dazu sei noch vermerkt, daß man anfangs nie zu sehr auf dem Schulterherein bestehen soll. Ein paar Schritte, dann hingeben der Zügel und Entspannung des Pferdehalses.

Das Schulterherein ist die einzige Bewegung, bei der das Pferd in jene Richtung gebeugt ist, die der Fortbewegungsrichtung entgegengesetzt ist. »Gebeugt« bedeutet jedoch nicht, daß der Kopf nach innen einknicken soll. Bei dieser Übung sind die Vorderbeine auf

einer anderen Bahn als die Hinterbeine. Die Innenbeine treten dabei über die äußeren vor.

Die Übung des Schulterherein hat einen gymnastizierenden Effekt und soll das Pferd leicht, geschmeidig, kompakt und harmonisch machen. Der Reiter soll dabei vollkommen entspannt sein. Das Innenbein liegt dabei nahe beim Sattelgurt und wird nicht zu weit nach links geschoben. Das Körpergewicht ruht auf dem äußeren Sitzknochen, und das äußere Bein wirkt elastisch, etwas weiter hinten als das Innenbein, damit die geforderte Biegung und Schräge beibehalten werden.

Das Schulterherein wird zuerst im Schritt ausgeführt, später auch im Trab und im Galopp. Natürlich muß der Reiter diese Übungen aussitzen.

Sobald Reiter und Pferd das Schulterherein korrekt beherrschen, kann man zum Travers schreiten.

Nehmen wir an, das Pferd geht im Schritt auf der rechten Hand an der langen Seite der Reitbahn. Am Ende der langen Seite soll der Reiter das leichte, versammelte Pferd aus einer inneren Dynamik heraus eine halbe Volte ausführen lassen. Beim Travers soll der Reiter beim neuerlichen Nähern an die lange Seite das Pferd leicht zum Inneren der Reitbahn beugen, also in die Richtung, in der es sich fortbewegt. In die Fortbewegungsrichtung zu blicken hilft dabei, die Schultern parallel zu jener des Pferdes zu halten. Das rechte Bein liegt nahe beim Sattelgurt, während das linke Bein ein wenig weiter hinter durch Druck oder wiederholtes Antippen des Pferdes einwirkt. Der rechte (innere) Zügel hält die Beugung aufrecht, der linke unterstützt durch »Begrenzen« die seitliche Verschiebung. Auch das Travers kann im Schritt, im Trab und im Galopp ausgeführt werden.

Der Übergang vom Schulterherein in das Travers und umgekehrt stellt eine optimale Gymnastik für das Pferd dar.

Was wir beschrieben haben, ist die Basis jeglicher Form des Reitens und verhilft zu einem leichten, unterworfenen und angenehm zu reitenden Pferd. Weitere Übungen wie Pirouetten, Passagen, Piaffen usw. in die »Schulreiterei« aufnehmen zu wollen, ist überflüssig. Sie gehören zur Hohen Schule, zu der sich nur Pferde mit ganz spezieller Konstitution und Charakter eignen und die Reiter mit hohem Ausbildungsgrad und hundertprozentigem Engagement fordert. Der große Autor Baucher bezeichnete sie mit einem philosophischen Begriff als »transzendentale Reiterei«. Aber nicht allen ist der Weg in diese Höhen offen.

Zusammenfassung

Bei der Arbeit im Dressurviereck soll der Reiter die drei Gangarten im Zuge eines genau festgesetzten Programmes abwechseln. Den Arbeitspassagen müssen jeweils Ruhe- und Entspannungspausen folgen. Schrittweise und nur für kurze Zeit wird man eine »Beugung« und Versammlung fordern: Der Großteil der Arbeit muß bei natürlicher Kopf- und Halsstellung ausgeführt werden. Ab und zu wird der Reiter die Zügel komplett hingeben, das Pferd muß dabei von selbst die Gangart beibehalten. Paraden und Rückwärtstreten sind zwei höchst wichtige Übungen, wie auch Schulterherein und Travers. Die Leichtheit (von Hand und Beinen) und die Dynamik sind das vorgegebene Ziel. Das Pferd soll stets locker und nicht verkrampft arbeiten.

Die Arbeit über Hindernisse

Die Grundvoraussetzung für das Springen ist bei Pferd und Reiter eine Beherrschung der Arbeit im Dressurviereck. Natürlich muß man nicht warten, bis die Ausbildung am Boden abgeschlossen ist, bevor man zu springen beginnen kann. Aber es liegt im Interesse eines Springreiters, ein heiteres, unterworfenes, leichtes Pferd zu reiten, ein Pferd, das auf das kleinste Zeichen des Reiters hin gehorcht, das den Rhythmus halten kann, die Galoppsprünge entsprechend verkürzen oder verlängern kann, um mit optimaler Balance und Schwung zum Absprung zu kommen. Alle diese Voraussetzungen erreicht man durch vernünftige Gymnastizierung und mit der Zeit. In der Zwischenzeit muß das Pferd springen lernen. Dabei muß man schrittweise vorgehen und darf bei der Höhe der Hindernisse nicht übertreiben. Was zählt, ist der Stil, und zwar der Stil des Pferdes wie auch der des Reiters.

Im allgemeinen gilt, daß man mit ein und demselben Pferd nicht öfter als zwei bis dreimal in der Woche springen soll. Die Zahl der einzelnen Sprünge während des Unterrichts darf nicht übertrieben werden. Der Reiter (oder der Reitlehrer) werden aufgrund ihres Feingefühls und ihrer Erfahrung das richtige Maß ermitteln. Das Pferd muß gerne springen, daher soll es nicht übermüdet oder gelangweilt werden. Der Stil wird anhand niedriger Hindernisse ausgefeilt: 60–80 cm im Trab, 80–110 cm im Galopp. Durch ständiges Wiederholen dieser kleinen Sprünge, die bei Reiter und Pferd keine Angst hervorrufen, erreicht man eine gewisse Präzision, und die Abläufe werden automatisiert.

Vor dem Springen arbeitet der Reiter sein Pferd etwa 20–30 Minuten am Boden, wie üblich in den drei Gangarten. Wenn man will, kann man dabei in den Trabpassagen beginnen, Stangen am Boden oder Cavaletti auf der niedrigsten Höhe zu überwinden. Der Abstand dabei wird bei 1,20 bis 1,50 m liegen, je nachdem ob der Reiter die Schrittweite verlängern oder verkürzen will. Die Stangen oder Cavaletti können auf zweierlei Arten überwunden werden: Entweder bleibt man im leichten Trab oder besser, man geht in den schwebenden Trab über. Wichtig ist, das Pferd schauen zu lassen und es nicht zu stören. Es genügt, ausreichend nachzugeben. Die Cavalettiarbeit eignet sich für jedes Stadium der Ausbildung. Psychologisch gesehen stellt sie gleichzeitig eine Konzentration und eine Entspannung beim Pferd her. Physisch gesehen gymnastiziert sie den Muskelapparat von Hals und Rücken. Den Reiter lehrt sie die Kunst des Nachgebens und festigt den Sitz. Die Cavalettiarbeit bringt also einen doppelten Vorteil: Sie verbessert die Arbeit im Dressurviereck im Trab, perfektioniert das Rhythmusempfinden, die Dynamik, die Regelmäßigkeit bei den einzelnen Takten, das Heben der Gliedmaßen; durch die Dehnung des Halses und die Gymnastifizierung der Rückenmuskeln stellt sie andererseits eine sehr nützliche und vorbereitende Übung für das Springen dar, die durch nichts ersetzt werden kann.

Nach der normalen Arbeit im Schritt, im Trab, im Galopp und eventuell über Cavaletti sind Reiter und Pferd bereit für Sprünge. Auch hierbei muß vorweg ein Programm aufgestellt werden. Wir nehmen als Voraussetzung, daß Reiter und Pferd über einen angemessen guten Ausbildungsgrad verfügen und daß ein Training zweimal in der Woche geplant ist. Die erste Unterrichtsstunde wird den Sprungübungen gewidmet (Hindernis im Abstand von drei Schritten, Hindernisreihen usw.), die zweite den Einzelsprüngen, Kombinationen aus zwei oder drei Sprüngen usw. In bestimmten Abständen (nach jeweils 10–15 Tagen Training) sollen sich Pferd und Reiter auf kurzen Parcours mit 6–7 Hindernissen selbst auf die Probe stellen, wobei dieser eventuell zweimal geritten wird. Auch bei diesen Parcours zählt nicht die Höhe oder Breite der Hindernisse, sondern der Stil und der flüssige Ablauf.

Die Sprungübungen können im Trab oder im Galopp ausgeführt werden. Eine grundlegende Übung, die im Trab geritten wird, ist jene, die im allgemeinen mit »Stange im Abstand von drei Schritten« bezeichnet wird, also in einer Entfernung von etwa 2,50 m. Wir haben diese Übung bereits bei der Grundausbildung beschrieben und werden sie nicht weiter behandeln. In diesem Stadium der Ausbildung kann man den Abstand der Stange vom Hindernis etwas variieren. Wenn wir den Abstand verkürzen (auf etwa 2,20 m), zwingen wir das Pferd, die Schultern energischer zu heben und die Vorderbeine stärker abzubiegen.

Jean d'Orgeix, ein großer Turnierreiter und profunder Kenner der Springtheorie, tendiert dazu, die Nützlichkeit der Übungen mit der sogenannten *barre de réglage*, also mit der eigens vor dem Hindernis aufgelegten Stange, eher gering zu schätzen. D'Orgeix ist ein feuriger Verfechter des »Taxierens« des Pferdes vor dem

Auf den folgenden Seiten »Stange im Abstand von drei Schritten« (in 2,50 m Abstand etwa). Die Übung wird aus dem Trab ausgeführt. Es ist absolut notwendig, daß das Pferd nicht vor der am Boden liegenden Stange in den Galopp ausbricht. Diese Übung dient zur Gymnastizierung des Pferdes für den Sprung, zum Einsatz der Schulter und des Rückgrats. Hier wird die Übung von einem geübten Reiter ausgeführt. F. Moyersoen auf Barone. Beachten Sie dabei die Ruhe des Beins und den tiefen Absatz. Die Hände geben nach, ohne den Kontakt zu verlieren. Der Kopf ist hoch, der Blick nach vorne gerichtet.

Der aufsteigende Ast der Sprungparabel: Der Oberkörper des Reiters (Filippo Moyersoen auf Jock) verläuft parallel zum Pferdekörper. Die Beinhaltung ist perfekt.

1

2

3

4

5

6

Eine Kombination mit einem Galopptakt dazwischen: Weitsprung und Rick im Abstand von etwa 7,50 m. Die Bewegung verläuft gemeinsam und flüssig. Der Sitz des Reiters ist, was Gesamtbild und Genauigkeit betrifft, beispielhaft (F. Moyersoen auf Mini Mac).

Sprung, damit dieses stets richtig zum Absprung kommt. Das läßt sich leicht verstehen: Denken wir nur daran, welche Virtuosität heute vom Paar Reiter-Pferd bei den großen Turnieren gefordert wird. Es wird damit unmöglich, dem Pferd die alleinige Verantwortung für Sprünge zuzuschieben, bei denen gleichzeitig ein großes Maß an Kraft und an Präzision gefordert wird. Wenn der Reiter nun nicht imstande ist, sein Pferd richtig »einzustellen«, so kann er Parcours dieser Art niemals bewältigen.

Bei Sprüngen im Gelände auf natürlichen, nicht allzu schwierigen Hindernissen oder auf niedrigen Turnierparcours ist es nicht notwendig, das Pferd immer »einzustellen«. Es ist ratsam (und nach der Lehre Caprillis auch besser), das Pferd so zu schulen, daß es selbst die Initiative übernimmt und entscheidet, wo es abspringen soll. Das ist die sogenannte »natürliche« Methode, die wir dem Leser dieses Buches empfehlen. Um das Pferd »einzustellen«, braucht man ein Auge, das nicht alle besitzen oder »erlernen« können. Es genügen dann zwei, drei aufeinanderfolgende Fehler, um dem Pferd das Vertrauen und den Mut zu nehmen. Im übrigen »stellt« man das Pferd in einer gewissen Weise auch ein, wenn man nach der »natürlichen« Methode vorgeht: Wenn nicht mehr, dann »stellt« man zumindest die Gangart, den Takt und die Balance ein, man schreibt dem Pferd aber nicht den Punkt des Absprunges vor. Rhythmus halten, warten, unterstützen: Das ist die Regel, auf die wir bereits verwiesen haben. Um sie anwenden zu können, bedarf es einer ernsthaften und vernünftigen Ausbildung.

Kehren wir aber zu unserer »Stange im Abstand von drei Schritten« zurück. Der Reiter muß sie oft überqueren, aber manchmal muß er sich auch darin üben, im Trab ohne Absprungstange zu springen. Eine nützliche Übung ist auch das Springen aus dem Trab (und auch aus dem Galopp) über kleine Hindernisse, komplett ohne Anlehnung, mit hingegebenen Zügeln. In diesem Fall ist das Pferd für Annäherung und Absprung voll verantwortlich. Es wird die Reiter freudig überraschen zu beobachten, wie gut ihre Pferde unter diesen Umständen arbeiten werden. Ein geschultes, und daher in der Balance befindliches Pferd braucht keine Anlehnung zum Springen. Mit ein wenig Geduld kann man ein Pferd dazu bringen, einen kleinen Parcours zu reiten, wobei man es mit einem um den Hals gelegten Riemen und mit dem Halsriemen des Martingals lenkt.

Eine sehr wirksame Methode zur Sprungausbildung nach dieser »natürlichen« Methode ist jene von Anthony Paalman, die dieser in seinem Buch der Reiterei kodifizierte. Es handelt sich um die sogenannte Hindernisreihe. Paalman erklärt, daß hinter einer auf dem Boden liegenden Stange in einem Abstand von etwa 2,50 m ein Hindernis aufgestellt wird, das aus zwei gekreuzten Stangen besteht (die Höhe in der Mitte des Hindernisses beträgt 50 cm), es folgt im Abstand von 3 m das zweite Hindernis der Reihe. Das dritte Hindernis wird dann in einem Abstand von 3,50 m aufgestellt. Im Abstand von 6,10 m folgt ein niedriger Weitsprung. Das erste Element besteht aus gekreuzten Stangen, dahinter eine waagrechte Stange. Im Abstand

von 6,50 m folgt ein Steilsprung, danach, in etwa 10,20 m Abstand, ein niedriger Oxer.

Die Hindernisreihe wird im Trab angeritten, nach der ersten Stange geht das Pferd in den Galopp über. Der Reiter geht in den leichten Sitz und interveniert mit den Beinen nur, wenn das Pferd an Dynamik verliert. Die Anlehnung muß konstant, aber leicht sein. Das Pferd muß den Hals frei bewegen können. Die Hände liegen leicht am Hals auf, die Zügel dürfen nicht zu kurz gehalten werden. Mit der Zeit wird der Reiter lernen, die Hände an den Seiten des Halses frei zu halten. Als Übung kann er auch die Zügel verknoten und die Hände an den Flanken halten.

Natürlich wird nicht sofort die komplette Hindernisreihe geritten. Man beginnt mit der am Boden liegenden Stange und dem Kreuz. Nach und nach, wenn das Pferd einen ausgeglichenen und sicheren Eindruck macht, werden die anderen Hindernisse angefügt. Sobald das Pferd die Hindernisreihe mehrmals komplett bewältigt hat, wird das zweite Hindernis entfernt, und nach und nach alle weiteren, bis am Ende nur mehr das erste und letzte Hindernis übrig bleiben. Das Pferd muß imstande sein, sie mit der gleichen Anzahl an Zwischensprüngen zu überspringen.

Die Hindernisreihe ist eine optimale Übung für das Auge (des Pferdes und des Reiters) sowie für den Rhythmus. Darüber hinaus verleiht es den Einwirkungen Ruhe und Sicherheit. Man darf sie nicht übertreiben, da sie das Pferd sonst in der Entwicklung seiner Technik zurückwerfen. Vor allem dann, wenn die Reihe bereits mehrmals durchritten wurde, müssen die inneren Hindernisse entfernt werden, damit das Pferd zwischen den bleibenden Hindernissen frei galoppiert.

Zur Übung auf Hindernisreihen bedarf es viel Material und möglichst eines Assistenten oder Freundes am Boden, der die Hindernisse plaziert. Anderenfalls ist die Ausführung ein wenig schwierig, was jedenfalls schade wäre, weil die Hindernisreihe das »Aspirin« des Springens ist, wie das Schulterherein das »Aspirin« der Arbeit im Dressurviereck war.

Bei der Arbeit über Einzelhindernisse und über Kombinationen von zwei oder drei Hindernissen muß zum bereits Gesagten kaum mehr etwas hinzugefügt werden. Konzentriert man sich voll auf den Stil und die Technik, kann man dahin kommen, niedrige und mittelhohe Hindernisse (zwischen 90 cm und 1,20 m Höhe) in verschiedenen Formen, egal ob Steil- oder Weitsprung, mit Natürlichkeit zu überspringen. Als Faustregel soll sich der Reitschüler merken, daß der richtige Absprung beim Steilsprung etwa bei dessen

Auf den folgenden Seiten: eine doppelte Kombination: Weitsprung + Rick + Rick. Die Hindernisse sind jeweils einen Galopptakt voneinander entfernt (etwa 7,50 m). Es ist dabei wichtig, die Kombination gut zu beginnen. Ein gut geschultes Pferd wird die restlichen Hindernisse dann ganz von allein nehmen. Zergliedern wir die Sequenz: 1) Das Pferd überspringt leicht den ersten Weitsprung. 2) Galopptakt zwischen erstem und zweitem Element. 3) Der aufsteigende Ast der Sprungparabel auf dem zweiten Hinternis. 4) Gleitphase. 5) Absteigender Ast. 6) Das Pferd ist im Begriff, mit den Hinterbeinen den Boden zu berühren, um zum nächsten Zwischengalopptakt überzugehen. 7) Absprung der Vorderbeine. 8) Aufsteigender Ast beim dritten Hindernis. Das letzte Element dieser doppelten Kombination ist etwa 1,15 m hoch. Am Stil von Pferd und Reiter sollte jedoch stets über niedrige Hindernisse (bis 1 m) gearbeitet werden (F. Moyersoen auf Jock).

1

2

3

4

5

6

156

8

*Auf den Fotos oben Sprung-
übungen für den Reiter.
Oben: Der Reiter springt
die Übung »Stange in drei
Schritt Entfernung« mit
dem Blick zur Seite gewendet. Diese Übung dient
dazu, das Pferd zu »spüren«
und nicht auf den Boden zu
schauen.
Darunter: Dieselbe Übung,
ohne Steigbügel und mit
hinter dem Rücken gehaltenen Händen ausgeführt.
Natürlich kann diese Übung
nur von sehr geschickten
Reitern bewältigt werden.
Beachten Sie die korrekte
Haltung und die Festigkeit
des Reiters im Sattel (F.
Moyersoen auf Mini Mac).*

Höhe liegt: So sollte das Pferd bei einem etwa 1 m
hohen Rick 1 m vor dem Hindernis abspringen. Bei
Oxern rechnet man als Absprung einmal die Höhe
plus die Hälfte der Breite: Bei einem Oxer von 1 × 1 m
würde der richtige Absprung bei 1,50 m liegen. Bei
den Dreiersprüngen liegt der richtige Absprung ungefähr bei der Höhe des ersten Elementes.

Im allgemeinen neigen unerfahrene oder ängstliche
Reiter dazu, Weitsprünge schwieriger einzuschätzen
als sie sind. Den weisesten Ratschlag in bezug auf
diese Art von Hindernis gab William Steinkraus: »Die
beste Art, einen Weitsprung anzugehen, ist jene, eine
ausreichende Dynamik (nicht Tempo) aufzubauen
und dann zu warten. In jedem Fall zu warten, denn ein
zu großer Absprung macht einen Weitsprung noch
weiter, als er sein müßte.«

Bei den Kombinationen (mit einem oder zwei Galoppsprüngen dazwischen) ist es wichtig, das erste Hindernis gut zu bewältigen. Wenn die Abstände zwischen den Hindernissen richtig gewählt sind, wird das
Pferd das folgende Hindernis (oder die folgenden Hindernisse) leicht überspringen. Es genügt ein wenig
Bestimmtheit seitens des Reiters und der Assistenz
durch die Beine. Ab und zu soll man, um sich und
dem Pferd Mut zu machen, einige weniger schwierige
Hindernisse überspringen. Nach einem Kreuz von
etwa 80 cm Höhe wird in etwa 6,80–7 m Abstand ein
Rick von 1,20 m aufgebaut, das später bis 1,40 m erhöht oder in einen Weitsprung (bis zu 1,20 m breit)
umgeformt werden kann. Wenn das Pferd das notwendige Rüstzeug mitbringt und schrittweise geschult wurde, dann wird es diese Prüfung leicht beste-

hen. Später kann man das Kreuz entfernen und das
Hindernis etwas heruntersetzen: 1,20 m für den Steilsprung, 1,20 × 1,20 m für den Oxer. Wenn das Pferd
vorher die Kombination gut bewältigt hat, wird es
keinerlei Schwierigkeiten beim Überspringen von
Einzelhindernissen haben. Die Angaben, die wir bisher gemacht haben, sind nur Richtwerte. Jeder Reiter
kann sie gemäß seinem Pferd und gemäß seinem
eigenen reiterlichen Können variieren. Wir erinnern
nur an eine allgemein gültige Regel: niemals übertreiben!

Eine letzte Übung zum Einzelsprung: Es wird ein
kleines Rick aufgestellt (80–90 cm). Das Hindernis
wird übersprungen, indem man einen Kreis von etwa
10 m Durchmesser reitet. Nach dem Hindernis reitet
man einen Kreis auf der anderen Hand und kommt
zum Sprung zurück. Auf diese Weise beschreibt man
einen Achter, in dessen Mitte sich das Hindernis
befindet. D'Orgeix rät, diese Übung im sitzenden Galopp mit ziemlich langen Zügeln zu reiten, indem man
das Pferd im richtigen Moment biegt. Nur zum Zeitpunkt des Sprunges muß der Reiter natürlich in den
leichten Sitz übergehen, um mit dem Pferd mitzuge-
hen.

Eine der größten Schwierigkeiten beim Springen ist
jene zu verstehen, welche Einwirkung für das Pferd
beim Überwinden der Hindernisse richtig ist. Dieses
Gefühl, das manche Menschen instinktiv besitzen,
und das richtige Auge für den Sprung, bekommt oder
verfeinert man durch Übung und mit der Zeit. Es gibt
Pferde, die beim Anblick des Hindernisses etwas
schneller werden und damit genau die Bedingungen
erzeugen, die für sie selbst optimal sind. Dagegenzu-
wirken wäre ein grober Fehler, wie es ganz allgemein
ein Fehler ist, im falschen Moment während der Annä-
herungs- und Absprungphase auf das Pferd einzuwirken (durch »Behindern« im Maul, Einwirkungen
durch Oberkörper und Beine, wenn es gar nicht nötig
wäre), also genau in jenen Phasen, in denen das Pferd
der Konzentration und Ruhe bedarf, um seine Bewegungen der Situation genau anzupassen. Sollte das
Pferd jedoch übereilen, zögern oder abweichen, dann
muß der Reiter mit den entsprechenden Hilfen eingreifen. Prinzipiell gilt jedoch, daß eine vernünftige
Ausbildung und Training diesen Mißständen vorbeugen können.

Sollte das Pferd zu schnell oder schulterlastig werden,
wird der Reiter durch eine halbe Parade entgegenwir-
ken, wobei gleichzeitig der Oberkörper geradegerichtet wird und das Pferd durch die Beine des Reiters Halt
findet, wieder in den richtigen Takt kommt und seine
Balance wiederaufbaut.

Wenn das Pferd jedoch zu verhalten läuft, müssen
Oberkörper oder Beine je nach Galopprhythmus mehr
oder weniger stark treibend einwirken. Dabei wird
der Reiter vom leichten Sitz, den er in der Näherungsphase eingenommen hat, wieder in den Sattel zurückgehen. Dadurch wird der Oberkörper zur Hilfe. Jedenfalls muß vermieden werden, die Hilfe durch Oberkörper und Beine gewohnheitsmäßig als Hilfe einzusetzen.

Sollte das Pferd versuchen, seitlich auszuweichen,
wird der Reiter es durch geeignete Zügel- und Schenkelhilfen in die richtige Richtung zurückbringen.
Wenn das Pferd nach rechts zieht, muß man wieder
den sogenannten »Korridor« aufzubauen versuchen,
indem man beide Hände nach rechts schiebt und

hauptsächlich mit dem linken Bein einen Druck ausübt.

Trotz allem kann es passieren, daß das Pferd falsch zum Hindernis kommt, daß es zu groß oder zu tief wegspringt oder daß es einen kleinen Zwischensprung einlegt. In all diesen Fällen darf sich der Reiter nicht überrumpeln lassen. Springt das Pferd zu groß weg, muß der Reiter versuchen, mit dem Oberkörper zu folgen und die Vorwärtsbewegung zu betonen. Wenn ihm das absolut nicht gelingt, dann muß er die Zügel durch die Finger gleiten lassen, um das Pferd im Maul nicht zu stören. Bei Zwischensprüngen muß der Reiter die Schwerkraft besiegen, die ihn nach vor zu werfen droht. Er muß den Oberkörper rasch aufrichten und sich bemühen, wieder mit dem Pferd eine Einheit zu bilden. Eine geeignete Ausbildung an Hindernisreihen, niedrigen Sprüngen, Einzelsprüngen mit Verfeinerung des Stils und Automatisierung der Abläufe wird nach und nach diesen unvorhersehbaren Mißgeschicken vorbeugen.

Schließlich kann es vorkommen, daß das Pferd vor dem Hindernis seitlich ausbricht, plötzlich verweigert oder das Tempo reduziert.

Zuerst muß man versuchen zu begreifen, warum das Pferd seitlich ausgebrochen ist oder verweigert hat. Es könnte sein, daß die Schuld beim Reiter lag, der nicht die richtige Dynamik vorgegeben hat, der eine schlechte Seitwendung ausgeführt hat, der zu nervös ist usw. Manchmal ist es nur der Anblick eines neuen, ungewohnten Hindernisses, der dem Tier Angst einjagt, oder Übermüdung, Muskel- oder Gliederschmerzen usw. Der Reiter muß alle Möglichkeiten kurz überdenken und nur in Extremfällen bestrafen. In den meisten Fällen ist es am besten, das Hindernis herunterzusetzen und es noch einmal zu probieren. Dabei muß man einige Details beachten:

Wenn das Pferd zum Beispiel nach links ausbricht, muß der Reiter von rechts, im Rechtsgalopp zum Hindernis zurückkehren, wobei er das Pferd autoritär im »Korridor«, also fest zwischen Händen und Beinen hält, in einem mäßigen, aber dynamischen Takt. Diese so grundlegende Regel wird von vielen mißachtet. Auch bei Verweigerungen muß man das Hindernis auf eben diese Art und Weise und mit einer nicht zu

Beim Ausritt auf der Landstraße. Die Reiter halten den richtigen Abstand zum Vordermann.

langen Strecke zum Angaloppieren noch einmal angehen. Wie beim falschen Anreiten gilt auch bei seitlichem Ausbrechen und Verweigerungen, daß im Falle von wiederholtem Auftreten irgend etwas nicht stimmen kann. Der Reiter muß in einem solchen Fall sein Gewissen erforschen und eventuell einen erfahrenen Reiter um Rat fragen. Das Reiten ist nicht nur eine Sache des Körpers, sondern auch des Geistes.

Die Arbeit im Gelände

Beim Galoppieren in der Gruppe muß darauf geachtet werden, daß die Pferde nicht übermütig werden und die Zügel aus der Hand reißen.

Bereits im Kapitel über die Grundausbildung sprachen wir über Geländeritte, jedoch nur in Form ruhiger Spazierritte, bei denen bestenfalls kleine Naturhindernisse zu bewältigen waren.
Im Zuge der fortgeschrittenen Ausbildung gibt es eine sportlichere, fast wissenschaftliche Art des Geländerittes, bei dem der Reiter die Schwierigkeiten absichtlich sucht, um sie dann von Fall zu Fall stilvoll, kunstgerecht und meisterlich zu überwinden.
Caprilli forderte 1902 in einer seiner Schriften, als Pendant zum »klassischen Schulreitstil« einen »klassischen Geländereitstil« gelten zu lassen. Wenn man beim Reiten im Gelände mehr sucht als reine Spazierritte, also wenn man lange, mehr oder weniger schwierige Geländepassagen bewältigen will, dann bedarf es einer Technik, eines Rüstzeugs an Kenntnissen und geistig-körperlichen Gaben, wie sie auch in allen anderen Bereichen der Höheren Reiterei unumgänglich sind.
Vor allem muß der Reiter mit seinem Pferd gut im Dressurviereck und über Hindernisse arbeiten können. Mehr denn je muß gerade im Gelände das Pferd leicht, gefügig und gehorsam sein, auch in den stärkeren Gangarten. Es muß dem Reiter blind Vertrauen schenken, so daß es auch über Hindernisse springt, bei denen es nicht sieht, was dahinter liegt. Was das

Springen betrifft, so muß das Geländepferd die beweglichen Hindernisse im Parcours und in der Reitbahn souverän beherrschen, weil die Hindernisse in der Natur fest sind und man sich daher keine Fehler erlauben darf. Dabei gilt folgende grundsätzliche Regel: Um mit einem gewissen Spielraum an Sicherheit ein festes Hindernis von 1 m Höhe bewältigen zu können, muß das Pferd bewegliche Hindernisse von mindestens 1,10–1,15 m locker überspringen können. Es ist richtig, daß sich das Pferd bei unbeweglichen Hindernissen stärker konzentriert und besser springt, man darf aber kein Risiko eingehen. Das Pferd muß jedenfalls gut für Sprünge gymnastiziert sein: Sprünge im Trab (mit und ohne Absprungstange), Hindernisreihen, Kombinationen, Sprünge aus dem Stillstand oder beinahe aus dem Stillstand müssen dem Tier beigebracht haben, wie es mit jeglicher Situation fertig wird.

Das Geländepferd muß darüber hinaus sportlich sein, ein Langstreckenläufer, fähig, weitere Trab- und Kanterpassagen durchzustehen. Es muß Mut, einen gutmütigen Charakter und Trittsicherheit haben, da dem Pferd beim Ausritt das Leben des Reiters anvertraut ist, wesentlich mehr als auf der Reitbahn oder bei einem Turnier. Aus diesem Grund riet James Fillis, niemals beim Kauf eines Jagdpferdes zu sparen.

Der Geländereiter muß auf dem Flachen und über Hindernisse sicher und präzise reiten können und darüber hinaus über Gaben verfügen, die von einem Springreiter oder Dressurreiter nicht unbedingt gefordert werden: Orientierungssinn, Fähigkeit, die Bodenkonsistenz beurteilen zu können (zu sehen, wo man traben, galoppieren kann usw.), Sinn für Entfernungen und Gangarten, Ortsgedächtnis, Vorsicht und Gefühl für Gefahren, Mut bei unvorhergesehenen Situationen usw. All diese Gaben können natürlich durch Übung verfeinert werden.

Daraus ersehen wir schon, daß die allgemeine An-

Links: Kanter im Zirkel am langen Zügel. Self-carriage: Das Pferd behält von sich aus die Bewegung bei.

Unten: Im Galopp am Strand.

161

Eine Ruhepause zum Plaudern.

nahme, Geländereiten wäre dem Spring- oder Dressurreiten unterlegen, irrig ist. Wenn es mit Verstand und Niveau ausgeführt wird, ist das Geländereiten mit den anderen Disziplinen völlig gleichzustellen. Nicht zuletzt heißt die Military auch Vielseitigkeitsprüfung, weil sie unter anderem eine extrem schwierige Geländeprüfung enthält.

Nun einige Anmerkungen zur Technik. Sobald man ins Gelände geht, um dort wirklich ernsthaft zu arbeiten, empfiehlt sich ein Zusammenschluß von zwei, drei oder maximal vier Reitern des gleichen Niveaus. Eine größere Anzahl würde nur zu Unordnung führen. Wenigstens einer der Reiter sollte sicher und sehr erfahren sein. Im Gelände arbeiten die Pferde besser, und auch unerfahrene Pferde, Fohlen und notorische Zögerer folgen dabei dem Leitpferd. Als allgemeine Regel können wir sagen, daß man, abgesehen von einfachen Geländeritten, niemals allein ausreiten sollte. Es wäre unvorsichtig, allein Hindernisse oder schwierige Passagen bewältigen zu wollen, bei denen man stürzen könnte. Die Folgen (für Reiter und Pferd) sind leicht auszumalen.

Beim Überqueren von Hindernissen muß der Reiter die verschiedenen Regeln beachten, die wir bereits aufgezählt haben. Im Gelände kann das Pferd mehr denn je ausgeglichen und absolut konzentriert springen. Der Boden weist häufig Unebenheiten und harte Übergänge auf: Das Pferd muß sehen können, wo es vor und während des Absprungs auffußen kann. Während der Sprungparabel schaut das Pferd dann, wo es wieder am Boden aufkommen kann.

Gräben können je nach Bodenkonsistenz und Ort, an dem sie sich befinden, in den verschiedenen Gangarten bewältigt werden. Um sie aus dem Schritt oder aus dem Stillstand heraus zu überspringen, geht der Reiter mit dem Oberkörper nach vor und stützt sich in den Steigbügeln ab: Die Hände sind bereit, nachzugeben, lassen die Zügel eventuell sogar durch die Finger gleiten. Aus dem Galopp heraus werden sie in einem taktmäßig entsprechenden Rhythmus, je nach Breite des Grabens mehr oder weniger verhalten, übersprungen. Das Pferd muß während der letzten Galoppsprünge freie Sicht haben, da es versuchen soll, ziemlich tief abzuspringen.

Bei Sprüngen auf Abhängen muß der Reiter den Oberkörper stärker nach vorne beugen. Kommt das Pferd auf einem Abhang auf, muß der Reiter darauf achten, während des absteigenden Astes der Sprungparabel den Oberkörper mehr als üblich geradezurichten, um nicht vornüber zu kippen. Im Gelände zählt vor allem die Festigkeit und Sicherheit des Sitzes. Die Steigbügeleinstellung darf dabei niemals zu kurz gewählt werden.

Im Gelände ist der Schritt die Gangart der Erholung und des Entspannens. Die Zügel werden locker gehalten. Man muß darauf achten, wohin das Pferd geht, man soll jedoch nicht krampfhaft versuchen, kleinen Steinen oder anderen kleinen Hindernissen am Boden auszuweichen: Das muß das Pferd von sich aus tun. Wie Gustave Le Bon (ein Soziologe des ausgehenden 19. Jahrhunderts und Autor einer ausgezeichneten Abhandlung über die Reiterei sowie des Buches *Psychologie der Massen*, das Freud und Mussolini inspirieren sollte!) riet, kann man das Pferd auch Hufschlagfiguren ausführen lassen: ein Schulterherein oder ein Travers, eine Parade, ein Angaloppieren aus dem Stillstand usw. Jeder Ort eignet sich dafür, dem Pferd totalen Gehorsam abzuverlangen. Im allgemeinen jedoch wird im Schritt in absoluter Entspannung geritten.

Trabpassagen im Gelände können ruhig länger ausgedehnt werden. Die Kavallerie pflegte auf ihren Märschen Passagen von einer Viertelstunde im Trab zu reiten, denen jeweils eine weitere Viertelstunde im Schritt folgte. Als vernünftige Regel können wir folgendes annehmen: Trabpassagen sollten, abgesehen von Vorbereitungen für Langstreckenrennen, die Länge von 15–20 Minuten nicht überschreiten, die dazwischenliegenden Strecken im Schritt können jedoch auf wenige Minuten beschränkt sein. In jedem Fall müssen diese Werte auf die jeweilige Kondition des Pferdes abgestimmt werden. Das gleiche gilt für den Galopp, der ebenfalls nicht auf zu lange Passagen ausgedehnt werden soll.

Die Gangart muß immer auf die Bodenkonsistenz abgestimmt werden. Auf asphaltierten Straßen wird man im allgemeinen den Schritt wählen, kurze Trabpassagen können nützlich sein, um den Bandapparat der Tiere zu stärken. Auf naturbelassenen Straßen kann man auch lange Strecken traben. Vom Galoppieren ist abzuraten, abgesehen von eventuellen kurzen Passagen. Der Galopp eignet sich nur für spezielle Bodenarten: nicht zu schwer oder zu hart, wie z. B. Wiesen, Lehmböden, Sandböden usw.

Auch beim Geländereiten gilt ein gewisser Kodex von Regeln für gutes Benehmen. Der älteste oder erfahrenste Reiter führt die Gruppe an, wobei er nicht unbedingt an der Spitze reiten muß. Die Arbeit im Gelände wird auf das schwächste Paar abgestimmt. Es ist dumm, unnötig ein Risiko einzugehen.

Es gibt zahlreiche Kleinigkeiten, die das Taktgefühl und das untadelige reiterliche Benehmen des Anführers unter Beweis stellen: Er wird die temperamentvollen oder nach vorne ziehenden Pferde voranreiten lassen, die phlegmatischen am Ende. Er wird das sicherste Pferd als erstes über ein schwieriges Hindernis springen lassen usw. Es können unzählige unerwartete Situationen auftreten: Für jede davon gibt es eine vom reiterlichen oder menschlichen Standpunkt aus gesehen geeignete Lösung.

Untugenden und Widersetzlichkeiten

Beim Reiten läuft nicht immer alles in idyllischer Harmonie zwischen dem Willen des Reiters und jenem des Pferdes ab. Nein, dieser Sport kann auch zum Schauplatz von Gegensätzlichkeiten, Zusammenstößen und wahren Kämpfen werden. James Fillis schrieb eine sehr lehrreiche Abhandlung über genau diesen Aspekt des Reitsports, wobei er riet, mit extremer Strenge, energisch und bestimmt auf das geringste Anzeichen von Widersetzlichkeit seitens des Pferdes zu reagieren. Nicht jeder Mensch ist im entscheidenden Moment energisch und vor allem mutig genug, um nötigenfalls bis zum Letzten zu gehen. Voraussetzung dafür ist – wie schon oft erwähnt – ein wirklich fester Sitz. Wird eine reiterliche Aktion nur zur Hälfte durchgeführt, kann dies die Situation noch weiter verschlimmern und schließlich zu einer Überlegenheit des Pferdes in diesem Tauziehen führen.

Der Reitneuling verfügt oft nicht über die Kraft, den Mut und die Technik, die Kämpfe mit dem Pferd bis zum Ende durchzustehen und nötigenfalls sogar bis an die Grenzen der Gewalt und Brutalität zu gehen, was in ganz extremen Fällen leider notwendig ist. Daher sollte ein Anfänger niemals ein Pferd reiten oder gar kaufen, das derart grobe und festgefahrene Untugenden hat, daß ein Reiten auf ihm gefährlich ist. Zweitens muß man sich stets vor Augen halten, daß eine sanfte und vernünftige Ausbildung den wirklich manifesten Widersetzlichkeiten vorbeugen kann. Ein ausgebildetes Pferd, das gut am Zügel steht, Schenkel und Sporen in Notsituationen und bei gelegentlichen Ansätzen zu Widersetzlichkeit gehorsam annimmt, kann, wie wir bereits gesehen haben, leicht dazu gebracht werden, sich unterzuordnen. Das ist einer der Gründe, warum viele Stunden der Grundausbildung des Pferdes gewidmet werden müssen.

Dennoch kann es vorkommen, daß man ein widerspenstiges Pferd reitet, oder daß ein an sich gutmütiges Pferd aus irgendeinem unerfindlichen Grund Schwierigkeiten macht. Vorweg ein allgemeiner Rat: Wenn man ein Pferd reitet, das man nicht kennt, soll man anfangs möglichst wenig von ihm verlangen. Der Reiter soll in diesem Fall zuerst einmal versuchen, es vorwärts zu reiten, seitlich zu schwenken und wie in der Grundausbildung beschrieben durchzuparieren, aber alles mit großem Feingefühl und vor allem, ohne dem Pferd seinen Willen aufdrängen zu wollen. Schrittweise lernt man so das Pferd kennen, kann einen Dialog mit ihm aufbauen, beginnt zu erkennen, an welche Zeichen und Hilfen es gewohnt ist und kann diese dann möglichst sanft dosieren. Auch beim Reiten der durch die tägliche Routine verdorbenen Schul- oder Verleihpferde, die oft übermüdet, widerspenstig und hartmäulig sind, darf man keine übertrieben großen Ansprüche stellen.

Um keine allzu schlechte Figur im Sattel zu machen, muß der Reiter gerade bei diesen Tieren beim ersten Anzeichen von Ungehorsam seine Autorität bzw. die Kraft seiner Schenkel und die Festigkeit seiner Zügelführung unter Beweis stellen. Sobald die richtige Rangordnung wiederhergestellt ist, muß der Reiter

allerdings sein Tier respektieren, darf es nicht quälen und muß es so reiten, als wäre es sein eigenes Pferd. Wir wollen nur kurz die häufigsten Untugenden und Widersetzlichkeiten aufzählen. Für eine eingehende Behandlung dieses Themas verweisen wir auf das Buch von Sallie Walrond *Probleme mit dem Pferd. Was tun? Ursachen, Vorbeugung und Behandlung von Schwierigkeiten.* Auch in vielen anderen Büchern über den Reitsport werden die Widersetzlichkeiten und die Maßnahmen dagegen behandelt.

Das Pferd buckelt: Buckeln kann ein Zeichen von Freude, oder aber eine Verteidigung sein. Beim Buckeln senkt das Pferd seinen Hals und rundet den Rücken. Als erste Gegenmaßnahme muß der Reiter daher die Hände heben, den leichten Sitz einnehmen (um nicht mit dem Gesäß den Gegenschlag parieren zu müssen) und das Pferd mit Bestimmtheit durch Schenkeldruck nach vorne treiben.

Der Pferd steigt: Dies ist die gefährlichste Widersetzlichkeit, da das Pferd nach rückwärts fallen und den Reiter dabei mitreißen kann. Wenn sich ein Pferd auf die Hinterbeine stellt, muß der Reiter unbedingt mit dem Oberkörper nach vor gehen und darf sich keinesfalls dem Pferd ins Maul hängen. Um nicht nach hinten zu rutschen, muß sich der Reiter mit einer Hand vorn um den Hals anhalten. Wenn das Pferd wieder auf dem Boden ist, reagiert der Reiter durch

Zu den häufigsten Widersetzlichkeiten zählen folgende:
1. das seitliche Ausbrechen, hier auch in der Höhe sehr betont;
2. das Aufbäumen;
3. das Buckeln.

Nachgeben der Zügel, begleitet von einer energischen Schenkelhilfe, wodurch das Pferd sich dann um seine eigene Achse dreht. In der Drehung kann das Pferd nicht neuerlich steigen.

Das Pferd legt sich auf den Zügel: Es gibt ein Unzahl von Gründen, warum ein Pferd sich auf den Zügel legen kann. Wichtig ist, ihm nicht ununterbrochen einen Halt mit den Zügeln zu geben. Man muß annehmen und nachgeben, mit einem Zügel, dann mit dem anderen, dann mit allen beiden. Wenn es dem Reiter nicht gelingt, das Pferd zum Stehen zu bringen, führt er das Pferd wenn möglich in ein Volte, zuerst mit einem großen Durchmesser, dann immer enger. Um mehr Kraft auszuüben, kann man den äußeren Zügel an den Hals des Pferdes legen und den inneren Zügel abwechselnd annehmen und mit ihm nachgeben, annehmen und nachgeben. Wichtig ist, darauf zu achten, daß sich das Pferd nicht allzu sehr erhitzt. Beim ersten Anzeichen davon muß es mit der Stimme beruhigt werden, man hält an und streichelt es.

Das Pferd scheut leicht: Das Pferd kann zum Beispiel beim Anblick von Gegenständen, die es nicht kennt, erschrecken, davor anhalten oder sogar versuchen, vor ihnen zu fliehen. Es nützt nichts, das Pferd mit Gewalt zwingen zu wollen, die Schenkel einzusetzen oder es zu bestrafen. Es ist besser, das Tier mit der Stimme und durch Zärtlichkeiten zu beruhigen. Der Reiter soll sich dann langsam dem Gegenstand (z. B. einer stillstehenden landwirtschaftlichen Maschine) durch immer enger werdende, konzentrische Kreise nähern. Wenn das Pferd sich absolut nicht nähern will, soll der Reiter absitzen und das Pferd an der Hand zu dem Gegenstand führen, es daran schnuppern lassen, da-

mit es begreift, daß ihm dabei nichts geschieht. Auf jedem Fall wähle man sanfte Methoden.

Manchmal ist es jedoch unumgänglich, rasch an dem Gegenstand vorbeizukommen, der das Pferd ängstigt, z. B. ein Schubkarren am Straßengraben. In diesem Fall empfiehlt es sich, das Pferd in die Gegenrichtung schauen zu lassen. Wenn der Schubkarren am linken Straßenrand steht, wird das Pferd mit einem Schulterherein nach rechts gestellt. So hat das Tier gar nicht die Möglichkeit, den Gegenstand genau zu betrachten. In den meisten Fällen wird es daran vorbeigehen. Wenn es absolut nicht will, sollte man auch in diesem Fall absitzen, das Pferd streicheln und an der Hand vorbeiführen.

Das Pferd bricht seitlich aus: Auch hier muß man unterscheiden: Das Pferd kann aus Freude zur Seite springen, aus Angst oder aus einer schlechten Gewohnheit heraus. Im ersten Fall wird ihm die Arbeit das seitliche Ausbrechen austreiben, im zweiten Fall muß man es mit sanften Methoden, beruhigender Stimme und Zärtlichkeiten probieren. Im dritten Fall hingegen muß man das Pferd bestrafen. Es gibt Pferde, die jeden Gegenstand zum Anlaß nehmen, seitlich auszubrechen. Sie springen also nicht aus Angst, sondern aus einer schlechten Gewohnheit heraus oder aus Widersetzlichkeit. Es gibt Pferde, die immer beim Wegreiten vom Stall Seitensprünge vollführen, niemals aber beim Heimreiten: Das ist ein eindeutiges Zeichen, daß es sich dabei um eine Untugend handelt. Springt das Pferd nach rechts, muß der Reiter es durch den rechten konträren Außenzügel wieder nach links führen (also durch Verschieben der rechten Hand nach links, oberhalb des Halsansatzes), wobei er gleichzei-

Eine Verweigerung: Hier hat das Pferd verweigert, indem es leicht nach rechts ausgebrochen ist.

Links ein Pferd aus dem Maremmengebiet, das sich aufbäumt. Rechts das klassische Verhalten eines Rodeopferdes.

tig mit dem linken Bein einwirkt (diese Methode wird von James Fillis empfohlen).

Das Pferd strauchelt: Ein Pferd kann aus verschiedenen Gründen straucheln: Unerfahrenheit bei der Arbeit im Gelände, Faulheit, Zerstreutheit, schlechter Hufbeschlag, zu langer Huf, Übermüdung, schlechter Körperbau usw. Natürlich darf man dem Straucheln nicht dadurch begegnen, daß man das Tier fest am Maul hält, ganz im Gegenteil. Wenn das Pferd aus Faulheit, Unerfahrenheit oder Zerstreutheit strauchelt, darf man nicht versuchen, es mit den Zügeln zu stützen. Wie könnte man auch einen Körper stützen, der einen selbst trägt? Das wäre absurd. Besser wirkt eine kurze, trockene Schenkelhilfe gleich nach dem Straucheln. Dadurch wird das Pferd »geweckt« und die schlechte Gewohnheit wird ihm ausgetrieben. Strauchelt das Pferd jedoch aus Übermüdung und Schwäche, muß man es ausruhen lassen und ihm zu fressen geben. Liegt der Grund in einem schlechten Körperbau, in einem chronischen Schwächezustand oder in einer köperlichen Abnützungserscheinung, dann wird die Sache ernster. Das Pferd kann straucheln und mit dem Reiter stürzen, was mehr oder weniger ernste Folgen mit sich bringen kann. In diesem Fall ist es besser, aufzugeben und ein solches Pferd wegzugeben.

Das Pferd bockt und weigert sich weiterzugehen: Auch diese Untugend oder Widersetzlichkeit kann viele Ursachen haben. Ein Pferd, das sich durch Widerspenstigkeit der Arbeit widersetzt, kann womöglich krank sein. In diesem Fall ist die Diagnose eines Tierarztes notwendig. Manchmal ist es eine reine Unart. Wenn ein Pferd einfach stehenbleibt und sich weigert, weiterzugehen, wird der Reiter zuerst die Sporen und die Reitgerte hinter dem Sattelgurt einsetzen und versuchen, das Pferd mit einem Lockerlassen des Zügels weiterzubewegen. Dann wird er es in die richtige Richtung stellen, wobei er fest mit beiden Beinen von beiden Seiten einwirkt (wenn notwendig, nochmals Berührung mit den Sporen), wobei der Oberkörper etwas nach hinten geneigt ist. Ein Rüge mit lauter Stimme kann ebenfalls nützlich sein.

Das Pferd tänzelt: Das ist eine sehr lästige Angewohnheit, vor allem, wem man mit anderen Pferden ausreitet. Das Pferd kann aus Nervosität tänzeln, oder weil es eine geringe Schrittlänge hat und nicht mit den anderen Schritt halten kann. In diesem Fall muß man dem Pferd beibringen, den Schritt zu verlängern, und zwar folgendermaßen: Wenn das Pferd tänzelt, bringt man es mit einer bestimmten, aber dennoch nicht unsanften halben Parade wieder in den Schritt und gibt dann in den Zügeln nach. Wenn es wieder anfängt zu tänzeln, beginnt man den Vorgang von neuem.

Es gibt eine Vielzahl von Untugenden und Widersetzlichkeiten, wie das Beugen des Kopfes zur Brust, das Hinaufwerfen des Kopfes, das Schlagen mit dem Kopf usw. All diese Reaktionen sind Auswirkungen einer schlechten Ausbildung oder einer schlechten Reittechnik. Viele durch schlechte Reiter verdorbene Pferde müssen neu zugeritten werden, was noch schwieriger ist als die Erstausbildung. Man muß zu den Grundbegriffen zurückkehren und die gesamte Erziehung von Grund auf neu durchmachen, aber diesen Themenkreis wollen wir in einem späteren Kapitel behandeln.

Turniersport: Pro und kontra

Es ist verständlich, ja in gewisser Weise sogar wünschenswert, daß ein Reiter nach einer guten Ausbildung und nach einer mehr oder weniger langen gemeinsamen Arbeit mit einem Pferd den Wunsch hat, an Turnieren teilzunehmen. Sich für ein Turnier vorzubereiten erfordert Disziplin und Engagement. Wenn der Reiter dabei nicht von einem guten Lehrer unterstützt wird, muß er selbst für die Kondition seines Pferdes die Verantwortung übernehmen: Der Reiter muß nicht nur selbst Sportler, sondern gleichzeitig auch Trainer sein (sein eigener und der des Pferdes). Für den Turniersport bereit ist man erst dann, wenn Reiter und Pferd das technische und Konditionsniveau erreicht haben, das die gewählte Disziplin erfordert.

Zu den drei traditionellen Disziplinen (Springreiten, Military und Dressurreiten) hat sich in letzter Zeit als vierte Möglichkeit der Pferdesporttourismus hinzugestellt, der dem Umweltbewußtsein und der Ideologie der heutigen Zeit entspricht. Bei den Ferien im Sattel wird in gewisser Weise eine Rückkehr zum Geländereiten der Schule Caprillis realisiert, wobei sich verschiedene Möglichkeiten bieten: gemeinschaftliche Wanderritte, kleine Cross-Country-Bewerbe (mit Hindernissen von höchstens einem Meter Höhe), Geschicklichkeitsbewerbe, Zuverlässigkeitsbewerbe, Langstreckenritte.

Ganz gleich welcher Form des Turniersports sich der Reiter verschreibt, muß er vorher jedenfalls sein Gewissen genau erforschen und sich folgende Fragen beantworten: Bin ich technisch ausreichend ausgebildet für diese Art von Turniersport? Ist mein Pferd ausreichend geschult, um an solchen Bewerben teilnehmen zu können? Bin ich mit meinen Pferd so weit zu einer Einheit zusammengewachsen, besteht dieses gegenseitige Verständnis, das es uns ermöglicht, die gewählte Disziplin zu bestreiten? Es ist absolut unsinnig und schädlich, unvorbereitet an einem Bewerb teilzunehmen, vor allem für das Pferd, das dadurch wesentlich größere Anstrengungen auf sich nehmen muß. »Der Respekt vor dem Pferd« sollte die Maxime jedes Reiters sein.

Bei dieser »Gewissenserforschung« sollte sich der Reiter von einem seriösen, kritischen Reitlehrer beraten lassen. Wenn alle Antworten positiv ausfallen, kann sich der Reiter für den Bewerb anmelden. Die Freude, sich dem Wettkampf zu stellen, sich selbst zu beweisen, zu gewinnen, kann überschwenglich sein. Aber ganz abgesehen von Sieg, Plazierung oder Niederlage stellt jeder Bewerb für den Reiter eine Prüfung dar, die ihm Vorzüge oder Mängel seiner Reitweise, den Grad der Ausbildung, die »Klasse« und die Kondition seines Pferdes aufzeigen können.

Wir wollen hier in der Folge einige Ratschläge geben,

Im Galopp bei einem Militarybewerb. Das Pferd besticht durch die Dynamik seiner Bewegungen und die Reiterin durch ihren perfekten Sitz.

wie Sie ihr Pferd konditionsmäßig auf den Wettkampf vorbereiten können.

Pferde für Springturniere müssen in erster Linie hervorragende Springer sein. Die Arbeit in der Dressur und im Springen, wie wir sie in den vorangehenden Kapiteln beschrieben haben, stellt die technische Basis hiefür dar. Das Turnierpferd muß darüber hinaus auch athletisch gebaut sein und über ein gesundes, leistungsstarkes Herz und eine ebensolche Lunge verfügen. Ein- bis zweimal pro Woche müssen auf dafür geeignetem Gelände Galopp-Passagen als Atemübung trainiert werden (auf Wiesen, Sandpisten usw.): je 1000–1500 m im Rechtsgalopp und im Linksgalopp. Das Tempo sollte bei 400 m pro Minute liegen. Der Galopp sollte flüssig und losgelassen sein, der Reiter sitzt dabei im leichten Sitz, faßt die Zügel nicht zu kurz und hält eine geschmeidige, leichte Anlehnung an das Pferdemaul.

Nach jeder Übungseinheit (sowohl in der Dressur als auch im Springen) muß der Reiter dem Pferd eine Entspannungsphase im Gelände gönnen. Oft sind Springpferde gerade deshalb neurotisch, weil sie zu selten ins Freie kommen. Ab und zu, wenigstens in gewissen Abständen, sind Spazierritte empfehlenswert: Trab- und Kanterpassagen, Steigungen und Abhänge und nicht zu schwere Sprünge über natürliche Hindernisse.

Das Training für das Military (niedrigere Kategorie) und für Geschicklichkeitsbewerbe, wie sie die Reitsportvereine organisieren, sind einander sehr ähnlich und können daher hier gemeinsam behandelt werden. Wir gehen davon aus, daß ein Pferd regelmäßig sowohl in der Dressur und über Hindernisse als auch im Gelände geritten wird. Um sich in geeigneter Weise für einen Bewerb vorzubereiten, sind mindestens zwei Monate notwendig.

Abgesehen von den üblichen Übungsstunden auf der Reitbahn oder auf dem Parcours, beginnt man in den ersten zwei Wochen, längere Geländeritte zu unternehmen. Als Programm für die erste Woche schlagen wir folgendes vor:

Dienstag: 30 Minuten Arbeit im Dressurviereck, auf dem Parcours oder auf der Reitbahn, etwas Cavalettiarbeit. 60 Minuten im Freien: lange Schrittpassagen, kurze Trabpassagen, eine kurze Kanterpassage.

Mittwoch: 40 Minuten Arbeit im Dressurviereck und über Hindernisse in der Reitbahn: Übungen; Hindernisreihe, Stange im Abstand von ca. 3 m vor dem Hindernis. 50 Minuten im Freien: vor allem Schritt und kurze Trabpassagen, eine sehr kurze Kanterpassage (etwa 400 m).

Donnerstag: Eineinhalb Stunden im Gelände: viele Schrittpassagen, einige Trabpassagen (insgesamt etwa 20 Minuten), einige kurze Galopp-Passagen. Steigungen und Abhänge und einige Sprünge (Gräben, Baumstämme, Hecken und andere niedrige Hindernisse).

Freitag: Siehe Dienstag.

Samstag: 40 Minuten Arbeit im Dressurviereck und über Hindernisse: Einzelhindernisse, Kombinationen von zwei oder drei Sprüngen. Dann 50 Minuten Arbeit im Freien wie gewöhnlich.

Sonntag: Zwei Stunden Arbeit im Freien wie am Donnerstag. Immer noch hauptsächlich im Schritt; viermal fünf Minuten Trab; zwei kurze Galopp-Passagen (nicht länger als insgesamt 1500 m bei einer Geschwin-

Pferde genießen Ausritte im Gelände in der Gruppe. Dadurch erbringen sie noch bessere Leistungen.

digkeit von 400 m pro Minute), einige nicht zu schwierige Sprünge.

Montag: Stehtag.

In der zweiten Woche wird dasselbe Programm wiederholt. Bei der Arbeit im Gelände werden die Trab- und Kanterpassagen etwas ausgedehnt und die Schrittpassagen entsprechend verkürzt.

Von der dritten bis zur achten Woche ändert sich das Programm folgendermaßen:

Montag: Stehtag.

Dienstag: 30 Minuten Arbeit im Dressurviereck und Cavalettiarbeit. 60 Minuten im Freien: Schritt, Trab. Auf geeignetem Gelände (Wiese, Sandbahnen) 1 km Rechtsgalopp, gefolgt von 1 km Linksgalopp (350–400 m pro Minute). Kurze Ruhepause, dann wieder Trab. Die letzte Viertelstunde im Schritt am langen Zügel.

Mittwoch: 40 Minuten Arbeit im Dressurviereck und über Hindernisse auf der Reitbahn: Cavaletti, Hindernisreihe, Stange ca. 3 m vor dem Hindernis usw. Eine Stunde im Freien: viel Schritt, Trab (Passagen bis zu 10 Minuten Dauer). Eine Kanterpassage von etwa 1 km (450 m pro Minute), auf den letzten 200 m forcieren. Rückkehr zum Stall im Schritt.

Donnerstag: Eine Stunde und 45 Minuten im Gelände. Freie Arbeit vergleichbar dem Geländetraining der Geländeläufer. Trabpassagen von jeweils 10–15 Minuten; Nutzung von geeignetem Terrain für kurze Kanterpassagen. Übungen über natürliche Hindernisse verschiedener Art; Steigungen, Abhänge.

Freitag: wie Dienstag. Bei der Arbeit im Freien Aufsuchen einer geeigneten Geländestelle (Wiese, Sandbahn). Auf der rechten Hand 500 m im Galopp, 500 m im Trab, dann wieder im Galopp, 500 m Trab, Schritt. Das ganze auf der anderen Hand wiederholen. Diese Art der Arbeit, die man Intervalltraining nennt, ist für die Kondition sehr nützlich.

Samstag: 40 Minuten Arbeit im Dressurviereck und über Hindernisse: Einzelhindernisse, Kombinationen von zwei oder drei Sprüngen, Reihen von fünf oder sechs Hindernissen. Dann eine Stunde Arbeit im Freien.

Sonntag: Zweieinhalb Stunden Arbeit im Freien. Die drei Gangarten je nach Gelände variieren. 10–15minütige Trabpassagen, kurze, ab und zu raumgreifende Kanterpassagen. Steigungen, Abhänge und eine vernünftige Anzahl an natürlichen Hindernissen.

Ab der vierten Woche kann der Dienstag-Galopp auf 1500 m Rechtsgalopp und 1500 m Linksgalopp ausgedehnt werden. Man kann ihn bis auf 4000 m ausweiten, über dieses Maß sollte man jedoch nie hinausgehen. Der Mittwoch-Kanter, der mit einem *pipe opening* enden soll, wird auf 1,5 km ausgedehnt. Denken Sie stets daran, daß der langsame Kanter (350 m in der Minute) die Widerstandskraft stärkt, während der schnelle Galopp (über 500 m pro Minuten) die Lunge öffnet und die Atmung trainiert. Beim Intervalltraining am Freitag kann die Abfolge der Passagen bis zu je 4–5 im Trab und ebenso viele im Galopp ausgedehnt werden. Am Sonntag kann bis zu drei Stunden im Gelände gearbeitet werden. Es empfiehlt sich, das Pferd öfter im Caravan in andere Gegenden zu transportieren und dort zu trainieren. In der Gruppe zu reiten entspannt und macht die Pferde fröhlicher und leistungsstärker. Schließlich kann man Passagen bis zu 25 Minuten Dauer im Trab absolvieren. Es folgen

Eine Trabpassage auf einer nicht asphaltierten Straße.

jeweils einige Minuten im Schritt am langen Zügel. Beim Training ebenso wie im Rennen ist der Schritt die Gangart der Ruhepause, man muß also dem Pferd freien Raum lassen. Wenn es das Gelände zuläßt, kann man die Kanterpassagen allmählich ausweiten, man darf jedoch niemals übertreiben. Der Reiter muß das Pferd unter sich locker und losgelassen spüren.

Es ist wichtig, ein gutes Ohr für die verschiedenen Gangarten zu haben. Der Reiter muß unterscheiden lernen, ob er 350 oder 450 m pro Minute galoppiert. Ebenso ist es auch wichtig zu erfassen, welches Tempo für lange Trabpassagen beim Training oder beim Rennen richtig ist. Folgende Angaben können als Richtwert dienen:

> Schritt: 100 m pro Minute
> Trab: 200 m pro Minute
> Galopp: 350 m pro Minute

Unter dieser Voraussetzung kann man bei einem gut geschulten und trainierten Pferd erwarten, daß es beim Training und beim Rennen leicht eine Geschwindigkeit von 220–230 m pro Minute im Trab und bei einem Zuverlässigkeitsbewerb etwa 350–400 m pro Minute im Galopp erreichen kann. Es ist unnötig, das Pferd im Trab über 220–230 m pro Minute hinaus anzutreiben: Das wäre auf die Dauer sehr anstrengend. Ein Übergang in den Galopp wäre angezeigt. Jedenfalls muß sich das Pferd geschmeidig und losgelassen bewegen. Der Reiter muß es durch leichten Sitz und Anlehnung unterstützen.

Während eines intensiven Trainings muß der Reiter natürlich besonders auf die Gesundheit seines Pferdes achten. Die Haferration (oder die Ration an Hafer gemischt mit speziellen Futtermitteln) muß je nach Größe des Pferdes bis auf 6–7 kg erhöht werden. Das Abreiben mit den Schwämmen und die kalten Du-schen an den Gliedmaßen nach jedem Trainig sind sehr nützlich. Beim geringsten Anzeichen von Lustlo-sigkeit oder gar Müdigkeit muß der Arbeitsumfang reduziert werden, bis das Pferd sich erholt. Jeden Tag muß man persönlich die Sehnen und Hufe kontrollie-ren. Wenn das Pferd auch nur kaum merklich lahmt, muß das Training sofort unterbrochen und ein Tierarzt konsultiert werden.

Das hier beschriebene Trainingsprogramm eignet sich sowohl für die Vorbereitung auf die niedrigere Kate-gorie der Military als auch für Geschicklichkeitsbe-werbe. Es basiert mit einigen Abweichungen auf den Tabellen, die Reiner Klimke und Sheila Willcox in ihren Büchern aufgestellt haben. Der Autor des vorlie-genden Buches hat es selbst schon oft mit Erfolg aus-probiert.

Natürlich muß der Reiter darüber hinaus noch spe-zielle Übungen für die jeweils gewählte Turnierdiszi-plin ausführen: Der Militaryreiter muß sich für die Dressurprüfung, der Geländereiter auf die verschiede-nen verlangten Prüfungen wie das Öffnen eines Gat-ters, das Überspringen einer kleinen Feuerstelle, das Aufkommen auf einer Wasserfläche, die Gewöhnung des Tieres an den Lärm von Schußwaffen usw., vorbe-reiten. Sowohl die Dressur als auch die verschiedenen Geschicklichkeitsprüfungen verlangen Geduld und Ausdauer. Ein ausgeglichenes, leichtes und am Zügel stehendes Pferd wird die Aufgaben besser erfüllen können als seine Artgenossen, die diese Eigenschaften nicht aufweisen.

Der Turniersport kann dem Reiter viel bedeuten (viel Freude, aber damit verbunden auch Sorgen und Ent-täuschungen), doch schon das Reiten um des Reitens willen kann dem Geist und dem Körper eine nicht unbedeutende Befriedigung verschaffen.

Eine Trainingspassage im Kanter im Gelände. Das Pferd ist nicht ausreichend losgelassen.

Welches Pferd für welchen Zweck?

Der Kauf eines Pferdes hängt von einer Reihe von technischen, wirtschaftlichen, psychologischen und ästhetischen Faktoren ab, die wir hier nur kurz anreißen wollen. Das wichtigste Kriterium ist die Art des Reitsports, die der Reiter ausüben will. Es gibt gewaltige Unterschiede zwischen gemächlichen Spazierritten und dem Springreiten, egal ob in Turnieren oder nicht.

Der psychologische und ästhetische Aspekt mag oft dunkel und undurchsichtig erscheinen, weil er mit dem Unterbewußtsein verbunden ist. Trotzdem ist er sicher nicht unbedeutend. Das wichtigste ist jedoch, daß der Reiter nicht ein Pferd wählt, daß er nicht reiten kann. Nervöse Reiter sollen kalte und phlegmatische Pferde reiten, während nervige Pferde ruhigen Reitern anvertraut werden sollen, die, abgesehen von einer perfekten Technik, genügend Selbstbeherrschung besitzen. Was das Aussehen und den Charakter betrifft, sollte der Freizeitreiter, für den das Reiten ein Hobby (wenngleich ein in jeder Hinsicht sehr anspruchsvolles) ist, ein Tier kaufen, das ihm aus psychologisch-ästhetischer Sicht gefällt. Es gibt die Liebe auf den ersten Blick zwischen Reiter und Pferd, ebenso wie es auch langandauernde Sympathien und Freundschaften gibt.

Vom physiologischen Standpunkt aus ist vor allem das Verhältnis zwischen dem Gewicht des Reiters und dem des Pferdes besonders wichtig. Als empirische Regel kann gelten, daß ein Pferd mindestens sieben-mal soviel wiegen soll wie sein Reiter. Für einen Reiter mit einem Gewicht von 70 kg sollte das Pferd mindestens um die fünf Zentner wiegen, bei einem »Schwergewicht« von 90 kg müßte das Pferd über sechs Zentner wiegen. In Irland werden schon seit geraumer Zeit die Hunter je nach dem Gewicht, das sie leicht zu tragen vermögen, in die Kategorien Leichtgewicht, Mittelgewicht und Schwergewicht unterteilt. Wir müssen wahrscheinlich nicht extra darauf hinweisen, daß das Gewicht des Reiters nicht statisch, sondern dynamisch zu werten ist: *cum grano salis* könnte man sagen, daß ein Reiter 65 kg wiegen und am Pferd sehr schwer sein kann, während ein anderer mit 75 kg leicht zu Pferde sein kann: Es ist eine Frage des Sitzes und der Technik. Betrachten wir nun die verschiedenen Pferdetypen in bezug auf ihre Eignung für die verschiedenen Reitsportdisziplinen.

Geländeritte: Die Engländer haben für Geländeritte einen eigenen Pferdetypus geschaffen, den Hack. Es ist ein elegantes Pferd mit einem Stockmaß zwischen 1,45 und 1,57 m oder etwas mehr, nicht sehr groß also. Es muß ausgeglichen, leicht zu handhaben und von guter Balance sein, und darf vor Straßenverkehr und in all jenen Situationen nicht scheuen, auf die man während eines Spazierrittes stoßen kann.

Lange schon haben also die Engländer die Eigenschaften eines guten Pferdes für Geländeritte herausgefunden. Man muß nicht unbedingt einen Hack kaufen, um im Gelände zu reiten, ein geeignetes Tier kann bei

Ein Ponygespann. In diesem Fall müssen die beiden Tiere etwa die gleiche Größe und Gangart besitzen.

Für Geländeritte bedarf es keines speziellen Pferdetyps: Es sollte sich lediglich um ein gesundes, widerstandsfähiges, angenehm zu reitendes und trittsicheres Tier handeln.

allen Reitpferdrassen gefunden werden: Es soll nicht zu groß sein (1,50 bis 1,65 m), gesund, widerstandsfähig und in den drei Gangarten bequem zu reiten. Bei einem Pferd für Reiterurlaube kann es sich ruhig um ein eher rustikales Tier handeln, das jedoch über ein gewisses Springvermögen verfügen sollte.

Springturniere: Als Turnierpferde werden heute vor allem der Selle Français, die deutschen Rassen (Hannoveraner, Trakehner), das Niederländische Warmblut und der Irish Hunter eingesetzt. Die Angloaraber sind etwas aus der Mode gekommen. Gleichgültig von welcher Rasse ein Turnierpferd ist, es muß den Eindruck von Harmonie, Kraft und Kompaktheit vermitteln. Die Idealgröße liegt zwischen 1,60 und 1,72 m, besser jedoch zwischen 1,65 und 1,72 m. Bei gleichem Sprungvermögen ist ein größeres Pferd im Vorteil. Zu seinen Trümpfen zählen ein guter Kopfansatz, eine harmonische Halslinie mit gutem Halsansatz, ein gut ausgeprägter und bemuskelter Widerrist, der etwas höher als die Kruppe ist (das Pferd darf nicht nach vorne hin abfallen), eine lange und geneigte Schulter, ein breiter, tiefer und langer Brustkorb, ein nicht zu

kurzer und nicht zu langer Rücken sowie eine lange, breite und gut bemuskelte Kruppe.

Die Gliedmaßen, verständlicherweise ein äußerst wichtiger Teil, müssen gesund und stark sein, mit großen breiten Vorderfußwurzelgelenken, kurzem, robusten Vordermittelfuß, trockenen Sehnen und niedrigen, starken Sprunggelenken. Der Fesselkopf muß kräftig erscheinen, die Fesselbeuge darf weder zu kurz noch zu lange sein und muß eine genügend große Neigung aufweisen.

Die Hufe sind ebenfalls von ganz entscheidender Bedeutung. *No foot, no horse* (Ohne gesunden Huf kein Pferd) sagen die Engländer, und das zu Recht. Das beste Pferd kann unbrauchbar werden, wenn mit den Hufen etwas nicht in Ordnung ist.

Da es sich um rigoros spezialisierte und ausgewählte Pferde handelt, sind gute Springpferde heute sehr teuer geworden. Weniger begüterte Reiter müssen ihren Ehrgeiz einschränken oder verrittene Pferde kaufen, die neu ausgebildet werden müssen, was jedoch langwierig und alles andere als leicht ist und oft die Möglichkeiten eines Amateurs überschreitet.

Military: Das Militarypferd muß springerische Qualitäten, Mut und Gutmütigkeit aufweisen wie ein Turnierpferd, darüber hinaus aber auch noch ein guter Galoppierer sein. Anderenfalls hat es in dieser Disziplin keine Chance.

Es muß außerdem sehr temperamentvoll sein. Wie Reiner Klimke dazu schrieb: »...Das Militarypferd muß mittelgroß sein, etwa 1,65 Stockmaß, einen tiefen Brustkorb, eine geneigte Schulter, einen guten Halsansatz, feste und kurze Gliedmaßen (die ideale Proportion wäre folgende: Vordermittelfuß/Unterarm ½) und eine gut entwickelte Hinterhand haben. Man darf nicht darauf zählen, daß diese sofort gut bemuskelt ist, das kommt erst mit dem Training. Ein gesundes Pferd hat klare, trockene Gelenke.« Wie wir sehen, entspricht diese Beschreibung etwa jener des Springpferdes, das Militarypferd ist nur ein wenig kleiner und etwas leichter, um lange Galopp-Passagen reiten zu können.

Geschicklichkeits- und Cross-Country-Bewerbe: Der Idealtyp gleicht jenem des Militarypferdes, wobei die Merkmale nicht so ausgeprägt sein müssen, da die Anforderungen zweifellos geringer sind.

Langstreckenrennen, Zuverlässigkeitsrennen: Für diese Disziplinen eignen sich vor allem nicht allzu große Pferde: sie müssen sehr widerstandsfähig, sehr gesund, geschmeidig und leicht in allen Gangarten sein, also Pferde, wie man sie in verschiedenen Rassen findet. Die Ergebnisse zeigen jedoch, daß die Araber (die auf der ganzen Welt gezüchtet werden) für diesen Zweck am geeignetsten sind.

Manch einer unter unseren Lesern wird sich vielleicht gewundert haben, daß wir bisher nicht über das Englische Vollblut gesprochen haben. Wollen wir nun Versäumtes nachholen. Das Vollblut, der Sportler unter den Pferden, wird seit Jahrhunderten für Galopprennen gezüchtet, es kann aber unter Anwendung der geeigneten Mittel auch zu einem guten Reitpferd gemacht werden. James Fillis setzte folgendes an den Beginn seiner berühmten Abhandlung *Principes de dressage et d'équitation* (1890): »Ich reite ausschließlich Vollblüter zu, will aber keineswegs behaupten, daß Dreiviertel- oder Halbblüter keine guten Reitpferde abgeben können. Es handelt sich bei mir nur um eine

Connemarafohlen und Mutterstute: Diese Ponys eignen sich für Geländeritte, Jagden und für das Springreiten.

geschulte und geduldige Reiter können ein Vollblutpferd ausbilden. Die dabei erzielten Ergebnisse können oft sehr überraschend sein. Die Stute Touch of Class, die Siegerin in Los Angeles (1984), wurde von John Fargis geritten und war ein ziemlich kleines Vollblutpferd (1,60 m). Auch Salad Days, geritten von Lawrence Morgan, Gewinner beim Militarybewerb der Olympiade in Rom (1960) war ein kleines, zart gebautes Vollblutpferd. Das sind jedoch sicher Ausnahmen.

Wählt man aber die richtigen Tiere aus, die keine der Hauptmängel aufweisen, deren Körperbau angemessen, das Gebäude stark und deren Nervensystem relativ ausgeglichen ist, kann man aus ihnen gute Reitpferde machen, die bei Turnieren, bei Militarybewerben, wie auch im Pferdesporttourismus eingesetzt werden können. Die Elastizität des Vollbluts beim Galoppieren ist unvergleichlich. Da diese Pferde von Natur aus sportlich veranlagt sind, ermüden und schwitzen sie bei richtiger Schulung weit weniger als andere. Was ihr Sprungvermögen anbelangt, hängt das vor allem von den Vorfahren des jeweiligen Tieres und von seinem individuellen Körperbau ab. Es ist zwar eine Tatsache, daß Vollblüter beim Springen die Vorderbeine nur wenig beugen, aber durch entsprechende Übungen (vor allem die »Hindernisreihe«) kann der Fehler behoben werden.

Natürlich darf man nicht verschweigen, daß ein Vollblüter, der Rennen gelaufen ist, auch einige Unannehmlichkeiten bereiten kann. Er könnte vom Wettkampfsport ein psychologisches Trauma oder physische Schäden an den Sehnen davongetragen haben. Außerdem kann das Kraftfutter, das die Rennpferde schon ab dem Fohlenalter verabreicht bekommen, chronische Verdauungs- oder Leberschäden hervorrufen.

Wer jedoch eine gute Hand bei der Wahl hat, sollte auf jeden Fall ein Vollblut probieren. Mit ihren Fähigkeiten und ihrem ausgeglichenen Verhalten können diese Pferde viel Freude bereiten, und – was nicht unwichtig ist – man kann bereits zu relativ geringen Preisen sehr gute Pferde erstehen.

Dressur: Bei Dressurbewerben wird den deutschen Pferden oder Pferden vom deutschen Typus der Vorzug gegeben. Heute bewerten die Preisrichter am höchsten die natürlichen, raumgreifenden Gangarten und geben die besten Noten für Präzision, und nicht sosehr für Schwung oder Leichtigkeit. Die Angloaraber und die Vollblüter sind aus den Dressurbewerben praktisch verschwunden. Und mit noch größerer Berechtigung nehmen auch praktisch keine iberischen Pferde wie Lusitano oder Lipizzaner an solchen Bewerben teil, sondern sind die Pferde par excellence für die klassische Reitkunst.

Jedenfalls empfiehlt es sich, daß sich der Amateur beim Pferdekauf von einem erfahrenen Experten beraten läßt. Der Amateur kann nur allzu leicht schwere Fehler bei der Beurteilung des Pferdes begehen. Von besonderer Wichtigkeit ist auch die tierärztliche Untersuchung, um sicher sein zu können, daß keiner der sogenannten Haupt- und Gewährsmängel oder andere Schädigungen vorliegen. Der Amateur kauft meist nur ein Pferd und will dieses über einen langen Zeitraum behalten. Abgesehen vom finanziellen Aspekt spielt auch die dabei entstehende gefühlsmäßige Bindung eine große Rolle: Es ist besser Vorsicht walten zu lassen als später Enttäuschung zu erleiden.

Oben: Ein Haflinger, ursprünglich ein Saumtier für gebirgige Gegenden, wird diese Rasse heute für Geländeritte, für den Pferdesporttourismus und für den Fahrsport verwendet. Man darf von diesen Pferden jedoch keine außerordentlichen Leistungen beim Galopp oder beim Überspringen von Hindernissen erwarten.

Darunter: ein herrlicher Trakehner, das ideale Pferd für das Springreiten und Militarybewerbe.

ganz persönliche Vorliebe.« Und Jules Pellier schrieb in seinem umfangreichen Werk *Le langage équestre* (1888): »Heute ist bereits anerkannt, daß der Vollblüter in sich die besten Eigenschaften vereint und sich für alle Zwecke gut eignet. Schicken Sie ihn auf die Reitbahn. Er wird den richtigen Rhythmus haben, wird eine komplette Versammlung akzeptieren und unter einem guten Reiter brillante Leistungen bieten, wie einst die alten Berberpferde oder die spanischen Rassen. Das ist vor allem deshalb bemerkenswert, weil der Vollblüter anfangs dazu neigt, schulterlastig zu sein und sich auf die Hand zu legen: Das bewundernswerte Gebäude dieser Tiere ist die Voraussetzung dafür, daß sie all die verschiedenen Stellungen einnehmen können, die aus den unterschiedlichen Balancesituationen heraus gefordert werden.«

Heute wird das Vollblutpferd als Reitpferd nicht so hoch geschätzt. Das läßt sich dadurch erklären, daß es sich bei den Vollblütern um höchst sensible, emotionelle und nervige Pferde handelt. Meistens sind es die Rennpferde, ihr Gewicht liegt daher auf der Vorhand, auf den Schultern. Nur feinfühlige, technisch sehr gut

Vom Strafen und Belohnen

Wir haben bereits gesehen, daß es in manchen Fällen notwendig ist, das Pferd für Ungehorsam oder Nachlässigkeit zu bestrafen. Die Strafe soll wie gesagt unmittelbar darauf, entschieden und ohne Zorn oder Brutalität erteilt werden. In jedem Fall ist es besser, vorzubeugen und Situationen zu vermeiden, die zu einer Auseinandersetzung führen könnten. Versuchen wir stets, unseren Verstand einzusetzen, also das, was den Menschen auszeichnet. Wenn ein Pferd mehrmals vor einem Hindernis verweigert, setzen wir das Hindernis herunter und erhöhen es nur schrittweise wieder. Wenn das Pferd nicht über Gräben springen, nicht ins Wasser treten will, was vor allem bei jungen Pferden vorkommt, lassen wir es hinter einem erfahrenen Pferd nachreiten oder steigen wir selbst ins Wasser und führen das Tier an der Longe nach. Man muß also versuchen, das Tier zu überzeugen: Überzeugungskraft und Sanftheit sind die wichtigsten Mittel jeder Ausbildung. Natürlich sollte dies nicht als Einladung verstanden werden, zu weich oder gar zaghaft zu

Mitte: Das abgebildete Pferd spricht auf Streicheln besonders an.
Darunter: Eine Karotte oder ein Zuckerstückchen sind die beliebteste Belohnung.

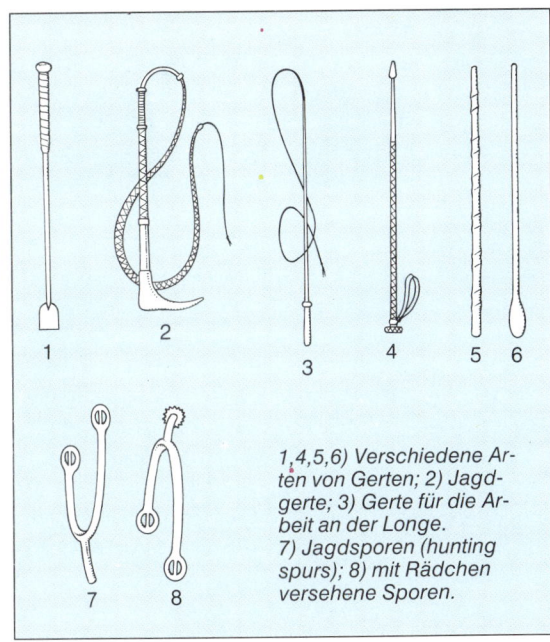

1,4,5,6) Verschiedene Arten von Gerten; 2) Jagdgerte; 3) Gerte für die Arbeit an der Longe.
7) Jagdsporen (hunting spurs); 8) mit Rädchen versehene Sporen.

175

sein. In gewissen Extremfällen muß man bestrafen und diese Strafe bis zum Ende durchziehen.

Es ist wichtig, mit seinem Pferd zu reden. Das Tier ist dem Ton der Stimme gegenüber sehr sensibel und läßt sich von ihrem Klang gerne trösten und ermutigen. Ebenso das Streicheln am Hals, an der Schulter, auf der Kruppe: das Pferd soll unsere Anwesenheit und den Hautkontakt spüren, und zwar nicht nur während der Arbeit, sondern vor allem auch als Belohnung während der Entspannungsphasen.

In einer Frage gehen die Meinungen stark auseinander und zwar über den Nutzen oder Schaden von Leckerbissen (Karotten, Zuckerstückchen) als Belohnung bei der Ausbildung, in der Box und vor allem in den Arbeitspausen. Manche Leute sind strikt dagegen, aus Puritanismus, Strenge oder vielleicht auch aus anderen Gründen.

Mutatis mutandis ist ein Pferd dem geistigen Niveau eines Kindes vergleichbar, das ebenfalls auf Bonbons und Zuckerwerk stark anspricht. In der Box soll man die Gabe solcher Leckerbissen nicht übertreiben, das Pferd könnte sonst zu fordernd werden und sogar schnappen, um zu Zucker zu kommen. Während der Arbeit kann das Zuckerstück jedoch als Belohnung für eine gute Reitstunde oder einen gut gelungenen Sprung eine positive und dauerhafte pädagogische Wirkung haben.

Vor allem bei der Arbeit an der Longe oder beim freien Arbeiten können Zuckerstückchen die Tiere gehorsam wie Hunde und sanft wie Schafe machen. Nicht nur wir sind dieser Meinung, sondern berühmte Reiter wie Nuno Oliveira oder große Autoren wie Graf Louis d'Havrincourt, der das Buch *Dressage en liberté du cheval d'obstacles* (1910) verfaßte. Er schrieb zu diesem Punkt: »Es gibt keine größeren Naschkatzen als gesunde Pferde. Der Ausbilder kann sich diese Eigenschaften zunutze machen und diese Neigung noch fördern. 1896 kaufte ich das Pferd Bistouri, anfangs ein ungehorsames Tier, das an der Longe wie auch im Stall wie ein Wildschwein auf Menschen losging. Durch Zuckerstückchen und Karotten wurde es zu einer derartigen Naschkatze, daß ich ohne die geringste Gefahr in seiner Box hätte einschlafen können. Ich nützte dieses kleine Laster aus und das Pferd wurde sanft wie ein Lamm.

Was das Gras betrifft, sollte der Reiter das Pferd nie davon fressen lassen, während er im Sattel sitzt. Es könnte sich sonst angewöhnen, sich selbst während der Arbeit Nahrung zu suchen und nach eigenem Belieben zu fressen. Wenn das Pferd kräftig und entschlossen ist, könnte es durch das Hinabbeugen des Kopfes zum Grasfressen dem Reiter die Zügel entreißen und ihn eventuell sogar abwerfen. Erst nach Beendigung der Arbeit kann man das Pferd zum Ausruhen auf eine Wiese bringen, wie es ein wenig Gras naschen kann. Man achte jedoch stets darauf, daß das Gras nicht naß ist.

Ab und zu ist eine Strafe ein notwendiges Übel.

Stürze

Jeder Reiter, ob Anfänger oder Champion, fällt früher oder später einmal vom Pferd. Natürlich müssen all jene Situationen vermieden werden, in denen man leicht zu Sturz kommen kann. Man kann nie genug Vorsicht walten lassen. Kontrollieren Sie daher stets, daß das Sattelzeug in Ordnung ist, achten Sie auf die jeweilige Bodenbeschaffenheit, versuchen Sie nicht zu prahlen, indem Sie zu schwierige oder böswillige Tiere wählen, versuchen Sie keine zu großen Sprünge mit Pferden, die nicht ausreichend dafür ausgebildet sind – das sind nur einige der grundlegenden Regeln, die Sie beachten sollten. Wenn ein Pferd mehrere Tage lang im Stall gestanden ist, müssen Sie es natürlich vor dem Reiten an der Longe bewegen. So vermeiden Sie unangenehme Überraschungen.

Trotz dieser Vorsichtsmaßnahmen kann es dennoch zu einem Sturz kommen. Der Reiter sollte diese Möglichkeit jedoch nicht zu sehr dramatisieren. In den meisten Fällen passiert dabei gar nichts oder nur sehr wenig, ein blauer Fleck, ein Kratzer, eine Prellung, weiter nichts. Wer keine Angst davor hat, der fällt entspannt und tut sich meistens nicht weh. Es empfiehlt sich, den Körper durch Gymnastik geschmeidig zu machen. Auch die Falltechniken von Judo können eine gute Übung darstellen. Es gibt jedoch einen großen Unterschied: Während es beim Judo nur eine bestimmte Anzahl von Möglickeiten gibt, wie man fallen kann, gibt es unzählige Möglichkeiten des Sturzes vom Pferd: nach rechts, nach links, nach vorne oder hinten, auf die Seite, auf den Rücken, aus dem Stillstand, aus einer schnellen Gangart heraus usw.

Manche Reiter halten beim Sturz die Zügel fest. Bei einem Bewerb kann es auch wirklich nützlich sein, das Pferd sofort wieder in der Hand zu haben, und ein

Sportler kann das auch tatsächlich tun. Normalerweise raten wir aber eher dazu, die Zügel loszulassen und an sich selbst zu denken. Am gefährlichsten ist es, unter das Pferd zu kommen. Der Reiter muß daher versuchen, geschickt seitlich auszuweichen. Aus diesem Grund sind auch paradoxerweise die Stürze aus dem schnelleren Tempo heraus meist weniger gefährlich, weil der Reiter dabei weiter weg geschleudert wird und nicht vom Pferd getreten werden kann.

Das Fohlen hat die junge Reiterin überrascht und zu Boden geworfen.

Links ein spektakulärer Abwurf bei einem Rodeo.

Die Ausbildung des Pferdes

Ein Pferd auszubilden erfordert Erfahrung, Technik, Geschick und viele andere intellektuelle und moralische Qualitäten wie Geduld, Ausdauer, psychologisches Verständnis, Beobachtungsgabe, eine gewisse Portion an Mut, Ruhe, Selbstbeherrschung... und möglicherweise ein wenig reiterliche Kultur. Die Lektüre guter Fachbücher (alter und moderner Autoren) kann dazu beitragen, unnötige Fehler zu vermeiden. Um ein Pferd zureiten zu können, sind zwar mehr oder weniger gute Reitkenntnisse notwendig, aber diese Fähigkeit allein ist nicht ausreichend. Oft erweisen sich ausgezeichnete Reiter als mittelmäßige oder schlechte Pferdeausbilder, da sie die eine oder andere der oben angeführten Eigenschaften nicht besitzen. Zur Ausbildung eines Pferdes benötigt man eine beachtliche Anzahl an Ausrüstungsgegenständen (Kappzaum, Longe, Bauchgurt, Peitsche usw.), aber vor allem entsprechende Anlagen (Paddock, Rundbahn, Parcours, Reitbahn usw.). Ohne diesen Anlagen (oder zumindest die meisten von ihnen) ist es unmöglich, bei der Ausbildung des Pferdes Fortschritte zu machen. Diese Vielzahl von Faktoren machen die Ausbildung eines jungen Pferdes so langwierig, komplex und schwierig. Da dieses Buch für Amateurreiter gedacht ist, werden wir nur einige grundlegende Anmerkungen dazu machen. Die Ausbildung wird in zwei Phasen unterteilt: 1) die Zähmung; 2) das eigentliche Zureiten.

Die erste Phase beginnt gleich nach der Geburt des Fohlens. Wir nehmen dabei den Fall an, daß das Jungtier in einem Stall, auf einem Bauernhof, oder jedenfalls in einer Umgebung geboren wird, wo das Muttertier gewohnheitsmäßig Umgang mit dem Menschen hat. Einige Tage nach der Geburt kann man beginnen, ganz sanft und mit viel Feingefühl dem Fohlen ein geeignetes Halfter anzupassen, wobei die richtige Größe einen wesentlichen Faktor darstellt. Es ist wichtig, daß das Fohlen versteht, daß der Mensch eine Autorität ist, die gleichzeitig aber umsichtig, gutmütig und beschützend ist. Diese erste Prägephase beim Fohlen ist von ganz großer Bedeutung.

Nach einer gewissen Zeitspanne wird das Fohlen lernen, der Mutter zu folgen und gemeinsam mit ihr und später allein an der Longe geführt zu werden. Allmählich kann man beginnen, es ganz sanft abzubürsten, ihm die Hufe zu säubern und es an eine andere Nahrung als Gras zu gewöhnen. Im Alter von zwei (bei Vollblütern) oder drei Jahren (bei anderen Rassen) hat sich das Pferd ausreichend an den Umgang mit dem Menschen gewöhnt. Das ist der richtige Moment, um mit der Arbeit an der Longe zu beginnen.

Die Arbeit an der Longe

Die Arbeit an der Longe ist nicht nur für das Zureiten des Fohlens von größter Bedeutung, sondern dient

Die Ausbildung des Pferdes beginnt sozusagen in seinen ersten Lebenstagen. Es ist sehr wichtig, das Fohlen dabei nicht zu erschrecken.

ganz allgemein als »Schule« für das Pferd, in der es in jedem Alter und in allen Disziplinen unterwiesen wird.

Erstaunlicherweise glauben viele Reiter, daß nur mit Fohlen oder mit Pferden, die längere Zeit hindurch im Stall stillgestanden sind und daher Auslauf brauchen, an der Longe gearbeitet wird.

Alle Reiter sollten die Arbeit an der Longe beherrschen: Es handelt sich dabei um ein höchst effizientes Ausbildungsmittel, mit dessen Hilfe das Tier gehorsam gemacht und gymnastiziert werden kann.

Um an der Longe arbeiten zu können, braucht man anfangs einen Kappzaum, ein Longe und ein Peitsche. Sobald der Kappzaum angepaßt und an der Longe befestigt ist, kann der Ausbilder das Fohlen in einer Rundbahn im Schritt führen. Bei den ersten Versuchen ist es anzuraten, dabei einen Helfer zur Seite zu haben. Dreht sich das Pferd um die linke Hand, so wird die Longe in der linken Hand (in Achterform um die Finger geschlungen), die Peitsche in der rechten Hand gehalten. Der Kreis sollte einen Durchmesser von etwa 3 m haben.

Allmählich lernt das Fohlen, sich selbständig im Schritt und im Trab zu bewegen. Der Ausbilder darf keine Ungeduld zeigen, wenn das Pferd Anzeichen von Freude zeigt, buckelt und zum Galopp ansetzt. Er soll es durch seine Stimme, durch einen Pfiff und durch kurzes Zurückholen der Longe, das sich auf den Kappzaum überträgt, beruhigen.

Die Peitsche fordert das Pferd auf, immer vorwärts zu gehen. Das Vorwärtsschreiten ohne Zögern und Unentschlossenheit muß ein kategorischer Imperativ für das Pferd werden, eine echte Besessenheit. Wenn das Pferd nicht nach vor geht, muß der Ausbilder mit der Peitsche drohen oder es am Hinterbein berühren. Wenn es in die Mitte der Bahn ausbricht, muß er es mit der Peitsche zur Schulter hin treiben. Die Peitsche darf jedoch vom Pferd nicht als Bestrafung verstanden werden, sondern als Hilfe: Um es mit dieser »Hilfe«

vertraut zu machen, wird man ab und zu die Arbeit unterbrechen, mit dem Pferd sprechen und es sanft mit dem Griff oder der Peitschenschnur streifen, ohne ihm Angst einzuflößen. Während der Arbeit an der Longe wird das Fohlen oft mit Zuckerstückchen, Karotten oder anderen Leckerbissen belohnt. Die Stimme ist bei dieser Übung eine wichtige Hilfe: sehr schnell wird das Pferd die Befehle »Schritt«, »Trab«, »Halt« und »Galopp« lernen. Um das Pferd in die Mitte der Rundbahn zu rufen, fordert man es mit der Longe und dem gleichzeitigen Befehl »Mitte« dazu auf. Als Belohnung, wenn es zum Reiter gekommen ist, sollte es ein Zuckerstück bekommen.

Wenn sich das Pferd gut im Schritt und im Trab

Oben: Die Arbeit an der Longe: Albert Moyersoen begibt sich auf die Rundbahn. Das Pferd ist gesattelt, mit Trense, Kappzaum, Mittelfußschützern und Hufglocken ausgestattet.

Unten: Die Arbeit an der Longe im Trab. Die Longe ist am Mittelring des Kappzaumes befestigt und darf nie zu stark angespannt werden. In diesem Fall wurden elastische Zügel verwendet.

Die ersten Phasen der Ausbildung: Während das Pferd vom Boden aus an der Longe gehalten wird, legt sich ein leichter Reiter über den Sattel, um das Tier an das Gewicht zu gewöhnen.

bewegen kann, kann man zur Arbeit im Galopp übergehen. Nach einiger Zeit wird man, ebenfalls schrittweise, zum Kappzaum auch ein weiches Gebiß geben (die Longe bleibt aber weiterhin am Kappzaum befestigt!), eine Chantilly-Trense, eine Kautschuk-Kandare oder einen Olivenkopftrense.

Bei fortschreitender Ausbildung legt man dem Pferd einen Bauchriemen an, dann legt man ihm elastische Zügel um, damit es sich an die Anlehnung gewöhnt. Natürlich müssen die Zügel anfangs sehr locker gehalten werden und nur allmählich jeweils um ein Loch verkürzt werden. Der Innenzügel soll etwas kürzer sein als der Außenzügel (um zwei oder drei Löcher). Sobald das Pferd in mehr oder weniger großen Kreisen korrekt in allen Gangarten arbeitet, in die Bahnmitte kommt, stehen bleibt, wieder weitergeht, die Schritte verlängert und verkürzt (jeweils auf Stimmbefehl und, wenn notwendig unterstützt durch Peitsche und Halfter), kann man zum Überschreiten von auf dem Boden liegenden Stangen übergehen. Zuerst eine Stange, die im Schritt, im Trab und im Galopp genommen wird, dann zwei, drei im Schritt und im Trab. Die Entfernungen haben wir bereits kennengelernt (0,90–1 m im Schritt, 1,20–1,40 m im Trab). Man muß mit großem Feingefühl vorgehen und darf nie die Geduld verlieren, wenn das Pferd nicht gleich versteht, was es tun soll und gleichzeitig über alle Stangen springt.

Ruhe und allmähliches Fortschreiten, das sind die Grundregeln jeglicher Ausbildung.

Die Arbeit an der Longe stellt die Basis der Ausbildung auf allen Ebenen dar. Der Ausbilder folgt mit seinem Blick dem Pferd, überblickt, ob es sich richtig

bewegt, ob die Rückenmuskeln arbeiten, ob es angespannt ist, ob es aus Nervosität an der Longe rüttelt, ob die Spuren der Hinterbeine über die der Vorderbeine hinausgreifen, wie das meistens bei impulsiven Pferden der Fall ist. Durch die Anwesenheit des Ausbilders, den das Pferd so ständig sieht, durch die Zurufe und durch das Antreiben durch den Kappzaum, der gleichzeitig führt und verwahrt, durch die Peitsche, die vorwärtstreibt oder wegbewegt, wird ein sehr enger psychologischer Kontakt aufgebaut.

Vom physischen Standpunkt aus stellt die Arbeit an der Longe eine ausgezeichnete Gymnastizierung des Pferdes dar. Das Pferd wird ausgeglichen und lernt, sich dynamisch fortzubewegen. Man muß sich jedoch vor Augen halten, daß die Arbeit an der Longe für das Pferd anstrengend ist und daher nie länger als 30–40 Minuten dauern soll.

Nach der Cavalettiarbeit, wenn das Pferd durchlässig, gehorsam und kooperativ ist, kann man kleine Sprünge im Trab versuchen (bis 50 cm Höhe). Besser ist es jedoch, das Fohlen während der Arbeit frei springen zu lassen.

Die Arbeit an der Longe ist auch im fortgeschrittenen Stadium der Ausbildung noch nützlich. 15 Minuten an der Longe bereiten das Pferd gut auf die kommende Arbeit unter dem Reiter vor. Bei einem zugerittenen Pferd ist die Verwendung eines Kappzaums nicht mehr notwendig: Die Longe kann dann direkt an der Trense befestigt werden, und zwar auf drei verschiedene Arten: 1) am äußeren Trensenring, durch den Innenring durchgehend; 2) am äußeren Ring, über den Halsansatz und durch den Innenring durchführend; 3)

an einem Riemen (aus Leder oder Leinen), der die beiden Ringe miteinander verbindet. Die letztgenannte Methode ist am praktischsten, da man die Longe nicht lösen und neu einfädeln muß, wenn man die Hand wechselt. Ein letzter Rat: Bei der Arbeit an der Longe darf ein ausgebildetes Pferd niemals auf dem Zügel gehen, die Longe muß immer locker gehalten werden.

Bei der freien Arbeit (in der Reitbahn oder auf einem kleinen Parcours) muß sich das Pferd allmählich daran gewöhnen, sich nach den Befehlen des Ausbilders in den drei Gangarten zu bewegen. Natürlich empfiehlt es sich, daß dabei zwei oder drei mit der Peitsche ausgestattete Personen dem Pferd die Richtung zeigen, da es sich langsam daran gewöhnen muß, auf dem Hufschlag zu arbeiten, die Hand zu wechseln und über kleine Hindernisse zu springen. Auch hier haben die Peitsche und Zuckerstückchen einen besonders großen pädagogischen Wert. In einem sogenannten »Korridor« ist die Arbeit leichter, da das Pferd zwischen zwei Einzäunungen reitet, die sein Arbeitsfeld eingrenzen. Diese Bahnen können gerade, oval (*rond d'Havrincourt*) oder dreieckig sein. In allen drei Arten kann man das Fohlen bequem springen lassen: der Ausbilder und sein Helfer, beide mit Peitsche ausgestattet, können das Pferd zu den kleinen Hindernissen auf der Bahn treiben. Es ist wichtig, daß das Pferd mit Bestimmtheit springt, ohne aber dabei von lauten Rufen oder Peitschenschnalzen erschreckt zu werden.

Die Arbeit unter dem Reiter

Die Arbeit an der Longe kann von sechs Monaten bis zu einem Jahr dauern. Bei der Ausbildung gibt es keine fixen Regeln: sie hängt von zahlreichen Faktoren ab, wie der Schnelligkeit der Entwicklung, der Intelligenz, dem Kooperationswillen des Pferdes und der Geschicklichkeit des Ausbilders.

Wenn das Pferd einen losgelassenen Eindruck macht und sich an die Ausbildung gewöhnt hat, kann man schon während der Arbeit an der Longe ruhig und vorsichtig beginnen, ihm einen Sattel umzuschnallen: Zuerst in der Box, dann in der Rundbahn. Anfangs wird der Sattel aufgelegt und gleich wieder weggenommen, dann wird er wieder aufgelegt und für einige Zeit oben gelassen, alles sehr ruhig und ohne Hast. Allmählich wird der Bauchgurt angezogen, bis das Pferd daran gewöhnt ist. Irgendwann kann man dann während der Arbeit an der Longe das aufgesattelte und mit Kappzaum, aber auch mit Trense und Zügel versehene Pferd von einem leichtgewichtigen Knaben besteigen lassen. Der Knabe stützt sich mit seinem Bein ab und kommt auf dem Halsansatz auf. Wenn das Pferd nicht rebelliert, setzt sich der junge Reiter in den Sattel. So beginnt die Arbeit unter dem Reiter.

In der ersten Zeit hält der Ausbilder des Pferd normal an der Longe und führt es entlang der Rundbahn, während ein Jugendlicher (oder zumindest ein ziemlich leichter Reiter) auf dem Fohlen sitzt. Als Sicherheitsmaßnahme wird um den Pferdehals ein Riemen

Sollte das Pferd Schwierigkeiten dabei machen, eine bestimmte Stelle im Gelände zu passieren, empfiehlt es sich, abzusitzen und es an der Hand weiterzuführen.

Gegenüberliegende Seite: neuerliches Ausbilden in der Rundbahn: Es wird dabei versucht, die defensive Haltung der Stute zu korrigieren (offenes Maul, und daher Unverträglichkeit des Gebisses, erhobener Hals).

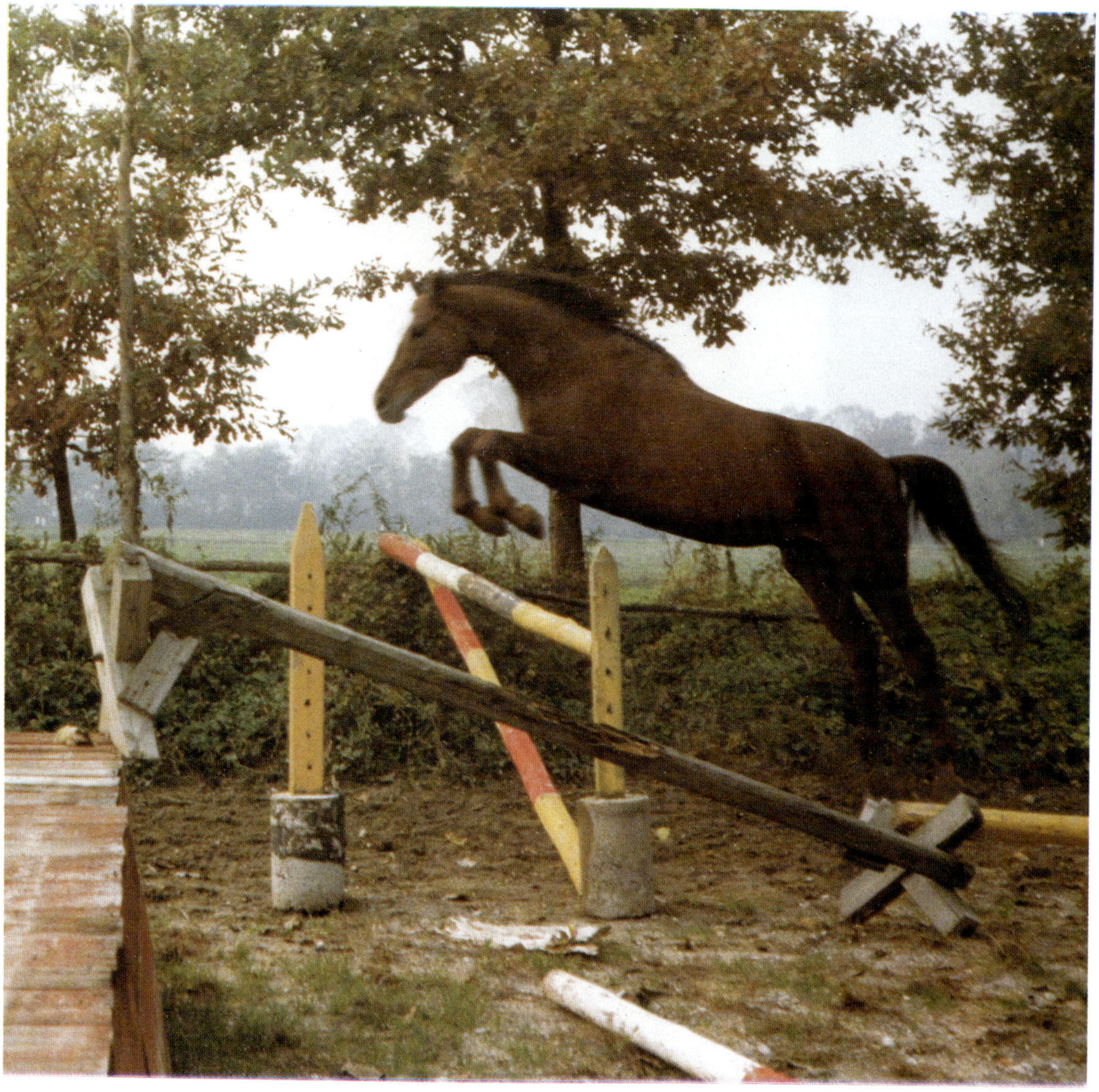

Rechts: Ein frei springendes Pferd. In einem eingezäunten Feld (kleiner Parcours, Reitbahn usw.) kann das freie Springen für das Pferd eine gute Übung darstellen. Hier wird Andros von Luciano De Maria auf den Sprung trainiert.

gelegt, an dem sich der Reiter im Notfall (Abwerfen, seitliches Ausbrechen usw.) anhalten kann.
Der Ausbilder führt mit dem Pferd die normale Arbeit durch, zuerst im Schritt, dann im Trab. Beim Losreiten gibt der Reiter in den Zügeln nach (die jedenfalls immer eher lange gehalten werden) und drückt die Schenkel an die Rippen des Fohlens. Beim Durchparieren schließt er die Fäuste, nimmt die Zügel leicht zurück und unterstützt durch einen Stimmbefehl (oho! oder einen Pfiff). Es ist dabei sehr wichtig, daß die Einwirkungen durch den Ausbilder, der die Longe hält und durch den Reiter im Sattel gleichzeitig und übereinstimmend erfolgen. Beim Trab wird der Reiter natürlich immer im leichten Sitz sein. Wenn das Pferd diese Übungen gelernt hat, kann man in der Reitbahn oder auf einem kleinen Parcours ohne Longe reiten. Die Anwesenheit eines Führpferdes erleichtert die Durchführung, doch muß das Fohlen auch lernen, die Übungen allein zu bewältigen.
In diesem Stadium muß man die Befehle konsoldieren, die die Einwirkung des Reiters mit bestimmten Reaktionen des Pferdes verbinden: 1) um vorwärts zu reiten: Schenkelhilfe, eventuell unterstützt durch ein leichtes Antippen mit der Gerte hinter dem Stiefel, Zungenschnalzen; 2) zur ganzen Parade Fäuste schließen, Verwahren oder leichtes Annehmen der Zügel, Kreuz anspannen, Hilfe durch Stimme oder Pfiff; 3) um einen Zirkel zu reiten: Der innere Zügel wird verkürzt, der äußere Zügel gibt nur so weit nach, wie für die Biegung notwendig ist. Der innere Schenkel liegt am Sattelgurt auf, der äußere Schenkel liegt verwahrend etwas dahinter, um ein Ausfallen der Hinterhand zu verhindern. Natürlich werden die Zirkel anfangs sehr groß sein. Zu Beginn soll das Fohlen eher auf geraden Linien bewegt werden.

Unten: Die Arbeit im Dressurviereck, die vor allem bei der »klassischen Reitkunst« zur Anwendung kommt.

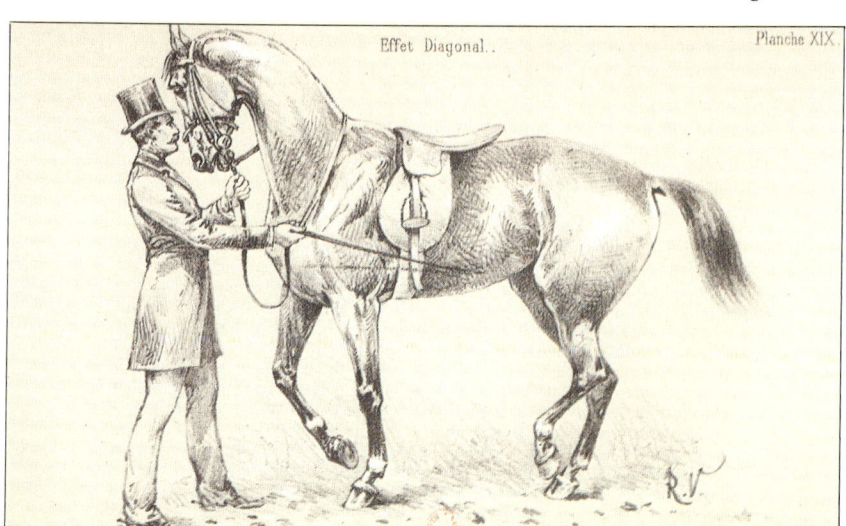

Effet Diagonal..
Planche XIX
R.V.

Der Reiter muß die Anlehnung des Pferdes erreichen, indem er den Kontakt herstellt und mit seinem Schenkel das Pferd sozusagen zum Gebiß hin drängt. Sobald das Fohlen die Arbeit im Schritt und im Trab, ganze Paraden (anfangs nur kurze) und in großen Zirkeln eine gewisse Perfektion erworben hat, kann man auf der Reitbahn kurze Galopp-Passagen probieren. Bevor der Reiter im Trab zu einer Ecke kommt, treibt er leicht an, indem er seitliche Hilfen einsetzt (äußerer Schenkel, äußerer Zügel). Das Pferd müßte aus der Gleichgewichtsverschiebung heraus in den Galopp übergehen. Die ersten Galopp-Passagen sollten kurz sein. Der Reiter muß dabei natürlich den schwebenden Sitz einnehmen und darf seine Haltung nicht verlieren, wenn das Pferd in Unruhe gerät oder buckelt. In diesem Fall muß er es streicheln und beruhigen. Um wieder in den Trab zu kommen, muß man den Oberkörper aufrichten, zurufen (oho!) und leicht die Zügel annehmen. Beim Ausbilden eines Fohlens gilt mehr denn je das bereits mehrfach zitierte Gebot: »Hand ohne Beine, Beine ohne Hand.«

Natürlich bedeutet der Beginn der Arbeit unter dem Reiter nicht, daß die Arbeit an der Longe, die freie Arbeit oder die Arbeit auf der Reitbahn aufgegeben werden soll. Ganz im Gegenteil: sie sollen abwechselnd eingesetzt werden und je nach den Bedürfnissen des Fohlens gewählt werden. Läßt sich das Pferd dann korrekt in den drei Gangarten auf der Reitbahn reiten, dann ist der Zeitpunkt gekommen, es in Begleitung eines Führpferdes ins Gelände hinauszuführen: Lange Geländeritte im Schritt, mit einigen Trabpassagen und kurzen Passagen im Kanter, leichte Steigungen und nicht zu steile Abhänge, Mini-Hürden wie z. B. kleine Gräben oder dünne Baumstämme usw.

Die echte Arbeit über Hindernisse soll dann auf der Reitbahn erfolgen. Man beginnt mit Cavaletti im Schritt und im Trab, was für die Streckung des Halses und für die Gymnastizierung der Rückenmuskulatur wichtig ist. Das Fohlen soll mit gesenktem Maul arbeiten. Der Reiter soll niemals versuchen, es zu beugen oder zu versammeln, solange es dafür noch nicht bereit ist. Zuerst muß die Dynamik aufgebaut werden, dann erst kann man zu leichten Übungen wie Schulterherein und Travers im Schritt schreiten.

Nach den Übungen über Bodenstangen und Cavaletti beginnt man mit Sprüngen aus dem Trab: niedrige gekreuzte Stangen und Ricks in einer Höhe von 50–60 cm. Man kann auch die Übung »Stange im Abstand von drei Schritten« probieren; man darf jedoch dabei nicht erwarten, daß das Pferd sofort versteht, was es tun soll. Es kann sich irren, stehenbleiben oder in Verwirrung geraten. Der Ausbilder darf niemals die Geduld verlieren. In manchen Fällen hilft es, ein erfahrenes Pferd voranreiten zu lassen.

Zuletzt kann man Sprünge im Galopp versuchen: Wenn das Pferd im Dressurviereck, bei der Arbeit über Stangen und bei kleinen Sprüngen aus dem Trab gut ausgebildet wurde, wenn es darüber hinaus vielleicht schon frei gesprungen ist oder auf einer Bahn, dann werden die ersten kleinen Sprünge aus dem Galopp (60–70 cm) erstaunlich leicht sein. Selbst der Amateur-Ausbilder weiß: Die ersten Sprünge mit dem Fohlen aus dem Galopp über ein kleines Rick oder ein kleiner Weitsprung gehören zu den unvergeßlichen Momenten eines Reiterdaseins.

Eine besondere
Liebe

Ein wenig Geschichte

Dupaty de Clam, ein Oberstallmeister des 17. Jahrhunderts, der auch ein Humanist war, definierte die Reitkunst als »Wissenschaft und Kunst«. Heute würden wir sie eher als Sport definieren, in dem sicherlich »wissenschaftliche« Elemente zu finden sind, bei dem aber die »Technik« die vorherrschende Rolle spielt, die nur in manchen Fällen in den Bereich der Kunst hineinreicht.

Einen Spazierritt übers Land zu unternehmen, hat wenig mit Kunst zu tun; ebenso eine Reitstunde in der Reitbahn oder das Springen über irgendwelche niedrigen Hindernisse. Dafür genügt es, über eine entsprechende Technik zu verfügen. Wenn man aber an die höheren Formen des Dressurreitens, Springreitens oder des Vielseitigkeitsreitens (Military) denkt, braucht man dazu etwas mehr – etwas, das der Kunst nahekommt. Es handelt sich dabei um eine angewandte Kunst, wenn man es so ausdrücken möchte

aus diesem Grund benützte man zum Kampf vor allem von Pferden gezogene zweirädrige Wagen.

Eine echte Revolution im Reiten erfolgte durch die Erfindung des Sattels mit Sattelbaum und durch die Einführung des Steigbügels. Wie der Wissenschaftler Augusto Azzaroli aufzeigt, zeigt schon der Triumphbogen des Kaisers Konstantin aus dem Jahre 315 n. Chr. einen »Sattel mit einem daraus hervorragenden Gerüst, das an den Seiten heruntergezogen ist, um die Beine des Reiters in der richtigen Stellung zu halten«. Ungefähr um dieselbe Zeit zeigen chinesische Terrakottafiguren der Han-Dynastie Sättel, die noch keine Steigbügel haben, aber gut ausgeformt sind, mit einem ziemlich weit hochgezogenen Sattelbaum, und alles läßt darauf schließen, daß sie ein »Innenleben« hatten.

Was die Steigbügel betrifft, sind sich die Wissenschaftler nicht ganz einig. Es scheint, daß sie im 2.

Prähistorischer zoomorpher irdener Wagen. Ein derartiges Fundstück beweist, daß bereits damals die Beziehung zwischen Mensch und Pferd eine Rolle spielte.

(vergleichbar etwa dem klassischen Tanz), wobei jedoch Eigenschaften ins Spiel kommen, die zweifellos im Umkreis der Kunst angesiedelt sind, wie Sensibilität, Intuition und Kreativität.

Im Laufe der Geschichte wurde das Pferd jahrhundertelang als Nutztier und in der Kriegführung verwendet. Es ist nicht sicher, ob der Mensch das Pferd ursprünglich gezähmt hat, um es einem Wagen oder Pflug vorzuspannen oder um es zu reiten, auf jeden Fall entwickelte sich die Reitkunst bis zum 4. Jahrhundert v. Chr. sehr langsam. Aus dieser Zeit stammt Xenophons Werk *Über die Reitkunst,* das Grundsätze und Ratschläge enthält, die noch heute Gültigkeit haben. Damals ritt man ohne Sattel auf einer einfachen, mit einem Bauchgurt versehenen Decke; das Zaumzeug bestand aus einer dünnen Stange oder einem leichten Trensengebiß. Das alles machte das Reiten anstrengend und das Gleichgewicht zu Pferde labil:

Jahrhundert n. Chr. in China erfunden wurden und von dort nach Japan, nach Mittelasien, Indien, Arabien usw. gelangten und dann, zwischen dem 7. und 8. Jahrhundert, auch nach Europa. Der bereits erwähnte Augusto Azzaroli verlegte jedoch das Aufkommen der Steigbügel für ganz Eurasien auf einen Zeitraum vom 4. bis zum 6. Jahrhundert. Nach chinesischen Quellen waren die Erfinder die Nomaden der Steppe, die zu dieser Zeit »... mit großräumigen Wanderungen in großem Ausmaß beschäftigt waren«. Wie dem auch sei, es war die Erfindung des Sattels mit Sattelbaum und Steigbügeln, die die mittelalterliche Reitkunst

Auf den vorhergehenden Seiten: die Spanische Reitschule in Wien.

zum Blühen brachte. Damit verbinden wir alle die Vorstellung jener ganz in Eisen gekleideten Ritter auf riesigen Pferden, die ebenfalls durch Rüstungen geschützt waren. Und erst die Trensen und die Sporen! Es war die Zeit einer instinktiven und brutalen Reiterei, die mehr denn je von der Feinheit der Kunst entfernt war!

Die Erfindung des Schießpulvers verdrängte jedoch das mittelalterliche Rittertum. Die kräftigen, doch langsamen Streitrösser wurden allmählich durch leichtere, wendigere und schnellere Pferde abgelöst. Und schließlich entstand im 16. Jahrhundert, zur Zeit der Renaissance, in Italien durch Stallmeister wie Cesare Fiaschi, Giovan Battista Pignatelli und Federico Grisone das Schulreiten oder die klassische Reitkunst, die das Reiten veredelte und beinahe zur Kunst machte. Während des gesamten 16. Jahrhunderts zog man nach Italien, um die Kunst des Reitens zu erlernen. Zwei französische Oberstallmeister, Salomon de la Broue und Antoine de Pluvinel, machten durch ihr Beispiel und ihre Schriften den neuen Reitbegriff jenseits der Alpen bekannt und begründeten so die große französische Tradition. Stand die Wiege der modernen Reitkunst im 16. Jahrhundert in Italien und erlebte dort ihre ruhmreichen Höhepunkte, so ging bereits im 17. Jahrhundert die Vorherrschaft an Frankreich über und erhielt sich dort in absoluter Hegemonie bis zum 19. Jahrhundert.

Das soeben Gesagte gilt jedenfalls für das Schulreiten, denn das Heimatland der Sportreiterei war immer schon Großbritannien. In diesem Sinn dürfen sich die Engländer aufgrund ihrer Liebe zu den Pferden, dem Interesse an der Pferdezucht und ihren diesbezüglichen Erfolgen, der Leidenschaft für die Fuchsjagd und die Pferderennen mit Recht als das Reitervolk par excellence betrachten. Das soll nicht heißen, daß man in anderen Ländern keine Fuchsjagden oder Pferde-

rennen veranstaltet, aber dies geschieht dort nicht mit der Ausschließlichkeit und Leidenschaft der Engländer. Das Englische Vollblut wurde in England geschaffen und gelangte von dort auf das europäische Festland, teils reinrassig, teils durch Einkreuzungen mit anderen Rassen, was wichtige Veränderungen im Exterieur vieler Pferderassen mit sich brachte.

Doch kehren wir zu Frankreich zurück. Im 17. Jahrhundert kam es zur Bildung einer großen Reitinstitution, der Schule von Versailles, und vor allem lebte

Pferdetrense aus der Nekropole Benacci aus der Villanovakultur (1. Jahrtausend v. Chr.)

Unten: Der berühmte Teppich von Bayeux aus dem 11. Jahrhundert mit der Darstellung der Eroberrung Englands im Jahre 1066 durch Wilhelm den Eroberer.

und wirkte damals einer der größten Reitlehrer aller Zeiten, Francois Robichon de la Guérinière, dessen Meisterwerk *L'Ecole de Cavalerie* 1733 erschien. Es war von entscheidendem Einfluß auf die Entwicklung der Dressurreiterei in ganz Europa bis zur Hohen Schule und ist eines der schönsten und am besten durchdachten Werke der Reitliteratur überhaupt. Die Dressur des Pferdes in der Reitbahn hatte als oberstes Ziel die Ausführung jener Bewegungen und Übungen, die das Pferd einem Tänzer ähnlich werden lassen. Bei den Übungen unterschied man die Schulen auf der Erde (Passage, Piaffe, Volte, Pirouette, Pesade usw.) und die Schulen über der Erde (Courbette, Kapriole usw.). Aber über dieses Virtuose hinaus und über die künstlerische Erhöhung der Bewegungen des Pferdes in der Natur oder solcher Bewegungen, die dem Reiter im Krieg nützlich sind, sah La Guérinière in den Übungen in der Reitbahn das geeignetste Mittel, um Pferde zu gymnastizieren, sie »sanft und gehorsam« zu machen, »angenehm in den Bewegungen und bequem für den Reiter« für jeden Zweck, sei es nun Jagd, Krieg, Spazierritt usw.

La Guérinière hat überdies die Lektion *Schulterherein* erfunden, die Ausgangslektion zur Erlernung aller übrigen Seitengänge und anderen Übungen, die höhere Versammlung erfordern. Heute ist sie ein wenig außer Gebrauch geraten, wird aber immer noch von wirklich kompetenten Reitern angewandt. Im übrigen möge der, der verstehen will, was dieser ausgezeichnete Reitlehrer unter Reitkunst verstanden hat, sich in die berühmte Spanische Reitschule in Wien begeben, wo heute noch die Prinzipien La Guériniéres, auf die sich die österreichischen Bereiter berufen, in den Lipizzanerschimmeln und ihren Reitern in Uniform leibhaftig verkörpert sind.

Im 19. Jahrhundert wurde die französische Tradition weiter fortgesetzt und von zahlreichen Stallmeistern, unter denen besonders François Baucher und General L'Hotte hervorragen, weiterentwickelt. Baucher, ein wahrer »Philosoph« der Reitkunst, erfand eine Dressurmethode, die für den neuen Pferdetypus geeignet war, der sich in Europa allmählich als Folge der Kreuzungen mit Englischen Vollblutpferden durchsetzte. Von ihm stammte die berühmte Regel »Zügel ohne Schenkel, Schenkel ohne Zügel«, womit er meinte, daß Zügel- und Schenkelhilfen einander niemals widersprechen dürfen (eine Regel, die wir, abgesehen von der Formulierung, auch in Caprillis Auffassung von der »natürlichen Reiterei« wiederfinden), und eine weitere, die er L'Hotte auf dem Totenbett mitgab: »*Toujours ça, jamais ça*« (Immer so, niemals so). Mit diesen Worten, die von einer Geste seiner Hand begleitet waren, die imaginäre Zügel zu halten schien, wollte der alte Stallmeister sagen, daß man niemals am Zügel reißen dürfe, sondern statt dessen durch die geschlossene und aufgestellte Zügelfaust Widerstand bieten muß. Eine Regel, die man mit Riesenlettern über den Eingang von Reitbahnen und Reitschulen schreiben sollte.

L'Hotte ist als »Verschmelzer verschiedener Lehren«

bezeichnet worden, da er versuchte, die Prinzipien Bauchers mit denen des Conte d'Aure zu kombinieren, der für das einfache und praktische Reiten militärischer Ausprägung eintrat, wobei vor allem auf freies Vorwärtsgehen und Schwung der Gangarten geachtet wurde. Zwar war L'Hotte, oberflächlich gesehen, in der Reitbahn ein Anhänger Bauchers und im Gelände ein Anhänger des Conte d'Aure, aber auf der theoretischen Ebene führte er den Gedanken Bauchers weiter, indem er die »französische Doktrin« in seinem Werk *Questions équestres* verewigte. Von ihm stammt die berühmte Definition des idealen Pferdes: *calme, en avant, droit* (ruhig, vorwärtsgehend, geradeaus gehend); die Theorien über die »Leichtigkeit«, die Grundlage der französischen Schule, worunter er die »... perfekte Durchlässigkeit des Pferdes für die feinsten Hilfen des Reiters mit Zügel oder Ferse« verstand. Um die Jahrhundertwende erlangte ein weiterer großartiger Reiter und Autor von Reitliteratur Bedeutung, der Engländer James Fillis, den es nach Paris verschlug, wo er Schüler Bauchers wurde und mit die große französische Tradition des 18. und 19. Jahr-

Zu Beginn des 19. Jahrhunderts verwendete die Kavallerie im Vergleich zu den vorhergehenden Jahrhunderten wendigere, leichtere und schnellere Pferde. Schon lange sind die schweren Rüstungen verschwunden; auch die Zäumung ist leichter geworden, und die Reiter, mit kürzeren Steigbügeln, kommen nun ohne lange und scharfe Sporen aus.

Auf der gegenüberliegenden Seite eine Darstellung aus dem frühen 16. Jahrhundert, zu Beginn der Neuzeit. Das Pferd ist vom kräftigen und mächtigen Typus mit dickem, rundem Hals. Der Reiter hält die gestreckten Beine in sehr langen Steigbügeln, und nur die Fußspitzen berühren den Steigbügel. Man beachte die Länge der Sporen und die Schärfe der Trense.

hunderts ihren Abschluß findet. Fillis war ein exzellenter Reiter mit viel Gefühl für Pferde und vor allem mit empirischer Begabung, aber nicht ohne die Fähigkeit, die Gegebenheiten der Praxis gedanklich zu erfassen. Sein Buch *Principes de dressage et d'equitation* (1890) ist ein wahres Kompendium, in dem jeder Reiter und jeder Pferdemensch die verschiedenen Aspekte der einzelnen Reitdisziplinen, von den Rennen bis zur Hohen Schule, das Springen ausgenommen, erläutert findet.

Gegen Ende des 19. Jahrhunderts finden wir also in Europa die französische Tradition und einige, vom theoretischen Standpunkt aus gesehen weniger einheitliche und konsoldierte, aber deshalb noch lange nicht unwichtige Schulen, wie zum Beispiel die deutsche oder die portugiesische. Was die Campagnereiterei betrifft, so waren hierin die Engländer, wie gesagt, auf empirischer wenn auch nicht auf theoretischer Ebene Meister. Zwar war man schon immer überall ein wenig gesprungen, im Krieg und auf der Jagd; aber gegen Ende des 19. Jahrhunderts entdeckten die Reiter schrittweise und systematisch, daß das Pferd auch ein zum Springen geeignetes Tier ist.

Dabei vollbracht ein junger Offizier der italienischen Kavallerie, Federico Caprilli, eine wahre Revolution. Wenn man die Bilddokumente (Fotos, Zeichnungen usw.) betrachtet oder die Abschnitte der damaligen Reitliteratur liest, die dem Springen gewidmet sind, so wird einem klar, daß es am Ende des 19. und zu Beginn des 20. Jahrhunderts verschiedene Springstile gab, daß aber keiner von ihnen wirklich funktionell und vernünftig war. Ein Beispiel sind die Engländer mit ihrem *Old English Hunting Seat* (dem alten englischen Jagdsitz). Beim Sprung warfen sich die Reiter mit ihrem Körper nach hinten und drückten dabei die Schenkel nach vorne; sie gewährten dem Pferd relative Maulfreiheit, indem sie die Zügel lang ließen, aber sie unterließen es nicht, sich dem Pferd ins Maul zu hängen, wenn das Gleichgewicht bedroht war. Sicherlich konnte diese Methode bei edlen, feurigen und kräftigen Pferden für den Augenblick keine ernsthaften Unannehmlichkeiten hervorrufen, aber auf die Dauer konnten Abnutzung und Widerwille unvermeidlich werden.

Was die Franzosen betrifft, so hat Caprilli die Reitweise der Offiziere von der Schule von Saumur in Turin 1902 gut beschrieben: die Füße in langen Steigbügeln, fest im Sattel, im Augenblick des Springens blieben sie sitzen und drückten höchstens den Oberkörper etwas nach hinten; gleichzeitig aber gewährten sie dem Pferd die nötige Halsfreiheit, indem sie die Zügel durch die Finger gleiten ließen. Andere Reiter von damals dachten sogar oder stellten die Theorie auf, daß das Pferd während der Sprungbewegung »gehalten« werden müßte, mit welchem Ergebnis, läßt sich leicht vorstellen. Caprilli brachte Ordnung in dieses Durcheinander verschiedener Techniken und Auffassungen. Genial erkannte er, daß dem Pferd die unerläßliche Maul- und Rückenfreiheit gewährt werden mußte. Genial schrieb er in einer Reihe fragmentarischer, aber dichter, präziser und tiefsinniger Schriften über die Technik und den Stil, die dem Pferd diese doppelte Freiheit (Maul- und Rückenfreiheit) lassen. Sein früher Tod hinderte Caprilli daran, eine Abhandlung über die »Naturreiterei« zu schreiben, die die verschiedenen Aspekte seines Systems vertieft hätte. Obwohl also sein Werk unvollendet geblieben ist, gehört Caprilli mit Xenophon, La Guérinière, Bau-

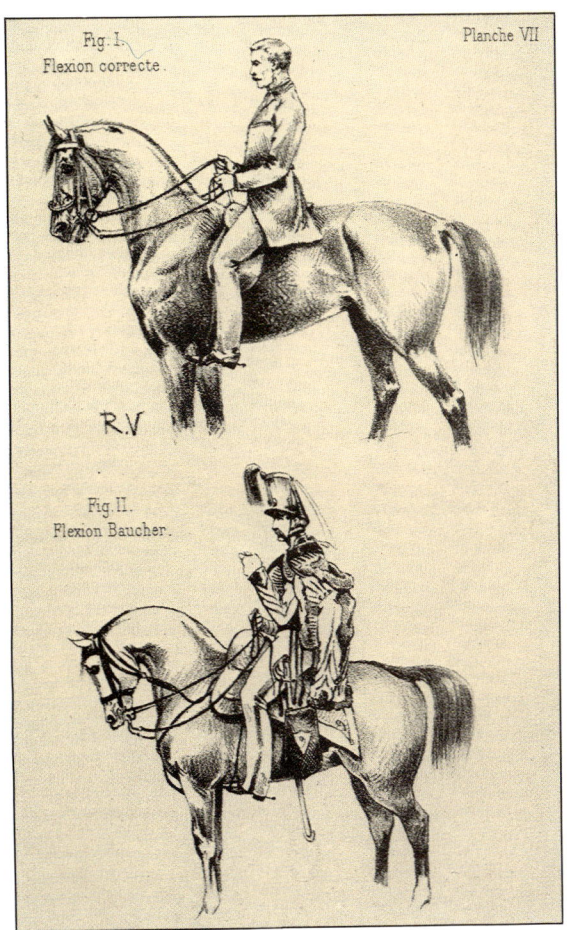

Fig. I.
Flexion correcte.

Planche VII

R.V

Fig. II.
Flexion Baucher.

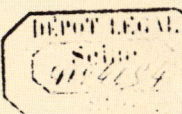

JAMES FILLIS

PRINCIPES DE DRESSAGE

ET

D'ÉQUITATION

PARIS

C. MARPON ET E. FLAMMARION
ÉDITEURS
26, rue Racine, près l'Odéon

1890

Oben und rechts: Titelblatt und zwei Abbildungen aus dem Meisterwerk von James Fillis (1834–1913), Principes de dressage et d'equitation *(1890).*
Nebenstehende Seite oben: François Baucher (1796–1873) auf Partisan, einem der Pferde, denen er seine Berühmtheit verdankte, bei der Piaffe. Baucher, ein Methodiker der Reitkunst, zählt zu den größten Stallmeistern und Autoren von Büchern über die Reitkunst. Darunter: Alexis L'Hotte (1825–1904), ein Schüler Bauchers und seines Antagonisten, des Grafen Antoine Cartier d'Aure, ist der Autor von Questions équestres, *eines grundlegenden Werkes der französischen Reitlehre. Hier unten: Pferderennen in Buenos Aires 1819. Man beachte, daß die Reiter auf ungesattelten Pferden reiten.*

Rechts: Ein Pferderennen in der ersten Hälfte des 19. Jahrhunderts. Die Reiter haben noch immer lange Steigbügel, aber sie beugen den Oberkörper nach vorne und lassen die Pferde mit gestrecktem Hals galoppieren.

cher und L'Hotte zu den größten Verfassern von Werken über das Reiten.

Mit Caprilli begann die Ära des Springreitens als Sportdisziplin. Die Lehren Caprillis und der italienischen Schule im allgemeinen fügten sich zu den verschiedenen Traditionen wie der französischen, der deutschen, der angelsächsischen usw. Der Erfolg der italienischen Offiziere bei den internationalen Bewerben in den zwanziger Jahren überzeugte die Reiter auf der ganzen Welt, daß man, zumindest beim Springen, den Prinzipien Caprillis zu folgen hatte. Sicherlich opferte Caprilli, wie alle Revolutionäre, im Überschwang seines Neuerungsdranges zumindest in seinen Schriften die traditionellen Übungen zur Gymnastizierung des Pferdes, die es geschmeidig, leicht und durchlässig machen sollen. Er stellte dem Reiter in der Reitbahn die Campagnereiterei gegenüber, die beide seiner Meinung nach einander ausschließen. Diese Auffassung, die angesichts von Caprillis Absichten historisch verständlich ist, führte letztendlich zu einer Verarmung der Technik des italienischen Reitsports, die nach dem Zweiten Weltkrieg nur aufgrund einiger hervorragender Reiterpersönlichkeiten wieder große Erfolge zeitigte.

Der italienische Olympiasieger Piero D'Inzeo stellte in seinem Buch *Oltre la vittoria* fest, daß »...in den verschiedenen Ländern jede Schule in der Folge das System der Naturreiterei Caprillis perfektioniert hat, indem sie es mit der Technik und der ausdauernden Arbeit verband, die für die Tradition und das Temperament der betreffenden Schule charakteristisch wa-

Links oben: So sprang man, bevor Federico Caprilli, Rittmeister an der italienischen Kavallerieschule Pinerolo, den »modernen« Springstil einführte: den Oberkörper weit nach hinten gelehnt, mit straffen Zügeln, in der Absicht, das Pferd zu »halten«, dem jedoch deutlich Unbehagen und Schmerz anzumerken sind.

Darunter: Caprilli (1868–1907) auf Piccola Lark beim Sprung über ein Drahthindernis. Man beachte die unverkrampfte Haltung von Reiter und Pferd: Der Reiter hat den Oberkörper leicht nach vorne geneigt und gibt dem Pferd Kopf, Hals und Rücken frei. Mit Caprilli begann das moderne Springreiten und Geländereiten.

ren.« Mit diesen Worten weist D'Inzeo richtigerweise den Weg zu einem gesunden, rigorosen Eklektizismus, auf dem sich die unübertroffenen (und nunmehr überall angenommenen) Lehren Caprillis für das Springen und die Campagnereiterei mit den technischen Kenntnissen einer nunmehr zweihundertjährigen französischen und europäischen Tradition ergänzen. Ein Beweis dafür sind die Reiter der USA, die bei der Olympiade 1984 in Los Angeles Einzelsiege und Mannschaftssiege errangen und beim Springen ganz im Stil Caprillis reiten.

Oben links: Das Titelblatt des »Domenica del Corriere«, das der Internationalen Konkurrenz im Springreiten 1902 in Turin gewidmet war: die Teilnehmer bringen einen Trinkspruch aus. Bei diesem Wettbewerb bestätigte sich zum ersten Mal international die Überlegenheit von Caprillis leichtem Sitz.
Oben rechts: Internationale Konkurrenz im Springreiten in Turin: Gruppenfoto der Unteroffiziere und Reitlehrer.
Unten: Piero D'Inzeo, ein großartiger italienischer Reiter und ebenso wie sein Bruder Raimondo unter den Olympiasiegern im Springen bei den Olympischen Spielen 1956 und 1960.

Wie wird man ein »Pferdemensch«

Das Reiten ist ein mehr oder weniger schwieriger Sport, je nachdem, welche Ziele sich ein Reiter steckt. Um zum Vergnügen einen Spazierritt zu unternehmen, kann ein bescheidenes technisches Grundwissen genügen, für das es jedoch vieler Reitstunden auf der Reitbahn bedarf und, je nach Begabung, eines Zeitraumes von sechs Monaten bis zu einem Jahr. In dem Maße, in dem die Ziele höher werden, wächst auch der notwendige Zeitaufwand, um sie zu erreichen. Zugleich ergibt sich die Notwendigkeit, ein eigenes Pferd zu reiten (oder zumindest eines ständig zur Verfügung zu haben), um Sensibilität und Reitgefühl zu verfeinern. Wenn man, wie gesagt, zwischen sechs Monaten und einem Jahr mindestens zwei oder dreimal pro Woche reiten muß, um sich Grundkenntnisse im Reiten zu erwerben, so müßte man, um sich zu vervollkommnen, jeden (oder beinahe jeden) Tag reiten, und das möglichst auf mehreren Pferden.

James Fillis stellt in der abschließenden Zusammenfassung seiner *Principes de dressage et d'equitation* (1890) fest, daß man folgende Prüfungen bestehen muß, um sich als erfahrener Reiter bezeichnen zu können:
1) ein schwieriges Pferd reiten;
2) an einem Steeplechase teilnehmen;
3) an einem Rennen im ausgesessenen Trab teilnehmen;
4) an einem Galopprennen teilnehmen;
5) ein Schulpferd ausbilden und reiten können.

Die Zeiten haben sich geändert, und mit ihnen der Reitsport. Als Beispiel könnten wir anführen, daß der erfahrene und vollkommene Reiter unserer Tage diese Prüfungen ebenfalls erfüllen sollte, wenngleich mit einigen Änderungen im Vergleich zu Fillis' Vorschlägen:
1) ein schwieriges Pferd reiten;
2) an einem Steeplechase (oder einem Cross-Country-Bewerb) teilnehmen;
3) an einem Galopprennen teilnehmen;

Ein Cross-Country-Bewerb. Die Querfeldeinstrecke der Vielseitigkeitsprüfung mit ihren festen und natürlichen Hindernissen und den Wegestrecken ist eine der anspruchsvollsten und aufregendsten Prüfungen des Geländereitens.

4) an einem Springturnier teilnehmen (schwere Klasse);
5) ein Springpferd und ein Dressurpferd ausbilden und reiten können.

Beschränken wir jedoch unsere Ambitionen für die Zwecke dieses Buches, das sich ja an alle wendet, die Pferde lieben und die alles daransetzen, gute Amateurreiter zu werden, das heißt Reiter, die Freude daran haben, zu reiten, und die einen bewußten und gepflegten Reitstil anstreben. Hier also die Prüfungen:

1) Ein schwieriges Pferd reiten (d. h. relativ schwierig, kein »Biest« oder zu gefährliches Tier);
2) an einem kleinen Cross-Bewerb teilnehmen (Hindernisse nicht über 1 m hoch);
3) an einem leichten Springturnier teilnehmen (leichte Klasse);
4) ein Springpferd und Dressurpferd ausbilden und reiten können (Grundausbildung).

Um die vier hier genannten Prüfungen bestehen zu können, braucht man mehrere Jahre der Schulung und Übung. Und so mancher Reiter wird nie imstande

sein, ein Pferd ausbilden zu können. Es gibt verschiedene Typen von Reitern: einige sind gute oder sogar ausgezeichnete Reiter auf bereits zugerittenen Pferden, gut im Improvisieren, aber sie besitzen nicht die Qualitäten des Ausbilders, und somit nicht die methodische Arbeitsweise, Geduld, Ausdauer, Beobachtungsgabe, den Einfallsreichtum, die Achtung für das Pferd usw. Der vollkommene Reiter ist beides in einer Person, Ausbilder und Reiter. Aber nur wenige erreichen dieses Niveau.

Im übrigen ist es klar, daß man, während man immer weiter auf dem Wege zur reiterlichen Vollkommenheit vordringt, sich veranlaßt, ja gerade verpflichtet fühlt, vom einfachen Reiter zum »Pferdemenschen« zu werden.

Was versteht man unter diesem Ausdruck? Damit werden die Reiter bezeichnet, die in der Welt der Pferde wirklich in all ihren Aspekten zu Hause sind, von der Reittechnik bis zur Ernährung, von der wissenschaftlichen Pferdekunde bis zur Sattelkammer usw. Ein Menschenleben reicht nicht aus, um dieses

Mauro Roman, Vielseitigkeitsreiter aus Italien, bei der Olympiade in Moskau 1980 während der Dressurprüfung. Dabei muß sich das Pferd als fügsam, leicht und völlig durchlässig für die Hilfen des Reiters erweisen.

Ein Flachrennen in Sara-
toga in den Vereinigten
Staaten. Federico Caprilli
meinte, der Rennsport sei
auch deshalb nützlich, weil
er das beste Pferd erfordert.
Im Rennen lernt man, den
Rhythmus des Galopps zu
fühlen und die Kräfte
des Pferdes gezielt einzu-
setzen.

unendliche Universum zu erforschen und kennenzulernen. Jede Gelegenheit ist willkommen, das eigene Können, das Wissen über Pferde zu vergrößern. Zum Beispiel einen guten Reiter zu beobachten, wenn er mit seinem Pferd arbeitet; einen schlechten Reiter zu beobachten und zu verstehen versuchen, worin er Fehler macht; einen richtigen Pferdemenschen sehen, wie er mit einem verrittenen Pferd fertig wird, wie er mit ihm an der Longe arbeitet, wie er auf einem Fohlen reitet usw. Das sind nur einige der äußerst zahlreichen Beispiele, die sich anführen ließen.

Weiters zusehen und verstehen, wie sich Pferde ohne Reiter bewegen und wie sie springen; wie ein und dasselbe Pferd reagiert, wenn es von zwei verschiedenen Reitern geritten wird. Und schließlich sich zu den traditionellen Tempeln der Reitkunst zu begeben, in die Spanische Reitschule nach Wien, die Kavallerieschule von Saumur; an den *Stages* teilnehmen, die von großen Reitern und Pferdemenschen abgehalten werden, wie Nelson Pessoa und Jean d'Orgeix für das Springen, dem inzwischen leider verstorbenen Portugiesen Nuno Oliveira für die Hohe Schule, Albert Moyersoen, der in Italien lebt, für die Dressur, den Fahrsport und ganz allgemein für die Ausbildung und Korrektur der Pferde.

Das alles ist aber noch nicht genug: um ein richtiger Pferdemensch zu werden, muß man sich auch der in den Büchern niedergeschriebenen Erfahrungen bedienen. Wer nicht liest, wer nicht die eigene Reitkultur vertieft, wird immer ein Empiriker, oder, schlimmer noch, ein Praktiker bleiben. Die mündlich wiedergegebene Erfahrung gibt Wahrheiten, aber auch Halbwahrheiten oder Fehler weiter. Oft können wir in

guten Büchern Ratschläge finden, um unsere Probleme zu lösen. Denken wir nur an Klassiker wie Xenophon, La Guérinière, Baucher, L'Hotte und Caprilli. Für das Springen empfehlen wir außer dem Band von William Steinkraus auch das Kompendium von Anthony Paalman, *Das Buch der Reitkunst.*

Indem man die reiterliche Praxis durch gute Lektüre unterstützt, erreicht das eigene Reiten ein höheres Niveau: aus einem Sport wird eine Art Experiment des Lebens, bei dem neben den körperlichen Gaben auch psychologische, moralische und intellektuelle Eigenschaften des Reiters eingesetzt werden. Auf diese Weise wird das Reiten zu einer Quelle der Selbstreflexion und Selbstdisziplin.

Das Springreiten

Das Springreiten ist heutzutage die beliebteste und am meisten verbreitete Reitdisziplin.

Die Anfänge des Springsportes können in die zweite Hälfte des vorigen Jahrhunderts zurückdatiert werden, als das Pferd in sportlicher Hinsicht vor allem auf dem Land eingesetzt wurde. In Irland ließen die Pferdehändler, um beim Verkauf eines Tieres seine Qualität ins rechte Licht zu rücken, es irgendein Hindernis überspringen, ähnlich den Schwierigkeiten, denen man in der Natur etwa auf einer Jagd begegnen kann. Das Springen erfolgte auf einem eingezäunten Platz, und die häufige Wiederholung dieser Gepflogenheit führte schließlich zu richtigen Wettkämpfen zwischen den Pferdehändlern.

Das erste Springturnier fand 1864 in Dublin unter der

Schirmherrschaft der *Royal Dublin Society* statt. Dieses Ereignis umfaßte einige Ausdauerprüfungen für Jagdpferde und weitere Springprüfungen auf verschiedenen Parcours mit jeweils nur einem einzigen Hindernis. Beim ersten Wettbewerb bestand das Hindernis aus einer Hecke und drei Stangen darüber; beim zweiten aus mehreren Hecken hintereinander; beim dritten schließlich mußte man eine stattliche Feldsteinmauer überspringen. Um an dieser dritten Prüfung teilzunehmen zu können, mußte man am Tag zuvor eine 1,35 m hohe Staccionata überwunden haben.

Die erste italienische Konkurrenz im Springreiten fand im Frühjahr 1884 in Turin unter ausschließlicher Teilnahme von Kandidaten der Kavallerieschule von Pinerolo statt. Das erste internationale Springturnier wurde 1902 ebenfalls in Turin abgehalten: bei dieser historischen Gelegenheit bewährte sich zum ersten Male die »Revolution« Caprillis. Auf seinem Pferd Melopo erreichte Caprilli außer Konkurrenz den Springrekord von 2,08 m.

Seit damals hat sich das Springreiten ständig weiterentwickelt. Die Hindernisse haben sich in Form und Dimensionen verändert und sich immer weiter von den ursprünglichen Charakteristika der natürlichen Hindernisse weg entwickelt und nur die Namen beibehalten: Wegesprung, Graben, Wassergraben, Hecke, Staccionata, Feldsteinmauer, Wall usw. Heute wird die »virtuose« Komponente des Bewerbes stärker betont als je zuvor: der Parcours ist kürzer geworden, die Zahl der Hindernisse aber proportional dazu dichter, ebenso wie die Anzahl der Hindernisfolgen, Kombinationen und Wendungen. Das Springreiten ist heute eine der drei olympischen Disziplinen: als solche war es zum ersten Mal bei den Olympischen Spielen in Stockholm 1912 vertreten.

Die Bewerbe finden auf einem eingezäunten Platz im

Ein typisches Bild von einem Springturnier: der Sprung über den Wassergraben. Pferd und Reiter, die ernsthaft vorhaben, an wichtigen Turnieren teilzunehmen, müssen richtige »Virtuosen« im Springen werden.

Ein Hochsprung über ein Hindernis in Form einer kleinen Mauer mit zwei Stangen darüber.

gerung, Überschreitung der erlaubten Zeit usw.), so bekommt er Strafpunkte. Sieger bleibt der Reiter, der die geringste Anzahl an Strafpunkten hat oder bei einer gleichen Anzahl von Strafpunkten den Parcours in der kürzesten Zeit geschafft hat, oder die größte Anzahl an Punkten erringt, je nach der Art des Bewerbes.

Tabelle der Strafpunkte	
Fehler	**Strafpunkte**
Erster Ungehorsam (Ausbrechen, Verweigerung, Widersetzlichkeit usw.)	3
Zweiter Ungehorsam	6
Dritter Ungehorsam	Ausschluß
Beim Sprung umgeworfenes Hindernis	4
Sturz des Pferdes und/oder des Reiters	8
Überschrittene erlaubte Zeit je angefangene Sekunde	1/4
Überschreiten der Höchstzeit	Ausschluß

Jedes Hindernis wird auf der rechten Seite von einer roten und auf der linken Seite von einer weißen Flagge begrenzt. Die Hindernisse werden in »Steilsprünge« und »Hochweitsprünge« unterteilt: bei den Steilsprüngen sind alle Teile des Hindernisses vertikal übereinander aufgebaut; bei den Hochweitsprüngen hingegen sind die Teile auf mehreren Ebenen vertikal aufgebaut, so daß dem Pferd zur Überwindung des Hindernisses sowohl ein Hoch- als auch ein Weitsprung abverlangt wird.

Der **Wassergraben** ist eine Wasserfläche, die weder davor noch dahinter, noch dazwischen irgendein Hindernis haben darf; nur auf der Absprungseite darf eine niedrige Absprunghürde vorgebaut sein (Hecke, Mäuerchen, Barriere).

Vor dem wassergefüllten oder trockenen **Graben,** darüber oder dahinter, kann sich ein Hindernis befinden.

Der **Oxer** ist ein Hochweitsprung, der im allgemeinen von zwei parallelen Barrieren gebildet wird, der Zwischenraum kann von einer Hecke, Sträuchern, Bäumchen usw. aufgefüllt werden.

Der **Wegesprung** ist ein Hochweitsprung, bei dem außer Barrieren, Koppelricks, Wälle, Mauern oder Latten verwendet werden.

Die **Triplebarre** besteht aus drei verschiedenen vertikalen Ebenen: Barrieren, Hecken, Latten, Mäuerchen usw.

Hinderniskombinationen können einfach oder doppelt sein. Zweifache oder mehrfache Kombinationen bestehen aus zwei, drei oder mehr Einzelhindernissen, die mindestens 7 m und höchstens 12 m voneinander entfernt sind und die hintereinander zwei, drei oder mehr Sprünge zur Überwindung verlangen. Die Entfernungen zwischen den Hindernissen sind je nach der Höhe und Art der Hindernisse (Steilsprung, Hochweitsprung) verschieden.

Es gibt eine große Vielfalt von Springprüfungen: Standardspringprüfung, Stilspringprüfung, Zeitspringprüfung, Mächtigkeitsspringprüfung, Barrierenspringprüfung usw.

Die Einlaufspringbewerbe sind die einfachsten. Gewöhnlich sind sie den Turnieranfängern bzw. jungen oder korrekturbedürftigen Pferden vorbehalten. Es

Gegenüberliegende Seite: ein Amazone in der Landephase eines technisch korrekten Sprunges.

Freien oder in der Halle statt. Der Boden kann aus Sand bestehen oder grasbewachsen sein; in geschlossenen Räumen kann es Sägemehl oder ein anderes Material sein, es muß nur weich und gut dräniert sein (es darf nicht rutschig sein). Neben dem Springplatz auf dem der Bewerb stattfindet, muß ein Abreiteplatz vorgesehen sein, auf dem die Wettbewerbsteilnehmer ihr Pferd »aufwärmen« und ein paar Probesprünge ausführen können. Die Hindernisse werden vom Parcourschef aufgestellt, der keinerlei vorgefaßtem Schema folgen muß. Es obliegt seiner Erfahrung, seinem Erfindungsgeist und gesunden Menschenverstand, einen den Umständen angepaßten Parcours zu schaffen. Die Anzahl der Hindernisse liegt im allgemeinen zwischen zehn und fünfzehn: eine Parcoursskizze wird für alle Teilnehmer gut sichtbar ausgehängt, die vor dem Wettkampf eine Besichtigung durchführen können, um den Parcours in allen Einzelheiten zu studieren. Jeder Durchgang wird von einer entsprechenden Richtergruppe beurteilt, die aus drei Mitgliedern besteht.

Wenn der Teilnehmer Fehler begeht (Abwurf, Verwei

komme ein Richtverfahren ohne Zeitwertung zur Anwendung.

Bei der Zeitspringprüfung hingegen wird die Geschwindigkeit ebenso wie die Strafpunkte bewertet. Die Springprüfung mit Stechen findet auf einem Normalparcours und ein oder zwei aufeinanderfolgenden Stechparcours statt. Die Teilnehmer, die punktegleich abgeschnitten haben (die Zeit wird nicht gewertet), tragen ein Stechen mit Zeitwertung auf dem gleichen oder auf einem verkürzten Parcours aus, dessen Hindernisse erhöht und verbreitert werden. Wenn die zum Stechen nicht zugelassenen Teilnehmer aufgrund der Strafpunkte und der Zeit bewertet werden, nennt man diese Springprüfung »gemischt«.

Zweck der Mächtigkeitsspringprüfung ist es, das Springvermögen des Pferdes über eine begrenzte Zahl schwerer Hindernisse zu prüfen. Begonnen wird mit einem Normalparcours, danach geht man zu einem auf vier oder zwei Hindernisse verkürzten Parcours über (darunter muß ein Steilsprung und ein Hochweitsprung sein). Jegliche Hinderniskombination und Wassergräben sind verboten.

Die Spezialspringprüfungen werden nach einem Sonderreglement ausgetragen. Die Barrierenspringprüfung (sechs Steilsprünge in einem Abstand von je 11 m), die Jagd um Punkte (jedes Hindernis wird, je nach Schwierigkeitsgrad, mit Gutpunkten bewertet: es siegt, wer die größte Punktezahl erringt), Stafettenspringprüfung. Stets auf großes Publikumsinteresse stößt das Zweikampfspringen. Die Teilnehmer absolvieren zuerst einen Qualifikationsparcours, dann tragen die ersten sechzehn in der Bewertung jeweils zu zweit einen Ausscheidungskampf aus, für den zwei nebeneinander liegende identische Parcours aufgebaut sind, die jeweils von zwei Reitern gleichzeitig geritten werden. Die Sieger eines jeden Umlaufs reiten wieder in Zweiergruppen im folgenden Umlauf, bis man ein Finale erreicht, in dem ein Sieger ermittelt wird.

Interessant und eindrucksvoll ist auch die »Derby« genannte Prüfung, die auf einem Parcours von mindestens 1000 m Länge ausgetragen wird, der neben den typischen Springparcourshindernissen mindestens 25 Prozent Sprünge über natürliche Hindernisse enthält. Im Jahre 1905 schrieb Federico Caprilli, der Erfinder des modernen Springreitens, daß das »... Springreiten im allgemeinen folgendes bezwecken sollte: 1) die Zucht der italienischen Pferde und den Import von guten ausländischen Gebrauchs- und Jagdpferden zu stimulieren und zu verbessern; 2) die Leidenschaft für Pferde lebendig zu erhalten und der guten, nützlichen und zweckmäßigen Reiterei zu Ehren zu verhelfen«. Die Entwicklung ist jedoch anders verlaufen, und es ist unnütz, sich darüber zu beschweren. Das Springreiten ist immer mehr zu einer virtuosen und künstlichen Spezialisierung geworden, bei der die »Zucht guter Gebrauchs- und Jagdpferde« und »gute, nützliche und zweckmäßige Reiterei«, die Caprilli sich gewünscht hatte, fast völlig ignoriert werden. Leider werden jedoch durch diesen Trend, durch die Gier nach guten Wettkampfergebnissen, viele Pferde vorzeitig ruiniert und viele junge Reiter am Beginn ihrer Karriere verdorben. Wenn man nur nach den Resultaten trachtet anstatt nach gutem Stil und Kunst, läuft man bei einem Sport wie dem Reitsport, bei dem man zu zweit arbeitet und bei dem die Vorzüge des Pferdes die Mängel des Reiters ausgleichen können, Gefahr,

Diese Doppelseite zeigt eine Gesamtansicht eines Parcours.
Auf den kleinen Fotos, von oben nach unten:
Zwischen zwei Hindernissen galoppiert der Reiter im leichten Sitz, hält das Pferd aber mit Zügel- und Schenkelhilfen deutlich unter Kontrolle.

Ein Hochweitsprung: Der Reiter stört das Pferd nicht wesentlich, obwohl er zu weit vorne ist und die Beine nicht richtig plaziert hat.
Ein vorbildlicher Sitz: Filippo Moyersoen auf David, aufgenommen in der »Schwebephase«.

Noch einmal Filippo Moyersoen auf David beim Aufsprung eines schwierigen Sprunges über einen überbauten Graben. Man beachte die Gelassenheit des Sitzes.

keine Basis für neue Reitgenerationen zu schaffen. Allerdings sind in den USA und einigen anderen Ländern die Stilspringprüfungen populär: diese führen über niedrige Hindernisse, wobei im wesentlichen der Stil von Pferd und Reiter bewertet wird.

Der Fahrsport

Die fortschreitende Motorisierung im Transportwesen und in der Landwirtschaft hat den Kaltblutrassen und der Produktion von Kutschen, Wagen, Geschirr usw., d. h. allem, was mit Gespannen zu tun hat, einen schweren Schlag zugefügt.

Zum Glück hat die Faszination, die ein Pferdegespann auf zahlreiche Fans ausübt, nie nachgelassen, und während der sechziger Jahre entstand, vor allem dank der tatkräftigen Initiative von Prinz Philip von Edinburgh, Präsident der *Fédération Equestre Internationale,* die letzte der Pferdesport-Disziplinen, nämlich der Fahrsport, der sich schnell auf der ganzen Welt verbreitete.

Im Jahre 1971 fand in Budapest die erste Europameisterschaft im Fahrsport statt, an der Prinz Philip von Edinburgh persönlich teilnahm. Dieser Sport stellt noch keine olympische Disziplin dar, aber alle zwei Jahre wird eine Meisterschaft organisiert: abwechselnd, in den geraden Jahren die Weltmeisterschaft, in den ungeraden die Europameisterschaft, die beide den Viererzügen vorbehalten sind. In letzter Zeit wurden jedoch auch erfolgreich Meisterschaften für Zweiergespanne abgehalten.

Die Teilnahme an dieser Art von Wettbewerb ist äußerst kostspielig, da man mit mindestens fünf Pferden und drei Kutschen zu rechnen hat, abgesehen von den verschiedenen Geschirren, dem Personal, den Reise- und Transportkosten usw. Natürlich ist die Teilnahme an Wettkämpfen auf nationaler Ebene für Zweispänner und Einspänner weit weniger kostspielig.

Die Regeln für einen Fahrbewerb sind für jeden Gespanntyp gleich und sind gemäß der Reglementierung im einzelnen festgelegt, die jeder nationale Fachverband aus der internationalen Turnierordnung des FEI bezieht, die dann an die lokalen Gegebenheiten angepaßt werden.

Die Bewerbe sind in drei Prüfungen gegliedert, die an drei verschiedenen Tagen stattfinden. Die Schlußwertung wird aufgrund der Summe der Strafpunkte oder der in den drei Prüfungen erworbenen Gutpunkte erstellt.

Die erste Prüfung besteht aus zwei Teilen: Gespannkontrolle und Dressur. Im ersten Teil prüfen die Richter die Gespanne im Stand, auf ebenem, grasbewachsenem Terrain; beurteilt wird das Herausbringen, die Gepflegtheit und der allgemeine Zustand und Eindruck der Pferde, des Geschirres und des Wagens. Ferner sind der Anzug von Fahrer und Beifahrer und das stilgerechte Zusammenspiel von Wagen, Geschirr und Kleidung Gegenstand der Beurteilung.

Im zweiten Teil werden die Viererzüge auf einem 100 × 40 m großen Viereck, auf gemähtem Rasen oder Sand, gewertet. Das Ziel der Dressurprüfung ist es, die Freiheit und Regelmäßigkeit der Gänge, die Harmonie und Leichtigkeit der Bewegungen, Durchlässigkeit, Schwung und korrekte Stellung der Pferde in der Bewegung und Gehorsam zu beurteilen. Außerdem

Oben: Der Fahrsport verdankt viel der Förderung durch Prinz Philip von Edinburgh, hier beim Lenken eines Viererzuges.

Nebenstehende Seite oben: ein Einspänner bei einem schwierigen Hindernis während einer Marathonfahrt. Unten: ein Wasserhindernis einer Marathonfahrt für Viererzüge.

wird der Fahrer auf seinen Fahrstil, Exaktheit und die allgemeine Beherrschung seines Gespanns gewertet. Entschieden schwieriger ist die zweite Prüfung, Marathonfahrt genannt. Dabei werden der Grad der Ausbildung, die Kraft und Ausdauer der Pferde sowie das Gefühl für die verschiedenen Gangarten, die Fähigkeit und Erfahrung des Fahrers geprüft.

Bei den Bewerben für Zweispänner und Viererzüge ist die Strecke zwischen 23 und 27 km lang; für Einspänner darf sie bis zu 22 km lang sein. Die Bewerbe finden in offenem Gelände statt. Die Strecke wird in fünf Phasen unterteilt, die im Schritt und im Trab mit einer bestimmten Geschwindigkeit gefahren werden müssen: Teil A im Trab, Teil B im Schritt, Teil C im Trab, Teil D im Schritt und Teil E im Trab. Phase E enthält mindestens fünf und höchstens acht, vorzugsweise natürliche, Hindernisse (Wasserhindernisse, Schlangenlinien zwischen Bäumen, verschiedene Zufälligkeiten des Terrains usw.). Die Marathonfahrt erfordert von den Pferden Ausbildung und Training, vom Fahrer Fähigkeit, Kompetenz, Mut und Entschlossenheit, während der Wagen solide und in einem perfekten Erhaltungszustand sein muß.

Die dritte Prüfung besteht aus einer Hindernisfahrt auf einem weiten grasbewachsenen Platz, wo »Tore« aufgestellt sind, die aus zwei kleinen Pilaren bestehen; der Wagen muß hindurchfahren, ohne anzustoßen. Die Tore müssen um 30–60 cm breiter sein als die »Spurweite« des Wagens. Oben auf den Pilaren liegt ein leichter Ball, der beim leisesten Stoß herunterfällt. Ziel der dritten Prüfung ist es, Gehorsam, Durchlässigkeit und Kondition der Pferde nach der harten Marathonfahrt zu prüfen sowie die Fähigkeit des Fahrers im Überwinden der verschiedensten Hindernisse (etwa zwanzig) zu werten.

Um an einem Fahrbewerb teilnehmen zu können, muß man, wie bereits erwähnt, über mindestens zwei Wagen mit den dazugehörigen Geschirren verfügen: einen eleganten Wagen für Gespannkontrolle, Dressur und Hindernisfahren und einen zweiten (vor allem soliden) für die Marathonfahrt.

Bei den Bewerben für Zweispänner und Viererzüge nimmt man offene vierrädrige Wagen, während für die Einspänner auch zweirädrige Wagen verwendet werden können. Überflüssig hinzuzufügen, daß der Wagen für die vorgespannten Pferde geeignet, gut erhalten und in allen Einzelteilen glänzend poliert sein muß. Vorzuziehen sind alte originale Wagen, die von kompetenten und gewissenhaften, darauf spezialisierten Handwerkern sorgfältig restauriert und überprüft sein müssen. Bei der Wahl des Gefährts kann man dem eigenen persönlichen Geschmack folgen, aber man tut gut daran, sich von einem Fachmann beraten zu lassen. Als Einspänner kann man einen zweirädrigen Wagen nehmen, wie das klassische englische *Gig*, das man früher dazu verwendete, beim Jagdreiten zum Stelldichein zu fahren, den *Tilbury*, den *Whiskey*, die traditionelle, sehr elegante und leiche *Charette*, oder einen *Dog-Cart*, wie er bei der Jagd sehr gebräuchlich ist. Von letzterem existiert auch ein vierrädriges Modell: der Name rührt von der Tatsache her, daß der Wagen mit einem Korb für die Hunde versehen war.

Vierrädrige Wagen für Zweispänner und Viererzüge, die bei den Fahrbewerben verwendet werden, sind unter anderem folgende: der vierrädrige *Dog-Cart*, der *Phaeton* (für Zweispänner geeignet), der *Tilbury-Phaeton*, auch *Spyder* genannt, der einst von einem Pony-Zweigespann gezogen wurde, der *Derby*, der vom Begründer des gleichnamigen Rennens in Epsom gebaut wurde, der *Break*, ursprünglich zur Zähmung von Zugpferden verwendet und später in leichterer Aus-

führung als Reisewagen, die *Vittoria*, der *Vis-à-vis*, die *Wagonette*, die als öffentliches Fahrzeug Verwendung fand.

Auch das Geschirr soll mit Umsicht gewählt und mit äußerster Sorgfalt gepflegt werden: selbstverständlich muß es für die verwendeten Pferde geeignet sein. Zum Glück finden sich da und dort noch tüchtige Handwerker für die Herstellung von Geschirren.

Zum Schluß noch ein paar Worte über Fahrpferde. Theoretisch können alle Pferde vor einen Wagen gespannt werden, sogar Araber und Englische Vollblüter! Aber es gibt Rassen, die sich besser dazu eignen als andere, wie zum Beispiel polnische Pferde, Lipizzaner, Holländer oder ungarische Pferde.

Einige Pferde, wie der Cob, eignen sich sowohl für den Sattel als auch zum Fahren, aber im Grunde kann sich, mit der entsprechenden Ausbildung, jeder Halbblüter an ein leichtes Gespann gewöhnen. In manchen Ländern ist diese doppelte Verwendung der Pferde sehr verbreitet.

Gegenüberliegende Seite, oben: Der Reiter ist im Begriff, an einem Distanzritt teilzunehmen.
Darunter: Geländeprüfung einer Vielseitigkeitsprüfung (Querfeldeinstrecke), Pferd und Reiter beim Wassereinsprung.

Diese Seite unten: ein Schimmel-Viererzug. Vor dem Wettbewerb überprüft der Fahrer das Geschirr.

Die Vielseitigkeitsprüfung

Die dritte olympische Disziplin, die härteste, faszinierendste und anstrengendste, ist die »Vielseitigkeitsprüfung« oder *Military*, so genannt wegen ihrer militärischen Herkunft (bei den Olympischen Spielen 1912 durften nur aktive Offiziere starten). Auf englisch heißt die Vielseitigkeitsprüfung *Three-days-event*, das sie an drei aufeinanderfolgenden Tagen stattfindet.

Wie bereits angedeutet, muß man den Ursprung der Vielseitigkeitsprüfung bei den Geländeprüfungen suchen, die von den Kavalleristen veranstaltet wurden, um die Ausdauer ihrer Pferde auf die Probe zu stellen. Im Jahr 1892 trugen Offiziere der deutschen und der österreichisch-ungarischen Kavallerie ein Distanzrennen auf der Strecke–Wien–Berlin bzw. Berlin–Wien aus. Der Sieger legte die nahezu 600 km in 71 Stunden und 26 Minuten zurück. Ein weiteres berühmt und berüchtigt gewordenes Distanzrennen wurde 1902 über eine Entfernung von 132 km auf der Strecke Brüssel–Ostende ausgetragen. Das unzulängliche Training und ein übertrieben schneller Trab führten dazu, daß von den 60 Startenden nur 29 das Ziel erreichten und 16 Pferde den Dauerritt nicht überlebten! Diese Marathonritte erwiesen sich als verhängnisvoll für die Pferde und vom Standpunkt eines Fortschritts der Reitkunst als unnütz. Man mußte einen anderen Weg einschlagen.

Tatsächlich wurde die erste Vielseitigkeitsprüfung ebenfalls 1902 in Paris unter der Bezeichnung *Championnat du cheval d'armes* ausgetragen. Am ersten Tag fand eine Dressurprüfung statt, darauf folgte eine 4 km lange Querfeldeinstrecke mit 14 Hindernissen, die in 9 Minuten zu bewältigen war, wiederum gefolgt von einem Distanzritt über 60 km mit einer Maximalzeit von 3 Stunden 45 Minuten. Der zweite Tag war der Springprüfung gewidmet. Dieses *Championnat* wurde bis 1939 jedes Jahr in Paris ausgetragen.

Caprilli schlug 1907 in einem Artikel in der »Rivista di Cavalleria« einen ähnlichen Bewerb vor. Im Juli desselben Jahres wurde das erste Championat für Militärpferde in Italien ausgetragen; der Sieger war Caprilli selbst auf Pouff. Der Bewerb dauerte vier Tage und bestand, den Prinzipien der »Naturreiterei« Caprillis gemäß, aus zwei Zuverlässigkeitsritten von 50 bzw. 30 km, einen *Steeplechase,* verschiedenen Gehorsams- und Wendigkeitsprüfungen und einem 3500 m langen Parcours mit 20 Hindernissen. Was fehlte, war eine Dressurprüfung, die Caprilli für die Militär-(und Sport-)Reiterei für unnütz und kontraproduktiv hielt. Bei der Olympiade 1912 in Stockholm wurde zum ersten Mal auch die Vielseitigkeitsprüfung als olympischer Bewerb ausgetragen. Sie war allerdings den aktiven Offizieren vorbehalten. Damals bestand sie, anders als die heutige Vielseitigkeitsprüfung, aus folgenden Prüfungen: am ersten Tag ein Ausdauerritt (A) über 55 km, die in vier Stunden zu bewältigen waren, gefolgt von einer 5 km langen Geländestrecke (B) mit 12 Hindernissen, mit einer Maximalzeit von einer Viertelstunde. Nach einem Stehtag war ein *Steeplechase* (C) über 3500 m mit zehn Hindernissen und einem Zeitlimit von 5 Minuten und 15 Sekunden vorgesehen. Am darauffolgenden Tag erfolgte dann die Springprüfung (D) mit 15 Hindernissen mit einer maximalen Höhe von 1,30 m. Der letzte Tag war einer Dressurprüfung (E) gewidmet.
Heute dauert die Große Vielseitigkeitsprüfung drei Tage und besteht in Deutschland aus folgenden Teilen (die Bestimmungen in Österreich und der Schweiz sind ähnlich):

Sprung über ein einfaches, nicht allzu schwieriges Hindernis in einem Cross-Country-Bewerb: der Reiter geht mit der Bewegung des Pferdes mit, aber seine Ellbogen stehen zu weit vom Körper ab; die Stellung der Beine ist korrekt.

Auf der gegenüberliegenden Seite oben: Bergaufreiten im Gelände. Darunter: ein spektakulärer Sprung.

1. Tag: Verfassungsprüfung; Dressurprüfung
2. Tag: Geländeprüfung in vier Phasen:
   Phase A: Wegstrecke I: 4800–7200 m.
   Tempo 240 m/min.
   Phase B: Rennbahn ca. 3600 m mit 8 bis 10 Hindernissen. Tempo 690 m/min.
   Phase C: Wegstrecke II: 6000–9000 m.
   Tempo 240 m/min.
   Zehnminütige Zwangspause mit Verfassungsprüfung
   Phase D: Querfeldeinstrecke: 6000–8000 m mit 25 bis 35 festen Hindernissen bis 1,20 m Höhe und bis 4 m Breite. Tempo 570 m/min.
3. Tag: Verfassungsprüfung; Springprüfung.

Die Plazierung ergibt sich aus der Gesamtsumme aller Strafpunkte im Verlauf der verschiedenen Teilprüfungen.

Angesichts der Schwierigkeit der Prüfung und der Tatsache, daß sie mit dem gleichen Pferd durchzustehen sind, sieht das Reglement drei Verfassungsprüfungen vor: eine vor der Dressurprüfung; eine weitere nach der Phase C der Geländeprüfung, während der Zwangspause, die der Phase D vorangeht; und die letzte vor der Springprüfung. Die Vielseitigkeitsprüfung stellt an Pferd und Reiter hohe Anforderungen, es ist daher töricht und unreiterlich, an einem derartigen Bewerb teilzunehmen, wenn das Pferd dafür nicht geeignet, nicht gut trainiert und in Kondition ist.

Die Wegstrecken werden im allgemeinen im Trab geritten, aber einige Pferde ziehen einen langsamen und fließenden Kanter vor. Es liegt am Reiter, dies auszuprobieren und zu entscheiden: im übrigen soll sich ein Reiter, der nicht feinfühlig auf sein Pferd eingehen kann und kein Gefühl für die verschiedenen Gangarten besitzt, nicht auf eine Vielseitigkeitsprüfung einlassen.

Die durchschnittlich vier Hindernisse pro Kilometer auf der Querfeldeinstrecke sind fest und so oft wie möglich natürlich belassen, während auf der Rennbahn im Durchschnitt drei Hindernisse pro Kilometer zu überwinden sind. Für jedes Hindernis ist eine Strafzone vorgesehen, die sich 10 m vor und 20 m hinter dem Hindernis in einer Breite von 10 m von den Begrenzungsflaggen (rechts rot, links weiß) erstreckt: diese Zone wird durch Pflöcke, Kalk, Sägemehl oder ähnliches markiert. Ein Sturz, Verweigerung oder Stehenbleiben außerhalb der Strafzone werden nicht bestraft.

Die dritte Prüfung, die Springprüfung, dient dazu, unter Beweis zu stellen, daß das Pferd am Tag nach der schwierigen Geländeprüfung noch die nötige Frische hat, um einen an und für sich nicht sehr schweren Parcours zu bewältigen, der aber nach den Anstrengungen des vorhergehenden Tages nicht einfach zu bewältigen ist. Der Springparcours weist eine Länge von 700–900 m auf und muß mit einem Tempo von 400 m pro Minute bewältigt werden. Die 10–16 Hindernisse einschließlich eines Wassergrabens haben eine maximale Höhe von 1,20 m.

In jedem Land gibt es jeweils verschiedene Klassen der Vielseitigkeitsprüfungen.

Kurzvielseitigkeitsprüfungen können statt an drei Tagen auch an zwei Tagen *(Two-day event)* stattfinden.

Dressur: Elisabeth Theurer im starken Trab.

Dressur

Neben dem Springreiten und der Vielseitigkeitsprüfung ist das Dressurreiten die dritte große reiterliche Wettkampfdisziplin.

Der Ursprung des Dressurreitens ist in der klassischen Reitkunst zu suchen, die, wie wir gesehen haben, ihren Höhepunkt im 18. Jahrhundert in Frankreich mit François Robichon de la Guérinière erreichte, dem Autor der berühmten *Ecole de Cavalerie.* Auf die Prinzipien La Guérinières berufen sich noch heute die Bereiter der Spanischen Reitschule in Wien, während man bei der heutigen Dressur, so wie sie im Viereck praktiziert wird, den Einfluß verschiedener Traditionen und Reiterpersönlichkeiten wiederfindet: La Guérinière natürlich, und die französische Tradition mit Baucher, L'Hotte und Decarpentry, sowie die deutsche Schule mit Louis Seeger und, vor allem, Gustav Steinbrecht.

Das Dressurreiten als Wettkampfdisziplin der klassischen Reitkunst ist in etwa dem klassischen Tanz vergleichbar. In den Worten Decarpentrys setzt es sich zum Ziel, »...dem Pferd unter dem Reiter die Grazie des Verhaltens und der Bewegungen zurückzugeben, die es in Freiheit einst von Natur aus hatte...« Es handelt sich darum, »...die Natur mit der Subtilität der Kunst zu verbessern« (Newcastle), indem man das Pferd »...einer Gymnastizierung unterzieht, die auf eine absolute Regelmäßigkeit der Gänge und ein Geradegerichtetsein des Pferdes hin orientiert ist«. Als Endziel wird das Pferd trainiert »...auf immer fortgeschrittenere Lektionen einer ästhetischen Kultur, die den Rhythmus und die Harmonie seiner Bewegungen

entwickeln soll«, bis es »...eine stilisierte Perfektion erreicht, die diese nach und nach in Lektionen der Hohen Schule umsetzt«.

Die klassische Reitkunst teilt man in die Grundausbildung *(Basse ecole)* und die Hohe Schule *(Haute ecole)* ein.

In der Grundausbildung wird das Pferd in der Reitbahn in allen Grundgangarten auf den höchsten Grad an Regelmäßigkeit trainiert. Dazu gehören die Volte, der Wechsel der Hand, das Stehenbleiben ohne zu geifern, das Rückwärtsrichten usw. bis zum fliegenden Galoppwechsel. Unnötig hinzuzufügen, daß ein Pferd ganz gleich zu welchem besonderen Zweck es bestimmt ist, nicht als vollständig dressiert bezeichnet werden kann, wenn es nicht die gesamte Grundausbildung durchlaufen hat.

In der Hohen Schule hingegen geht es um die »erhabene« Form von Schritt, Trab und Galopp; die Bewegungen erscheinen betonter, energischer, deutlicher und harmonischer.

Vom Trab her kommen *Passage* und *Piaffe.* Die *Passage* ist ein sehr versammelter, taktmäßiger und erhabener Trab. Sie zeichnet sich durch den ausgeprägten Einsatz der Flanken und eine stärkere Beugung von Vorderfußwurzelgelenk und Sprunggelenk, sowie durch Eleganz und Schwung der Bewegung aus. Wenn die *Passage* auf der Stelle ausgeführt wird, heißt sie *Piaffe:* die diagonalen Beinpaare fußen in gleichbleibender Zeitfolge ab mit einer im Vergleich zum normalen Trab leicht verlängerten Schwebephase.

Unter den aus dem Galopp hervorgegangenen Lektionen muß man außer dem *terre-a-terre,* einen Zweitaktgalopp, den man heute selten sieht, den einfachen

fliegenden Galoppwechsel sowie das Vierer- oder Dreier-Changement, und sogar als Zweierwechsel und von Sprung zu Sprung *(du tact au tact)*, erwähnen sowie den versammelten Galopp, der rhythmischer und taktmäßiger ist als der Arbeitsgalopp.

Die *Pirouette*, bei der die Hinterhand des Pferdes als Drehpunkt für den übrigen Körper dient, wird im Galopp ausgeführt.

Was wir hier kurz beschrieben haben, sind die sogenannten Übungen auf der Erde *(pres de terre)* der Hohen Schule; daneben gibt es noch die Übung über der Erde *(airs relevés)*, die jedoch bei den Dressurprüfungen nicht verlangt werden. Dazu gehören zum Beispiel die Courbette, die Croupade, die Kapriole usw., die wir noch heute bei den berühmten *Sauteurs* des Cadre Noir der Kavallerieschule von Saumur und in der Spanischen Reitschule in Wien bewundern können.

Die erste Dressurkonkurrenz fand 1873 in Preßburg statt, doch erst 1902 in Turin wurde das Dressurreiten als sportliche Diszplin anerkannt. Bei den ersten Olympiaden war es wegen organisatorischer Schwierigkeiten noch nicht vertreten, aber 1912 gab es bei den Olympischen Spielen in Stockholm zum ersten Mal eine Dressurprüfung. Das Programm unterschied sich sehr stark vom heutigen: alle Teilnehmer hatten zehn Minuten zur Verfügung, während derer sie das Pferd in den drei Grundgangarten präsentieren mußten. Zwar waren die *Piaffe* und die *Passage* nicht vorgesehen, dafür mußten Pferd und Reiter jedoch fünf Sprünge von 1,10 m Höhe ausführen, und am Ende der Prüfung noch eine Walze überwinden, die dem Pferd entgegengerollt wurde. Für jede ausgeführte Bewegung gab es Punkte von eins bis zehn: man wertete Schwung, Durchlässigkeit, Sitz des Reiters, Gehorsam auf die Hilfen usw.

Erst allmählich nahmen die Dressurprüfungen bei den Olympischen Spielen die heutige Form an: 1932 in Los Angeles, wo die französische Equipe klar überlegen war, waren *Piaffe*, *Passage* und fliegender Galoppwechsel bereits Teil der Prüfung.

Heute werden die meisten Dressurprüfungen auf Dressurvierecken von der Größe 20 × 40 m geritten, für einige Prüfungen der höchsten Klassen und für alle internationalen Prüfungen ist das große Viereck von 20 × 60 m vorgeschrieben. Im allgemeinen wird auf sandigem und gut entwässertem Boden oder auch auf schön gemähtem Rasen geritten. Rund um die Bahn ist eine Umzäunung (im allgemeinen aus weißem Holz) in einer Höhe von 30 cm vorgesehen. Bei den international ausgeschriebenen Dressurprüfungen muß die Entfernung zwischen dem Publikum und der Bahn mindestens 20 m betragen, bei Prüfungen in der Halle mindestens 2 m. Alle markanten Punkte des Vierecks sind durch international festgesetzte Buchstaben markiert, um das genaue Einhalten der zu reitenden Figuren und Lektionen zu gewährleisten.

Die Bewertung erfolgt meist durch eine aus drei Richtern bestehende Richtergruppe. Bei der schwersten Klasse, dem sogenannten Grand Prix, der auch als

Links oben: Christine Stückelberger, Gewinnerin der Goldmedaille im Dressurreiten bei den Olympischen Spielen 1976.
Darunter: Reiner Klimke, Goldmedaillengewinner im Dressurbewerb bei der Olympiade 1984 in Los Angeles. Vor vielen Jahren war Klimke ein großartiger Vielseitigkeitsreiter.

Die Dänin Grete Jensen, Gewinnerin der Silbermedaille in der Dressur, bei der Olympiade 1984 in Los Angeles. Viele Reiterinnen erbringen ausgezeichnete Leistungen in der Dressur.

offizielle Aufgabe bei Olympischen Spielen sowie bei Welt- und Europameisterschaften geritten wird, wird von fünf Richtern bewertet. Jeder von ihnen erteilt für jede einzelne Lektion eine Wertnote, die zwischen 0 (nicht ausgeführte Lektion) und 10 (ausgezeichnet) liegt, wobei 5 der Wertnote genügend entspricht.

Außer der Bewertung der einzelnen Lektionen vergeben die Richter auch Noten für die Dressuraufgabe insgesamt, aufgrund der Reinheit der Gänge, des Schwungs, des Gehorsams des Pferdes, des Sitzes und der Einwirkung des Reiters.

Bei den Dressuraufgaben der FEI muß ohne Kommando auswendig geritten werden. Wird eine Lektion ausgelassen, machen die Richter den Reiter mit einem Glockenton darauf aufmerksam, daß er deshalb aus dem Bewerb ausgeschlossen wird.

Nicht nur die Reiter selbst müssen bei den Dressurprüfungen korrekt nach dem Reglement gekleidet sein, auch das Pferd muß perfekt gepflegt sein, elegant frisiert, mit Zöpfchen in der Mähne, und das Zaum-

zeug muß in Ordnung sein. Der Dressursattel ist obligatorisch und, je nach dem Schwierigkeitsgrad der Prüfung, ist Zäumung auf Trense oder Kandare und Unterlegtrense vorgeschrieben. Verboten sind das Martingal und jede Art von Spezialzügeln oder anderen Hilfsmitteln wie Bandagen, Gamaschen usw. Bei der Teilprüfung Dressur der Großen Vielseitigkeitsprüfung und sämtlichen Dressurprüfungen der FEI ist die Gerte nicht zugelassen.

Zum sogenannten klassischen Dressurprogramm der FEI *(Fédération Equestre International,* Internationale Reiterliche Vereinigung) gehören der Prix Saint-Georges, die Intermédiaire und als schwerste Prüfung der Grand Prix.

Das Dressurreiten ist eine äußerst anspruchsvolle Disziplin: es ist in seinen höheren Klassen nur für wirklich begeisterte, begabte (was Sitz, Reitgefühl usw. betrifft) und beharrliche Reiter geeignet, die jahrelang unter der Führung eines kompetenten Reitlehrers reiten. Was die Pferde betrifft, so findet man im Dressurviereck heutzutage vornehmlich den deutschen oder skandinavischen Typus von großer Regelmäßigkeit der Gänge und großem Raumgriff.

Jagdreiten

Der Ursprung des Jagdreitens liegt in der Urgeschichte, als unsere Vorfahren, nachdem sie das Pferd gezähmt und ausgebildet hatten, es dazu benützten, rasche Beute zu verfolgen, die ihnen sonst entkommen wäre. Im Mittelalter und in der Neuzeit führte der Adel diese reiterliche Tätigkeit weiterhin zum Vergnügen aus. Die Herzöge von Savoyen konsolidierten als erste diesen Sport, gefolgt vom französischen und englischen Königshof.

Mit der Zeit entwickelten sich zwei Arten des Jagdreitens: die französische *chasse à courre* auf Rot- und Damwild, Wildschweine, Wölfe usw., die sich im Wald abspielt, und die typisch angelsächsische Fuchsjagd auf offenem Terrain. Diese Art der Jagd ist in Großbritannien sehr beliebt und an ihr nehmen Reiter aus den verschiedensten sozialen Schichten teil.

Außer der Parforce- oder Hetzjagd zu Pferde auf lebendes Wild, die in Deutschland und Österreich nicht mehr gestattet ist, gibt es die Schleppjagd, bei der eine künstliche Fährte gelegt wird. Ein Lappen wird in ein spezielles Fett und in Fuchslosung getränkt und über eine vorher festgelegte Stecke geschleift, der dann die Meute folgt. Beim Legen der Schleppe wird darauf geachtet, daß ihr Verlauf dem Weg entspricht, den das Wild eingeschlagen haben könnte. So wird die Schleppe etwa für einige Meter unterbrochen, um das Abspringen des Wildes zu simulieren.

Steht keine Meute zur Verfügung, kann man sich mit einer Fuchsschwanzjagd behelfen. Ein Reiter übernimmte die Rolle des Fuchses und versucht, seinen Verfolgern zu entkommen, wobei er von Zeit zu Zeit Papierschnitzel fallen läßt, um so die Fährte zu markieren.

Im vergangenen Jahrhundert verbreiteten sich die Parforcejagd und die simulierten Jagden von England ausgehend auch in anderen Ländern.

Wie alle Reiteraktivitäten mit einer langen Tradition hat auch Jagdreiten eine präzise Terminologie und genaue Verhaltensnormen, an die sich jeder Jagtteilnehmer halten muß. Die Vorbereitung einer Parforcejagd ist äußerst komplex und kostspielig. Alles liegt beim Jagdherrn, dem *Master,* der Veranstalter und Gastgeber der Reitjagd ist. Er muß natürlich ein guter Reiter sein, mit einem gewissen gesellschaftlichen Prestige, und das Jagdgelände wie seine Westentasche kennen. Dem *Master* steht der *Field Master* zur Seite, der sich speziell um das Jagdfeld kümmert, das heißt, um sämtliche Jagdteilnehmer, die sich an seine Instruktionen halten müssen.

Um die Meute und um die Jagd an sich (das heißt, um das Verfolgen des Fuchses) kümmert sich der *Huntsman,* dem zwei Piköre zur Seite stehen, die die Aufgabe haben, die Meute zu beaufsichtigen und zu führen. Bei der Meute handelt es sich im allgemeinen um Foxhounds, und jede Meute besteht aus durchschnittlich achtzehneinhalb Koppeln. Die Foxhounds bellen während der Verfolgung nicht, sondern »geben Laut«, wie man im Jargon sagt.

Um an einer Reitjagd teilnehmen zu können, muß man ein hohes Niveau an Reitausbildung besitzen, einen guten Sitz haben, durchtrainiert sein, um die

Jagdreiten: Aufbruch zur Fuchsjagd.

*Auf dieser Doppelseite: ver-
schiedene Phasen einer
Jagd.*

langen Galoppaden auszuhalten, und, ohne sich als Springvirtuose zu erweisen, mühelos jede Art von Hindernis, das man im Gelände antreffen kann, überwinden können. Außerdem kommt einem ein guter Orientierungssinn zugute, der es ermöglicht, den richtigen Weg zu finden. Es ist auch klar, daß von einer Jagd abzuraten ist, wenn ein wenig Mut und ein Minimum an vernünftiger Waghalsigkeit fehlen: wie wir jedoch bereits an anderer Stelle in diesem Buch sagten, läßt sich Mut auch anerziehen, und schließlich ist auch alles leichter, wenn man im Jagdfeld reitet.

Was die korrekte Kleidung für Reitjagden betrifft, so sei auf das Kapitel über die Reitbekleidung verwiesen. Kommen wir nun zu den Verhaltensregeln, die genau eingehalten werden müssen. Außer den Grundregeln, die einfach zur guten Erziehung gehören (wie pünktlich zum Stelldichein zu kommen, den Jagdherrn und die übrigen Jagteilnehmer vor der Jagd zu begrüßen, dem Jagdherrn am Ende des Tages zu danken usw.), gibt es noch weitere, spezifischere Regeln, die dieser Reitsportart eigen sind. Während der Jagd darf man nicht direkt der Meute folgen, sondern muß seitlich reiten, und vor allen Dingen ist ein Vorbeireiten am Jagdherrn nicht gestattet. Es ist wohl überflüssig, zu erwähnen, daß man die Pflicht hat, den Damen oder den anderen Reitern im Fall von Schwierigkeiten zu helfen, eventuelle Gatter zu öffnen und den Durchlaß nicht zu behindern, Flurschäden zu vermeiden, niemals hinter einem anderen Reiter zu springen, bevor dieser nicht das Hindernis gemeistert hat, niemals einen Jagdteilnehmer im Galopp zu überholen, der gerade in den Sattel steigt oder irgendein Problem mit seinem Pferd hat, usw.

Welche Pferde eignen sich am besten für die Jagd? James Fillis hat empfohlen, nach dem »besten und zuverlässigsten Pferd« zu suchen, denn auf den holprigen Strecken der Jagd ist unser Leben oft den Eigenschaften des Pferdes (seinem Blut, seiner Energie, seiner Trittsicherheit) anvertraut. Das ideale Pferd ist – wie schon der Name sagt – der Irische oder Englische Hunter, ein guter Galopper und großartiger und sicherer Springer, aber auch andere Rassen oder Pferdetypen (oder Ponys, für Jugendliche) können gute Jagdpferde abgeben. Abgesehen von der Begabung fürs Springen und Galoppieren sind auch Mut und Trittsicherheit wesentliche Eigenschaften: ungeeignet sind allzu nervige und erregbare Pferde, die es nicht ertragen, in der Gruppe zu galoppieren. Es gibt nichts Schlimmeres als ein Pferd, das vom Beginn bis zum Ende der Jagd nicht aufhört, sich auf den Zügel zu legen. Vollblüter sind im allgemeinen ein bißchen zu empfindlich für diesen rauhen Sport, doch gibt es auch robuste und gutmütige Tiere, deren Freude an der Jagd mit dem Galoppieren wächst.

Wie bei jeder anderen Art von Reitsport sind Ausbildung und Training des Jagdpferdes sehr wichtig, und man darf nicht vergessen, daß es unreiterlich ist, an einer Reitjagd teilzunehmen, wenn das Pferd nicht genügend Kondition hat. Zum Schluß noch ein letzter Hinweis: wenn Ihr Pferd die Unart hat, auszuschlagen, binden Sie ihm ein rotes Band an den Schweif.

Polo

Polo wurde in Persien bereits im ersten Jahrtausend n. Chr gespielt; in China hingegen um das 13. Jahrhundert. Anderen Nachforschungen zufolge wird Alexander der Große für den Erfinder des »Spiels der Könige« gehalten. Vermutlich ist ein orientalischer, persischer oder tibetanischer Ursprung richtig: in Tibet bedeutet das Wort *pulu* Ball, und auf persisch bezeichnet *palas* ein besonderes Holz, aus dem die Bälle hergestellt wurden, das sehr langsam verbrennt. Die Bälle wurden vor den Spielen, die in der Abenddämmerung ausgetragen wurden und sich bis in die Nacht hinzogen, angezündet. In alten Zeiten spielten in Tibet bis zu dreihundert Reiter in einem einzigen Spiel, das mit einer richtigen Schlacht mit Toten und Verwundeten endete. In China galt gut Polo zu spielen als Qualifikation für eine Ministerkarriere, und Akbar, der indische Mogulkaiser, sah im Polospiel eine Schule des Mutes, der Behendigkeit und des Kameradschaftsgeistes.

In Europa blieb das Polospiel jahrhundertelang unbekannt. Es waren die englischen Offiziere des Zehnten Husarenregiments, die das Spiel in der zweiten Hälfte des 19. Jahrhunderts in Großbritannien einführten, nachdem sie es in Manipur in Indien gesehen hatten. Leutnant Joe F. Sherer ist als der »Vater des Polospiels« anzusehen. Die erste Polopartie in Europa wurde 1869 in Hornislow in England zwischen den Offizieren des Zehnten Husarenregiments und denen des Neunten Lanzerregiments ausgetragen. Zwar wurde der erste

Polo, »das Spiel der Könige«, ist ein anspruchsvoller Sport, der eine lange Schulung des Pferdes erfordert.

Eine bewegte Phase in einer Polopartie im Poloclub in Chikago.

europäische Poloclub 1868 auf Malta gegründet, aber die größte Popularität erreichte das Spiel in Großbritannien. Bald wurde Polo auch in Argentinien heimisch, wo alle Voraussetzungen für eine rasche Entwicklung dieses Sports existierten: Weiträumigkeit der Landschaft, ausgezeichnete Pferde, ein enormes Menschenpotential in den Gauchos, die einen großen Teil ihres Lebens auf dem Rücken der Pferde verbringen.

Polo war 1912, 1920 und 1936 auch olympische Disziplin.

Vom Reiter erfordert das Polospiel einen äußerst festen Sitz, eine völlige Beherrschung des Pferdes, eine leichte Hand, Meisterschaft in der Handhabung des Schlägers, Taktik bei der Vorbereitung des Schlages und bei der Verteidigung vor dem Angriff des Gegners. Dem Pferd hingegen werden Mut, Elastizität der Bewegungen, rasches Stehenbleiben und Losreiten sowie »Intelligenz« abverlangt, um das Spiel zu begreifen und den Reiter zu unterstützen.

Beim Polo spielen Mannschaften, die aus vier Spielern bestehen. Das Spielfeld besteht aus einem Rasenviereck, zwischen 180 und 275 m lang und 150 und 180 m breit, das von einem Schutzrand umgeben ist. In der Mitte der beiden kürzeren Seiten stehen, wie beim Fußball, die 7,32 m breiten Tore.

Das Match ist in vier Spielzeiten unterteilt, *Chukkas* genannt, die jeweils 7½ Minuten dauern. Die Reiter können nach jeder Spielzeit das Pferd wechseln. Es gewinnt die Mannschaft, die mehr Tore erzielt, d. h. diejenige, der es gelingt, den Ball ins gegnerische Tor zu stoßen, wo es keinen Tormann gibt.

Der Holzball von 8 cm Durchmesser und einem Gewicht von höchstens 300 Gramm wird von den Spielern mit dem Schläger gestoßen, der in der rechten Hand gehalten werden muß.

Einige präzise Regeln verhindern, daß das Spiel gefährlich wird. Man versucht vor allem, Zusammenstöße zu vermeiden, die sowohl dem Pferd als auch dem Reiter Schaden zufügen könnten. Die Grundregel besagt, daß man immer der Flugbahn des Balles folgen muß: wer kreuzt, begeht einen Regelverstoß. Bei jedem Match gibt es zwei Schiedsrichter zu Pferde, und im Falle von Uneinigkeit wendet man sich an einen dritten Schiedsrichter, der sich am Rande des Spielfelds befindet.

Jeder Spieler hat je nach seinem Talent ein Handikap von 0 bis 10 Toren; die Summe der Handikaps der vier Spieler bestimmt das Handikap der Mannschaft. Nach jedem Tor geht das Spiel von der Mitte des Feldes aus weiter, und die Mannschaft wechselt das Feld; wenn niemand ein Tor schießt, wird nach der Hälfte des Spieles gewechselt.

Die bei den Polomatches verwendeten Pferde werden Ponys genannt, selbst wenn sie ihrer Statur nach keine sind. Heute werden im Vergleich zu früher größere Tiere eingesetzt, auf jeden Fall aber alle hoch im Blut stehend, um eine größere Ausdauer und bessere Reaktionsfähigkeit zu gewährleisten. Das traditionelle Polopony ist das argentinische, ein Halbblüter, der aus der Einkreuzung des Criollo mit dem Englischen Vollblut stammt; gute Resultate lassen sich aber auch mit einigen englischen und australischen Rassen erzielen.

Buskaschi

Das gewaltsamste, brutalste, beinahe barbarische unter allen Reiterspielen ist sicherlich Buskaschi, das noch heute in Afghanistan gespielt wird. Das Spiel ist ein Erbe der zentralasiatischen Turkvölker, und der Ausdruck Buskaschi bedeutet in der afghanischen Sprache »pack die Ziege«. Es handelt sich um ein Mannschaftsspiel für zehn oder mehr Reiter. Am Abend vor dem Kampf wird eine Ziege getötet und sofort gehäutet; das Fell wird dann mit Sand gefüllt und wieder zugenäht. Am Morgen danach wird der Balg, der normalerweise zwischen 30 und 40 Kilogramm wiegt, in die Mitte des Kampfplatzes gebracht, der *Hallal* genannt wird, das heißt »Kreis der Gerechtigkeit«. Das Spiel ist sehr einfach: es handelt sich darum, sich des *Boz*, des gefüllten Ziegenfells, zu bemächtigen, zwei Pfosten zu umrunden, die an den Rändern des Platzes als Markierung dienen, natürlich ohne sich dabei den *Boz* entreißen zu lassen. Das Spiel scheint banal; man muß jedoch bedenken, daß der Reiter, der den Balg ergriffen hat, der ungestümen

Buskaschi: Ein Reiter hat den Boz *erobert, und die übrigen Teilnehmer bereiten sich darauf vor, ihn anzugreifen, um ihm den* Boz *wieder zu entreißen.*

Gewalt der Gegner begegnen muß, die mit allen Mitteln versuchen, ihn und sein Pferd zu schlagen. Peitschenhiebe auf Körper und Gesicht sind die Regel, aber auch alle anderen Mittel sind legitim, um sich der Trophäe bemächtigen zu können. Deshalb gibt es am Ende jedes Kampfes immer mehr oder weniger schwer verletzte Pferde und Reiter.

In Afghanistan spielt man vor allem im Winter, wenn die Arbeit in der Landwirtschaft den Bauern und Hirten mehr Freiheit erlaubt. Es werden kleine mongolische Pferde verwendet, die über Ausdauer, Robustheit, Wendigkeit und Schnelligkeit verfügen müssen. Die Pferde, die für Buskaschi verwendet werden, werden bereits vor der Geburt ausgewählt und sind ein Vermögen wert. Es heißt, daß die Stuten gezwungen werden, jeden Tag ein Dutzend Eier zu sich zu

nehmen und daß das Fohlen bei der Geburt den Boden nicht berühren dürfe, sonst könnten »seine Flügel zerbrechen«.

Die Sieger dieses so gewaltsamen und unserer europäischen Mentalität so fernliegenden Reiterspiels werden von ihren Landsleuten wie Nationalhelden gefeiert.

Pato

Bei den Feiern zu Ehren des heiligen Ignatius von Loyola im Jahre 1610 begann man in Argentinien, *Pato* zu spielen. Die Ursprünge dieses südamerikanischen Reiterspiels, das neben dem Polo die älteste Tradition hat, verlieren sich in den Bräuchen und Traditionen der Bevölkerung der Pampa, als die Gauchos um eine lebende Ente kämpften, die in einem Ledersack eingeschlossen war, wobei sie diesen von einem Reiter zum anderen warfen.

Das Spiel war sehr einfach, es gab fast keine Regeln: der Kampfplatz war die weite Ebene, und der Sieger bekam als Preis die arme Ente.

Das *Pato* war zunächst nur ein Vorzeigen reiterlicher Fähigkeiten und verwandelte sich erst in späterer Zeit in ein Gemeinschaftsspiel: Das *corrida de pato* (nach der ursprünglichen Bezeichnung) wurde von vier Mannschaften auf derart gewaltsame und gefährliche Weise gespielt, daß die kirchlichen und staatlichen Autoritäten es schließlich verboten. Die Kirche definierte das Pato als eine »ganz und gar unchristliche Vergnügung«; aber trotz des Verbotes hielten die Gauchos die Tradition weiter aufrecht. Erst gegen Ende der dreißiger Jahre arbeitete Alberto del Castilo Posse ein nationales Reglement aus, das von den damaligen sportlichen Kriterien geprägt war. Im Jahre 1953 wurde der argentinische Fachverband für *Pato* gegründet und dieser Sport zum Nationalsport erklärt. Von Argentinien aus verbreitete er sich in die übrigen lateinamerikanischen Länder und langsam auch in Europa, wo er als *Horse ball* besser bekannt ist.

Pato ist ein Mannschaftsspiel, bei dem die Spieler, ohne je abzusteigen oder das Pferd anzuhalten, einen Ball vom Boden aufheben müssen, der sechs Griffe aus Leder besitzt. Mittels viel Zuspielen, Angreifen und Verteidigung muß der Reiter den Ball in einen der bunten Körbe werfen, die auf einer Stange in der Mitte der kürzeren Seiten des Kampfplatzes in einer Höhe von 3,50 m befestigt sind. Der Platz ist rechteckig: die Längsseiten sind 40 bis 80 cm, die Breitseiten 20 bis 30 m lang. Der Boden muß aus Sand oder aus Sägespänen bestehen, was den Pferden erlaubt, sich leicht zu bewegen und zu drehen und den Reitern eine gewisse Sicherheit für den Fall eines Sturzes bietet.

Wenn in einer gedeckten Reithalle gespielt wird, sind die Dimensionen des Kampfplatzes natürlich reduziert. Wie alle Mannschaftsspiele erfordert auch Pato ein gewisses Zusammenspiel zwischen den Spielern und ist wegen dieses Charakteristikums bei den Ponyclubs sehr verbreitet.

Jede Mannschaft setzt sich aus vier Spielern und zwei Reservespielern zusammen, die auf Aufforderung des Kapitäns hin in jedem Moment ins Spiel eintreten können. Das Auswechseln der Spieler erfolgt gewöhnlich während der toten Zeit (Einwurf, Bestrafung, Strafstoß usw.). Im Laufe des gesamten Spiels (das von einem Schiedsrichter zu Pferde und zwei Richtern zu Fuß geleitet wird) ist nur zweimal der Ersatz von Pferden oder das Auswechseln von Reitern erlaubt.

Die Spieler müssen einen festen Helm mit Kinnschutz tragen, ein Trikot in den Farben der Mannschaft und die entsprechende Nummer, Reithosen, Knieleder und schwarze oder braune Stiefel. Der Gebrauch von Sporen ist gestattet, die Anwendung der Peitsche ist hin-

Pato oder Horse ball *ist eine Art Basketball zu Pferd für zwei Mannschaften zu je vier Spielern.*

Rechts: Der Ball, der beim Pato verwendet wird, hat sechs Ledergriffe, damit er leicht anzufassen ist.
Unten: Aus diesem Foto geht hervor, welche akrobatischen Fähigkeiten von Patospielern gefordert werden.

wo *Pato* eine gewisse Popularität genießt, werden oft auch Camarguepferde verwendet.

Westernreiten

In Nordamerika veranstalten die verschiedenen Reitervereine spezielle Western Horse Shows und Meisterschaften – vor allem für Quarter Horses, Appaloosa und Paint Horses –, die zahlreiche Besucher anlocken. Der begehrte Meisterschaftstitel wird den besten Pferden nach drei verschiedenen Prüfungen verliehen: Flachrennen, Vorführung an der Hand, bei der das Exterieur beurteilt wird, und Westernbewerbe. Der beliebteste unter diesen Bewerben ist das *Barrel Racing* oder Tonnenrennen, das Schnelligkeit mit Gewandtheit verbindet: das Pferd muß im Galopp in der kürzestmöglichen Zeit drei Tonnen/Fässer eng umrunden, ohne sie umzustürzen.

Spannend und interessant ist das *Pole Bending* oder Reiten in Schlangenlinien um Stangen, wofür das Pferd beim Start und beim Ziel äußerst schnell sein muß, sehr achtsam während der Schlangenlinie zwischen den sechs Stangen, und sehr der Einwirkung des Reiters gehorchend, um die Stangen nicht umzustoßen. Gewöhnlich werden Prüfungen mit zwei Konkurrenten veranstaltet, die gleichzeitig gegeneinander kämpfen.

Einer der schwierigsten Bewerbe, wenn auch weniger spektakulär, ist das *Reining* (Dressur): Das Pferd muß einer festgelegten Strecke folgen, auf der Richtungswechsel, Volten, Halt und Rückwärtsrichten vorgesehen sind, wobei es sich gefügig führen lassen soll, ohne Zeichen der Aufregung oder Ungeduld zu zeigen, ohne den Schweif zu bewegen oder den Kopf zu heben oder zu schütteln, ja nicht einmal das Maul zu öffnen: all dies sind Anzeichen eines nicht vollständigen Gehorsams und eines Mangels an Losgelassenheit. Es gibt sogar fünf Arten von *Reining*.
Der spektakulärste unter diesen Bewerben ist sicherlich das *Calf Roping*, das Kälberfesseln, bei dem das

gegen verboten. Jede Art von Zäumung ist erlaubt, mit Ausnahme von Scheuklappen.
Das Spiel erfolgt in zwei Spielzeiten zu je zehn Minuten, und Sieger ist die Mannschaft, die die größte Anzahl an Würfen in den gegnerischen Korb erzielt. Im Falle eines Unentschiedens folgt am Ende des Spiels eine Reihe von Würfen im Galopp.
Die relativ einfachen Spielregeln stellen eine Verknüpfung von Basketball und Rugby dar. Der Ball darf nach der Seite hin, nach hinten oder nach vorne zugespielt werden, doch darf er von ein und demselben Spieler nie länger als zehn Sekunden in der Hand gehalten werden. Jede Intervention gegen die Pferde wird vom Schiedsrichter durch Würfe von der Fünfmeter- oder Zehnmeterlinie aus dem Stand oder in Bewegung geahndet.
Die Pferde, die bei diesem Spiel verwendet werden, müssen ebenso wie für Polo flink, gefügig und der Einwirkung des Reiters absolut gehorsam sein. Normalerweise sind es Pferde von niedriger Statur: in Argentinien verwendet man Poloponys, in Frankreich,

Pferd imstande sein muß, die Schnelligkeit des einzufangenden Kalbs abzuschätzen und den richtigen Augenblick zu erfassen, um sich dem Kalb zu nähern und es dem Reiter zu ermöglichen, das Lasso zu werfen. Das Pferd muß dann die am Kalb befestigte Schnur gespannt halten, während der Cowboy absteigt, um es an drei Beinen zu binden.

Auch das *Steer Roping*, das Einfangen des Stiers mit dem Lasso, hat mit der typischen Arbeit des amerikanischen Pferdes zu tun, da es beim Einfangen der Rinder verwendet wird, wenn diese markiert oder gesundgepflegt werden sollen oder ihnen die Hörner gestutzt werden. Diese Prüfung erfolgt in Mannschaften.

Beim *Working Cowhorse* werden die Arbeiten simuliert, die es normalerweise auf einem Bauernhof zu tun gibt: das Pferd muß stehenbleiben, losgehen, wenden und Richtung wechseln, und dies alles mit äußerster Leichtigkeit und ohne irgendein Zeichen von Nervosität. Mit derselben Ruhe muß das Pferd an die Prüfung *Trial Horse* herangehen, eine Geländeprüfung, bei der Hindernisse nachgebaut werden, denen das Pferd im Gelände begegnen könnte: Holzbrücken, Baumstämme, zu öffnende und schließende Gattertore usw. Bei der *Western Pleasure*-Prüfung (Western-Dressur) werden die Gangarten des Pferdes überprüft und bewertet: es handelt sich um einen Gruppenbewerb, an dem auch 20 Konkurrenten teilnehmen können. Das Pferd muß sich während der Übungen in den drei Gangarten als vollkommen ruhig und den Hilfen gehorsam erweisen.

Ruhe ist auch das Hauptcharakteristikum beim sogenannten *Cutting*, dem Aussondern von Kälbern, für das eine Maximalzeit von zwei Minuten gilt. Das Pferd muß dafür einen besonderen »Sinn für Kühe« besitzen: sich selbst überlassen muß es sich dem Kalb zu nähern und es von der übrigen Herde zu trennen wissen; der Reiter hält die Zügel locker und interveniert so wenig wie möglich, da er sonst disqualifiziert wird. Beim *Halter* (Vorführung an der Hand, Exterieurprüfung) wird das Pferd nach seinem Gebäude und dem Gesamteindruck bewertet, die so weit wie möglich dem idealen Typus seiner Rasse entsprechen sollen.

Das traditionellste Westernereignis ist jedoch das Rodeo, die Schauveranstaltung, bei der die alten Cowboykünste perfektioniert von Berufsreitern vorgeführt werden. Das Programm der Rodeos sieht verschiedene Prüfungen vor, alle enthalten jedoch das *Saddle Bronco Riding* (ein halbwildes, ungerittenes Pferd unter dem Sattel reiten), das *Bare Back Bronco Riding* (ein ungerittenes Pferd ohne Sattel reiten), das *Calf Roping* (Kälberfesseln) und das *Bull Riding* (einen Stier reiten).

Rechts oben: Rodeo: das Pferd bockt, aber dank seiner Technik, die auf Balance und nicht auf Kraft beruht, hält sich der Cowboy geschickt im Sattel.
In der Mitte und unten: zwei Phasen des Kälberfesselns: *Zuerst verfolgt der Reiter das Kalb und läßt dabei das Lasso kreisen, dann, wenn er es gefangen hat, befestigt er das Lasso am Sattelknopf, so daß das Pferd das Kalb festhält, während der Reiter absteigt, um es an drei Beinen zu binden.*

Galopprennen

Das Ursprungsland des Rennsports ist England, wo im Jahre 1540 unter Heinrich VIII. am Ufer des Dee in Chester das erste Pferderennen stattfand. Offiziell wird der Beginn der Rennen jedoch mit 1709 angegeben, da damals unter der Regierung von Königin Anne die Länge der Rennstrecke und die Gewichte festgesetzt wurden. Während der Regierungszeit Georgs II. wurde in Newmarket der Jockey Club gegründet, die höchste Autorität auf diesem Gebiet, die heute noch besteht.

Von den Britischen Inseln verbreiteten sich die Galopprennen über die ganze Welt. Es gibt Flachrennen und Hindernisrennen.

Die Flachrennen werden wie folgt eingeteilt: in die klassischen Rennen, die seit 1972 in England, Frankreich, Irland, Italien und Deutschland als europäische »Gruppenrennen« gelaufen werden (Gruppe I, II, III); in Altersgewichtsrennen; Handikaprennen; Rennen für Pferde, die noch nie ein Rennen gelaufen sind; Rennen für sieglose Pferde und Verkaufsrennen. Die Rennen der Gruppe I sind ausschließlich Altersgewichtsrennen, d. h. die Pferde werden aufgrund einer internationalen Tabelle verglichen, die je nach Zeitraum und Entfernung die Gewichte für Pferde verschiedenen Alters festsetzt. Bei Rennen zwischen gleichaltrigen Pferden laufen alle mit dem gleichen Gewicht. Stuten erhalten eine Erlaubnis von 1,5 bis 2 kg, je nach den Reglements des betreffenden Landes.

Unten: ein Galopprennen im Schnee in St. Moritz. Auf der gegenüberliegenden Seite: Die Pferde galoppieren in der Gruppe vor dem Endspurt.

Wallache, die dieselbe Erlaubnis bekommen, sind zu den Rennen der Gruppe I nicht zugelassen.

Die Rennen der Gruppe II haben geringere Dotationen und können je nach Rennen und nach den von einem Pferd erzielten Gewinnsummen verschiedene Gewichte vorsehen.

Die Rennen der Gruppe III, an denen seit 1983 auch Wallache teilnehmen können, sind Rennen mit hohen Preisgeldern, jedoch ohne Auslesefunktion; oft sind sie eine Vorbereitung für die Rennen der Gruppe I. Früher wurden sie »semiklassische« Rennen genannt. Unmittelbar unter den Gruppenrennen gibt es heute die sogenannten *listed races* und *graded races.* Dabei handelt es sich um Rennen mit bestimmten Preisdotationen und einer gewissen Tradition. Die Schaffung dieser Rennen hat vor allem einen kommerziellen Hintergrund.

Außerdem gibt es Rennen, bei denen das Gewicht auf der Basis bestimmter Variablen wie der Anzahl der in einem bestimmten Zeitraum errungenen Siege und der gewonnenen Geldsummen ermittelt wird, mit proportionalen Zulagen bzw. Erlaubnissen in Hinblick auf ein Grundgewicht für Pferde, die in einem bestimmten Zeitraum nicht eine bestimmte Geldsumme oder eine bestimmte Anzahl Rennen gewonnen haben.

Bei den Handikaprennen (Ausgleichsrennen) tragen die Pferde das von einem Handikapper (Ausgleicher) festgesetzte Gewicht, um so weit wie möglich die Siegeschancen auszugleichen. Beim Handikap unterscheidet man zwischen »absteigendem Handikap«, bei dem die Gewichtsskala von einem vom jeweiligen Reglement festgesetzten Maximum ausgeht und nach dem Urteil des Handikappers bis zu einem bestimmten Gewicht herabgesetzt werden kann, und dem »aufsteigenden Handikap«, bei dem die Gewichtsskala mit einem Mindestgewicht beginnt und nach dem Urteil des Handikappers nach oben hin erhöht wird. Wird das vom Handikapper festgesetzte Gewicht nicht vom Jockey samt Sattel erreicht, dann werden Bleigewichte in den Satteltaschen hinzugefügt.

Gegenüberliegende Seite:
Der Start des Pferderennens
in Saratoga; die Pferde
galoppieren noch in einer
Linie.

Bei den Verkaufsrennen und Rennen mit Verkaufsbedingungen sind die teilnehmenden Pferde zu einem im offiziellen Programm bekanntgegebenen Preis verkäuflich. Nach der Bestätigung der Reihenfolge des Eintreffens im Ziel wird der Sieger versteigert. Außerdem gibt es Flachrennen für Pferde, die noch nie ein Rennen gelaufen sind, und solche für sieglose Pferde. Bei den nationalen und internationalen Hindernisrennen unterscheidet man Hürdenrennen, Jagdrennen (Steeplechase), Cross-Country-Rennen und Point-to-Point-Rennen.

Die Hürdenrennen finden auf einer Flachbahn mit versetzten Reisighürden statt. Die Jagdrennen sind Rennen auf einer Bahn, die außer Heckenhindernissen auch Hindernisse anderer Art aufweist (Wall zwischen Hecken, Graben zwischen Hecken, Mauer, Wassergraben, große Hecke, Erdwall...).

Die Cross-Country-Rennen finden teilweise auf einer Steeplechase-Bahn statt, teilweise aber auch außerhalb auf vielfältigem Terrain mit verschiedenartigen natürlichen oder künstlichen Hindernissen. Die Point-to-Point-Rennen sind Rennen, die zur Gänze über freies Gelände führen, mit natürlichen oder künstlichen Hindernissen auf vielfältigem Terrain.

Sowohl an Flachrennen als auch an Hindernisrennen können je nach Reglement professionelle Jockeys, Amateure und Amazonen teilnehmen.

Rechts: das Wiegen der
Reiter.
Unten: der Engländer
Lester Piggot, ein großer
Jockey unserer Zeit,
in Ascot.

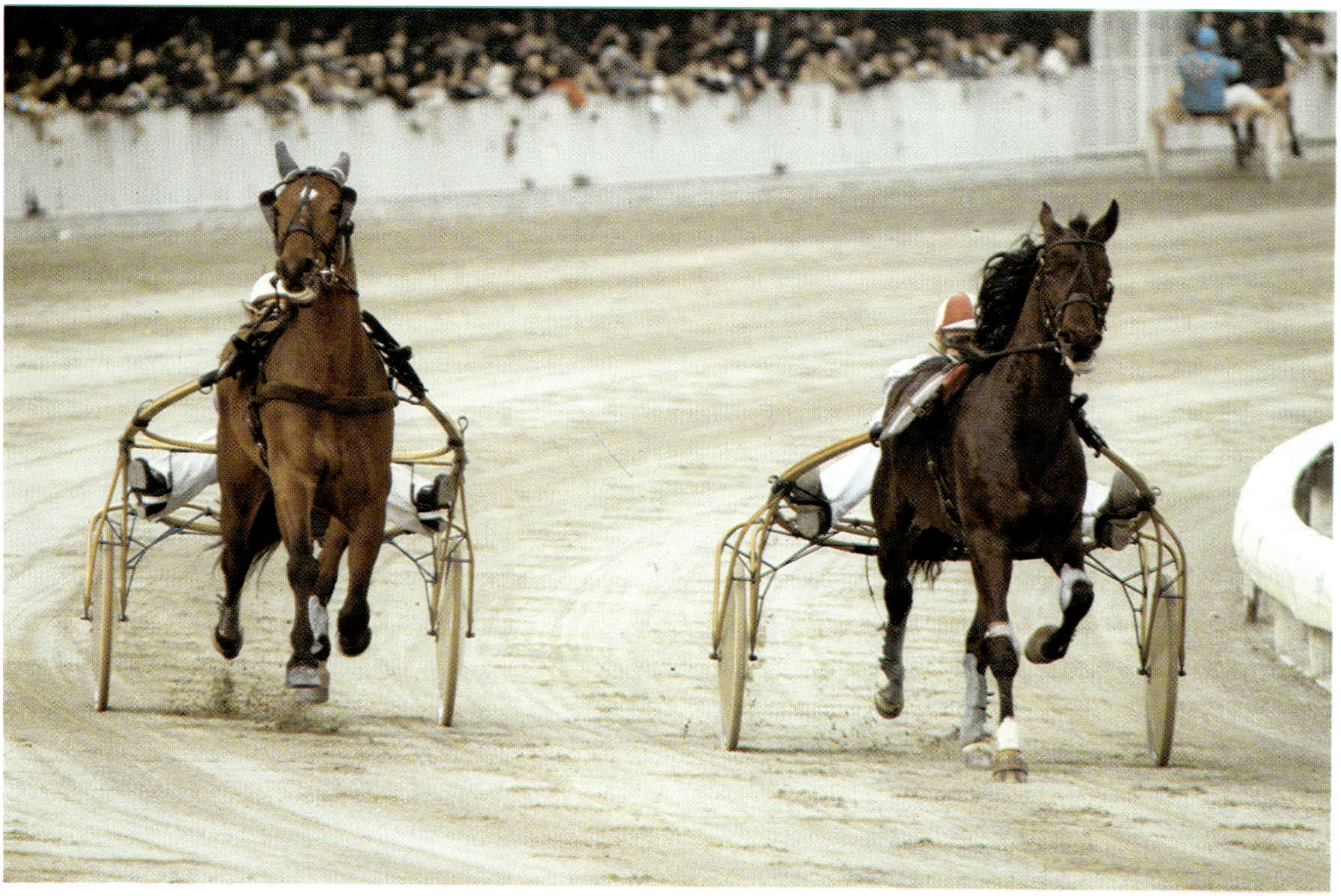

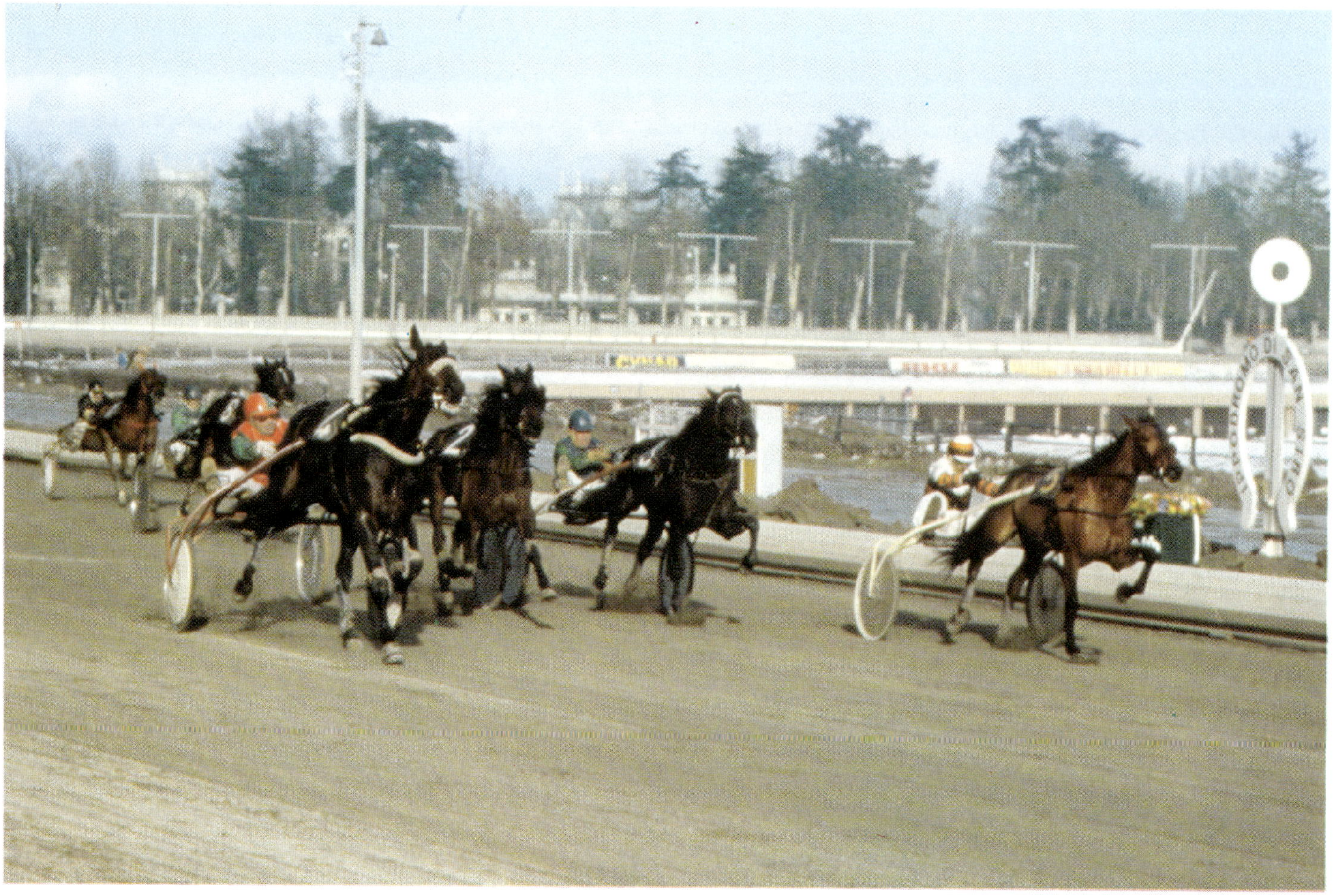
CYNAR
IPPODROMO DI SAN SIRO

Trabrennen

Die Welt der Trabrennbahnen bietet ein weiteres Schauspiel: Trabrennen, die im Vergleich zu den Galopprennen viel jüngeren Datums sind, auch wenn in Frankreich anscheinend derartige Wettkämpfe seit dem 17. Jahrhundert veranstaltet wurden. In Rußland gab es Trabrennen bereits vor 1775, während die ersten Rennen in Italien auf das Jahr 1808 zurückgehen: sie wurden in Padua am Prato della Valle ausgetragen. In früheren Jahrhunderten wurden, anstelle des heutigen, sehr leichten *Sulky*, zweirädrige Droschken verwendet, die fast drei Zentner wogen.

In Europa finden Trabrennen auf besonders gepflegten Sand- oder Aschenbahnen statt, die zwischen 800 und 1200 m lang sind; nur in Frankreich gibt es ausgedehntere Bahnen. Das Fahrergewicht wird bei Trabrennen nicht berücksichtigt. Die Rennausschreibung erfolgt nach Start- oder Gewinnsumme der Pferde, d. h. nach den von einem Pferd gewonnenen Geldpreisen. Im allgemeinen werden Trabrennen auf einer Distanz zwischen 1600 und 2100 m ausgetragen, doch gibt es, vor allem in Frankreich, auch Rennen über 2400 m und darüber hinaus. Auch bei Trabrennen sind Handikaps vorgesehen, die den weniger guten Wettbewerbsteilnehmern von den schnelleren zugestanden werden; das Handikap besteht nicht wie beim Galopp aus einer Gewichtszulage, sondern aus einer Vergrößerung der Entfernung, mit einem Minimum von 20 m bis zu einem Maximum von 100 m. Auch für das Traben sind Rennen für Berufstrabrennfahrer und -fahrerinnen und Amateurfahrer und -fahrerinnen vorgesehen. Im Gegensatz zu den Galopprennen sind

viele Besitzer von Pferden auch Fahrer und Trainer. In Frankreich finden die Trabrennen auch als Trabreiten statt.

In den Vereinigten Staaten sind auch Rennen im Paßgang sehr verbreitet. Die Traber und die Paßgänger sind Halbblutpferde, die seit Generationen einzig zu diesem Zweck gezüchtet werden. Der amerikanische Traber oder Standardbred (der sowohl die Traber [trotters] als auch die Paßgänger [pacers] umfaßt) stammt vom Englischen Vollbluthengst Messenger (1780) ab, der 1788 in die Vereinigten Staaten importiert wurde. Der Einfluß von Englischen Vollblutpferden ist auch in der Zucht des französischen und italienischen Trabers zu bemerken.

Gegenüberliegende Seite: zwei Aufnahmen von einem Trabrennen auf der Rennbahn von San Siro.

Unten: ein Trabrennen im Schnee in St. Moritz.

Wetten

Wenn wir von Pferderennen sprechen, kommt uns sofort auch das Wetten in den Sinn: vielleicht gäbe es keine Pferderennen mehr, wenn man nicht die Wette erfunden hätte. Die Rennbahnen sind untrennbar verbunden mit der Möglichkeit, dieser vielen Menschen innewohnenden Leidenschaft freien Lauf zu lassen. Wetten kann man sowohl bei Trab- als auch bei Galopprennen, auf der Rennbahn oder bei den Wettannahmestellen der Rennvereine; man kann zu fixen Quoten oder am Totalisator wetten.

Bei den Rennbahnen gibt es dafür eigene Totalisatorkassen. Der Zuschauer gibt die einem oder mehreren bevorzugten Pferden entsprechende Nummer an und erwirbt einen Coupon über den gewünschten Betrag. Wenn das Pferd, auf das gesetzt wurde, den Preis gewinnt, ist die ausbezahlte Quote das Ergebnis einer Rechenoperation: die Summe der ausgeführten Wetten minus der verschiedenen Abzüge, geteilt durch die Anzahl der Gewinner. Es ist klar, daß die Gewinn-quote umso niedriger ist, je höher die Anzahl der Gewinner. Die Festsetzung der Gewinner erfolgt nach dem Rennen, auch wenn heute die modernen elektronischen Totalisatoren den Verlauf der Quoten ständig auf den neuesten Stand bringen, den das Publikum auf Fernsehschirmen mitverfolgen kann.

Wenn Sie jedoch bei den Buchmachern (Wetten zu fixen Quoten) wetten, kennt man im voraus das Ausmaß des Gewinns. Der Buchmacher gibt auf der dafür bestimmten Tafel die Quote bekannt. Man muß sich jedoch vor Augen halten, daß der Buchmacher seine Quoten je nach dem Verlauf des Rennens ändert. Die Buchmacher arbeiten in eigens dafür bestimmten, gut sichtbaren Umzäunungen auf der Rennbahn; man muß ihnen den Namen des Pferdes und nicht die Nummer angeben.

Man kann jedoch auch bei eigenen Wettannahmestellen auf Pferde setzen, ohne sich überhaupt zur Rennbahn zu begeben. Gewöhnlich sind folgende vier Wettarten möglich: Siegwette, Platzwette, Einlaufwette, Dreierwette.

Rechts: Wetter auf der Rennbahn von Ostende. Unten: Bei den bekannteren Rennen versammelt sich eine große Menge von Rennsportbegeisterten auf der Rennbahn, und die Damen prunken mit großer Eleganz.

Die am ehesten zu einem Gewinn führende Art ist die Platzwette. Hier muß das gewettete Pferd unter den ersten drei im Ziel sein, ganz gleich an welcher Stelle. Laufen weniger als sieben Pferde, gibt es nur zwei Platzquoten.

Bei der Einlaufwette hat Erfolg, wer die beiden ersten Pferde in der richtigen Reihenfolge auf dem Wettschein eingetragen hat.

Die Dreierwette ist am schwierigsten zu treffen, weil die drei ersten Pferde in der richtigen Reihenfolge aufgeschrieben sein müssen.

Bei einer Siegwette muß das erkorene Pferd gewinnen. Das Pferdetoto ist ähnlich wie das Fußballtoto. Man muß die Pferde angeben, die bei den vorher ausgesuchten und auf den Wettscheinen angeführten sechs Rennen den ersten und zweiten Platz erreichen werden. Die Pferde sind in drei Gruppen geteilt, die 1, X und 2 entsprechen. Die Rennen für das Pferdetoto finden normalerweise sonntags statt und für die Gewinnauszahlung braucht man einen Zwölfer, Elfer oder Zehner.

Rekorde

Auch die Pferde haben in das Guinness-Buch der Rekorde Eingang gefunden, und wenngleich viele Rekorde von unbekannten Pferden errungen und rasch wieder vergessen wurden, so sind andere doch überliefert.

Im folgenden nun eine Reihe von Rekorden und kuriosen Tatsachen, die es verdienen, nicht vergessen zu werden:

● Den Rekord an Langlebigkeit errang Old Billy, der 1760 in Großbritannien geboren wurde und im Alter von 62 Jahren starb. Sein Schädel ist im Museum von Manchester zu sehen.

● Das älteste Pony war ein Hengst, der in der zweiten Hälfte des 19. Jahrhunderts lebte und im Alter von 54 Jahren starb.

● Der langlebigste Vollblüter war der Wallach Tango Duke: 1935 geboren lebte er bis zum 25. Jänner 1978.

● Das größte Rennpferd war der Vollblüter Fort d'Or, der 1963 in Irland geboren war. Seine Widerristhöhe betrug 1,87 m.

Oben: eine historische Fotografie: Bei der Internationalen Springkonkurrenz von Turin im Jahre 1902 springt Caprilli auf Melopo 2,08 m hoch.

Mitte: der Weltrekord im Hochsprung: Der chilenische Hauptmann Alberto Larraguibel Morales auf Huaso überspringt 1949 die 2,47-m-Marke.

Unten: ein Weitsprungrekord, der bis 1975 Gültigkeit hatte: Oberst Lopez de Hierro auf Amado Mio überspringt den 8,30 m breiten Wassergraben.

- Die größte Anzahl der an einem Rennen teilnehmenden Pferde wurde 1929 beim Grand National in Liverpool registriert. Am Start waren 66 Pferde.
- Die Vollblutstute Kincsem, 1874 geboren, bestritt von 1876 bis 1879 54 Rennen und gewann sie alle.
- Camarero, 1951 geboren, gewann 56 Rennen vom 19. April 1953 bis zum 17. August 1955.
- Champion Crabbet errang den Weltrekord für Ausdauerrennen. 1920 legte er 482 km in 52 Stunden und 33 Minuten zurück, wobei er ein Gewicht von 111 kg trug.
- Der orientalische Araberhengst Emir gewann den längsten Ausdauerbewerb über 1925 km. Die Prüfung fand in Portugal statt.
- Die höchste Summe, die jemals von einem Traber im Laufe seiner Karriere gewonnen wurde, beläuft sich auf 1,960.945 Dollar, die vom französischen Traber Bellino II bis zu seinem Abschied von der Rennbahn 1977 angehäuft wurden.
- Die niedrigste Quote einer Wette war 1:10.000 für Dragon Blond, geritten von Lester Piggot beim »Premio Naviglio di Milano«, ausgetragen in der Rennbahn von San Siro in Mailand am 1. Juni 1967.
- Das größte Rodeo der Welt ist die *Calgary Exhibition and Stampede* in Calgary, Kanada.
- Das älteste Rodeo, das heute noch regelmäßig stattfindet, wird in Payson, Arizona, abgehalten. Es fand erstmals im Jahre 1887 statt.
- Das unbezähmbarste Pferd dürfte Midnight gewesen sein. Bei den 12 Rodeos, bei denen es präsentiert wurde, gelang es keinem einzigen Cowboy, es zu reiten.
- Die größte Meute für Fuchsjagden war die des Herzogs von Beaufort, die ab 1786 in Badminton in Großbritannien gezüchtet wurde. Sie bestand aus 120 Foxhound-Koppeln.
- Nur zwei Reitern gelang es, die Weltmeisterschaft im Springreiten zweimal zu gewinnen: 1954 und 1955 dem Deutschen Hans Günter Winkler, und 1956 und 1960 dem Italiener Raimondo D'Inzeo.
- Die Weltmeisterschaft für Amazonen wurde nur von einer Reiterin zweimal gewonnen, und zwar von der Französin Janou Tissot Lefebvre.
- Der jüngste Jockey der Welt war der Engländer Frank Wotton. Er gewann sein erstes Rennen im Alter von 9 Jahren und 10 Monaten.
- Der älteste Jockey war Levi Barlingame; er bestritt sein letztes Rennen 1932 im Alter von 80 Jahren in Stafford in den USA.
- Der leichteste Jockey der Welt war Kitchever (gestorben 1872). 1844 gewann er den Chester Cup auf Red Deer. Beim Abwiegen zeigte die Waage 22,2 kg.

Die Hochsprungrekorde, die im FEI-Memorandum zitiert werden, sind folgende:
- 1906 in Paris sprang Conspirateur unter Hauptmann Crousse 2,35 m hoch.
- 1912 übersprangen Briska unter M. F. de Juge Montespieu und Montjoie unter René Ricard die 2,36-m-Marke.
- Am 10. April 1933 errang Vol-au-Vent unter dem französischen Oberleutnant Christian de Castries im Grand Palais von Paris einen neuen Rekord von 2,38 m.
- Am 27. Oktober 1938, während der italienischen Reitmeisterschaften in Rom, sprang der Rittmeister Antonio Gutierrez auf dem Irländer Osoppo 2,44 m

Filippo Moyersoen auf Adam überspringt in der Halle eine Mauer von 2,31 m.

hoch. Mit diesem Sprung eroberte er gleichzeitig den italienischen und den Weltmeisterschaftstitel.
● Am 5. Februar 1949 sprang der chilenische Hauptmann Alberto Larraguibel Morales in Santiago de Chile auf Huaso (ex Faithfull) 2,47 m, ein derzeit noch ungeschlagener Rekord. Die zuständige Kommission hat erklärt, daß ein Sprung von mindestens 2,49 m Höhe nötig ist, um diesen Rekord zu brechen.

Die schönsten offiziell anerkannten Rekorde im Weitsprung sind folgende:
● 1912 übersprang M. Henry de Royer den 7,50 m breiten Wassergraben in Touquet auf Pick me up.
● 1913 erzielte derselbe Reiter auf Saint-Jacques dasselbe Resultat.
● Am 18. Juli 1935 sprang der Oberleutnant Christian de Castries (Frankreich) beim offiziellen internationalen Springturnier in Spa (Belgien) auf Tenace 7,60 m.
● Am 1. Dezember 1946 sprang das Pferd Guarana unter Jorge Fraga Patrao beim offiziellen internationalen Springturnier in Buenos Aires 7,70 m.
● Am 12. September 1948 in Bilbao (Spanien) sprang das Pferd Balcamo unter dem Kommandanten Nogueras Marquez 7,80 m, ex aequo mit Faun unter Hauptmann Maestre Salinas. Die beiden Reiter forderten daraufhin einander heraus, den 8 m breiten Wassergraben zu überspringen, was aber nur Balcamo gelang.
● Am 14. August 1949 in Den Haag sprang Coeur Joli unter B. van der Woort Jr. 8,10 m weit.
● Am 2. September 1950 gelang Balcamo unter Nogueras Marquez in Bilbao ein neuer Rekord von 8,20 m.
● 1951 überwand der Angloaraber Amado Mio unter Oberst Lopez de Hierro während des offiziellen Internationalen Springturniers in Barcelona den 8,30 m breiten Wassergraben.

● Am 26. April 1975 sprang das Pferd Something unter André Ferrera beim Springreiten in Johannesburg (Südafrika) 8,40 m weit, ein derzeit ungebrochener Rekord. Ein neuer Weitsprungrekord müßte mindestens 8,50 m betragen, um offiziell anerkannt zu werden.

Urlaub auf dem Rücken der Pferde

Für den, der das Reiten liebt, kann ein Urlaub zu Pferd, mit viel Zeit und Ruhe, nach Möglichkeit in einer schönen Gegend, zu einer Quelle der Freude, der reiterlichen Vervollkommnung und der Flucht aus dem täglichen Einerlei werden.

Reitbahnen und Pferdeverleiher, sowohl seriöse als auch minderwertige (leider auch viele der letzteren), sind in allen Fremdenverkehrsorten entstanden. Bevor man für seine Reiterferien einen Ort aussucht, ist es ratsam, ein wenig zu recherchieren, um herauszufinden, in welchem Zustand die zur Verfügung gestellten Pferde sind sowie den Grad ihrer Ausbildung, das Programm, die Ausrüstung (Sattelzeug, Reitbahnen, Anlagen...), die Reitausbildung der übrigen Mitglieder der Gruppe, ganz abgesehen natürlich von den Preisen. Mißtrauen Sie Reitzentren, die wundervolle Ritte bei Vollmond oder entlang einsamer Strände zu Schleuderpreisen versprechen: Sie werden den Betrug am eigenen Leib spüren. Informieren Sie sich bei Bekannten, die bereits diese Art Urlaub ausprobiert haben oder an dem betreffenden Ort schon ein paar Tage verbracht haben; wenn Sie können, sehen Sie sich jedoch das Reitzentrum persönlich an, bevor Sie weitere Pläne schmieden!

Einen Urlaub zu Pferd kann man verbringen, indem man in einem Reitzentrum bleibt und unter der Führung guter Reitlehrer entweder in der Reitbahn reitet oder mehr oder weniger lange Spazierritte unternimmt und am Abend immer an denselben Ort zurückkehrt. Man kann aber auch jeden Abend woanders übernachten und dabei größere Strecken zurücklegen. Für die Autodidakten unter den Reitern, die

Ein Pferdehirt der mittelitalienischen Maremmen, der eine Herde freilebender Pferde führt.

nicht die Möglichkeit haben, das ganze Jahr hindurch von einem Reitlehrer betreut zu werden, kann dieser Urlaub eine wertvolle Zeit bedeuten, in der das eigene technische Niveau perfektioniert wird. Werfen Sie jedoch Ihr Geld nicht bei minderwertigen Pferdeverleihern zum Fenster hinaus, suchen Sie sich einen vom Fachverband geprüften Reitlehrer oder einen echten »Pferdemenschen«. Wenn es Ihnen möglich ist, Ihr eigenes Pferd mitzubringen, nützen Sie das aus: die Lektionen werden sicher nützlich sein, in einer neuen Umgebung und mit neuen Gefährten. Bevor Sie einen mehrtägigen Ritt unternehmen, unterziehen Sie sich einer ehrlichen Gewissenserforschung. Es ist besser, davon abzusehen, wenn Sie nicht ein ziemlich guter Reiter sind und noch nicht eine gewisse Erfahrung im Reiten erworben haben. Zwingen Sie nicht Ihre Reisegefährten, nur im Schritt oder Trab zu gehen, weil Sie sich im Galopp noch nicht sattelfest fühlen.

Wenn Sie an einem Trekking teilnehmen wollen, informieren Sie sich vorher genau über das Programm und die geltenden Regeln, kleiden Sie sich korrekt, seien Sie liebenswürdig zu allen, achten Sie sehr auf das Pferd, das Ihnen anvertraut wurde und behandeln Sie es, als wäre es Ihr eigenes, fordern Sie nicht Unmögliches von ihm, streiten Sie nicht mit dem Leiter oder Begleiter der Gruppe und erteilen Sie Ihren Reiterkollegen keine ungebetenen Ratschläge. Wenn jeden Tag eine Nächtigung in einem anderen Hotel vorgesehen ist, nehmen Sie nur das Nötigste mit.

Professionelle und seriöse Reitzentren organisieren Wanderritte mit homogenen Reitergruppen aus dem einfachen Grund, um die Ferien vergnüglicher zu machen und unnütze Diskussionen über die einzuschlagende Gangart zu vermeiden.

Was die Wahl des Ortes betrifft, an dem man seinen Reiturlaub verbringen möchte, so gibt es diesbezüglich die Qual der Wahl. Sie können wählen zwischen der Ebene, dem Hügelland, den Bergen, der Meeresküste oder einem See. In allen Teilen des Landes gibt es darauf spezialisierte Zentren, manche werden von wirklichen Fachleuten des Pferdesporttourismus betrieben und verfügen über geeignete Pferde, eine passende Ausrüstung, die persönlich vorbereitet wird. Diese inzwischen recht bekannt gewordenen Zentren sind oft ausgebucht, es ist daher nötig, sich rechtzeitig anzumelden. Nach vorheriger Übereinkunft ist es fast immer möglich, das eigene Pferd mitzubringen. Es ist wohl unnötig, zu betonen, daß man sich an die Gepflogenheiten der neuen Stallungen anpassen muß.

Es gibt vielfältige Möglichkeiten, den Urlaub auch in anderen Ländern auf dem Pferderücken zu verbringen. Beinahe eine Pflicht-Pilgerfahrt ist ein Besuch in England oder Irland, der Heimat des Pferdes: auf den beiden britischen Inseln können Sie Gestüte besuchen, bei Reitturnieren zusehen, an Jagden teilnehmen, von großen Champions gehaltene Reitstunden besuchen oder Polo spielen lernen. Wenn Sie ein Mensch sind, der gerne sitzt, oder sich ausruhen wollen, können Sie einen von einem ruhigen Zugpferd gezogenen Planwagen mieten und das Land besichtigen, indem Sie über die Landstraßen ziehen. Am Abend bringen Sie das Tier auf einem Bauernhof unter, der mit der Agentur, die Ihnen das Fahrzeug vermietet hat, in einem Vertragsverhältnis steht und schlafen im Wagen oder, wenn Sie das vorziehen, in einem nahegelegenen Gasthof: wahrscheinlich werden Sie vom Bauern eingeladen, bei einem Whisky

oder Irish Coffee über dies und jenes und auch über Pferde zu plaudern: es wird vorkommen, daß Sie bei einfachen Leuten eine große Reitkultur entdecken, ganz anders als die Alleswisser, die auf so vielen Reitbahnen zu finden sind.

Neben Großbritannien ist Spanien ein fast obligatorisches Ziel, vor allem die südlichen Regionen, Andalusien und die Estremadura. Im Mai können Sie die *Feria del Caballo* in Jerez de la Frontera miterleben: eine Woche lang werden Sie von einer Art Reitfieber angesteckt und überwältigt. Nicht versäumen sollte man die verschiedenen Prozessionen (*romerias*), die vor al-

Ein wildlebendes Camarguepferd: auf seinem Rücken ruht sich ein Kuhreiher aus.

231

Oben: ein Spazierritt im »Dyrehave«-Park in Kopenhagen.
Links: ein Viererzug in den Wäldern Polens.

lem in der Osterzeit auf dem Programm stehen, wo man herrliche Pferde und prächtige Wagen bewundern kann. Versäumen Sie nicht, die Andalusier- und Arabergestüte und die Hengstendepots des Heeres oder privater Eigentümer zu besuchen, und wenn Sie so umsichtig waren, lange vorher vorzubestellen, können Sie die Vorführung von Alvaro Domecq mit Lektionen der Hohen Schule, ausgeführt von andalusischen Hengsten, miterleben. Wenn Sie schließlich bis nach Portugal gelangen, besuchen Sie das Wagenmuseum in Lissabon.

Frankreich bietet Reitvergnügen für jeden Geschmack und Geldbeutel. Sehr berühmt sind die Reitausflüge in die Camargue, aus der Sie vielleicht enttäuscht zurückkommen könnten, nur weil Sie das falsche Reitzentrum ausgesucht haben: da ist es Ihnen passiert, daß Sie einen alten Klepper geritten sind, die Mücken haben Ihnen keine Ruhe gelassen, und die Flamingos haben Sie bloß auf den Ansichtskarten zu Gesicht bekommen, die Sie an Ihre Freunde schrieben. Wenn Sie es einrichten können, besuchen Sie diese so eigentümliche und malerische Gegend zu Pferd zu Früh-

lingsbeginn. Da in Frankreich eine erprobte Organisation für den Pferdesporttourismus existiert, wenden Sie sich dorthin um nützliche Informationen.

Wenn Sie die Reitjagd lieben, können Sie an einer *chasse a courre* in den französischen Wäldern teilnehmen: es wird Ihnen ein leichtes sein, ein Pferd vor Ort auszuleihen. Sie müssen sich jedoch in vorschriftsmäßiger Kleidung präsentieren.

Organisierte Reiterurlaube stehen in vielen anderen europäischen und außereuropäischen Ländern auf dem Programm, auch in den ehemaligen Ostblockländern. In Ungarn zum Beispiel werden Sie Landstriche entdecken, in denen noch richtige Pferdemenschen leben. Dort können Sie ausgezeichnete Pferde und Möglichkeiten für Wanderritte finden, die sicher Ihren Anforderungen entsprechen: einige Agenturen organisieren Ausflüge zu Pferd quasi *ad personam*: es genügt einfach, sich rechtzeitig anzumelden. Wenn Sie den Fahrsport lieben, können Sie Ihren Fahrstil perfektionieren, indem Sie bei den Champions dieser Disziplin, die häufig Ungarn sind, Unterricht nehmen. Auch in Polen, der Tschechoslowakei und in Jugosla-

Ein Planwagen, um Irland mit dem Pferd zu bereisen. Diese Wagen haben Schlafplätze und das Nötigste zum Kochen.

wien kann man Reitzentren finden. Um nicht unnötig Zeit zu verlieren, ist es günstig, sich an die Reisebüros dieser Länder zu wenden.

Auch in Afrika, besonders in Kenia, kann man interessante Wanderritte zu Pferd unternehmen, die auf dem Programm bekannter europäischer Reisebüros stehen. In Nordafrika können Sie um geringes Geld gefügige, aber äußerst schnelle Berberpferde ausleihen. Achten Sie sehr auf feinfühlige Zügelhilfen; gewöhnlich haben diese armen Tiere Trensen im Maul, die wahre Folterinstrumente sind.

Auf dem amerikanischen Kontinent, besonders in den Vereinigten Staaten und Kanada, ist die Qual der Wahl groß. Sie können sich der klassischen Reitkunst widmen oder dem Westernreiten, sie können Cowboy-Abenteuer auf einer Ranch erleben oder auf dem Rücken eines Pferdes oder Maultiers – die in Amerika sehr verbreitet sind – die berühmtesten Naturparks besichtigen. In Südamerika besuchen Sie die großen Gestüte, und lassen Sie sich dort gastlich aufnehmen, Sie werden die kleinen, aber sehr ausdauernden Criollos schätzen und lieben lernen. Und wenn Sie sich dem Polo oder Pato widmen wollen, wird es nicht schwierig sein, eine Schule oder einen Lehrer zu finden.

Veranstaltungen, die man nicht versäumen sollte

Pferde zu lieben, bedeutet auch die Welt zu kennen, mit all den Veranstaltungen sportlicher, kommerzieller und kultureller Art, die dazugehören. Der Liebhaber der Galopprennen wird sich die »klassischen« Flachrennen nicht entgehen lassen. Selbst Reiter, die sich nicht so sehr für Pferderennen begeistern, werden Interessantes sehen und einen unvergeßlichen Tag erleben, wenn sie die klassischen englischen Pferderennen besuchen: das St. Leger in Doncaster, das Oaks und das Derby in Epsom, das 1000 Guineas und 2000 Guineas in Newmarket sowie das Royal Meeting in Ascot.

Wenn Sie im Juni in Paris sind, sollten Sie das Grand-Prix-Rennen auf der Bahn von Longchamp nicht versäumen, das zusammen mit dem Prix de Diane und dem Prix du Jockey Club die drei klassischen französischen Pferderennen bildet. Im Herbst vergesse man nicht den Prix de l'Arc de Triomphe zu besuchen.

Fans des Hindernisrennens sollten sich das berühmte Grand National auf der Bahn von Aintree in der Nähe von Liverpool nicht entgehen lassen, über eine Entfernung von 7218 m mit 30 Hindernissen, die übersprungen werden müssen, darunter der berüchtigte *Becher's Brook.* Gleichfalls wichtig ist das Grand Steeplechase in Paris, auf der Bahn von Auteuil, mit 23 Hindernissen auf 5800 m. Ein klassisches italienisches Ereignis in dieser Disziplin ist der Große Preis von Meran, ein Jagdrennen auf einer 5000 m langen Bahn, gekoppelt mit der gleichnamigen Lotterie.

Für die Anhänger der Trabrennen sind die wichtigsten Veranstaltungen auf diesem Gebiet unter anderem der Grand Prix d'Amérique in Paris, der Gran Premio Costa Azzurra in Turin, der Gran Premio di Agnano in Neapel, der Gran Premio d'Europa in Mailand, das Derby in Rom, der Elite Lopp in Stockholm und der Münchner Pokal sowie der Preis der Besten in München. Durchaus nicht versäumen sollte man die klassischen amerikanischen Rennen: Little Brown Jug im Staat Ohio, das Hambletonian im Staat New Jersey und das Trot International in New York.

Sehr populär sind Trabrennen auch in Rußland, der Heimat des Orlowtrabers. In Moskau und in anderen sowjetischen Städten ist es möglich, Troikarennen zu sehen.

Die wichtigste italienische Fachausstellung ist die im November stattfindende Messe von Verona. Nach dem Beispiel der ausländischen Fachausstellungen findet man hier alles, was mit dem Pferd zu tun hat: Sattelzeug, verschiedene Ausstattungsgegenstände, Futtermittel usw. Neben dem Markt gibt es eine Reihe von Veranstaltungen, Paraden, Spiele, Vorführungen und verschiedene Kategorien von Pferderennen.

Das Derby in Epsom ist eine der »Pflichtveranstaltungen« für die Liebhaber von Galopprennen.

Wenn Sie die Kultur lieben, sollten Sie nicht die Galerien, Bibliotheken und Museen versäumen, die dem Pferd gewidmete Kostbarkeiten enthalten; die Liste wäre endlos. Wir beschränken uns hier auf das Museo nazionale dell'Arma di Cavalleria von Pinerolo in Italien. In den Sälen, die einst die Kavallerieschule beherbergten, werden durch Fotos, Pokale und verschiedene Dokumentationen die alten Zeiten der italienischen Reitkunst wieder lebendig. Ganz in der Nähe des Museums kann man die große Kavallerieschule von Caprilli bewundern, und man kann, mit Voranmeldung, die Schule von Mascalcia mit ihrem kleinen, aber interessanten Museum besuchen, das der Scuola del Servizio Veterinario Militare angeschlossen ist.

Im Ausland sollten Sie die Gestüte und Hengstendepots besuchen (die Erlaubnis dazu ist nicht immer leicht zu erhalten), die Pferdemuseen (Saumur, Chantilly, Hermés in Paris; Spa in Belgien; Castello di La Serraz in der Schweiz; das Kutschenmuseum in Lissabon, die Wagenburg von Schloß Schönbrunn in Wien); versäumen Sie nicht die großen internationalen Springturniere in London, Paris, Aachen, Dublin sowie das Weltcupfinale, die alle vier Jahre stattfindenden Weltmeisterschaften oder Europameisterschaften in den vier Disziplinen Springen, Dressur, Military und Fahrsport.

Sie werden von der Großartigkeit der Pferdesalons überwältigt sein; der älteste ist der alljährlich im Dezember vor den Toren von Versailles stattfindende Pariser Salon, wo Sie unter anderem der Araberweltmeisterschaft zusehen und die schönsten Exemplare dieser Rasse bewundern können. Populärer, vor allem dem Geländereiten gewidmet, ist der Salon von Marseille, der zum Zeitpunkt der Frühjahrsmesse stattfindet.

Alle zwei Jahre, und zwar in den ungeraden Jahren, findet in Deutschland die größte Fachausstellung für den gesamten Pferdesport, das Freizeitreiten und die Haltung von Pferden statt, die Equitana in Essen: Tausende von Quadratmetern sind der Welt des Pferdes gewidmet und abends finden pferdesportliche Leistungsschauen statt. Ein Hinweis für Besucher: buchen Sie früh genug Ihr Hotelzimmer und Eintrittskarten für die Abendveranstaltungen. Seit einigen Jahren findet in den geraden Jahren in Offenburg nach dem Essener Vorbild die Veranstaltung Eurocheval statt. Beide lohnen einen Besuch. Fast ist es unnötig, auf die Dublin Show hinzuweisen, die seit mehr als hundert Jahren von der *Royal Dublin Society* veranstaltet wird. Eine Woche lang, vom ersten Dienstag im August bis zum folgenden Samstag, können Sie die schönsten Pferde irischer Züchtung bewundern und bei einem der wichtigsten internationalen Springturniere der Welt dabeisein.

Ebenfalls äußerst sehenswert sind die letzten Reitakademien, die Kavallerieschule in Saumur, die Spanische Reitschule in Wien und die königlich-andalusische Schule der Kunstreiterei in Jerez de la Frontera. Es ist zwar relativ leicht, einer Vorführung des Cadre Noir in Saumur beizuwohnen, aber schwierig, Eintrittskarten für die Spanische Reitschule in Wien zu bekommen: es gibt wenige Aufführungen und es herrscht große Nachfrage danach. Wenn man keine Karte bekommt, kann man unter der Woche bei der Morgenarbeit der Pferde zusehen. Interessant ist auch ein Besuch in den Stallungen der Spanischen Reit-

Im Frühling ist es interessant, das Internationale Rennen der Piazza di Siena in Rom mitzuerleben.

Gegenüberliegende Seite: Der Besuch einer der letzten großen Akademien der klassischen Reitkunst ist besonders lohnend: im Bild die Spanische Reitschule in Wien.

schule, dieses Tempels der Reitkunst. Sämtliche Stadt-führungen, die sie über Reisebüro buchen, schließen einen Besuch in der Spanischen Reitschule ein.

Als schwierig erweist sich auch die Suche nach Eintrittskarten zu den Vorführungen der andalusischen Pferde der Schule von Jerez de la Frontera: wenden Sie sich daher diesbezüglich schon mehrere Monate vor Ihrer Reise an spanische Reisebüros.

Lehrreich kann auch der Besuch in einem Zirkus sein. In den großen Zirkussen werden die Pferde von Menschen mit großer Reitkultur dressiert. Wir empfehlen besonders einen Besuch beim Schweizer Nationalzirkus Knie, wo es möglich ist, bei den Proben dabeizusein: Sie werden sich persönlich davon überzeugen, daß die Tiere mit großer Einfühlung behandelt werden. Anstatt Zwang und Gewalt, wendet der Dresseur Güte und Psychologie an, um seinen Willen durchzusetzen und als »Herdenführer« akzeptiert zu werden.

Im Zirkus von Fredy Knie, einem richtigen Pferdemenschen und erfahrenen Dressurreiter, bewegen sich die Pferde frei, ohne Zügel oder Zwänge, und stellen ihre ganze Schönheit und Grazie zur Schau. Und in den traditionellen Zelten dieses Zirkus sind die Pferde alle in Boxen untergebracht.

Wenn Sie nach Amerika reisen, so versäumen Sie nicht die Gelegenheit, sich in den USA Rodeos oder die Jinetas der südamerikanischen *Gauchos* anzusehen. Dabei handelt es sich um Vorführungen, die in der Kultur dieser eng an ihre Pferde gebundenen Völker verwurzelt sind. In den Vereinigten Staaten vergessen Sie nicht, Gestüte (es gibt alle europäischen Rassen), Ausstellungen, Schauen, Turniere und Pferderennbahnen zu besuchen.

In Nordafrika, vor allem in Marokko, können Sie bei der Fantasia zuschauen, einem Schauspiel voll Musik und Farben. Die berühmteste ist die im August zu

In einem guten Zirkus dürfen Nummern mit dressierten Pferden nicht fehlen; die besten Resultate erhält man mit Güte und großer Kenntnis der Psychologie des Pferdes.